XINBIAN GAOZHI GAOZHUAN GUIHUA JIAOCAI

新编高职高专规划教材

应用写作

YINGYONG XIEZUO

主　编：黄永红
副主编：陈永红　王　敏

中国科学技术大学出版社

内 容 简 介

本书体系科学,内容丰富。全书共分八章:绪论、公文写作、事务文书写作、经济文书写作、传媒文书写作、社交文书写作、科研文书写作、申论。涵盖面广,涉及了50多个主要应用文文种,基本能满足人们生活、工作和交往的需要。特别是充实了"申论"这样的新型文种写作知识,对于学生报考公务员、择业就业有很大帮助。

本书讲解规范、具体、易懂,突出实用性,注重写作能力的培养。书中除了阐述各种应用文体所必需的基本理论知识外,还精选了贴近现实、格式规范的典型"例文",并做了"简析"。同时,设计了"病文评改"和"综合训练",理论联系实际,便于学习者自学,学以致用。书后附录,可供学习者参考。

本书适合作为高职高专应用文写作课程的教材,也可以作为其他人员的学习、参考用书。

图书在版编目(CIP)数据

应用写作/黄永红主编. —合肥:中国科学技术大学出版社,2007.8(2011.11重印)
ISBN 978-7-312-02123-7

Ⅰ. 应… Ⅱ. 黄… Ⅲ. 汉语—应用文—写作 Ⅳ. H152.3

中国版本图书馆 CIP 数据核字(2007)第 103513 号

出版发行　中国科学技术大学出版社
　　　　　安徽省合肥市金寨路 96 号,邮编:230026
　　　　　网址:http://press.ustc.edu.cn

印　刷　合肥学苑印务有限公司
经　销　全国新华书店
开　本　710×960　1/16
印　张　24.25
字　数　488 千
版　次　2007 年 8 月第 1 版
印　次　2011 年 11 月第 6 次印刷
定　价　34.00 元

前　言

应用文是人们表达思想、沟通信息、交流情感的重要工具和手段。人们在生活、工作、交往中都离不开应用文阅读和写作。

社会的发展带动了应用文写作的发展。21世纪是信息和知识经济的时代，应用文必将发挥越来越重要的作用。正如美国教育家韦斯特所言："在信息社会，写作包围着你！"我国应用文写作生机勃勃的发展态势也正印证着这句话，大量新兴的应用文体如雨后春笋般不断涌现。

高职高专教育的目的是培养应用型、复合型人才。目前，高职高专院校普遍开设应用文写作课程，十分注重学生应用文写作能力的培养。我们为了适应这一需要，编写了这本教材。

本书体系科学、涵盖面广，涉及50多个主要应用文文种，基本能满足人们生活、工作和交往的需要。特别是充实了"申论"这样的新型文种写作知识，对于学生报考公务员、择业就业大有帮助。

本书讲解规范、具体、易懂，突出实用性，注重写作能力的培养，适合作为高职高专应用文写作课程的教材，也可以作为其他人员的学习、参考用书。

本书由黄永红担任主编，负责统稿。陈永红、王敏任副主编。全书共八章，撰写分工如下：

黄永红：第一章、第二章第一节、第四章、第八章；王敏：第二章第二节；陈永红：第三章；完海燕：第五章；李小妹：第六章；窦蓓蓓：第七章。

本书借鉴并引用了一些专家的著作和研究成果，在此表示诚挚的感谢。同时要感谢安徽警官职业学院等院校和中国科技大学出版社给予的大力支持。

由于水平有限，时间紧迫，书中难免有不妥和疏漏之处，敬请同仁、读者批评指正。

编　者

目　　录

前　言 ···（Ⅰ）

第一章　应用文写作导论 ···（1）

　第一节　应用文写作概述 ···（1）

　　一、应用文写作的内涵 ··（1）

　　二、应用文写作的历史沿革 ···（2）

　　三、应用文写作的作用 ··（3）

　　四、应用文的种类和特点 ···（4）

　　五、当代应用文写作的特点及发展趋势 ······························（5）

　第二节　应用文写作的基本要素 ···（7）

　　一、应用文的主旨 ··（7）

　　二、应用文的材料 ··（8）

　　三、应用文的结构 ··（9）

　　四、应用文的语言 ···（11）

　　五、应用文的表达方式 ···（14）

　综合训练 ···（16）

第二章　公文写作 ··（18）

　第一节　公文概述 ··（18）

　　一、公文的含义、特点和作用 ··（18）

　　二、公文的格式 ···（20）

　　三、公文的制发程序和行文规则 ·······································（36）

　　四、公文的语言运用 ··（38）

　第二节　行政公文 ··（42）

　　一、命令 ··（42）

二、决定 ………………………………………………………… (45)
　　三、报告 ………………………………………………………… (47)
　　四、请示 ………………………………………………………… (50)
　　五、意见 ………………………………………………………… (55)
　　六、议案 ………………………………………………………… (59)
　　七、批复 ………………………………………………………… (62)
　　八、公告 ………………………………………………………… (65)
　　九、通告 ………………………………………………………… (69)
　　十、通报 ………………………………………………………… (72)
　　十一、通知 ……………………………………………………… (76)
　　十二、函 ………………………………………………………… (83)
　　十三、会议纪要 ………………………………………………… (88)
　病文评改 …………………………………………………………… (92)
　综合训练 …………………………………………………………… (107)

第三章　事务文书写作 ……………………………………………… (116)
　第一节　计划、总结 ………………………………………………… (116)
　　一、计划 ………………………………………………………… (116)
　　二、总结 ………………………………………………………… (122)
　第二节　简报、调查报告 …………………………………………… (130)
　　一、简报 ………………………………………………………… (130)
　　二、调查报告 …………………………………………………… (135)
　第三节　述职报告、演讲稿 ………………………………………… (141)
　　一、述职报告 …………………………………………………… (141)
　　二、演讲稿 ……………………………………………………… (145)
　病文评改 …………………………………………………………… (154)
　综合训练 …………………………………………………………… (161)

第四章　经济文书写作 ……………………………………………… (163)
　第一节　经济合同、协议和意向书 ………………………………… (163)

一、经济合同 …………………………………………………… (163)
　　二、协议 ………………………………………………………… (167)
　　三、意向书 ……………………………………………………… (170)
　第二节　市场调查报告、市场预测报告 …………………………… (176)
　　一、市场调查报告 ……………………………………………… (176)
　　二、市场预测报告 ……………………………………………… (185)
　第三节　招标书与投标书 …………………………………………… (193)
　　一、招标书与投标书的概念 …………………………………… (193)
　　二、招标与投标的一般程序 …………………………………… (193)
　　三、招标书与投标书的类别 …………………………………… (194)
　　四、招标书与投标书的格式与写法 …………………………… (194)
　　五、招标书与投标书的写作要求 ……………………………… (195)
　病文评改 ……………………………………………………………… (199)
　综合训练 ……………………………………………………………… (203)

第五章　传媒文书写作 …………………………………………… (205)
　第一节　广告 ………………………………………………………… (205)
　　一、广告的概念 ………………………………………………… (205)
　　二、广告的特点 ………………………………………………… (206)
　　三、广告的种类 ………………………………………………… (206)
　　四、广告的格式与写法 ………………………………………… (207)
　　五、广告的写作要求 …………………………………………… (214)
　第二节　新闻 ………………………………………………………… (216)
　　一、新闻 ………………………………………………………… (216)
　　二、消息和通讯 ………………………………………………… (217)
　病文评改 ……………………………………………………………… (234)
　综合训练 ……………………………………………………………… (235)

第六章　社交常用文书写作 ……………………………………… (238)
　第一节　启事类文书 ………………………………………………… (238)

一、启事 …………………………………………………………………（238）
  二、海报 …………………………………………………………………（243）
 第二节　礼仪类文书 ……………………………………………………………（245）
  一、请柬、邀请书 ………………………………………………………（245）
  二、介绍信、证明信、推荐信 …………………………………………（251）
  三、感谢信、慰问信 ……………………………………………………（258）
  四、祝词、贺信 …………………………………………………………（264）
  五、欢迎词、欢送词、答谢词 …………………………………………（270）
 第三节　谋职类文书 ……………………………………………………………（279）
  一、简历 …………………………………………………………………（279）
  二、求职信、辞职信 ……………………………………………………（283）
 第四节　条据类文书 ……………………………………………………………（289）
  一、请假条 ………………………………………………………………（289）
  二、留言条 ………………………………………………………………（290）
 病文评改 …………………………………………………………………………（292）
 综合训练 …………………………………………………………………………（295）

第七章　科研文书写作 ……………………………………………………………（300）
 第一节　学术论文、毕业论文 …………………………………………………（300）
  一、学术论文 ……………………………………………………………（300）
  二、毕业论文 ……………………………………………………………（310）
 综合训练 …………………………………………………………………………（324）

第八章　申　论 ……………………………………………………………………（330）
 第一节　申论概述 ………………………………………………………………（330）
  一、申论的含义和特点 …………………………………………………（330）
  二、申论考试的目的和特征 ……………………………………………（331）
  三、申论考试的内容及重点 ……………………………………………（333）
 第二节　申论的写作 ……………………………………………………………（335）
  一、申论的写作环节和方法 ……………………………………………（335）

目录

二、概括部分的写作 …………………………………………… (338)

三、提出方案部分的写作 ……………………………………… (340)

四、申论作文 …………………………………………………… (342)

综合训练 …………………………………………………………… (348)

附　录 ……………………………………………………………… (356)

附录一　国家行政机关公文处理办法 …………………………… (356)

附录二　国务院办公厅关于实施《国家行政机关公文处理办法》涉及的几个具体问题的处理意见 ……………………………………… (362)

附录三　国务院公文主题词表 …………………………………… (364)

附录四　校对符号及其用法 ……………………………………… (372)

参考文献 ………………………………………………………… (376)

第一章　应用文写作导论

学习目标

通过本章的学习,应该达到以下目标:

知识目标:理解应用文写作的内涵,了解应用文写作的历史和发展趋势,掌握应用类文章的基本特征,认识学习本课程的作用,重点掌握应用文的概念,了解应用文种类和特点以及基本要素。

能力目标:初步具备应用文写作的基本知识,具有应用文写作的理念,能够正确使用应用文的专门用语。

第一节　应用文写作概述

一、应用文写作的内涵

写作就是写文章,是人类的一种精神性创造活动。

什么是文章?文章就是以语言文字为媒介,具有一定篇章组织的、表达某种思想的信息资料。

文章分为文艺文和应用文。

什么是应用文呢?应用文就是人们在实现某种实用目的,解决实际需要,处理事务,传播信息等活动中所使用的具有一定格式的文章。

与之相对应,人类的写作活动从功能效用上分,可以分为两类:一类是为抒发主观感情,反映现实生活而进行的艺术创作,称为文学创作;另一类是为了处理事务、解决实际需要而进行的实用写作,即应用文写作。简单地说,应用文写作就是写作各种应用文的活动。

在所有的文章写作中,与人们关系最直接、最密切的,实用价值最大的,就是应用文写作。

二、应用文写作的历史沿革

应用文写作，在我国历史悠久。殷墟出土的甲骨文证明，从有文字开始就有了应用文写作。

先秦的《尚书》是我国第一部古老的应用文专集，记载了虞、夏、商、周四代的部分祝词、训令、诰言、誓词等。

秦、汉两代是应用文发展、成熟的重要时期。秦统一中国后，规定了国家机关的文书制度，公文文体分类和公文格式初步确立，有了上行文和下行文的区分。上行文有：章、表、奏、议，是臣子给皇帝上书用的文书；下行文有：制、诏、策、戒，是皇帝对臣下的文书。

三国、魏晋、南北朝是应用文继续发展的时期。

唐宋以后，文学创作日趋发展，不少文人致力于诗、词、曲、小说的创作，但应用文写作仍然处于"政事之先务"的主导地位，名家辈出，佳作如云。魏征的《谏太宗十思疏》、韩愈的《祭十二郎文》、欧阳修的《答吴充秀才书》、王安石的《答司马谏议书》等，都是闻名的应用文作品。

元、明、清时期，是应用文的稳定期。文体分类日趋详细、繁杂，清代学者刘熙载正式提出了"应用文"这一名称。他在《艺概·文概》中指出："辞命体，推之即可为一切应用之文。应用文有上行，有平行，有下行。重其辞乃所以重其实也。"但到了清朝末期，因受八股文风的影响，应用文体渐走下坡路。

到了民国时期，应用文有了较新的发展，1928年颁布的《公文程式条例》将行政公文规定为九种：令、训令、指令、布告、任命状、批、呈、咨、公函。规定用白话文写作公文。

新中国成立后，应用文真正成为中国共产党和人民政府管理国家事务的工具。1951年，政务院颁布了《公文处理暂行办法》。这个文件是新中国成立后第一个公文法规，对公文的种类体式、写作要求和处理都作了全面的规定。经过多次修订，2000年8月，国务院发布《国家行政机关公文处理办法》，自2001年1月1日起施行。

《国家行政机关公文处理办法》和中共中央办公厅制定的《党的机关公文处理条例》，对党政公文的文种、格式、处理等诸方面所作的明确的规定，使我国公文更加规范、统一、实用。

当然，应用文中除党政公文外，还有许多文种，在人们的生活和工作中被广泛地应用着。

随着时代的进步、社会的发展、我国改革开放的深入、市场经济的推进、国际交流的扩大,20世纪80年代以后,我国应用文出现了前所未有的繁荣发展时期,新的应用文种类不断出现。而且伴随着科学技术的突飞猛进,特别是电子计算机的广泛使用,应用文写作效率大大提高。当今社会,应用文与人们的关系越来越密切。

三、应用文写作的作用

应用文总的功用是工具作用,即应用文是各种社会组织和个人进行管理和交际的工具。主要表现在以下几个方面:

(一) 管理指导作用

应用文是实施管理的有效手段。如果把整个国家比作一部庞大的机器,各种应用文就是这部机器的传动装置。为了使整个国家机器有序、协调地运转,应用文起着指挥、管理的作用。古今中外的国家在管理活动中,都是通过制发公文来发挥管理的作用。没有它,各方面的管理工作就无法有序地进行。例如命令、决定及各类规章制度等本身就是进行管理和指导的工具和手段。

(二) 联系沟通作用

在社会管理和人们的日常生活中,需要及时传递信息、联系沟通,应用文是其最佳的方式之一,它能突破时间与空间的限制,成为人们交流信息的重要工具。这一点在行政公文、事务文书、礼仪文书中体现的比较明显。例如国家机关在实施管理事务时,上下级机关之间需要上情下达、下情上达,需要同其他社会组织商洽事宜、通报情况、协调工作等,这时行政公文就是联系、协调的最好方式。

(三) 宣传教育作用

应用文是用来处理公、私事务的,但要处理好公、私事务,应用文中有关方针政策的重要文件,不仅要传达政策意图,还必须让人们知道应该做什么、为什么要做、怎么去做。这就需要摆清事实,讲透道理,实际上就是在做宣传教育工作。

(四) 凭证依据作用

许多应用文原本就是作为凭证依据的需要出现的,这在不同的文种中都有不同程度的体现。例如:机关公文是收文机关处理工作、解决问题的政策依据,使工作有据可依,有凭可查;合同、调解书及司法文书是双方确定权利和义务的依据和凭证。另外,应用文反映单位和个人的种种活动,记载着各个时期的政治、经济和文化等多方面的情况,因此它可以保存和积累大量的历史资料,能为今后有关研究提供历史信息资料,也起到档案、凭证作用。

四、应用文的种类和特点

（一）应用文的种类

随着时代的发展和科学技术的进步，人们的社会活动领域不断拓宽，应用文的使用范围日益广泛，新文种不断出现。关于应用文范围的界定和分类，由于划分标准不同，分法也有所不同。根据内容、功用和使用范围的不同，应用文可分为以下 9 类：

1. 行政公文

国务院 2000 年 8 月 24 日发布的《国家行政机关公文处理办法》中列出的 13 种公文：命令（令）、决定、公告、通告、通知、通报、议案、报告、请示、批复、意见、函、会议纪要。

2. 事务文书

用于处理机关单位内部事务的应用文书。包括计划、总结、简报、述职报告、调查报告、演讲稿、规章制度等。

3. 科技文书

用于科研活动的应用文。包括学术论文、毕业论文、毕业设计、科技成果报告等。

4. 财经文书

用于财经活动的应用文。包括经济合同、意向书、招标书、投标书、市场调查报告、市场预测报告、可行性研究报告、经济活动分析报告等。

5. 法律文书

用于司法活动的应用文。包括起诉状、上诉状、答辩状、申诉状、判决书、公证词等。

6. 社交礼仪文书

用于社交活动的应用文。包括开幕词、闭幕词、欢迎词、欢送词、礼仪致辞、答谢词、悼词等。

7. 求职文书

用于谋求职业活动的应用文。包括求职信、推荐信、辞职信、简历、申论等。

8. 外贸文书

用于外贸活动的应用文。包括涉外经济合同、外贸业务函电、涉外商情调研报告等。

9. 外交文书

为外交所用的公务文书。包括国书、照会、声明等。

（二）应用文的特点

1. 文体的实用性

实用性是指应用文无论在处理公共事务还是私人事务中，都具有实际应用的价值。"实用"是应用文最重要的特点，实用性是判断应用文好坏的价值尺度，也是应用文区别于其他文种的标志。

2. 格式的规范性

格式的规范性是应用文体写作的一个显著标志。每一个文种在长期的使用过程中都形成了比较固定的格式，所以要求写作时必须根据应用文的具体类型，遵守各自的固定格式。

3. 内容的真实性

内容真实是应用文体写作的生命。应用文是管理工作的工具，要为解决现实问题、指导实际工作服务，因而它完全排斥虚构和杜撰，文中所写的数据、事实等要真实、准确，不能掺"水分"，不允许"加工"，如果失真，就会造成不良的后果。

4. 对象的明确性

应用文的读者不像文学作品那样广泛，阅读对象大都明确具体。无论是行政公文中的"请示"、"通知"，还是诉讼文书中的"起诉状"、"上诉状"，都有明确的读者对象，即使是"欢迎词"等，也是直接面对特定的听众的。

五、当代应用文写作的特点及发展趋势

应用文写作起源于人类的社会活动，是社会生产、经济发展的产物。从殷墟时代"甲骨卜辞"的诞生到信息以网络化传输的今天，3000多年漫长的历史进程中，人类社会走过了农业社会、工业社会，进入了信息社会。应用文写作活动也伴随着生产力的进步，在我国经历了从竹简、陶瓷、青铜刻文记事，到布帛、纸笔书写，再到电脑键盘输入、屏幕显示、网络传输的漫长演进，迈入了信息社会，呈现出愈加旺盛的生命力，获得了广阔的发展空间。

社会的发展带动了应用文的发展。21世纪是信息和知识经济的时代，应用文作为人们表达思想、沟通信息、交流情感的重要工具和手段，在这样一个全新的时代，必将发挥越来越重要的作用。正如美国教育家韦斯特所言："在信息社会，写作包围着你！"我国应用文写作生机勃勃的发展态势也正印证着这句话，大量新兴的应用文体如雨后春笋般不断涌现。据查证，1979年版《辞海》列举的应用文只有寥寥4种（公文、书信、契约、单据），而现在已多达2000余种。

在信息和知识经济的时代背景下，当代应用文写作呈现出鲜明的特点：

1. 应用文写作行为的电脑化、文本形式的电子化、文本传递的网络化

当今写作应用文是在电脑上输入、屏幕上显示，利用电脑提供的各种软件平台，不再依赖纸笔书写，制作出规范体式的应用文。文本形式可以即时储存在电脑硬盘中，或转换成光盘、软盘等电子方式保存或传递。文本可以打印到纸张上存、传，也可以通过网络传递，特别是随着电子政务、电子商务的发展与推广，应用文本就是通过网络传递的。

2. 应用文写作更加高效化、规范化

电脑作为一种高效、快捷的现代化工具，在当代应用文写作活动和文本传递中，已经成为不可或缺的手段。人们可以通过键盘输入、扫描输入、语音输入等方式，使写作速度加快，大大提高了写作效率。同时，文本传递的网络化，传递不再受到时空限制，使得应用文高效运转，实现了高效化。高效化的另一方面，是随着信息网络的普及，对应用文格式规范化的要求更高了。特别是我国要在经济、文化、教育、科技等多个领域与国际水平接轨，应用文写作的高效化和规范化必将进一步加强。

3. 应用文写作实践日趋专门化、专业化

因为社会专业分工日趋具体和精细，如：司法类应用文又细分为侦查文书、检察文书、执法文书、裁判文书、公证文书、诉讼文书等；经济应用文又细分为金融文书、财务文书、工商文书、税务文书等，每一类下又有若干具体的文种。

4. 应用文写作走向大众化、媒介化

较之传统社会中应用文写作只是少数人自发的个人行为而言，当代应用文写作却是大众广泛参与的活动。因为在信息和知识经济的时代背景下，人们要想获得信息，将知识转化为经济收益，就必须阅读和写作应用文，应用文写作正在全面渗透到人们生活的各个层面。如谋职就要写"自荐信"、"简历"，经商就要写"广告"、"电子邮件"。应用文已成为网络时代人们交往的极为重要的媒介和桥梁，尤其是网络应用文，如电子邮件、网络广告、网络新闻、个人网页等。

5. 应用文写作运用范围趋向国际化

随着全球经济的一体化、我国加入WTO，应用文写作运用范围不再局限于国内，更多的涉外应用文开始发挥越来越重要的作用。合乎国际规范、具有国际水准的应用文写作活动是我国参与国际事务和国际竞争的有力工具。如在众多的应用文文种中，我国的法律文书、礼仪交际文书等国际化已领先了一步。

6. 使用领域越来越广，功能越来越强

当今应用文种，已多达2000余种，并且还将随着社会活动领域的拓展，不断诞生新文种。应用文在社会活动中，发挥着决策、宣传、管理等重要功能。有人以三峡建设工程为例，从工程论证、报批、立项、招标、投标、开工到结束，写作材料涉及的文种达百余种，数量则以万计。

随着知识经济的发展，社会各领域的信息技术，包括通信技术和多媒体技术等水平逐渐提高,在客观上为应用文写作活动搭建了高效、便捷的信息交流平台。可以预见,应用文写作的发展趋势是更加"高效化"、"智能化"。同时在电子政务、电子商务发展和普及后,应用文写作和传递将实现"无纸化"。

当代应用文写作呈现出这些鲜明的时代特点,应该引起我们的高度关注和重视。不难看出,它对我们写作主体提出了比传统写作更高的要求,必须努力学习,准确掌握应用文写作的有关知识,提高应用文写作能力,以适应社会新的需要。

第二节 应用文写作的基本要素

在学习各类应用文之前,必须熟知并掌握应用文体的基本要素,包括主旨、材料、结构、语言、表达方式等。

一、应用文的主旨

(一)主旨的概念

主旨又称主题,指应用文的中心意思或基本观点,是作者的意图、主张或看法在文中的体现。

主旨是应用文的灵魂,它决定着应用文质量的高低、价值的大小、社会作用的强弱。应用文的主旨与其他要素相比处于"统帅"的地位。材料的取舍、结构的安排、语言的运用、表达方式的选取都要围绕着它进行。"主题先行"、"意在笔先"是应用文写作应该遵循的原则。

(二)确立主旨的要求

那么,该如何确立主旨呢?确立主旨的要求是:正确、集中、鲜明、深刻。

1. 正确

主旨正确是撰写应用文的基本要求。应用文所确立的主题应该符合国家的方针政策,符合法律法规,能够反映自然的规律和事物的本质,反映事物的内在联系。

2. 集中

主旨集中,是指把文章的主题凝练成最精要的一点。古人说"立意要纯"、"意多乱文",即是说一篇文章无论长短、繁简,只能有一个主题,这个主题要贯穿全篇,要围绕这个主题把道理说深说透。

3. 鲜明

应用文的观点必须明确,立意必须清晰。一是作者的意图、目的要明明白白地表达出来;二是作者的看法、观点、态度等要明确,切忌似是而非、模棱两可,让人无所适从。

4. 深刻

主旨深刻是指主旨能够揭示事物的内在本质,反映事物内部的规律。作者独具慧眼、思考深入,是作者对材料理解、对事物认识程度的反映。因此,要善于抓住事物的主要矛盾,挖掘具有本质性和倾向性的问题,提炼出规律性的认识,并形成主题深刻的文章。

二、应用文的材料

(一)材料的概念

应用文的材料是指撰写者为表现应用文的主旨所搜集或积累的一系列事实、数据或论据。

材料是应用文写作的基础。如果说主旨是应用文写作的灵魂,那么材料就是应用文的血肉。没有材料,主旨就不能确定。

(二)材料的来源

应用文的材料主要分为理论材料和事实材料两大部分。根据特定的写作目的,应用文搜集的材料要做到丰厚、典型。

怎样获得应用文的材料呢?一般地,应用文材料获得的途径主要通过直接获取和间接获取两条途径。

1. 直接获取

直接获取是指作者亲自从现实生活中获取。如运用观察、实地调查、访问、问卷、开调查会等方法直接搜集材料。

2. 间接获取

间接获取是指作者通过某种传播媒介所获得的材料。如查阅各种记录、报表、报刊、书籍、部门或单位的档案、计算机信息库、网络等方法获取大量的间接材料。

(三)写作对材料的要求

1. 围绕主旨选择材料

应用文的主旨是灵魂、核心,材料是用来表现主旨,并为主旨服务的。一定要准确把握主旨,紧扣主旨的需要取舍材料;偏离了主旨的材料写在文章中,不仅是毫无意义的,而且是累赘的。

2. 选择典型、真实、新颖的材料

选择材料是指在搜集和分析材料的基础上,对具备候选资格的材料进行筛选、取舍。

应用文选择材料主要是根据主旨的需要去选择那些典型、真实、新颖的材料,这是应用文的实用性决定的。典型性材料能够以一当十；真实性材料能够反映客观事物的本质和主流；新颖性材料符合时代的特征，能够引起人们的共鸣。

3. 恰当地组织、安排材料

使用材料的恰当与否，直接关系到主题的表达和文章的质量。因此，使用材料时一定要分清主次，根据主题的需要，按照一定的组织形式安排材料的先后顺序。在安排顺序时要考虑材料的主次、时间的先后、材料间的逻辑顺序、人们认识事物的规律、事物发展的过程等诸多因素。

三、应用文的结构

应用文的结构是指应用文的内部组织与构造。安排应用文的结构，即布局谋篇，包括怎样组织材料、怎样安排内容、怎样布置前后顺序等，使一篇应用文成为一个有机的整体。结构是应用文的骨架，有了严密的结构，才能形成一篇完整的文章。

应用文的结构与一般文章一样，包括开头和结尾、层次和段落、过渡和照应。

（一）开头和结尾

1. 开头

开头是指文章从什么问题写起，从哪里下笔。应用文的开头多为开门见山，常见的方式有以下几种。

（1）概述式。概述式是指概括地写出主要内容、基本情况或主要问题。这种开头，多用于"调查报告"、"简报"、"总结"、"会议纪要"等文种。

（2）目的式。目的式是指开头就开宗明义，说明写文章的目的。这种开头常用于"情况通报"、"通告"、"通知"、"意见"等文种。

（3）根据式。根据式开头是指把行文的依据放在文章的开头。如根据法律、法令、文件精神、对方来文、存在问题、突发事件等行文。这种开头多用于"决定"、"批复"、"函"、"调查报告"、"市场预测报告"、"合同"等文种。

（4）提问式。提问式是指开头就开门见山地提出问题，制造一个悬念，发人深思，然后引出正文。"调查报告"、"会议纪要"、"毕业论文"、"新闻"等文种有时用这种方式开头。

（5）说明式。说明式是指开头先对要写的对象的背景、情况作一些说明，在此基础上再引出正文。这种开头多见于"调查报告"、"新闻"、"通讯"、"广告"等文种。

2. 结尾

结尾是文章的总收束，应用文常见的结尾方式有以下5种。

（1）总结式。归纳全文，给出结论，点明主旨，以加深人们对文章的印象。这种形式多用于"总结"、"调查报告"、"通报"等文种。

(2)号召式。归纳全文,提出希望,发出号召。这种形式多用于"总结"、"决定"、"会议纪要"等文种。

(3)说明式。对主体部分的未尽事宜作一些补充说明,或者对与内容有关的问题作一些必要交代。这种形式多用于"公告"、"通报"、"通告"、"规章制度"等文种。

(4)自然式。即主要内容写完后,自然收结,事尽言止,不另做结尾。这种形式多用于"条例"、"章程"等法规性文件。

(5)惯用式。以习惯用语和固定格式构成结尾。这种形式多用于"公文"、"经济合同"、"诉讼文书"等。

(二) 段落和层次

1. 段落

段落是组成文章的最基本单位,是文章中最小的可以独立的意义单位。在内容上,段落是同属于一个中心思想的一些句子的连接,是小于篇、大于句子的一个完整的意义单位。在形式上,段落有换行的明显标志。

2. 层次

层次,又叫意义段,是文章在表达主旨过程中形成的相对完整的思想内容单位。它体现了文章内容的表现次序及相互间的逻辑联系,也反映出作者的思维过程。

(1)层次的表述方法:

①用小标题表示。例如,《中共中央关于加快农业发展若干问题的决定》一文的层次即用小标题的形式表示:(一)统一全党对我国农业问题的认识、(二)当前发展农业生产力的二十五条政策和措施、(三)实现农业现代化的部署。

②用数量词表示。例如:一、二、三、四……,(一)、(二)、(三)、(四)……

③用表示顺序的词或词组表示。例如,首先、其次、最后、会议认为、会议决定等。

(2)安排结构层次的常见方法:

①纵式结构。即以时间的先后或事物发生发展的过程等来安排层次。一般记叙性、论说性的应用文常用这一方法。如"报告"、"通报"、"调查报告"等应用文多采用这种形式。

②横式结构。即以横向铺排为线索的结构,包括按照空间方位的转换、材料的不同性质和类型、问题的不同侧面等来安排层次。这种方法在应用文中运用很广泛,表现出各个层次的内容是一种平等、并列的关系,如"讲话"、"总结"等一般采用这种形式。

③纵横式结构。即将以上两种形式结合运用来安排结构层次,如先以时间为序划分大的层次,再以其中的问题为序划分小的层次,或反之。

④总分式结构。一般按照总—分—总、分—总或总—分的关系安排层次。"通知"、"计划"、"总结"等文体多采用这种形式。

除此之外,还有条款式结构、一段式结构。前者分条分款来写,如"说明书"、"合同"规章制度;后者适用于内容少而简单的,如"公告"、"通知"、"启事"、"介绍信"等。

(三)过渡和照应

1. 过渡

应用文的过渡是指上下文之间的衔接、转换。过渡的方式主要是用过渡段、过渡句和关联词语,如综上所述、总之、为此、故此等。应用文常见的过渡有以下几种:

(1)内容开合处。即文章内容由总到分或由分到总时需要过渡。如"调查报告"中第一段总述后常用"现将调查结果归述如下"。

(2)意思转换处。即文章内容由一层意思转入另一层意思时需要过渡。

(3)表达变动处。即文章内容由叙述转入议论或由议论转入叙述时需要过渡。

2. 照应

应用文的照应,是指文章前后内容的关照、呼应。应用文的照应,主要有以下几种形式:

(1)首尾照应。即开头与结尾相呼应。

(2)前后照应。即前面的内容为后面的内容埋下伏笔,相互呼应。

(3)题文照应。即题目与文章的内容相呼应。

过渡和照应,是应用文结构中不可忽视的问题,它们像桥梁、似纽带,在文章内部起着穿针引线、承上启下的作用。使文章前后勾连,脉络畅通,逻辑严密,浑然一体。

四、应用文的语言

(一)应用文语言的表述要求

各类文章,由于文体不同而各具特色,但它们对语言的要求既有共同性又有差异性。如应用文章的语言就不同于文学作品的语言。比如,说某人的想法不切合实际,应用文中一般用"不切合实际的想法"表达清楚就可以了,而于文学作品则可能采用"癞蛤蟆想吃天鹅肉"之类形象比喻的语言。

写作应用文要从以下几个方面来注意语言的表述:

1. 准确

准确是指用词要切合语体,语言要准确、连贯,逻辑性要强,造句要合乎语法修辞的规范。例如,在应用文的写作中经常会遇到一些数字、概念,在运用时就不能含糊不清,一定要准确、恰当,切忌使用"可能、大概"等词语。

2. 简练

简练是指语言的简洁和精练,要用最少的文字表达最丰富的内容。但简练要以明白为前提,如果只是为了简练而压缩字句,将应该用的词不用,弄得语气不连贯,意思不好懂,那就是错误的。

3. 质朴

质朴就是不用夸张性的语言,杜绝虚妄不实之词,保持写作的严肃性。应用文是为了解决实际问题的,它的用语不追求华丽、深奥,而强调朴实、得体。质朴的语言用得恰当,也能产生很好的语言效果。

4. 规范

规范就是应用文不宜使用文学语言,也不宜使用口语、方言、不规范的简称等词语,要使用应用文专门用语。规范的语言词义严谨周密,而不规范的语言能导致理解歧义,影响工作的进行。

(二)应用文常用的专用语言

应用文体在长期的运转中形成了一些固定性语言,具有独特的表达形式和约定俗成的特点,在应用文写作中正确地运用,可以有简洁、规范、庄重的效果。

1. 称谓词

即表示称谓关系的词。在应用文中涉及机关时,一般应直呼机关的全称或规范化的简称;涉及个人时,要直呼对方的职务或××同志、××先生。在表述指代关系的称谓时,一般用下列专门词语。

(1)第一人称。"本、我",后面加上所代表的单位的简称,如院、部、厅、局等。

(2)第二人称。"贵、你",后面加上所代表的单位的简称,如院、部、厅、局等。

(3)第三人称。"该",可用于指代人、事物或单位,如"该同志"、"该唱片"、"该厂"等。

(4)泛称。先生、女士、小姐、诸位、大家、同志、同事、同行、同仁、来宾、贵宾、嘉宾、佳丽、听众、观众……

2. 引叙词

即指用于引出应用文撰写的根据、理由或应用文具体内容的词。

应用文的引叙词多用于文章的开端,引出法律、法规及国家政策作依据,或引出事实作依据;用在文章的中间,起过渡、衔接的作用。一般情况下,借助引叙词可以使应用文写得开宗明义。常用的引叙词有:为了、根据、按照、遵照、据查、据报、鉴于、关于、接……悉、近悉、收悉、敬悉、惊悉、欣闻、为……特、前接、近接等。

3. 经办词

即用来说明工作处理过程的已然时态,表明处理时间及经过情况。在使用时,应注意这类词语在表述次数和时态方面的差异。常用的经办词有:已经、一经、兹经、业经、前经、即经、复经、均经、未经、业已、经向、经与等。

4. 承转词

又称过渡语,即承接上文转入下文时使用的关联词、过渡用语。承转词用在陈述理由及事实之后引出作者的意见和方案。常用的承转词有:为此、因此、据此、故此、如下、综上所述、总而言之、由此可见、总之等。

5. 期请词

即指用于向受文者表示请求和希望的词语。

使用期请词的目的在于营造机关之间相互敬重、和谐的气氛,从而建立正常的工作关系。常用的期请词有:即请查照、希即遵照、希、尚希、敬希、希予、请、务请、拟请、恳请、提请、报请、烦请、希盼、切盼、务求、酌情等。

6. 商洽词

即用于征询对方的意见和反应,具有探询的语气。这类词语一般用于公文的上行文、平行文中。在使用时要有实际的针对性,即确定需征询对方的意见时才使用。常用的商洽词有:当否、可否、妥否、是否可行、是否妥当、是否同意等。

7. 受事词

即向对方表示感谢、感激时使用的词。受事词属于客套语,一般用于平行文或涉外的公文。常用的受事词有:蒙、承蒙。

8. 命令词

即表示命令或告诫语气的词语。命令词的作用在于增强公文的严肃性与权威性,引起受文者的高度注意。常用的命令词有:着令、着、特命、责成、着即、切切、毋违、不得有误、严格办理等。

9. 目的词

即直接交代行文目的的词语。人们撰写应用文,尤其是公文时都有明确而具体的目的,对此需要有针对性地使用简洁的词语加以表述,以便受文者正确理解并加速办理。

用于上行文、平行文的目的词,还需加上期请词,常用的有:请批复、函复、批示、告知、批转、转发。用于下行文的有:查照办理、遵照办理、参照执行。用于知照性的文件有:周知、知照、备案、审阅。

10. 表态词

又称回复用语,即针对对方的请示、问函,表示明确意见时使用的词语。在使用表态词时,应对公文中的下行文和平行文严加区别。常用的表态词有:照办、可行、不宜、不可、同意、不同意、遵照执行等。

11. 结尾词

即置于正文最后,表示正文结束的词语。

使用结尾词,有助于使文章表达得更简练、严谨并富有节奏感,从而赋予文章庄严、严肃的色彩。常用的结尾词有：此致、此布、特此、专此、特此报告、此复、为要、为盼、为荷、为鉴、特此函达、敬礼、谨呈、谨致谢忱、希遵照执行等。

五、应用文的表达方式

表达方式指的是，在文章中运用语言表情达意时所采用的表述形式与方法。

作者要想把自己的思想、意图、目的、情感等告诉读者，不仅要运用语言文字这种交际工具，而且要考虑采用什么样的表述形式、方法及手段以取得更好的效果，这种表述形式、方法及手段就是通常所说的表达方式。常用的表达方式有叙述、描写、议论、抒情和说明。因为不同文体的文章所表现的对象和目的不同，它们所使用的表达方式也不一样。应用文最常用的表达方式有叙述、说明和议论，但也不排除描写和抒情。

（一）叙　　述

叙述是对人物的经历和事物发展变化的过程所作的介绍和交代，也称记叙。它可用于叙事、写人或记物。需要注意的是，应用文写作中的记叙，以叙事为主，一般不专门写人或记物。要求把事情的客观情况和发展变化过程如实地记叙下来，简明扼要；不像文学作品中的记叙要求具体、详尽，而且往往与描写结合在一起。

在应用文体的写作中，叙述这种表达方式与其在其他文体中的写作一样，应该具备六要素，即时间、地点、人物、事件、原因、结果。如果叙述的要素残缺，就会造成表达不清。

应用文体中叙述的方式通常有：顺叙、倒叙、概叙和夹叙夹议。

1. 顺叙

顺叙是完全按照时间先后或事情发生发展的过程来安排段落层次的一种写法。用这种方法，可以把事物发展的过程叙述清楚，层次分明。例如，"情况通报"、"工作总结"等文种常使用这种写法。

2. 倒叙

倒叙是先写事情结局或事件的某一重要情节，然后再按事件的发生、发展过程进行叙述。例如，"总结"、"调查报告"等，常常是先叙述成绩、结果，然后回头再叙述工作进展、过程及经验。用这种方法，可以强调结局、突出重点。

3. 概叙

概叙就是概略叙述某一状况、某一过程的基本面貌，使读者能了解概要，抓住要领。这种叙述方法在应用文中运用最多。但概叙不同于略叙，略叙是将无关紧要的情况略去的叙述，概叙则是对主要材料作概括的叙述。

4. 夹叙夹议

夹叙夹议是以叙述为主并加以分析评论的叙述方式。它在应用文写作中广泛运用,这种方法将材料与观点结合起来,能更好地表现作者的意图。

（二）说　　明

说明,就是简明扼要地把事物的形状、性质、特征、成因、关系、功能等解说清楚,把人物的经历、特点等表述明白的一种表达方式。说明在应用文写作中有着广泛的用途,常用的说明方法有以下几种。

1. 诠释说明

诠释说明,就是通常所说的下定义,是指用简练、概括的语言给事物下定义,把事物的本质属性揭示出来,给人以清晰的概念。

2. 分类说明

分类说明,是指将被说明的对象,根据它们的性质、形状、成因、关系、功用等,按照一定的标准分成不同的类别,然后逐类说明。

3. 举例说明

举例说明是举出突出实例来说明事物、事理。它是通过个别认识一般的一种方法,既能帮助读者理解,又能给读者留下深刻的印象。

举例说明要精心选择例子,做到事例典型、有代表性、有启发性。应用文中的"论文"、"总结"、"报告"、"调查报告"、"通报"等常用举例说明。

4. 列举数字说明

列举数字说明,是指用具体的数据说明问题的一种说明方法。它在应用文中使用最广泛。

除上述的说明方法外,还有比较说明、引用说明、图表说明等方法。在应用文写作中,要根据需要选用恰当的说明方法。

（三）议　　论

议论就是用理性的语言来提出主张、阐发道理、论辩是非的一种表达方法。议论解决"为什么"的问题,进行议论,讲清道理,达到以理服人的目的。

1. 议论的结构

一般来说,议论是由论点、论据和论证三个要素构成的。

论点是作者对所论述的问题提出的主张、看法和表示的态度。它常常是议论的主旨或称中心论点。

论据是用来证明论点的理由和依据,它是议论的基础。论据有事实论据和理论论据两种。

论证是用论据证明论点的过程和方法。通常有两种论证方式:立论和驳论。在论证过程中,这两种方法经常综合运用,共同完成对论点的证明。

应用文中适当运用议论,可以深化主旨。但必须要做到论点鲜明正确、论证典型充分、论证合理严密。

2. 论证方法

(1)归纳法。归纳法是指根据对一些个别事物的分析与研究,推导出一般结论的论证方法。

(2)例证法。例证法是指用具体实例或统计数字来证明论点的方法。

(3)类比法。类比法是指用同类事物进行比较,从而由此及彼,自然地得出新的结论的论证方法。

(4)引证法。引证法是指引用经典作家的言论、科学原理、尽人皆知的常理等作为论据来直接证明论点的论证方法。

(5)对比法。对比法是指把两种截然相反的事物加以对照、比较,从而推导出它们之间的差异点,使结论映衬而出的论证方法。

(6)反证法。反证法是指通过证明相反的论点是错误的,从而证明自己论点的正确性。

(7)喻证法。喻证法是指通过打比方、讲道理来论证论点的方法。

(8)归谬法。归谬法是指首先假设对方的论点是正确的,然后从这一论点中加以引申、推论,从而得出极其荒谬可笑的结论来,以驳倒对方论点的一种论证方法。

(9)因果法。因果法是指分析事物的前因后果,并以此证明论点的方法。

总之,记叙、说明和议论是应用文常见的三种表达方式,在写作中单独运用某一种方式的不多,往往是以某一种表达方式为主,结合运用其他方式。

综合训练

一、不定项选择

1. 下列词语表示"征询"的有( )。
   A. 是否可行、妥否、当否、是否同意   B. 蒙、承蒙、妥否、当否、是否同意
   C. 敬希、烦请、恳请、希望、要求   D. 可行、不可行、希望、妥否

2. 下列词语表示"期请"的有( )。
   A. 是否可行、妥否、当否、是否同意   B. 蒙、承蒙、妥否、当否、是否同意
   C. 敬希、烦请、恳请、希望、要求   D. 可行、不可行、希望、妥否

3. 下列词语表示"经办"的有( )。
   A. 业经、敬悉、希望、恳请   B. 妥否、是否可以、当否、意见如何
   C. 业经、前经、即经、复经   D. 获悉、据悉、收悉、欣闻

4. 主题是作者通过文章的具体材料所表达的基本观点,主题应力求(　　)。
   A. 正确　　　　B. 集中　　　　C. 深刻　　　　D. 鲜明
5. 论据可简单地分为两类,这两类是(　　)。
   A. 理论论据　　B. 事实论据　　C. 直接论据　　D. 比喻论据

二、简答题

1. 应用文写作与文学创作有哪些区别?
2. 简述应用文主旨的重要性。
3. 简述应用文的语言特点。

三、阅读下面文字,指出文中所运用的表达方式

1. 小弟生于北京,一九五二年从清华大学航空系毕业。他填志愿到西南,后来分配在东北,以后又调到成都、调到陕西。虽然他的血没有流在祖国的土地上,但他的汗水洒遍全国,他的精力的一点一滴都献给祖国的航空事业了。个人的功绩总是有限的!也许燃尽了自己,也不能给人一点光亮,可总是为以后的绚烂的光辉做了一点积累吧。我不大明白各种工业的复杂性,但我明白,任何事业也不是只坐在北京就能够建树的。

2. 诗是古代运用最广的一种韵文,门类众多,体式纷繁。如以句式言,可分为四言诗、五言诗、六言诗、七言诗、杂言诗等;如以体裁言,则有楚辞体、乐府体、歌行体、律体等。简而言之,可大致分为古体诗与近体诗两大类。

3. 地球上的生物,已知道的约有200多万种。这些生物,就大小来说,有的很大,例如巨杉,最高的可达142米,直径有12米;海洋里的鲸,最大的体长可达35米,体重有32万多斤。有的很小,只有显微镜才能看到,例如结核杆菌,2000到4000个并排起来,能够同时穿过一个针眼。

4. 中国女子足球队是我国体育战线上的一支优秀队伍,长期以来,刻苦训练,锐意进取,在历次重大比赛中都获得了好成绩,为我国体育事业的发展做出了贡献。中国女子足球队在第三届世界杯女子足球赛中,发扬为国争光、不畏强手、团结协作、顽强拼搏的精神,荣获亚军,为祖国赢得了荣誉,受到全国人民的称赞。为此,国务院决定对中国女子足球队给予表彰并予奖励。

第二章 公文写作

> **学习目标**
>
> 通过本章的学习,应该达到以下目标:
>
> 知识目标:了解公文的概念和特点,理解公文的语言特色,重点掌握公文的基本格式和写法以及不同文种的写作要求。
>
> 能力目标:认真学习各文种的例文,领悟"例文简析",模拟写作,初步具备撰写行政公文的能力。

第一节 公文概述

一、公文的含义、特点和作用

(一)公文的含义

公文是国家机关或其他社会组织处理各种公务时所使用的公务文书。在我国,公文是党和国家机关在领导党的事业和治理国家方面表达意志、传达政令的工具和手段。通常情况下,党的机关公文称为党的文件,行政机关的公文称为行政公文。

我国企事业单位和社会团体没有公文处理的统一规定,长期以来都是参照执行《国家行政机关公文处理办法》。因此,企事业单位和社会团体制发公文的原则、要求及体式,发文与收文程序,归档,管理等都应以《办法》为依据规范化、制度化、科学化。

行政公文,是行政机关在行政管理过程中形成的具有法定效力和规范体式的文书,是依法行政和进行公务活动的重要工具(《国家行政机关公文处理办法》第二条)。

这个定义有四层含义：
(1)制发机关是行政机关。
(2)内容涉及的是行政管理活动。
(3)职能是行使行政权力并具有法定效力。
(4)体式规范。

长期以来约定俗成的,将行政公文简称为公文或文件,其种类主要有:命令(令)、决定、公告、通告、通知、通报、议案、报告、请示、批复、意见、函、会议纪要,共13种。这是公文概念的外延。

除此以外,机关的计划、总结、调查报告、规章、条例等,即便是办理公共事务的,也不能叫公文,只能叫事务文书,或者和公文统称为公务文书。所以,公文是一个特定的概念。

(二) 公文的特点

1. 政策性

公文作为一种信息媒体,用来传达党和国家的路线、方针、政策;作为一种管理工具,它要传达本单位的管理决策,向上反馈情况,向下发号施令。因此,必须坚持四项基本原则,依法治国,维护国家和人民的利益,这就决定了公文具有很强的政策性和政治性。

2. 权威性

公文是法定机关或组织依法行使职权而制定和发布的,因而具有法定的权威性和约束力,在贯彻执行上不容许出现"上有政策,下有对策"的现象,并有行政措施作保证。

3. 实用性

公文是为解决实际问题而制定的,目的明确、对象具体、指向性强,具有鲜明的实用性。

4. 规范性

公文的体式(包括行文方式、文件结构、文件格式、外观形式等)及文书处理的程序和制度,国家都有统一的标准,要求严格,不能随意变动,因而具有规范性、程式性和约束性。

5. 时效性

时效性是指任何一份公文都具有一定的时效,制发公文的目的就是解决公务活动的实际问题的,为提高机关工作的办事效率,必须快写、快发、快处理。公文除有明确的规定生效时间外(一般都以"成文日期"作为生效时间),还由于客观形势的变化,有些文件的时效自然会被终止。

（三）公文的作用

1. 指导组织作用

公文用于及时传达党和国家的政策、上级的指示以及本单位的有关决策，并督促下级组织和个人认真贯彻执行。比如：使用通报、简报推广行之有效的经验，指导工作；使用命令、意见等对下级的工作提出明确的要求，加以指导和组织。

2. 宣传教育作用

为了贯彻好党和国家的方针、政策、法令、法规，行文时必须使下级明确要做什么、为什么要做、应当怎样做、不能怎样做、哪些事不能做等，以达到统一思想、统一口径、统一行动的目的。因此，公文的宣传教育作用更为直接、明确、具体。

3. 联系沟通作用

各机关单位，通过公文往来，可以互相联系工作、交流情况、传递信息、商洽问题，取得配合、协调，公文是上下级、平级和不相隶属的机关之间联系的桥梁和纽带。

4. 记录凭证作用

公文借助于文字进行表达，所以它是机关工作的真实记录。在完成了它的现实作用之后，立卷归档，成为文书档案，又可起着记载、凭证和考查的作用。

二、公文的格式

公文区别于其他文体的标志之一，就是有严格的格式要求，任何单位和个人都不能标新立异。《国家行政机关公文格式》和《国家行政机关公文处理办法》中对公文要素标识规则、纸张规格、印制要求等都作出了明确的规定。

（一）公文用纸及印装格式

1. 公文用纸采用 A4 型纸

公文用纸采用 GB/T148 中规定的 A4 型纸，其成品幅面尺寸为：210 mm×297 mm。

公文用纸天头（上白边）为：37 mm±1 mm。

公文用纸订口（左白边）为：28 mm±1 mm。

版心尺寸为：156 mm×225 mm（不含页码）。

2. 公文排版规格与印刷装订要求

公文排版正文用 3 号仿宋体字，一般每面排 22 行，每行 28 个字。

公文所有文字符号从上至下、自左而右依次横写横排（少数民族文字可按其习惯书写、排版）。

公文应左侧装订，不掉页。包裹公文的封面与书芯不脱落，后背平整、不空。两页

页码之间误差不超过 4 mm。骑马订或平订的订位为两钉钉锯处订眼距书芯上下各 1/4 处,允许误差±4 mm。平订钉锯与书脊间的距离为 3～5 mm;无坏钉、漏钉、重钉,钉脚平伏牢固;后背不可散页明订。裁切成品尺寸误差±1 mm,四角成 90°,无毛茬或缺损。

(二) 公文要素标识规则

组成公文的各要素划分为眉首、主体、版记三部分。置于公文首页红色反线(宽度同版心,即 156 mm)以上的各要素统称眉首,置于红色反线(不含)以下至主题词(不含)之间的各要素统称主体,置于主题词以下的各要素统称版记。

1. 公文眉首格式

公文眉首,又称文头。由发文机关标识、公文份数序号、秘密等级和保密期限、紧急程度、发文字号、签发人等要素组成。

(1)发文机关标识。又叫公文版头。它是发文机关的标志,它具有法定性、权威性和效用性,通常套红,以示庄重。

发文机关标识,由发文机关全称或规范化简称后加"文件"组成。对一些特定的公文,可只标识发文机关全称或规范化简称。

平行文或下行文发文机关标识上边缘至版心上边缘距离为 25 mm(约两行),即发文机关标识距上页边距离为 62 mm。对于上报的公文,发文机关标识上边缘至版心上边缘距离为 80 mm,亦即到上页边距离为 117 mm,其 55 mm 空白供上级机关批示文件用。

发文机关标识推荐使用小标宋体字,用红色标识。字号由发文机关以醒目美观为原则酌定,但是最大不能等于或大于 22 mm×15 mm。

联合行文时应使用主办机关名称在前,"文件"二字置于发文机关名称右侧,上下居中排布;如联合行文机关过多,保证公文首页显示正文。

(2)发文字号。即发文机关编排的文件代号。公文标注发文字号的目的,是为了便于公文的登记、分类、存档和查阅。

发文字号由发文机关代字、年份和序号组成。年份、序号用阿拉伯数字标识;年份应标全称,用六角括号"〔〕"括入;序号不编虚位(即 1 不编为 001),不加"第"字。

年度使用公元纪年,用阿拉伯数字。例如:"国发〔2006〕18 号","国"是国务院的代字,"〔2006〕"是发文的年度,"18 号"是 2006 年发文的顺序号,即表明这一文件是该年度国务院发出的第 18 号文件。

发文字号居中排布在发文机关标识下空两行,用 3 号仿宋体字。

发文字号之下 4 mm 处印一条与版心等宽的红色反线。

(3)公文份数序号。又叫份号,是指同一文稿印制若干份时每份公文在总印数中的顺序编号。

按规定:涉及国家机密的公文应当标明密级和保密期限,其中"绝密"、"机密"级公文还应当标明份数序号。用阿拉伯数码标识在版心左上角第一行,顶格书写。也就是天头下边缘,距公文上页边 37 mm 处下面第一行。

(4)秘密等级和保密期限。秘密等级,简称密级,是指公文内容涉密的程度。公文内容涉密应分别标明"秘密"、"机密"、"绝密";保密期限,即保密时间限制,如机密 20 年(公文应当同时标明份数序号)。

如需同时标识秘密等级和保密期限,用 3 号黑体字,顶格标识在版心右上角第一行,两字之间空 1 字;秘密等级和保密期限之间用"★"隔开。

(5)紧急程度。如需标识紧急程度,用 3 号黑体字,顶格标识在版心右上角第一行,两字之间空 1 字;如需同时标识秘密等级与紧急程度,秘密等级顶格标识在版心右上角第一行,紧急程度顶格标识在版心右上角第二行。

紧急程度是对公文传递和办理速度的要求。公文处理必须做到及时、准确、安全。标明紧急程度,是为了引起特别注意,以保证公文的时效,确保紧急事项的及时处理。文秘部门处理公文要力求"当日签收、当日登记、当日呈批、当日转办"。特别是急件,要贯彻"急事急办、特事特办"的原则,抓紧办理;行文时应根据紧急程度,分别标明"特急"、"急件";紧急电报应分别标明"特急"、"加急"或"平急"。

(6)签发(会签)人。上行文应当注明签发人、会签人姓名,以示对公文负责。

关于联合行文的会签为:联合行文一般由主办机关首先签署意见,协办单位依次会签。一般不使用复印件会签。

标注位置与方法:平行排列于发文字号右侧。发文字号居左空 1 字,签发人姓名居右空 1 字;签发人用 3 号仿宋体字,签发人后标全角冒号,冒号后用 3 号楷体字标识签发人姓名。

如有多个签发人,主办单位签发人姓名置于第一行,其他签发人姓名从第二行起在主办单位签发人姓名之下按发文机关顺序依次顺排,下移红色反线,应使发文字号与最后一个签发人姓名处在同一行并使红反线与之的距离为 4 mm。

2. 公文主体格式

(1)公文标题。公文标题是对公文主要内容的揭示,要求做到准确、简要。

规范化的公文标题一般应由发文机关名称、公文主题(事由)和公文种类三个部分组成。除这三个部分外,在发文机关名称与公文主题之间加个介词(如"关于"、"对"、"在"、"为"或"给"等),在公文主题与公文种类之间加一个结构助词"的"字。例如:"国务院办公厅关于发布《国家行政机关公文处理办法》的通知",其中,"国务院办公厅"是发文机关名称,"关于"是介词,"发布《国家行政机关公文处理办法》"是公文主题,"的"是结构助词,"通知"是公文的种类。标题除发布法规性的文件可加书名号外,一般不用标点符号。

当遇到下列情况时,公文标题可以省略发文机关名称或公文主题组成部分:

①使用正式的套红文件版头,公文标题可以省略发文机关名称。例如:"关于印发《安徽省行政机关公文处理实施细则》的通知",这份文件是使用"安徽省人民政府办公厅"机关固定的文件版头印发的,因此,公文标题就省略了发文机关的名称。

②印发公布性文件时,有的公文标题可以省略公文主题部分。例如:"铜陵市人民政府令"。

③经会议讨论通过或批准的公文,可在标题下加题注,在圆括号内注明某年某月某日经某会议讨论通过。

公文标题位于红色反线下空两行,用2号小标宋体字。公文标题字数不宜太多,可视情况分一行或多行排列。若需多行排列,回行时,要做到词意完整,排列对称,间距恰当。尽量不要把人名、地名以及两个字以上的词或数字分开,以避免产生歧义。

(2)主送机关。亦称"抬头",是指发文机关要求对公文进行办理或给予答复的机关。主送机关应使用全称或规范化的简称;主送机关不止一个时,应按其性质、级别以及有关规定或惯例依次排列;同类型机关可使用统称,如"省政府各部门"。

行政机关与同级或相应的党的机关、军队机关、人民团体联合行文,按照党、政、军、群的顺序排列。

主送机关应明确、具体,标列在公文标题的下方(标题下空1行),正文之上,从左至右顶格书写,回行继续顶格,最后一个主送机关名称后标全角冒号,用3号仿宋体字标识。

如主送机关名称过多而使公文首页不能显示正文时,应将主送机关名称移至版记中的主题词之下、抄送之上,标识方法同抄送。

(3)公文正文。正文是公文的主体部分,用来表达公文的内容、传达发文机关的意图。撰写公文总的要求是:内容符合党的方针、政策和国家的法律、法规,情况准确,措施、要求扎实具体,观点明确,条理清楚,文字通顺、精炼,书写工整,标点正确,篇幅力求简短。

公文正文位于主送机关名称下一行,每自然段左空2字,回行顶格,数字、年份不能回行。

(4)附件。公文如有附件,在正文下空1行,左空2字,用3号仿宋体字标识"附件",后标全角冒号和名称。附件如有序号,使用阿拉伯数字,如"附件:1.××××",附件名称后不加标点符号。附件应与公文正文一起装订,并在附件左上角第一行顶格标识"附件",有序号时标识序号;附件的序号和名称前后标识应一致。如附件与公文正文不能一起装订,就在附件左上角第一行顶格标识公文的发文字号,并在其后标识附件(或带序号)。

(5)成文时间。成文时间以领导人签发的日期为准;联合发文,以最后签发机关领导人签发的日期为准;会议讨论通过的公文,一般以讨论通过的日期为准;电报,以发出日期为准。

成文时间一般在正文之后的右下方专行标注。会议讨论通过的公文,如决议、决定、条例等,一般应用小于标题的字体将会议讨论通过的时间和会议名称在公文标题之下居中标注,并加圆括号。

成文时间一般应是公文正式生效、执行的日期,但是发布法规、规章的公文,除了标注发布时间外,还专门公布具体实施的年、月、日。

成文时间用汉字将年、月、日标全;"零"写为"○";年度使用公元纪年全称,不得简写或省略。如:2006年1月8日,既不能写成"06年1月8日",也不得写成"零六、元、八"。

成文时间必须按规定标注,切忌标注拟稿、审稿或打印时间。

(6)公文生效标识。公文生效标识是证明公文效力的表现形式。它包括发文机关印章或签署人姓名。

公文除电报、会议纪要外,大部分文件的发文机关署名都应加盖印章。公文盖上印章,是表示发文机关对文件正式生效和确认无误的一种凭证。

印章与公文版头一样,都必须使用全称或规范化的简称。用印位置在成文日期的中间偏上,要求上不压正文,下骑年盖月。印章必须盖得端正、清晰。

①单一发文印章。单一机关制发的公文在落款处不署发文机关的名称,只标识成文时间。成文时间右空4字;加盖印章应上距正文2～4 mm,端正,居中下压成文时间,印章用红色。

当印章下弧无文字时,采用下套方式,即仅以下弧压在成文时间上;当印章下弧有文字时,采用中套方式,即印章中心线压在成文时间上。

②联合行文印章。当联合行文需加盖两个印章时,应将成文时间拉开,左右各空7字;主办机关印章在前;两个印章均压成文时间,印章用红色。只能采用同种加盖印章方式,以保证印章排列整齐。两印章间互不相交或相切,相距不超过3 mm。

当联合行文需加盖3个以上印章时,为防止出现空白印章,应将各发文机关名称(可用简称)排在发文时间和正文之间。主办机关印章在前,每排最多3个印章,两端不得超过版心;最后一排如剩余一个或两个印章,均居中排布;印章之间互不相交或相切;在最后一排印章之下右空2字标识成文时间。

③特殊情况说明。当公文排版后所剩空白处不能容下印章位置时,应采取调整行距、字距的措施加以解决,务使印章与正文同处一面,不得采取标识"此页无正文"的方法解决。

(7)附注。附注用于说明公文中在其他区域不便说明的事项。如需要加以解释的名词术词、或用于表述公文的传达范围等。附注的内容,一般在成文日期的左下方、主题词的上方,另行标注;用3号仿宋体字,居左空2字,并加圆括号标识在成文时间下一行。如:"(此件发至各乡、镇人民政府)"、"(此件不得登报)"、"(此件至×月×日对外公开)"等。

3. 版记格式

(1)主题词。主题词是用于揭示公文内容,便于公文检索查询的规范化词。标注主题词是文书部门和档案部门相互衔接的一项工作。它主要是供制作公文索引和电子计算机检索之用。

公文主题词通常由公文制发机关的最高行政主管机关负责制定和发布。如国家行政机关公文主题词是由国务院办公厅编制的《国务院公文主题词表》规定。"主题词"一般由三个部分组成:

类别词——反映公文内容的主要类别、范围;

类属词——反映公文形式的具体方面;

文种词——反映公文的文种。

如《关于调整〈××市征收教育附加费暂行办法〉中有关规定的通知》,其主题词应标为:"主题词:教育　调整　收费标准　通知"。从文件的标题可以看出,其内容是属于"教育"一类的,摆在前面;具体涉及的是"收费"方面的问题,而主题词表中只有"收费标准"一词,所以类属词选用"收费标准";因为是对过去规定的调整,所以在类属词前面加上"调整"一词是必要的;后面再加上文种词"通知"。

"主题词"用 3 号黑体字,居左顶格标识,后标全角冒号;词目用 3 号小标宋体字;词目之间空一字。

(2)抄送机关。指除主送机关外需要执行或知晓公文的其他机关,也应用全称或规范化简称、统称。

公文如有抄送,在主题词下 1 行,左空 1 字,用 3 号仿宋体字标识"抄送",后标全角冒号;抄送机关间用逗号隔开,回行时与冒号后的抄送机关对齐;在最后一个抄送机关标句号。如主送机关移至主题词之下,标识方法同抄送机关。

(3)印发机关和印发日期。印发机关是指公文的印制主管部门,一般应是各机关的办公厅(室)或文秘部门。有的发文机关没有专门的办公厅(室)或文秘部门,也可标识发文机关。印发日期以公文的付印的时间为准。标识印发日期是为了准确反映公文的生成时效。一般来说,公文在领导签发之后,也就是生效时间之后,往往需要经过打字、校对、复核等环节。

位于抄送机关之下(无抄送机关在主题词之下),占 1 行位置,用 3 号仿宋体字。印发机关左空 1 字,印发时间右空 1 字。印发时间以公文付印的日期为准,用阿拉伯数字标识。

(4)版记中的反线。版记中各要素下均加一条反线,宽度同版心。

版记应置于公文最后一面(封四),版记的最后一个要素置于最后一行。

（四）公文的特定格式

1. 信函式格式

发文机关名称上边缘距上页边的距离为 30 mm，推荐使用小标宋体字，字号由发文机关酌定；发文机关全称下 4 mm 处为一条武文线（上粗下细），距下页边 20 mm 处为一条文武线（上细下粗），两条线长均为 170 mm。每行居中排 28 个字。发文机关名称及双线均印红色。两线之间各要素的标识方法从本标准相应要素说明。

2. 命令格式

命令标识由发文机关名称加"命令"或"令"组成，用红色小标宋体字，字号由发文机关酌定。命令标识上边缘距版心上边缘 20 mm，下边缘空 2 行居中标识令号；令号下空 2 行标识正文；正文下一行右空 4 字标识签发人名章，签名章左空 2 字标识签发人职务；联合发布的命令或令的签发人职务应标识全称。在签发人名章下一行右空 2 字标识成文时间。分送机关标识方法同抄送机关。其他从本标准相关要素说明。

3. 会议纪要格式

会议纪要标识由"××××会议纪要"组成。其标识上边缘距版心上边缘 25mm，用红色小标宋体字，字号由发文机关酌定。会议纪要不加盖印章。其他要素从本标准规定。

（五）式　　样

A4 型公文用纸页边及版心尺寸见图 2.1 所示，公文首页版式见图 2.2 所示，上报公文首页版式见图 2.3 所示，公文末页版式见图 2.4 所示，联合行文公文末页版式一见图 2.5 所示，联合行文公文末页版式二见图 2.6 所示，公文的特定格式版式如图 2.7、2.8、2.9 所示（注：版心实线框仅为示意，在印制公文时并不印出）。

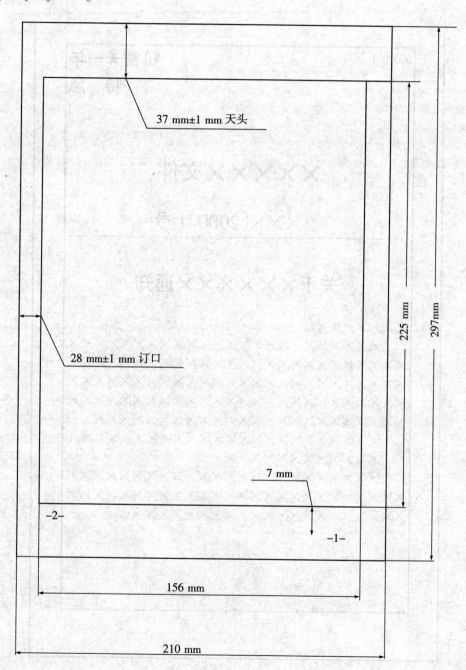

图 2.1　A4 型公文用纸页边及版心尺寸

```
0000001                              机密★一年
                                     特　急


                ×××××文件

                ×××〔2000〕1号
         ─────────────────────

              关于××××××通知

     ××××××:
         ××××××××××××××××××××
     ×××××××××××××××××××××××
     ×××××××××××××××××××××××
     ×××××××××××××××××××××××
     ××××××××××××××××××××。
     ××××××××××××××××××××。
     ××××××××××××。
     ×××××××××××××××××××××
     ×××××××××××××××××××××
     ××××××××××××××××。

                                        — 1 —
```

图 2.2　公文首页版式

图 2.3　上报公文首页版式

×××××××××××。

　　附件：1.×××××××××
　　　　　2.×××××××××

(×××××)

主题词：×× ×× ××

抄送：×××××××，××××××××××××
　　　××××××××××××××××××。

×××× 　　　　　　　2000年×月×日印发

图2.4 公文末页版式

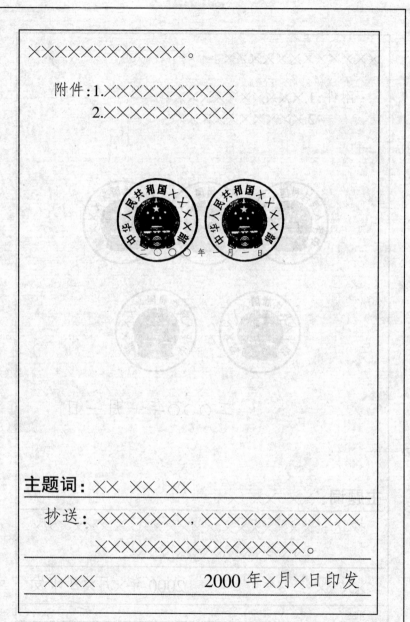

图 2.5　联合行文公文末页版式一

×××××××××××。

附件：1.××××××××
　　　2.×××××××

二〇〇〇年一月一日

主题词：×× ×× ××

抄送：×××××××,××××××××××××
　　　××××××××××。

××××　　　　　　　　　2000年×月×日印发

图2.6　联合行文公文末页版式二

图2.7 命令页面版式

××市人民政府办公厅

机密★一年　　　　　×××〔2004〕×号
特　急

关于××××的函

　　××。

（公章）

二〇〇四年×月×日

主题词：×× ×× ××

　抄送：×××××××,××××××××××××××××××××××××××××。

××××　　　　　　　　2004年×月×日印发

图 2.8　信函版式

图 2.9　会议纪要页面版式

三、公文的制发程序和行文规则

（一）公文的制发程序

公文的制发程序又叫发文办理。按照《国家行政机关公文处理办法》的规定："发文办理指以本机关名义制发公文的过程，包括草拟、审核、签发、复核、缮印、用印、登记、分发等程序。"

1. 拟稿

把领导人或单位的发文意图条理化，形成文字。草拟公文应当做到：

(1)符合国家的法律、法规及其他有关规定。如提出新的政策、规定等，要切实可行并加以说明。

(2)情况确实，观点明确，表述准确，结构严谨，条理清楚，直述不曲，字词规范，标点正确，篇幅力求简短。

(3)公文的文种应当根据行文目的、发文的职权和与主送机关的行文关系确定。

(4)拟制紧急公文，应当体现紧急的原因，并根据实际需要确定紧急程度。

(5)人名、地名、数字、引文准确。引用公文应当先引标题，后引发文字号。引用外文应当注明中文含义。日期应当写明具体的年、月、日。

(6)结构层次序数，第一层为"一、"，第二层为"（一）"，第三层为"1."，第四层为"(1)"。

(7)应当使用国家法定计量单位。

(8)文内使用非规范化简称，应当先用全称并注明简称。使用国际组织外文名称或其缩写形式，应当在第一次出现时注明准确的中文译名。

(9)公文中的数字，除成文日期、部分结构层次序数和在词、词组、惯用语、缩略语、具有修辞色彩语句中作为词素的数字必须使用汉字外，应当使用阿拉伯数字。

2. 审核

由秘书部门负责人对拟好的文稿进行审查、核对、修改，为签发做好准备。审核的重点是：是否需要行文，行文方式是否妥当，是否符合行文规则和拟制公文的有关要求，公文格式是否符合本办法的规定等。

3. 签发

由单位领导人签写发文具体意见，签发人对文稿的内容和行政效力负责。

以本机关的名义制发的上行文，由主要负责人或者主持工作的负责人签发；以本机关名义制发的下行文或平行文，由主要负责人或者由主要负责人授权的其他负责人签发。

4. 复核

公文正式印制前,文秘部门应当进行复核,重点是:审批、签发手续是否完备,附件材料是否齐全,格式是否统一、规范等。

经复核需要对文稿进行实质性修改的,应按程序复审。

5. 发文注册

为待发文件注册,编注发文字号,确定印制数量和发文范围等(机密文件还要确立公文份数序号)。

6. 缮印

根据公文格式标准,缮写或打印已签发的文稿,并由文秘人员负责校对。

7. 用印

由秘书对已经缮印好的公文加盖印章或现场监印。

(二)行文规则

机关、单位间行文时,必须遵循一定的行文关系与行文规则。行文关系是指发文单位与受文单位之间的关系。一般有三种情形:一是上下级之间领导与被领导的关系;二是上下级之间业务指导与被指导的关系;三是平行或不相隶属的关系。公文在行文时必须根据这三种不同的关系分别采取不同方式与文种,以保证运转的正确、畅通,提高工作效率。

行文规则是指公文运行于机关之间的规则,它是根据行文关系确定的,是实现公文规范化的基础。2000年颁布的《国家行政机关公文处理办法》第四章规定行文规则如下:

(1)行文应当确有必要,注重效用。

(2)行文关系根据隶属关系和职权范围确定,一般不得越级请示和报告。

(3)政府各部门依据部门职权可以互相行文和向下一级政府的相关业务部门行文;除以函的形式商洽工作、询问和答复问题、审批事项外,一般不得向下一级政府正式行文。

部门内设机构除办公厅(室)外不得对外正式行文。

(4)同级政府、同级政府各部门、上级政府部门与下一级政府可以联合行文;政府与同级党委和军队机关可以联合行文;政府部门与相应的党组织和军队机关可以联合行文;政府部门与同级人民团体和具有行政职能的事业单位也可以联合行文。

(5)属于部门职权范围内的事务,应当由部门自行行文或联合行文。联合行文应当明确主办部门。须经政府审批的事项,经政府同意也可以由部门行文,文中应当注明经政府同意。

(6)属于主管部门职权范围内的具体问题,应当直接报送主管部门处理。

(7)部门之间对有关问题未经协商一致,不得各自向下行文。如擅自行文,上级机关应当责令纠正或撤销。

(8)向下级机关或者本系统的重要行文,应当同时抄送直接上级机关。

(9)"请示"应当一文一事;一般只写一个主送机关,如需同时送其他机关的,应当用抄送形式,但不得抄送其下级机关。

"报告"不得夹带请示事项。

(10)除上级机关负责人直接交办的事项外,不得以机关名义向上级机关负责人报送"请示"、"意见"和"报告"。

(11)受双重领导的机关向上级机关行文,应当写明主送机关和抄送机关。上级机关向受双重领导的下级机关行文,必要时应当抄送其另一上级机关。

四、公文的语言运用

(一)公文语言的特点及要求

语言是公文的基本要素,特殊的应用领域和应用目的使公文的语言既要具备一般文章语言的共同特点,如准确、精炼、规范;又要有同其本身内容和表达方式相适应的个性特色,如庄重、平实。庄重、平实是公文语言区别于其他文体语言的主要特点。因为,公文是党和国家机关处理公务的工具,具有法定强制力或行政约束力,在很大程度上带有决断性、命令性的语气,有一种不容置疑、不容抗拒的威势,权威性、严肃性很强。这就决定了公文的语言应具有庄重、严肃、平实的色彩。

总体来说,公文语言的特点具有以下含义:庄重——指语言端庄,格调郑重严肃;平实——指语言平直自然,是非清楚,明白流畅,通俗易懂;准确——指语言真实确切,无虚假错漏,褒贬得当,语意明确,符合实际,含义确切,忌模糊含混、语意多歧;精练——指语言简明扼要,精当不繁,服从行文目的及表现主题的需要,当详则详,当略则略;规范——指语句不仅合乎语法及逻辑原则,而且要合乎公务活动的特殊规范性要求。

在公文写作中,如何才能使语言符合以上要求呢?

1. 在词语的选用方面

(1)认真辨析词语的准确含义,使词语的意义符合客观实际。

(2)注意分辨词语的感情色彩,以正确表达作者的立场观点。

(3)注意词语声音和语调对语义的影响,以提高表达效果。

(4)注意词语间的正确搭配,遵循语言法则。

(5)注意公文具体使用场合对词语风格的要求,维护公文的严肃性及强制执行性。

(6)注意针对公文具体收受对象的特点选词,以有的放矢,便于理解和执行。

(7)注意根据公文中所涉及的人和事物的特殊性质选词,以获得鲜明直接的表达效果。

(8)注意根据上下文的需要选词,以维护公文的完整和有效性。

(9)注意词语的规范性,用规范的现代书面语言,不用口语词、方言词、土俗俚语及生造语词等。

(10)适当运用一些文言词语和模式化的习惯用语。

(11)巧用简称(缩略语)。

2. 在语句的组织方面

(1)对公文语句的基本要求:

①含义明确、清晰、完整,便于准确理解,无歧义。

②句子成分搭配得当。

③句子成分完整。

④语序安排妥当。

⑤合乎事理,合乎逻辑规律。

⑥句式内部结构合乎规范,力争有最佳表达效果。

(2)语序的安排。在公文中准确地安排语序,要注意四点:

①语序的习惯性。

②事理的逻辑性。

③语序的强制性。

④语序的选择性。

(3)句式的选择:

①主谓句与非主谓句。主谓句的使用频率很高。

②主动句与被动句。公文中两种句子兼而有之,恰当地运用被动句。

③长句与短句。多用短句,慎用长句。

④完全句与省略句。完全句是主要的,可以适当地运用省略句,句中省略的一般是主语。

3. 在修辞方面

追求准确鲜明、质朴平匀、精炼顺达,反对含糊暧昧、繁冗堆砌,重内在美;修辞以消极修辞为主,重在选词炼句,慎用修辞格。在修辞格的应用上,公文语言只适当运用比喻、对偶、排比、设问、反诘等常规修辞格,而对夸张、通感、暗示等可使事物有较大变形的或曲折达意的修辞格一般不用。

4. 在表达方式上

一般多用叙述、说明,有时也用议论等手法,而慎用或不用描写、抒情等手法,因此要尽量少用形容词。

(二)语言运用病误例释

 例文

1. 法院系统的思想政治工作,今后只能加强,不能降低。

[简析] "降低"与"工作"不能搭配,应改为"削弱"。

2. 为了提高工作效率,吴工程师挖空心思搞技术革新,找窍门,我们到厂的第一天,工人们就肆无忌惮地找我们反映情况。

[简析] 这里"挖空心思"、"肆无忌惮"都是贬义词,应改为褒义词,如"想方设法"、"积极踊跃"。

3. 依靠群众还是脱离群众,是搞好各项工作的重要条件。

[简析] 像这样的话语在公文中不难找到。一经推敲,看出是有毛病的,违反了"矛盾律",犯了"自相矛盾"的逻辑错误。因为矛盾律的要求是:对两个互相反对的或互相矛盾的命题(思想),不能同真。"依靠群众"、"脱离群众"是两个互相矛盾的命题,不能同时都予以肯定。

4. 顾客反映我饭店饭菜里有苍蝇一事基本属实。

[简析] 这是一家饭店对于顾客投拆该饭店菜肴中混有苍蝇一事的回复。有苍蝇就有,没有就没有,在此使用模糊词"基本"往往使人看不到店方勇于认错之心、真诚道歉之意,而是一种不负责任的托词。

公文语言准确性要求多用含义确切的词,少用模糊词。公文语言的准确性是指公文语言含义明确,语言逻辑严谨,概念、判断、推理准确无误,确定无疑,语言色彩鲜明,简言之就是要符合语法规范,语意明确。因此公文一般要少用含义不确定的副词与形容词。诸如"基本上"、"大体上"、"绝大部分"、"普遍"、"几乎"、"差不多"、"很"、"太"等词语,使用时一定要根据具体情况恰当选用,过多使用会造成文章空洞无物。如"他近来表现基本不好"中的"不好"、"基本"的使用,使人无法准确理解该人的表现。一件事只完成一半,就不能说"基本上完成";一项活动,多数人参加,不能说成"普遍参加"。准确地使用语言,在公文写作中还特别要求对事物的态度鲜明,切勿模棱两可,含糊其词,以免产生歧义,延误工作。像"大致尚可"、"尚无不可"、"基本同意"、"事出有因,查无实据"之类,意在推诿责任,含糊了事,要避免使用,以免影响文章内容的表达。

5. 不同的地区要根据各自的自然条件,适宜发展农业就发展农业,适宜发展林业就发展林业,适宜发展牧业就发展牧业,或者以一业为主,搞多种经营。

[简析] 如果把这句话改成"不同的地区要根据各自的自然条件,宜农则农,宜林则林,宜牧则牧,或者以一业为主,搞多种经营。"就显得简练多了。

文中的"宜"是文言实词,"则"是文言虚词,二者构成"宜……则……"的固定格式。所以适当地运用文言词语或句式,会使文章的语言更精练。

6. 在整个会议期间,天气晴朗,风和日丽,群情激昂,歌声不绝,充分显示了会议圆满成功的气氛。

[简析] 这段文字写在一份会议情况的报告中,由于过多的描写,就显得不够朴实、庄重,不符合公文的语言风格。

7. 凡是城乡居民、部队、机关、团体、学校及企业事业单位自养、自食的牲畜,农业和科研单位专供制造疫苗或试验免疫用屠宰的牲畜,经省人民政府或省人民政府授权的税务机关批准免税的牲畜,均免征屠宰税。

[简析] 该句结构太长,语言表达效果不佳,令人读起来十分费劲。若用倒列的方法,使用短句,能增强表达效果。修改如下:

符合下列规定的,免征屠宰税:
(一)城乡居民、部队、机关、团体、学校及企业事业单位自养、自食的牲畜;
(二)农业和科研单位专供制造疫苗或试验免疫用屠宰的牲畜;
(三)经省人民政府或省人民政府授权的税务机关批准免税的牲畜。

公文的语言结构一般单句较多,复句相对较少,即短句较多,长句较少。因为短句语言形式单纯、明快,既便于受文者阅读理解,也符合公文语言简洁的特点。这是主语倒列,显然,这样修改可以使文字简洁明快。

8. 为了保证我厅今年的行政经费略有节余,各处、室各项经费的开支要严格执行<u>厅领导根据上级财务部门要求制订的,并经局务会议讨论通过的</u>《财务开支审批制度》,减少<u>不必要的</u>浪费。

[简析] 该句结构冗长,语言累赘,加下划线的字可以全部删去,在"执行"一词后面加上"本局"二字即可。

9. 改革开放后,农民的钱包一年比一年胀,日子越过越好,就像吃甘蔗由尾吃到头越吃越甜。

[简析] 这是口语,要把这样的意思写入公文,得改为:"改革开放后,农民的收入年年增加,生活越过越幸福。"这是书面语。口头语言和书面语言在意思上虽然没有什么差别,但后者要比前者庄重、平实,这是公文语言约定俗成的规范。

公文的遣词造句,要符合现代汉语的规范要求,符合公文的语体色彩,要用书面语,尽量不用口语、方言。例如:夫妇—夫妻、私自—擅自、钞票—现金、打算—拟、不几天—不日、当面商量—面洽,以上各组词语尽管都是同义词,但由于语体色彩不同而适用于不同的场合,前者自然、亲切、活泼,后者庄重、严肃、平实,公文写作应该选用后者,以使公文显得庄重、得体和精炼。

10. 这样做是否适当,请回复。

[简析] 这是写在一份"请示"的结尾,不符合规范。请示是针对本单位当前工作中出现的情况和问题,求得上级机关指示、批准的公文,结尾应使用习惯用语,一般有"当否,请批示"、"妥否,请批复"、"以上请示,请予审批"或"当否,请批复"等。

公文写作的各个部分都有一些专用词语、固定套路,这些习惯用语的使用约定俗成,合乎规范,使用它们显得方便、简练、明白。公文的开头语、称谓语、引叙语、表态语、询问语、期复语、承启语、结尾语等,在写作中要恰当运用。

11. 在……的大好形势下,在……会议精神鼓舞下,我们认真贯彻……精神,反复认真学习了……文件。通过学习,深刻认识到……的重要性,进一步明确了……的重要意义,从而大大增强了贯彻执行……的自觉性。在提高认识的基础上,狠抓了……做到了……取得了……

[简析] 这是有人写总结、报告时,不论是什么具体情况,开头总是写这么一个公式化的套语。套语、空话是指在公文写作中,使用一些老生常谈、千人一面的表述,使文件的实用性受到损害。应反对千篇一律的套语、空话。

第二节 行政公文

一、命 令

(一)命令的概念

命令简称令,是国家行政机关或领导人发布的带有强制性、领导性、指挥性要求的公文文种。

命令的权威性最高,强制性最大,通常以领导人的名义发布。"适用于依照有关法律公布行政法规和规章;宣布施行重大强制性行政措施;嘉奖有关单位及人员"(《国家行政机关公文处理办法》第九条)。

命令(令)的制发主体有着严格的限定,《中华人民共和国宪法》和《中华人民共和国各级人民代表大会和地方各级人民政府组织法》规定,只有全国人大常委会及委员长、国家主席、国务院及总理、国务院各部委及部长、主任,地方各级人民政府和各级人大,才有权力发布命令(令)(在实际工作中,各级地方政府都很少使用命令这一文种)。党的领导机关可以和同级人民政府联合发布命令(令),但需以行政公文的形式出现。就法院来说,命令(令)仅适用于授予司法警察警衔、奖励有关人员。

(二)命令的类别

按命令的用途,一般可以分为以下几类:

1. 公布令

公布令也可称发布令或颁布令,适用于国家公布法律,国家行政机关发布根据法律制定的行政法规和规章。

2. 行政令

行政令是国家行政机关为实行重大强制性行政措施而发布的命令。其中也包括戒严令、通缉令。

3. 任免令

任免令用于国家高级领导干部和其他工作人员的任免。省级以下领导干部及工作人员的任免可用"批复"、"决定"、"通知"等文种。

4. 嘉奖令

嘉奖令是领导机关为表彰有突出贡献的人员或集体而发布的命令。

除上述四种外,还有惩戒令、赦免令、动员令等,使用不多,在此不一一介绍。

(三)命令的格式与写法

命令:由标题、编号、正文、签署四部分组成。

1. 标题

命令的标题有两种格式,一是"发文机关(或领导人职务)+文种",如《中华人民共和国主席令》;二是"发文机关+发文事由+文种(命令或令)",如《中华人民共和国国务院关于发行新版人民币的命令》。

2. 编号

命令的编号和其他公文的发文字号不同。一般有以下两种方式:一种是单独编号(中央政府和国家首脑),从签署命令的主要领导任职开始编号,至任职期满结束,换届再另行编号,序号用汉字书写,位于标题的正下方,不用加括号;另一种不是单独编号(地方政府)。

3. 正文

正文的总体要求是行文简明扼要,文风庄重严肃,语气坚决有力,不得模棱两可。但因类别不同,故在写法上也有所区别。

(1)公布令写法。说明公布什么法规,什么机关什么时候通过,什么时间开始施行。

(2)行政令写法。正文一般由命令原由、命令事项、执行要求三部分组成。

(3)嘉奖令写法。正文一般由先进事迹、嘉奖内容、号召三部分组成。

(四) 命令的写作要求

(1)必须根据宪法、法律规定的权限范围发布命令。

(2)要注意各类型命令写作的共同点和不同点。

(3)命令的内容单一,一文一事,篇幅较短。

(4)语言要准确、凝炼、庄重、有力。

1. 公布令

中华人民共和国主席令

第五十号

《中华人民共和国护照法》已由中华人民共和国第十届全国人民代表大会常务委员会第二十一次会议于 2006 年 4 月 29 日通过,现予公布,自 2007 年 1 月 1 日起施行。

中华人民共和国主席　胡锦涛
二〇〇六年四月二十九日

[简析] 本例文是一份公布命令,这类命令主要用于发布重要行政法规和规章。由例文可见,其标题由"发文领导人职务+文种'令'"组成。公布令的正文虽短,但结构完整,其中包含有三层意思:一是说明发令缘由——全国人大常委会第二十一次会议通过了有关事项;二是写明具体事项——公布《中华人民共和国护照法》;三是做出决定——"现予公布",并提出要求——自 2007 年 1 月 1 日起施行。

2. 嘉奖令

**国务院　中央军委关于给
郑静晨同志记一等功的命令**

国函〔2006〕35 号

公安部、中国人民武装警察部队：

郑静晨，男，汉族，1959年9月出生，陕西省户县人，中共党员，1983年8月入伍，武警部队总医院副院长，专业技术6级，武警大校警衔。2001年4月，郑静晨同志被任命为中国国际救援队副总队长兼首席医疗官。5年多来，他先后率队执行赴新疆伽师和阿尔及利亚等5次国内外紧急医疗救援任务，救治伤病员1500多人。特别是2004年12月，他率队赴印度尼西亚执行海啸医疗救援任务期间，带领医护人员克服环境恶劣、条件艰苦等困难，坚持24小时为灾民服务，先后为1.1万多名伤病员提供各种医疗救助，施行手术284例，成功救治危重病人440余例，受到印度尼西亚政府和当地人民的称赞，为祖国和军队赢得了荣誉。

为表彰先进，国务院、中央军委决定，给郑静晨同志记一等功。

国务院总理　温家宝
中央军委主席　胡锦涛
二〇〇六年五月十七日

[简析]　本例文是一份嘉奖令，表彰先进个人。首先简单介绍了被表彰的对象及其先进事迹，其先进事迹也就是表彰记功的依据，接着写表彰记功的决定。行文简明扼要，语言简练，充分体现出命令的特点。

二、决　定

（一）决定的概念

决定是对重要事项或者重大行动做出安排，奖惩有关单位及人员，变更或者撤销下级机关不适当的决定事项时所使用的公文。

决定具有事项重要、约束力强、行文严肃的特点。

重要事项是指带有全局性或具有重大意义和影响的事项，重大行动是指产生巨大影响的行动，如"国务院关于全面推进依法行政的决定"；另一方面，重要事项和重大行动是相对而言的，并不是事事都是党和国家的重大的方针政策。各级党政机关、企事业单位在日常工作中经常使用决定，如表彰先进集体与处分有关人员、机构设置、人员编制、人事安排等事项都可用决定行文。

（二）决定的类别

按照决定的内容和作用划分，决定大体可分为以下几类：

1. 关于重要事项或重大行动的决定

这类决定主要用于决定重大事项或对重要事项、重大行动做出安排、部署。

2. 奖惩性决定

这类决定用于对英雄、模范和有突出贡献的人物进行表彰，或对犯有严重错误的单位、个人做出处理。

3. 任免决定

这是对人事任免做出安排的决定。

（三）决定的格式与写法

1. 标题

标题包括发文机关、事由和文种三部分。

2. 正文

决定的正文一般由缘由、主体、结尾三部分构成。

（1）缘由。缘由部分应写明做出决定的理由、根据和目的等。根据决定内容的不同，缘由可有不同的侧重，或是概述情况，或是阐发原因，或是根据法规性的文件行文等。在缘由部分的末尾，常用"现决定如下"、"特做如下决定"等习惯用语领起下文。

（2）主体。这是决定的核心内容，写决定的具体事项。由于决定的种类不同，主体部分的写法也有区别。内容简短的决定，如任免决定，写明人事任免情况即可。内容复杂的决定，要根据内容安排主体结构。

（3）结尾。写号召、希望等内容。有的决定内容单一，主体内容写完，全文即结束，不单独写结尾。

3. 落款

标明发文机关和成文时间。

（四）决定的写作要求

1. 文种慎用

决定是行政公文中仅次于命令的文种。通常根据机关职权，由领导机构通过一定的会议郑重讨论后做出。除重大事项，一般不得轻易使用，以保证决定的权威地位。

2. 决定事项要具体明确，用语要准

文字要准确，语言要简练，条理要清楚，措施要具体，具有很强的行政约束力，便于下级机关理解和贯彻执行。如有分歧意见和不明确的问题、情况，不能写入决定之中。

关于授予广州市迎"九运"城市基础设施
建设及环境综合整治特别奖的决定

广州市建委:

今年来,为迎接第九届全国体育运动会在穗举办,广州市建设了以内环路为代表的一大批市政基础设施项目,同时大力加强城市环境综合整治工作,为保障"九运会"的成功举办提供了良好的场馆、环境和设施,取得了显著成绩,也实现了"一年一小变、三年一中变"的城市建设和管理工作目标,受到中央领导和"九运会"组委会以及各体育代表团的肯定和赞扬,并被国际组织评为"国际花园城市"。

为此,建设部决定,授予广州市迎"九运"城市基础设施建设及环境综合整治特别奖称号。希望你们再接再厉,发扬成绩,开拓创新,在加快推进城市化的进程中再创佳绩,为改善城市生态环境做出新的贡献!

中华人民共和国建设部(印章)
二〇××年×月×日

[简析] 这是一份表彰决定。正文首先简要介绍被表彰者取得的显著成绩,这是表彰决定的间接原因,继而写被表彰者受到中央等领导的肯定和赞扬,作为行文的直接原因,接着对基础建设和管理工作目标进行了恰当的评价。"为此"两字引出决定事项后,提出了希望。

全文层次分明,结构完整,语言简洁、流畅。

三、报 告

(一)报告的概念

报告是下级机关向上级机关汇报工作、反映情况和答复上级机关的询问时使用的公文。报告是一种陈述性的上行文,为各机关普遍经常使用。向上级机关及时汇报工作是下级机关必须遵行的一项工作制度,因此,报告具有总结性和陈述性的特点。

(二)报告的类别

报告的用途十分广泛,使用频率高,种类繁多,可以从不同角度加以分类。常见的有:

(1)按报告的性质分,可分为综合性报告和专题性报告。

(2)按报告的内容分,可分为工作报告、情况报告、答复报告、建议报告。

(3)按报告的作用分,可分为上复性报告、知照性报告和调查报告。

(4)按报告的时间分,可分为定期报告和不定期报告。

(三)报告的格式与写法

1. 报告的格式

(1)标题。报告的标题,由发文机关、事由和文种三部分组成,也可省略发文机关,由事由和文种两部分组成。

(2)主送机关。即汇报工作、反映情况的上级机关。

(3)正文。这是报告的主体部分。一般内容有:基本情况概述,具体工作,主要成绩和经验,存在的问题、教训和今后的打算,结尾用语。写作时这五项内容可视实际情况确定,不一定每项都要。要分清主次,突出重点,层次分明。

(4)落款。即署上发文机关和日期,并加盖公章。

2. 报告的写法

报告因分类有别,在写法上也存在差异,现介绍几种:

(1)工作报告。下级机关、部门向上级机关报告工作,汇报工作进展、成绩、经验、存在问题及今后打算,便是"工作报告"。根据内容和运用情况,又可以分为两类:

第一类是综合工作报告。综合汇报某阶段的工作,对一阶段内各方面的工作做一个总的回顾,总结经验教训,提出今后的设想等。这类报告大多是下级机关单位向上级机关或主管部门汇报工作,让上级机关或主管部门掌握情况。很多时候是对内、对下行文的"总结"改写而成对上的"报告",其一般结构为:

①报告原因。说明报告的目的和基本内容。

②报告内容。具体陈述有关情况,通常包括主要工作情况、成绩和收获、存在问题和不足、今后的任务和打算,其中主要工作情况和今后的任务、打算是报告的重点。

③结束语。用"特此报告"结束,或用"以上报告如有不妥,请指示"收尾。

第二类是专项工作报告。做完某项工作后向上级机关或主管部门汇报工作情况,属专项工作报告。上级机关布置一项工作时,要求下级做完该项工作时要向上级汇报,如果将工作的过程、具体措施、做法、成效、认识等形成文字向上报告,便是这种"专项工作报告"了。工作中出现重大失误,需要向上级机关汇报对工作失误的认识,将基本事实、造成失误的直接、间接原因、失误后所采取的补救措施及今后的打算等向上级汇报,也用这种"专项工作报告"行文。这类报告,其结构写法和综合工作报告大致相同。

(2)情况报告。出于组织观念或管理要求,按制度及时向上级机关反映有关情况,将本单位出现的一些问题、倾向、苗头向上报告,便是情况报告。它不局限于一项具体工作过程,以陈述情况为主,大多是为上级决策提供依据,或将有关情况及时汇报以引起上级机关的注意。其结构写法和工作报告大致相同,报告内容、报告重点及陈述方式略有不同。这类报告材料性强,主要给上级机关提供信息和第一手资料,以期及时采取措施,解决有关问题,或供制定对策时参考。要求如实反映,不能只报喜不报忧。

(3)答复报告。从内容上看,也属于工作报告或情况报告。这类报告和前面的报告不同,它是被动报告,即答复上级的询问,汇报有关情况,答复内容要有针对性,不能答非所问。这类报告要如实呈报有关情况,不旁及其他问题。开头引述来函收悉,然后根据要求报告有关内容。最后用"专此报告"作结束语。

(4)递送报告。这类报告在递送文件、物件时使用,因是下级向上级行文,习惯上用"报告"而不用"函"行文。它的写法较为简单,写清楚报送材料(文件、物件)的名称、数量,结尾用"请审阅"、"请收阅"收束,主文不必另注材料名称,将材料直接附上就可以了。

(四)报告的写作要求

1. 内容真实

报告应客观、实事求是地反映情况、汇报工作,不允许有虚假。尤其是工作报告(综合报告)、情况报告等,往往是给上级决策提供参考。如果失实,就给上级决策带来不利影响,严重的话,则会影响全局,危害很大。

2. 文字简洁,重点突出

写报告时该反映的情况要反映,但并不等于事无巨细都写上。应有的放矢,选用典型材料,突出重点,使人阅后马上掌握要领。语言平实,文字简洁有力,忌空洞说教。

关于淮河流域水污染防治工作情况的报告

(环保总局二〇〇一年六月十五日)

按照环保总局、国家计委、水利部联合制定的《淮河流域水污染防治2000年规划目标完成情况核查办法》(环发〔2000〕205号),环保总局会同国家计委、财政部、水利部、监察部、建设部、农业部、法制办等8个部委组成核查组,于2001年2月25日至3月5日对淮河流域水污染防治工作进行了全面核查。现将有关工作报告如下:

一、淮河流域水污染防治工作的完成情况(略)

二、存在的主要问题

1. 工业企业按达标排放尚不稳定。（略）
2. 城市生活污水处理工程建设慢,处理率低。（略）
3. 面源污染防治工作尚未全面开展。（略）
4. 淮河流域自净能力差。（略）

三、下一步工作安排

（一）尽快制定《淮河流域水污染防治"十五"计划》。结合"九五"规划各项工作的实际完成情况和南水北调东线工程需要,明确淮河"十五"治理目标和治理措施。

（二）进一步落实沿淮四省各级政府环境保护目标责任制。（略）

（三）继续加大产业结构调整力度,巩固和提高工业企业污染防治水平。（略）

（四）抓紧污水处理工程的建设。（略）

（五）把农业面源污染防治摆上日程。（略）

（六）加强水资源的合理开发利用和节约。（略）

[简析]　这是一份对淮河流域水污染防治工作进行全面核查后所写的工作报告。正文由缘由和事项两大部分组成。缘由部分简要地交代工作依据、时间、内容,以文种承启语引出下文。事项部分分工作完成情况、存在问题和下一步工作安排三大部分内容。

文章层次分明,结构严谨,反映工作具体而全面,在调查的基础上有理有据地剖析了问题,同时,有针对性地提出了下一步工作的措施,是一份值得学习的工作报告。

四、请　　示

（一）请示的概念

请示是下级机关请求上级机关或业务主管部门,对某项工作或某些问题给予指示或批准的公文。

请示行文关系具有固定性,行文时不能超越法定的隶属关系,且一般是逐级行文。

内容上要求具有单一性,即所谓"一文一事"、"一事一请示",这是由行政主管权限及行文效果所决定的。

请示行文具有鲜明性。一是对请示事项或问题所持的意见必须是非常明确的,二是对上级机关的有关请示也同样是非常明确的。在这里,一切含糊其辞都是不允许的。

（二）请示的类别

凡机关部门无权、无力、无法解决的事项,就需要向上级机关请示。就其行文目的

和请示要求看,主要有三种情况:

一是请求批准的请示。下级机关就某项工作、某个问题请求上级机关给予审定、核准、认可的,就必须请示。这类大多是明文规定必须请示的事项,如机构设置、人事安排、重要决定、重大决策、项目安排等,都是请求批准的请示。

二是请求帮助的请示。本机关无力解决的人力、财力、物力或其他方面的困难,需要上级给予帮助解决,必须请示。如解决基建材料、增拨经费、改善设施等,都是请求具体帮助的请示。

三是请求解答的请示。凡是下级机关的请示,都需要上级给予答复。这里是特指在执行政策时遇到了困难或出现了新的情况,需要变通;或执行政策时尚有不太清楚明了的地方;或对上级机关某个决定有些看法等使用的请示,请求上级给予明确指示、答复。属一般性的问题有时也用"函"行文。如果上级认为是带普遍性的问题,就会加批意见转给有关部门参照执行。

除此之外,按有关请示制度明文规定必须请示批准后才能办理的事项,或按规定完成任务后报请上级审核方能生效的事项(如人事安排),或事关重大,本机关怕把握不准,由上级审核把关;或牵涉到多个单位,意见又一时难以统一,由上级给予裁决等,均应使用"请示"。总之,凡无权、无力、无法解决的问题,都需请示上级,绝不能"边斩边奏"、"先斩后奏"甚至"斩而不奏"。

(三)请示的格式与写法

写请示关键是要写好标题和正文。其结构包括标题、主送机关、正文、发文机关和发文时间。下面着重谈谈标题和正文的写法。

1. 标题

请示标题大致有以下两种写法:一是写明请示事项和文种;二是写明请示机关、请示事项和文种。标题制作尤其要注意事由(请示事项)须写得明确简要,文种不能写成"请示报告"。

2. 正文

(1)请示缘由。请示开头首先写明请示的原因或理由。有的请示还需要用稍多一点的篇幅来陈述理由,把原因说清楚,特别是请求具体帮助的请示,要求写清困难及有关情况,尽量摆清问题,以期得到上级机关的帮助。当然并非所有的请示都要写上请示缘由,有些请求核准、审批的请示,原因可以写得很简单甚至不写。

(2)请示事项。一项内容有时篇幅不长,但必须注意写得明确、具体。例如,举办交流会需要上级审批,包括宗旨、目标、规模、时间、经费来源等都要写得十分清楚。有时请求事项只有一句话,如一份请求拨给会议经费的请示:"请拨给会议经费××××

元。"常见有些请示的请示事项不够具体,在摆理由、陈述情况后,不写具体要求,只写上"以上情况该怎么办?请上级指示"之类的话。不明白下级具体要求,上级也就很难给予明确的答复了。

(3)结束语。通常用套语结束,如"当否,请批示"。常见的请示结束语有"妥否,请批复"、"以上请示,请予审批"、"以上请示,请予批复"等。结束语要写得谦和、得体,不宜用"请即从速批复"、"请尽快拨款,以解燃眉之急"之类的话。

(四) 请示的写作要求

1. 明确行文目的

即"为什么要请示"、"有无必要请示"一类的问题。机关单位工作中有许多属本机关职权范围内的事项,应自行解决,确属本机关无权、无力、无法解决的问题,才需要用"请示"来行文。

2. 明确受文对象

即"请示谁"的问题。行文时要正确确定主送机关,原则是"谁主管请示谁"。在确定主送机关时,要严格遵守国务院办公厅在《国家行政机关公文处理办法》中规定的行文规则,注意以下几个问题:不能多头主送,受双重领导的根据请示事项主送一个机关,抄送另一个机关;除领导直接交办的事项外,不直接送领导者个人;不同时抄送同级机关和下级机关;不越级请示,非越级不可时,要抄送所越过的上级机关。此外,还要注意党政分工的原则。

3. 注意区分报告和请示

(1)行文的目的不同。"报告"是汇报工作、反映情况、提出建议时使用的,其目的是让上级机关了解情况、掌握动态,为决策部署提供依据。"请示"是请求上级机关指示、批准时使用,其行文目的是要求审核、批准事项,帮助解决困难、答复有关问题。

(2)内容含量不同。"报告"属"陈文",是陈述性文体,其内容为汇报工作、反映情况或提出意见,不写请示事项。"请示"属"问文",是请求性文体,其内容通常包括请示缘由、请示事项及具体要求,即使有反映情况、陈述意见,也是作为请示的理由、根据。

(3)行文时间不同。"报告"行文时间大多为事后,也有事项进行中报告的,所报告的事项属"已然",是已经出现的情况、已完成或即将完成的工作。建议报告较特殊,也常常根据已经出现的情况提出建议意见。而"请示"则必须事前请示,请示的事项属"未然"。"先斩后奏",做完才请示是不符合组织原则和管理规定的。

此外,报告和请示在写法上也有明显的不同,包括标题、正文的撰写,所以,报告和请示要区别使用,不能错用或混用。

 例文

1. 请求批准性请示

<h3 align="center">关于建立中国工程院有关问题的请示</h3>

国务院：

近年来，我国科学家、工程技术专家和有关人士，曾多次提出建立中国工程院问题。

全国政协七届五次会议和中国科学院第六次学部委员大会期间，不少政协委员、学部委员和工程技术专家，又先后提出提案和建议。党中央和国务院领导同志十分重视这一建议。曾就建立中国工程院问题，多次作过批示。根据党中央和国务院领导同志的批示精神，组成了专家研究小组，经过广泛调查研究，听取各方面人士和有关产业部门的意见，进行反复酝酿和讨论，形成工程院的初步方案。现就建立中国工程院的有关问题报告如下。

一、关于建立中国工程院的必要性（略）

二、关于组建中国工程院的一些原则

（一）关于名称。（略）

（二）关于中国工程院的性质和作用。（略）

（三）关于中国工程院成员的称谓。（略）

（四）关于中国工程院与中国科学院（学部）的关系。（略）

（五）关于中国工程院院士的标准和条件。（略）

（六）关于中国工程院第一批院士的产生及以后的增选制度。（略）

（七）关于中国工程院的领导体制及学部设置。（略）

三、关于中国工程院的筹建工作及进度安排（略）

以上请示当否，请批示。

附件：中国工程院筹备领导小组名单。

国家科委（印章）
中国科学院（印章）
一九九三年十一月十二日

2. 请求答复性请示

关于《会计人员职权条例》中"总会计师"
既是行政职务又是技术职称的请示

财政部:

  国务院1987年国发〔1987〕×号通知颁发的《会计人员职权条例》规定,会计人员技术职称分为总会计师、会计师、助理会计师、会计员四种;其中"总会计师"既是行政职务,又作为技术职称。在执行中,工厂总会计师按《条例》规定,负责全厂的财务会计事宜;可是每个工厂,尤其大工厂,授予总会计师职称的人有四五人,究竟由哪一位负责全厂的财务会计事宜,执行总会计师的职责与权限呢?我们认为宜将行政职务与技术职称分开。总会计师为行政职务,不再作为技术职称,比照最近国务院颁发的《工程技术干部技术职称暂行规定》将《条例》第五章规定的会计人员职称的"总会计师"改为"高级会计师"。

  以上意见是否妥当,请指示。

××省财政厅(印章)
一九××年×月×日

3. 请求批转性请示

关于中国公民自费出国旅游管理暂行办法的请示

国务院:

  随着对外改革开放的不断扩大,人民生活水平不断提高,近年来,中国公民自费出国旅游不断增加,为适应改革开放形势,加强中国公民自费出国旅游的管理,特制定了《中国公民自费出国旅游管理暂行办法》。

  附:中国公民自费出国旅游管理暂行办法

  以上暂行办法如无不妥,请批转发布执行。

国家旅游局(印章)
公安部(印章)
二○××年×月×日

[简析] 此三篇例文分别是不同情况下的请示,开头均开宗明义,阐述原因,在请示事项部分,摆事实,说明实际情况的确是迫切需要,不但有充足的理由,而且有充分的根据,所以领导阅后,会感到其要求合理、势在必行,应予批准。根据情况不同,其结语也分别不同。

五、意　见

（一）意见的概念

意见是对重要问题提出见解和处理办法的公文。意见可以用于上行文、下行文和平行文。

意见针对某一重要问题而提出见解和处理办法，无论是用作上行文、下行文，还是平行文，其内容都具有建议性。但多用于下行文，就重要的问题提出见解和处理办法，向下级交代处理问题的原则、政策，对下级的工作具有指导、指示的功能。

（二）意见的类别

按内容的性质、作用划分，意见可分为以下三类：

1. 指导性意见

指导性意见是上级就某一具体问题或工作，向下级机关提出处理办法。这种下行意见对贯彻执行有明确要求的，下级机关应遵照执行；无明确要求的，下级机关可根据实际情况参照执行。

下行文使用意见而不使用通知，主要是因为意见的指导性强，指令性、约束性比通知小，可给下级机关根据不同实际情况灵活掌握的自由。

2. 规范性意见

规范性意见，一般是就全局性的工作所制定规范性处理办法的意见。制定规范性意见，目的是希望有关部门贯彻执行，但本级机关又无权对意见中的规范做出决定，即意见内容的法定效力超出了本级机关权限范围，需要报上级批准后，由上级批转发给有关单位贯彻执行。如教育部、体育总局、国家计委、财政部联合制定的《关于调整体育总局所属学校管理体制的实施意见》，其规范的内容是"各省、自治区、直辖市人民政府，国务院各部委、各直属机构"都要贯彻执行的，而四个制发意见的部门显然无权向这些省、部级的机关发文件并要求贯彻执行。因此，四个制发意见的部门将该意见上报国务院，经国务院同意后，由国务院办公厅予以转发。

规范性意见与指导性意见和建议性意见的区别主要在于：报送规范性意见的目的是为了下发，即报上级机关批转或转发给有关单位贯彻执行（意见的制发机关无权直接发给它们），所以规范性意见一般不写主送机关；相比较，指导性意见和建议性意见，则是针对主送机关而制发。

3. 建议性意见

建议性意见用于对受文单位就全局性或局部具体性的问题、工作提出建议性见解或处理意见。

上行文用意见，按请示性公文的程序和要求办理，但其内容又不是请示事项，而是建议事项。在这种用法上，建议性意见实际上是取代了报告曾经有过的"提出意见或建议"的用法。

平行文用意见提出见解和建议，不要求对方回文；而函则没有这种功能。

（三）意见的格式与写法

1. 意见的首部和尾部有两种形式

（1）"文件式"格式。首部包括发文字号、标题和主送机关等三项，按照行政公文"文件式"格式一般的标识方法写。尾部包括发文机关印章和成文日期。

（2）法规、规章类公文格式。法规、规章类公文格式用于规范性意见，其首部不写主送机关。所以，首部只包括标题、制发机关和成文日期三项。因为制发机关和成文日期前移到标题之下，所以这种格式没有尾部。

2. 正文

（1）缘由。该部分一般说明发文目的，或在说明发文目的之前，交代法律政策依据、客观存在的原因、形势背景等。

（2）事项。该部分即对重要问题提出见解和处理办法。规范性意见的内容一般比较多，可分条列款或加小标题，一般应对所规范的事项略加说明，以理服人，不能像法规、规章文书那样干脆利落地"直接宣布"；其他两类意见一般是"一文一事"，要求事项叙说完整，以作为提出建议的事实依据，便于受文对象全面把握，以准确判断、正确评价意见中的见解。

（3）结尾。要求贯彻执行的意见，可提出要求、希望或注意事项；规范性意见，可就规范的内容予以说明。结尾这项可有可无，根据具体内容而定。

3. 尾部

首部有主送机关的意见，便有尾部落款，包括发文机关盖章和成文日期。

（四）意见的写作要求

1. 注意意见与相关文种的区别

（1）意见与报告的区别。《国家行政机关公文处理办法》规定：意见"适用于对重要问题提出见解和处理办法"，而报告则"适用于向上级汇报工作，反映情况，答复上级机关的询问"。报告属于上行文，而意见兼具上行文、下行文和平行文三重身份。

呈报类建议意见和呈报类建议报告的共同点，是均向上级机关提出建议、献计献策，供上级机关参考或认同。而呈转类建议意见和呈转类建议报告的共同点是希望行文能被上级机关批准后转发（即批转）给有关机关参照执行。

在提建议问题上，报告以叙述客观工作或介绍情况为基础，而意见则偏重于针对重要问题提出主观看法和处理意见。建议类意见偏重议论，针对的主要是问题。而建议类报告则偏重对事物的陈述,针对的不是问题而是具体的事实或工作。

尽管意见和报告在向上级机关提建议上一般可以文种互换,但是针对陈述性的事实或具体性工作而提建议,多用报告行文;面对重要问题而提出主观建议,则多以意见行文。

(2)意见与通知的区别。意见和通知都是使用频率甚高的公文,下行通知具有很强的指导性,要求下级机关办理和执行的强制力较强,相比较,下行意见则带有一定的执行弹性。对下行通知必须执行、办理,对意见,受文单位则可以根据实际情况,独立自主、灵活机动地处理。

(3)意见与决定的区别。决定具有制约性、指挥指导性。决定所形成的决策、安排等,下级机关必须不折不扣地、无条件地执行;意见则要求下级机关可结合本部门、本地区的实际,有弹性地处理。

2. 不同级别机关的意见具有不同的特点

一般说来,高层领导机关发布的意见内容比较原则,政治性比较强;下层领导机关发出的意见,尤其是对某项工作的指导性意见,内容比较具体,操作性比较强。

3. 评估性意见以科学性、公正性为生命

评估性意见必须科学、公正,要用事实和数据说明问题,评价、鉴定结论必须实事求是、恰如其分,既不夸大拔高,也不缩小压低。

例文

国务院办公厅关于实施《国家行政机关公文处理办法》涉及的几个具体问题的处理意见

(例文请见本教材附录)

[简析] 这是国务院办公厅为实施《国家行政机关公文处理办法》而下发的指导性意见。标题由发文机关、事由和文种构成。受文机关排序符合规定。正文以主旨句"为确保国务院发布的《国家行政机关公文处理办法》(国发〔2000〕23号)的贯彻施行"开头,以"现就所涉及的几个具体问题提出如下处理意见"一句文种承启语引出正文主体。正文主体采用条文式结构,对11个具体问题逐一提出了意见。作为高层领导机关的下行意见,大都比较原则,不太具体。本文之所以具体性强,是由所面对的问题需要在文中做具体的规定所决定的,可视为特殊例子。

文章观点鲜明,内容具体,语言明晰,表达到位,针对性极强,是主旨与内容相统一的好文章。

××市农业委员会关于发展我市观光旅游农业的意见

××市人民政府：

随着我市农业产业结构调整步伐的加快和人民生活水平的不断提高，发展观光旅游农业已成为农村经济新的增长点。为科学有效地开发利用农业资源，促进农村经济发展，现就发展我市观光旅游农业的有关问题，提出如下意见。

一、指导思想、任务目标与原则

（一）指导思想：贯彻落实科学发展观，以农业资源综合开发利用和保护为基础，以提高经济和社会效益为中心，逐步把观光旅游农业培育成具有一定生机和活力的新兴产业，促进农村经济全面发展。

（二）任务目标：力争经过5～10年的努力，在旅游景区周围、交通干线两侧和主要农副产品生产基地，构筑起点、线、面相结合的全市观光旅游农业新格局；建立起一批不同特色、不同层次和规模，具有观光、休闲、体验和科普等多功能的观光旅游农业基地；通过发展观光旅游农业，进一步优化农村经济结构，增加农民收入，加快农村城镇化发展步伐。

（三）遵循原则：

1. 注重实效、循序渐进的原则。观光旅游农业是经济和社会发展到一定阶段的产物。各县（市）区要抓住机遇，因势利导，坚持速度、规模和效益的统一。近期，优先开发生产基地有规模、资源环境好和交通便利的观光旅游项目，积累经验，逐步展开。

2. 全面规划、突出特色的原则。各地要从实际出发，制定科学的发展观光旅游农业规划。要适应回归自然和观光休闲的心理，注重文化品位，突出地方特色，体现乡土风情，展示农业高科技成果。

3. 用市场机制开发建设的原则。发展观光旅游农业，项目建设、资金投入和经营管理要按照市场经济的要求，鼓励多种经济成分参与开发建设。

4. 开发与保护相结合的原则。发展观光旅游农业要正确处理资源开发和环境保护的关系，防止滥占耕地。加强环境保护，实现观光旅游农业与农村经济的协调发展。

二、区域布局与重点项目

全市发展观光旅游农业，按照由近及远、功能配套、点线面连接、依托农业资源、结合旅游景区建设的构思进行布局。

近期抓好以下重点项目：

（略）

三、几项政策措施

（一）观光旅游农业享受农业税收的有关政策。利用"四荒"资源兴建的项目，执行"四荒"开发的相关政策。

（二）加大对观光旅游农业建设项目的投入。观光旅游农业是农业发展和农民增收的新增长点。市、县（市）区要作为扶持的重点，分别列出专项资金，用于项目基础设施的扶持投入或贷款贴息，各级计委、农业、林业、水利、交通、供电、电信等部门，要根据职责分工，对市里规划建设的重点给予积极支持。

（三）搞好观光旅游农业的服务设施建设。景区建设是观光旅游农业的基础，必须高起点、高品位规划，高标准、高质量建设，并与农田水利、农村小城镇、旅游景区、农业科技园区以及农业结构调整结合起来。根据项目进展情况，适时开辟观光旅游专线，为市民出游提供方便。加强导游人员的业务培训，搞好餐饮、娱乐和住宿等服务业的配套项目建设，并尽快开发观光农业产品、生态旅游商品，不断丰富观光旅游农业的内涵。

以上意见如无不妥，请批转各县（市）、区及市各部门执行。

××市农业委员会（印章）

××××年×月×日

[简析]　这是一篇报送上级机关的规范性意见。采用完全式标题。正文开头交代发展观光旅游业已成为农村经济新的增长点，作为行文的背景、原因。目的句之后以文种承启语"提出如下意见"引出主体（事项）。主体部分实质上是行文的下级机关对如何发展我市观光旅游农业的见解，有"指导思想、任务目标与原则"，有"区域布局与重点项目"，还有"几项政策措施"，考虑合理，内容周全，措施适当。文末以呈转类建议意见的习惯用语作结。此文一旦经市政府同意批转以后，就成为了市政府对发展全市观光农业的指导性意见，具有一定的行政约束力。

本文格式规范，语言得体，思路清晰，是一篇值得学习借鉴的好文章。

六、议　　案

（一）议案的概念

议案也称议事或议事原案，是各级人民政府按照法律程序向同级人民代表大会或人民代表大会常务委员会提请审议事项时，撰制的一种行政公文。

1. 议案制作的条件

(1)提请审议的议案必须是同级人民代表大会或常务委员会"职权范围内"可以解决的。

(2)提请审议的时间必须在同级人民代表大会或其常务委员会开会期间。

(3) 提请审议议案必须按一定的"法律程序"进行。
2. 议案主要有以下几个方面的作用
(1) 凭证和依据作用。
(2) 促进和完善作用。
(3) 通过后引发的执行的作用。
(4) 草案和草案初稿的作用。

（二）议案的类别

按内容，议案可分为以下几类：

1. 立法性议案

即国家行政机关向国家权力机关提请审议通过或修改法律、法规的议案。

2. 重大事项的决策性议案

即国家行政机关向本行政区域内某个重大事项提请国家权力机关进行审议，并请示做出决定的议案。

3. 任免性议案

国家行政机关向国家权力机关提请审议任免国家机关工作人员的议案。

4. 机构变动议案

即国家行政机关就国家行政结构组织的设立或变动情况提请国家权力机关进行审议的议案。

议案的类型很多，此外，还有编制计划、预算议案等。这里不再一一列举。

（三）议案的格式与写法

议案的结构分标题、发文字号、主送机关、正文、落款等五部分。

1. 标题

通常有两种形式：第一种为完全式标题，即由"发文机关＋案由＋文种"组成；第二种为不完全式标题，即由"案由＋文种"组成。

2. 发文字号

在标题下方按函字号书写，如"国函〔2004〕31号"等。

3. 主送机关

国家行政机关议案的主送机关是固定的，即与政府机关同级的人民代表大会及其常务委员会，故应在标题之下、左起顶格、正文之前，用全称或规范化简称明确标出，加冒号。

4. 正文

这部分是议案的主体，包括案据、方案和结语三部分。现分述如下：

(1) 案据或案由部分。用于说明议案的目的、原因或理由，要写得简明扼要、重点突出。

(2) 方案。是议案部分或审议事项部分。一般要写明对提请审议问题的解决途径和办法。制定或修订法律、法规、条例等,应提交草案作为附件;建议批准采取有关行政手段时,要提出符合实际、切实可行的解决问题的方法。

(3) 结语。是指议案结束时所通常使用的祈使性词语,如"请审议"、"请予审议"、"现提请审议"、"请审议决定"等词语。

5. 落款

落款包括签署和成文时间。议案规定由政府行政首长签署而不署政府机关名称,即国务院提出的议案由总理签署,省、直辖市、自治区以及市、区(县)、乡(镇)政府提出的议案分别由地方各级人民政府的首长、市长、自治区政府主席以及市长、区(县)长、乡(镇)长签署。成文时间以首长签发日期为准。

6. 附件

(1) 材料附件。

(2) 法律、法规附件。

(3) 书表附件。

(4) 工作报告附件。

(5) 说明性附件。

(四) 议案的写作要求

1. 内容切实可行

在议案写作之前,必须认真分析现实可行性。尤其对一些从局部看可以解决,但从全局看不具备可行性的议案内容,在提出时必须慎重考虑,要顾全大局。

2. 表述简洁明了

议案一般都将提请审议事项的具体说明材料和草案作为附件处理,正文只将提请审议的事项及解决方案用高度简洁、明确的文字概括写出。

3. 一事一案

一般情况下,一份议案只写一个内容,即阐述一个事项,要求解决一个问题,不得夹带其他事项。

4. 格式必须规范

议案不同于提案。议案是有议案权者的专用文种;而提案根据《全国政协提案工作试行条例》的规定,是政协委员向政府部门提出书面意见和建议的专用文种。至于人大代表的建议、批评和意见不应再称提案,而应该按现在的习惯说法简称为建议。提案和人大议案的区别主要表现在以下几方面:

(1) 性质不同。人民代表大会是国家权力机关,人大议案具有法律的约束力,起法律监督作用,承办单位必须执行。而人民政协是统一战线组织,根据其职能,政协提案不具有法律的约束力。

(2)产生的过程和处理方式不同。人大议案须由法律规定的单位以及一个代表团或者达到法定人数的代表提出,经过人民代表大会或人大常委会审议后表决通过;政协提案是由参加政协的各党派、人民团体、专门委员会、委员个人或委员联名提出,经政协的工作机构提案审查委员会或者提案委员会审查立案。

(3)内容不同。人大议案必须是属于人民代表大会职权范围内的,而政协提案的内容范围较宽。

国务院关于提请审议《中华人民共和国劳动法(草案)》的议案

国函〔1994〕11号

全国人民代表大会常务委员会:

为了适应建立社会主义市场经济体制的需要,推动劳动制度改革,保护劳动者的合法权益,确立、维护和发展用人单位与劳动者之间稳定和谐的劳动关系,促进经济发展和社会进步,劳动部门同有关部门草拟了《中华人民共和国劳动法(草案)》。这个草案已经国务院常务会议讨论通过,现提请审议。

国务院总理 李 鹏
一九九四年二月十八日

[简析] 本议案短小精悍,主旨鲜明。符合议案的条件,其严肃性明显,可称作是一篇好的议案。

七、批 复

(一)批复的概念

批复是用于答复下级机关请示事项的公文。

批复的适用范围专一,只用于上级机关答复下级机关的请示。在行政公文中,批复和请示是一对互相关联的文种,没有收到下级机关请示便不能制发批复,批复只能就请示中的事项予以批复,所以批复是一种被动性的行文。

但下级机关制发了请示,也可能收到的是以上级机关的秘书机构(办公厅、室)的名义制发的复函,这是因为上级机关委托秘书机构对一些内容不是太重要的请示予以回复,而批复严格限于直接上级对直接下级行文,故秘书机构只能用函回复。

（二）批复的类别

根据批复的作用,可将批复分为两类:一类是针对性批复,针对请示的事项,做出具体答复的批复。这类批复只解决个别性问题,不涉及面上工作;另一类是指导性批复,这类批复一般针对重大原则性和政策性问题做出决定和答复,只限于对面上的工作起指导作用。

（三）批复的格式与写法

1. 首部

(1)发文字号。由发文机关代字、年份和年度内发文序号三部分组成。

(2)标题。批复的标题有两种形式:一是完全型标题,即由发文机关、事由和文种三部分组成;二是由事由与文种构成。

(3)主送机关。即呈送请示的下级机关,联合行文的请示,联合行文的机关要全部写明。

2. 正文

(1)缘由。缘由即说明发文原因。制发批复的原因,是因为收到了请示,所以缘由即说明收到某请示。一般要引用请示的标题,并在标题后加括号写明发文字号。

(2)批复决定。该部分针对请示的事项写明所做出的批复决定。完全同意下级机关的请示意见,可不必写理由,只做出具体明确的答复即可,有的还可以加批复的希望和要求;如果对请示事项不同意,要写明根据和理由,并且批出解决方案,不要简单地加以否定;如果对请示事项有的同意,有的不同意,分别写明同意与不同意的事项及理由。

(3)批复要求。批复要求是对请示事项的具体指示意见,包括一些具体要求和希望。比如,同意下级某项财务款项的请求,但又不能完全满足,批复后可加上这样的要求:"由于××市(或者××县)财政紧张,其余资金自筹"。

(4)批复结语。批复结尾一般在最后一行空两格处用"特此批复"或"此复"结束。

3. 落款

在正文下面右侧,写上批复的成文日期,并加盖印章。

（四）批复的写作要求

1. 及时做出答复

针对请示的内容要及时做出答复。

2. 熟悉政策有理有据

下级请示的事项是多方面的,涉及面广、政策性强,对请示的答复要想做到有理有据,就必须掌握各种情况,熟悉党的政策和法律法规。

3. 表达要明确

批复是为下级机关操作的依据,所以语言表达一定要明确。用词恰当,语气肯定,语义要清楚明白,防止产生歧义。

4. 一请示一批复

因批复是针对下级机关的请示事项的,请示的本身要求一文一事,所以批复也要一请示一批复。

1. 批复

国务院关于同意蚌埠市城镇住房制度改革试行方案
给安徽省人民政府的批复

安徽省人民政府:

你省9月24日政函〔××××〕79号文《关于要求批准蚌埠市城镇住房问题改革试行方案的请示》收悉。

同意蚌埠市城镇住房制度改革试行方案,请于××××年10月试行。

国务院
××××年×月×日

(资料来源:中华人民共和国国务院公报)

[简析] 例文的标题是又一种写法,在"事由"之前注明"同意"二字,表明态度,在"文种"之前加入被批复的机关名称,这是针对性批复中同意情况下通常的写法,标题就是正文的缩写本。

例文的正文包括两点:一是"引语",即第一段,包括来文请示的"机关"、"日期"、"发文字号"与"标题"。二是表示同意的文字,由于是同意,一般不写理由,若不同意,应写明理由,以便下级机关理解和接受。

2. 批复

××县人民政府关于××乡人民政府兴建砖瓦厂问题的批复

××乡人民政府:

你乡××××年4月16日《关于兴建砖瓦厂的请示》(××发〔××××〕×号)收悉。经研究,现答复如下:

改革开放以来,农村盖房使用砖瓦量确实明显增加,因此各乡纷纷兴建了砖瓦厂。据调查,我县已经有40%的农户盖了新房;约30%的农户近年内不拟盖新房,砖瓦需求量相对趋于缓和。其余拟盖房户所需砖瓦的数量,我县现有砖瓦厂完全可以满足。

因此,凡申报新建砖瓦厂的请求一律不予同意,以免供过于求,出现新的问题。
　　特此批复

××县人民政府(印章)
××××年四月二十日

> **[简析]**　这是一则不批准请求事项的批复。正文首先引叙请示标题及文号,以"经研究,现答复如下"引出否定新建砖瓦厂的理由。全文以"特此批复"作结语,还附带对同类请示做了表态,具有很强的工作导向性。
> 　　这份批复由于不同意请求事项,因而重点放在表述不同意的理由和根据。以调查了解的数据作为理由和根据,针对性强,令人信服。

八、公　告

(一) 公告的概念

公告是向国内外宣布重大事项或者法定事项的公文。

公告的发布范围广,即向国内外广而告之;发布途径多,往往通过新闻媒体公开发布。

(二) 公告的类别

1. 宣布重要事项的公告

这类公告所发布的内容,必须是在国内外有重要影响的事项。如宣布国家领导人选举结果、出访国家以及军事演习、武器试验、重大外事活动等。因此,它主要用于级别较高的国家行政机关,级别较低的基层的行政机关、企事业单位一般不使用。人民代表大会及其常务委员会也用公告颁布法律、法规以及宣布其他重大事项。

2. 宣布法定事项的公告

这类公告的发布内容和发布权限,都是由国家的各种法律或行政法规明确规定的,例如:

招考公告——《国家公务员暂行条例》第十六条规定:"录用国家公务员按照下列程序进行:(一)发布招考公告"。

专利公告——《中华人民共和国专利法》第三十九条规定:"发明专利申请经实质审查没有发现驳回理由的,专利局应当作出审定,予以公告。"

此外,还有商标公告、破产公告、企业法人登记公告、房屋拆迁公告等等,都有限定的发文内容和发文机关,不得随意变动和使用。

(三) 公告的格式与写法

1. 首部

(1)标题。有两种形式:一是完全型标题,即由发文机关、事由和文种三部分组成;

二是由发文机关与文种构成。

(2)题注。公告向国内外广而告之,因而没有主送机关,尾部可不标识发文机关和成文日期,那么标题下面便要标识题注,写明公告发布时间。

(3)发文字号。某些公告,尤其是人大全体会议的公告,用命令那种"流水号"形式标识发文字号,按一次会议所发公告或年度编号。标识了发文字号,便不标识题注,那么尾部便要标识发文机关和成文日期。

2. 正文

正文一般包括两部分,即缘由和事项,少数公告有结尾。

(1)缘由。有的公告在宣布重要事项或法定事项之前,要概括说明原因、依据、目的等。

(2)事项。该部分是公告的具体内容,事项性公告往往只有一句话,法规性公告一般分条说明各项法定事项的具体内容。

(3)结尾。公告一般没有该部分;如有该部分,一般是对实施法定事项而提出要求之类。

3. 尾部

(1)结束语。有的公告在正文下一行标识"特此公告"之类的结束语。

(2)发文机关印章和成文日期。首部未标识题注,尾部便要标识发文机关印章和成文日期。

(四) 公告的写作要求

(1)公告是向国内外发布的,其内容必须是重大的。

(2)公告要直接表达意向,不加议论,行文庄重,语言明确。

中华人民共和国司法部国家司法考试办公室公告

依据《国家司法考试实施办法(试行)》的有关规定,现就 2004 年国家司法考试成绩公布、合格分数线及申领《法律职业资格证书》事项公告如下:

一、成绩公布、查询与核查

2004 年国家司法考试成绩将于 12 月 4 日公布。司法部已向各地司法厅(局)发出通知,委托各省、自治区、直辖市司法厅(局)将考试成绩以书面形式正式通知应试人员。应试人员的考试成绩以司法行政机关的成绩通知书为准。

为方便应试人员查询考试成绩,司法部国家司法考试办公室将委托有关媒体向应试人员提供成绩查询服务。应试人员可于 12 月 4 日起,通过司法部网站——中国普法网（http://www.legalinfo.gov.cn）和声讯电话（16899800）查询本人成绩。

应试人员对考试成绩有异议，可自考试成绩公布之日起15日内，向当地市（地）司法行政机关提出核查分数的书面申请。分数核查仅限于试卷四。对于由计算机评阅的试卷一、二、三，不进行分数核查，但此三卷无成绩的，可以申请分数核查。分数核查只限于核对申请人试卷卷面各题已得分数的计算、合计、登录是否有误。核查后的成绩通知本人后，不进行再次核查。

应试人员的核查分数申请由各省、自治区、直辖市司法厅（局）汇总造册后报司法部国家司法考试办公室统一交评卷单位核查。司法部及其考试机构和评卷单位不直接受理个人的核查申请。应试人员逾期申请的，司法行政机关不再受理。

二、合格分数线

经司法部、最高人民法院、最高人民检察院并依据国家对法官、检察官、律师队伍发展的实际需求，确定2004年国家司法考试的合格分数线为360分。

属于《司法部关于确定国家司法考试放宽报名学历条件地方的意见》所规定地方的应试人员，合格分数线放宽为335分。

考虑到少数地方对通晓并使用民族语言文字法律职业人员的迫切需求，对使用民族语言文字参加考试的民族考生，单独确定合格分数标准。

三、法律职业资格证书申领

达到2004年国家司法考试合格分数线，即通过国家司法考试的应试人员应自收到成绩通知书之日起30日内向当地市（地）司法行政机关提出申领《法律职业资格证书》的申请，并按司法行政机关的要求提交有关材料。

申领《法律职业资格证书》应当如实填写《2004年国家司法考试法律职业资格授予申请表》，并提交下列材料以供审验：

（一）本年度国家司法考试成绩通知书；

（二）申请人身份证、学历证书原件（由受理申请机关审验后退回）及复印件；

（三）近期同一底片2寸（46 mm×32 mm）免冠彩色证件照片3张；

（四）司法行政机关要求的其他材料。

经审核符合资格授予条件的人员，由司法部授予法律职业资格，颁发《法律职业资格证书》。在规定期限内未提出申请且无正当理由的，视为放弃申领资格，司法行政机关不再办理。

二〇〇四年十二月一日（印章）

[简析] 这是司法部国家司法考试办公室所颁发的法规类公告，正文分三部分，内容清晰，写法上开门见山，直陈其事，语言简明确切、质朴庄重。

中华人民共和国水利部
公　告

2006年第2号

关于划分国家级水土流失重点防治区的公告

为了明确国家级水土流失防治重点,实施分区防治战略,分类指导,有效地预防和治理水土流失,促进经济社会的可持续发展,根据《中华人民共和国水土保持法》以及《中华人民共和国水土保持法实施条例》的有关规定,水利部在《全国水土保持规划纲要》、《全国生态环境建设规划》和全国第二次土壤侵蚀遥感调查成果的基础上,划定42个国家级水土流失重点防治区(包括重点预防保护区、重点监督区、重点治理区),面积222.98万平方公里(包括重点监督区与重点治理区重复面积14.13万平方公里),其中水土流失面积95.46万平方公里(包括重点监督区与重点治理区重复面积11.28万平方公里)。经国务院批准,现公告如下:

一、重点预防保护区

共16个,包括大兴安岭、呼伦贝尔、长白山、滦河、黑河绿洲、塔里木河绿洲、子午岭、六盘山、三江源、金沙江上游、岷江上游、汉江上游、桐柏山、大别山、新安江、湘资沅上游和东江上游等预防保护区,总面积97.63万平方公里,其中水土流失面积29.45万平方公里。本区目前水土流失较轻,林草覆盖度较高,但存在水土流失加剧的潜在危险,主要为次生林区、草原区、重要水源区、萎缩的自然绿洲区等。要坚持预防为主、保护优先的方针,建立健全管护机构,制定有力措施,强化监督管理。要实施封山禁牧、舍饲养畜、草场封育轮牧、生态修复、大面积保护等措施,坚决限制开发建设活动,有效避免人为破坏,保护植被和生态。

二、重点监督区

共7个,包括辽宁冶金煤矿、晋陕蒙接壤煤炭、陕甘宁蒙接壤石油天然气、豫陕晋接壤有色金属、东南沿海、新疆石油天然气开发监督区和三峡库区监督区,总面积30.60万平方公里,其中水土流失面积17.98万平方公里。本区资源开发和基本建设活动较集中和频繁,损坏原地貌易造成水土流失,水土流失危害后果较为严重,主要为矿山集中开发区、石油天然气开采区、特大型水利工程库区、交通能源等基础设施建设区以及在建的国家特大型工程区。要依法实施重点监督,加强执法检查,加大宣传力度,增强法制观念,有法必依,违法必究。开发建设项目必须依法编报水土保持方案,贯彻执行水土保持"三同时"制度,依靠社会和企业的力量,遏制人为造成新的水土流失。

三、重点治理区

共19个,包括东北黑土地、西辽河大凌河中上游、永定河、太行山、河龙区间多沙粗沙、泾河北洛河上游、祖厉河渭河上游、湟水洮河中下游、伊洛河三门峡库区、沂蒙山、嘉陵江上中游、丹江口水源区、三峡库区、金沙江下游、乌江赤水河上中游、湘资沅澧中游、赣江上游、珠江南北盘江和红河上中游重点治理区,总面积108.88万平方公里,其中水土流失面积59.31万平方公里。本区原生的水土流失较为严重,对当地和下游造成严重水土流失危害,主要为大江、大河、大湖的中上游地区。要调动社会各方面的积极性,依靠政策、投入、科技,开展水土流失综合治理,改善生态环境,改善当地生产条件,提高群众生产和生活水平。

特此公告

二〇〇六年四月二十九日(印章)
(资料来源:中国政府网)

[简析] 这是一篇向国内外宣布重要法定事项的"公告"。开头以"为了"做句首,介绍基本情况,先讲缘由,再讲法律依据和决定事项,最后以"特此公告"结束全文。这完全符合此类公告的结构安排。

九、通 告

(一)通告的概念

通告用于公布社会各有关方面应当遵守或者周知的事项。通告不同公告。通告主要用于有关单位开展业务工作需要。

通告的制发机关,没有级别限制。公布的范围是"社会有关方面",其范围可能广,即向国内外广而告之,如交通部就我国向南中国海域发射导弹试验所发布的通告;也可能局限在某一地区,如某道路维修,过往车辆需改道行驶的通告。发布途径也较多,一般通过新闻媒体公开发布,也可张贴。

(二)通告的类别

按文种的适用范围和作用,可将通告分为如下两类。

1. 制约性通告

这类通告向国内外或某一地区宣布应当遵守的事项。从事项的内容看,主要有三种情况:一是法规性的事项,具有法律约束力,如《关于禁止中小学生进入营业性网吧的通告》,因为它是以国务院《互联网上网服务营业场所管理条例》为依据的;二是政策性的事项,具有行政约束力,如体现"严打"政策而敦促犯罪嫌疑人自首的通告、公安部宣布收缴非法持有的枪支弹药和取缔"法轮功"组织的通告;三是一般应注意的事项,如道路维修,过往车辆一律改道行驶的通告。

从公布的范围看,向国内外广而告之法规性事项,用公告;仅仅或主要是向国内宣布法规政策性事项,一般用通告。

从是否带附件看,用命令发布法律或行政法规和规章,是以发布完整的法律、法规和规章为目的,即把它们作为附件;公告、通告不是以发布完整的法律、法规和规章或条文为目的,而是以宣布符合有关法律、法规和规章的事项为目的,即公告、通告不能用来发布法律、法规和规章。

2. 告知性通告

告知即不需要执行。此类通告向一定范围公布社会有关方面应当或者有权周知的事项,如产品降价、开放公共娱乐场所、体育场馆等,受文者不受通告事项的约束。

公告、通告和通知都可以用来公布周知的事项,即公文内容不具有约束力,但文种适用范围有别:事项性公告向国内外公布的是新闻性的重要事项和法定事项;事项性通告是面向社会宣布业务方面的事项;周知性通知是向发文机关所属的下级传达有关事项。

(三)通告的格式与写法

1. 首部

(1)标题。通告的标题有三种形式:一是完全型标题,即由发文机关、事由和文种三部分组成;二是由发文机关与文种构成;三是由事由和文种构成。

(2)题注。通告广泛宣布,属于泛行文,因而没有主送机关。但如果没有标识发文字号,且尾部又不标识发文机关和成文日期,标题下面便要标识题注,即写明通告发布的时间。

(3)发文字号。有的通告有发文字号,按公文发文字号一般写法,即由发文机关代字、年份和年度内发文序号三部分组成。有发文字号便没有题注。

2. 正文

正文一般包括两部分,即缘由和事项。少数通告有结尾。

(1)缘由。宣布法规性事项的通告,一般在正文开头要概括说明原因、依据、目的等。

(2)事项。该部分是通告的具体内容。法规性通告一般分条说明事项的具体内容。

(3)结尾。有的通告有结尾,一般是对通告事项的要求,或法规性通告的实施日期等做说明之类。

3. 尾部

(1)结束语。有的通告在正文下一行标识"特此通告"之类的结束语。

(2)发文机关印章和成文日期。首部如果没有标识题注,尾部便要标识发文机关印章和成文日期两项。

（四）通告的写作要求

通告的事项一般要求一定地区的人们遵守或执行，所以在写法上要求具体，各事项之间相互独立，整篇之间有递进性、制约性。

例文

合肥市人民政府关于整治乱吐痰乱撒冥纸乱扔乱倒垃圾乱穿行行为的通告

合政〔2006〕13号

为了加强城市市容和环境卫生管理，维护道路交通秩序，构建良好的城市环境和社会秩序，根据有关法律、法规，现通告如下：

一、禁止在公共场所随地吐痰，违者由城市管理行政执法部门责令改正，可以给予警告，并可处以20元罚款。

二、禁止在公共场所乱扔皮壳、烟头、纸屑等废弃物，违者由城市管理行政执法部门责令改正，可以给予警告，并可处以20元罚款。

机动车驾驶人驾驶机动车向道路上抛撒物品的，由公安机关交通管理部门处以警告或者50元罚款。

三、禁止沿街道抛撒冥纸，违者由城市管理行政执法部门责令改正，可以给予警告，并可处以50元罚款。

四、任何单位和个人应当按照市容环境卫生行政主管部门规定的地点、方式倾倒生活垃圾，违者由城市管理行政执法部门责令改正，可以给予警告，并可对个人处以50元罚款、对单位处以300元罚款。

五、行人通过路口或者横过道路，应当走人行横道或者过街设施；通过有交通信号灯的人行横道，应当按照交通信号灯指示通行；通过没有交通信号灯、人行横道的路口，或者在没有过街设施的路段横过道路，应当在确认安全后通过；行人不得跨越、倚坐道路隔离设施。违者由公安机关交通管理部门处以警告或者20元罚款。

六、驾驶自行车、电动自行车、三轮车等非机动车在路段上横过机动车道，应当下车推行，有人行横道或者行人过街设施的，应当从人行横道或者行人过街设施通过；没有人行横道、没有行人过街设施或者不便使用行人过街设施的，在确认安全后直行通过。违者由公安机关交通管理部门处以警告或者30元罚款。

七、公务车、公共汽车、出租汽车驾驶人应当模范遵守道路通行规定，维护交通秩序，保障道路交通有序、安全、畅通。违者由公安机关交通管理部门依据道路交通安全

法律法规予以处罚;其中,对公务车驾驶人的道路交通安全违法行为,从重处罚。

驾驶人违反交通管制的规定强行通行,不听劝阻的,处以500元以上1000元以下罚款;情节严重的,处以1000元以上2000元以下罚款,可以并处15日以下拘留。

八、城市管理行政执法部门、公安机关交通管理部门应当依法履行职责,加强对违法行为的管理和处罚,有关部门应当予以配合。阻碍执法人员依法履行公务的,由公安机关依法进行治安处罚;构成犯罪的,依法追究刑事责任。

本通告自发布之日起施行。

二〇〇六年二月十七日(印章)
(资料来源:中国法律法规网)

[简析] 这份事关合肥市整治"四乱"的通告,全文条理清晰,内容简洁。例文由发布通告的缘由、背景与告知遵守的事项内容两个层次组成,例文言简意赅,要求明确。

十、通　　报

(一)通报的概念

通报是用于表彰先进、批评错误和传达重要精神或情况的公文。

通报将基层单位先进和错误的典型、上级和本机关重要的指示精神以及工作中的重要情况或错误苗头等及时向下级传达,其作用主要在于帮助下属广大干部群众了解全局情况并提高认识。

使用通报不受发文机关级别的限制,任何机关单位都可向其下属制发通报;在用于奖惩方面,通报的档次比决定低。

(二)通报的类别

按照通报材料的性质,可将其分为如下三类。

1. 表彰通报

该类通报用来宣传个人或集体的先进事迹,它与嘉奖令和表彰决定一样,都是意在树立榜样。但是,嘉奖令和表彰决定比表彰通报的先进程度高,业绩大;另外,使用命令和有权批准嘉奖令的机关级别高,不是任何级别的机关单位都可制发嘉奖令,而任何机关单位都可使用表彰通报。

2. 批评通报

该类通报用来对单位或个人所犯的重大错误,在本系统内予以曝光并提出批评,以使人们引以为戒,在思想上提高认识。

命令可用于嘉奖,但不用于批评;决定和通报都可用于表彰和批评,但决定的规格档次比通报高;通报传达的范围一般限于本机关下属各单位或本系统,决定则往往向全社会宣布。

处分决定是在一定范围内公布对某人所犯错误的处理结果,并作为个人档案存档,批评通报发文目的主要在于教育大家,以避免类似事件发生。处分决定一般针对人;批评通报主要针对事。

3. 情况通报

即传达重要精神或重要情况,起到交流情况、沟通信息,以促进工作的作用。

(三)通报的格式与写法

1. 标题

通报的标题通常由发文机关、事由和文种三个要素构成。也有的通报省略发文机关和事由,只写"通报"二字。

2. 正文

不同的通报类型,其正文的写作内容各不相同。

(1)表彰性通报。正文内容包括:

①叙述先进事迹,包括时间、地点、人物、事迹、怎么做及其结果;

②对先进事迹进行分析、评议,指出其典型意义,或概括主要经验;

③提出表彰决定;

④提出希望和学习号召。

(2)批评性通报。正文内容包括:

①叙述事故或错误事实的经过情况、时间、地点、事故及其后果等;

②对事故进行分析评议,分析事故发生的原因,指出事故的性质及其危害;

③提出处分决定;

④引申出应当吸取的经验教训,有的放矢地提出希望和要求。

(3)情况通报。正文内容包括:

①概括叙述情况;

②分析情况;

③针对情况提出希望和要求。

3. 落款

写上发文机关和成文时间。如果标题中已有发文机关,且时间已标注在发文机关下面,则不再落款。

此外,普发性通报可不写抬头,非普发性通报要写抬头。相应,发文机关和时间则在落款处写。

(四)通报的写作要求

(1)撰写通报前一定要做好调查研究,包括文字涉及的事件的每一个细节都必须反复核实,实事求是,以免发文后造成被动、失信的局面。

(2)叙述典型事实要准确、平实、简明。

(3)讲究时效性,及时行文。

(4)对事项的"分析"、"评议"部分,是最能体现通报作者思想水平和写作水平的所在,写作时一定要注意将人和事上升到较高的层面来认识,切忌就事论事。

(5)通报的决定事项不能与事实、政策相抵触。

××省化工总公司党委关于授予张××"优秀共产党员"荣誉称号的通报

各分公司党委、总公司党委各部门、各直属机构:

张××同志是××分公司所属天宏化工厂管道维修工人,共产党员。今年8月12日上午8时30分,该厂成品车间后处理工段油气管道突然爆炸起火。正在利用公休日清理夜间施工现场的张××被爆炸气浪猛烈推倒,头部、右臂和大腿等多处受伤,鲜血直流,鞋子也被甩出很远。在这危急关头,张××强忍剧痛,迅速爬起来,顾不得穿鞋和查看伤势,踩着玻璃碎片,冲入烈火之中,迅速关闭了喷胶阀门、油气分层罐手阀、蒸汽总阀。接着先后用了十余个干粉灭火器扑救颗粒泵、混胶罐等处的大火,在随后赶来的保安人员的援助下,共同英勇奋战十余分钟,最终将大火全部扑灭,避免了火势的蔓延。

张××同志在身体多处受伤、火势凶猛并随时可能发生更大爆炸的万分危急关头,将个人生死置之度外,果断处理突发事件,为遏制火势蔓延,防止事故扩大,减少国家财产损失,做出了突出的贡献。他的行为体现了为保护国家财产和人民利益而置个人生命安危于度外的崇高精神品质,谱写了一曲保持共产党人先进性的正气之歌。

为了表彰张××的英雄行为和崇高的革命精神,总公司党委研究决定:授予张××"优秀共产党员"荣誉称号,将张××奋力灭火的英勇事迹通报全公司,晋升二级工资,并颁发灭火奖励10000元,以资鼓励。

希望各分公司党委、各直属机构组织广大共产党员和干部职工以张××为榜样,落实安全生产责任,努力做好本职工作,为化工行业的改革与发展做出更大的贡献。

××省化工总公司党委(印章)

二〇〇五年八月二十日

[简析] 这是一份表彰性通报。正文叙述张××的先进事迹,对该同志的行为做了有境界而又恰当的分析、评议,目的句之后写决定事项,最后提出发文单位的希望号召。全文结构合理、格式规范。注重将英勇行为上升到恰当的境界予以分析、评议。语言通俗流畅。美中不足的是对事件过程的叙述还可以概括一些。

××市食品酿造公司关于
××食品厂司机×××私自开车到北戴河游玩的通报

公司所属各单位:

  今年8月8日晚,××食品厂司机×××以磨合汽车为借口,擅自驾驶"630"食品防尘车并带上五人从××分厂去北戴河游玩。10日8点抵达北戴河,至12日夜间12点才返回公司。行程六百多公里。

  ×××的行为,违反组织纪律,错误实属严重。车队负责人在问题发生后未及时向公司汇报,这种做法也是错误的。为了严肃纪律,维护公司利益,同时教育×××本人,经公司研究决定:对司机×××予以通报批评,扣发三个月奖金,并责令其上交全程所用汽油费。

  望各单位接此通报后,组织员工们及时学习、讨论,从中汲取教训,把各项工作提高到一个新水平。

××××年×月×日(印章)

[简析] 这是一篇批评性通报。正文第一自然段写当事人的错误事实和经过,具体交代了时间和地点。第二自然段对当事人的错误进行了分析评价,同时做出了处理。第三自然段对各单位提出了希望、要求。

全文层次分明,语言明晰,分析评价到位,行文思路清晰。标题中的"私自"改为"擅自"较好。

关于2003年上半年全国建筑施工事故情况的通报

各省、自治区建设厅,直辖市建委,江苏省、山东省建管局,新疆生产建设兵团建设局:

  据31个省、自治区、直辖市和新疆生产建设兵团报告,2003年上半年,全国共发生建筑施工事故519起,死亡582人,重伤68人,与去年同期相比,事故起数、死亡人数分别上升24.5%和20.7%,重伤人数下降41.9%;其中发生建筑施工一次死亡3人以上事故15起,死亡66人,重伤5人,与去年同期相比,事故起数、死亡人数和重伤人数分别下降 21.1％、2.9％和 37.5％。这 15 起事故中：浙江 4 起，江西、山东各 2 起，内蒙古、上海、安徽、河南、广东、甘肃、贵州各 1 起。2003 年上半年全国建筑施工事故统计表见附件。

按照《关于加强建设系统重大质量安全事故快报工作的通知》（建办质〔2003〕23 号）要求，自 2003 年 4 月 20 日起，各地应通过建设系统重大质量安全事故快报系统及时报告工程建设、城市市政公用行业运行（营）、房屋安全重大事故。从报告情况看，江西、云南、江苏、贵州、吉林、山西等地能够认真、及时、规范地通过快报系统报送事故。但也有部分地区未能按时限要求和规定内容报告，在一定程度上影响了我部对全国建设系统重大质量安全事故的全面掌握和统计分析。

各地要高度重视重大事故报告工作，落实分管领导和有关工作人员责任，严格报送时限、报送程序，及时、准确、规范地通过建设系统重大质量安全事故快报系统向建设部报告事故。同时，要进一步完善本地区重大事故报告制度，加快建立和完善本地区建设系统质量安全事故报送系统，培训有关工作人员，进一步推动重大事故报告工作的制度化和规范化。

附件：2003 年上半年全国建筑施工事故统计表

中华人民共和国建设部（印章）

二〇〇三年八月八日

（资料来源：中国政府网）

[简析] 这是一份情况通报，通报全国建筑施工事故的情况。正文分三段。第一段利用数字说明和比较说明，说明了上半年全国施工事故的情况。第二段对及时和未按时限要求报告事故的地区分别做了表扬和批评。第三段针对当前出现的施工事故情况，有针对性地对今后的工作提出了意见和要求。

情况通报分微观（具体事实）情况通报和宏观情况通报两种，这份总体情况通报属宏观情况通报，本文对情况的分析主要通过数字及比较进行，这是一份写作规范的情况通报。

十一、通　知

（一）通知的概念

通知是指发文机关用于向其下级机关批转、转发文件或传达有关事项的公文。它适用于批转下级机关的公文，转发上级机关和不相隶属机关的公文，传达要求下级机关办理和需要有关单位周知或者执行的事项，任免人员。

2001年1月1日起施行的《办法》,不再规定用通知"发布规章",即"公布行政法规和规章"只用命令。但发布一般的守则类规范性文件,如制度、守则等,还是用发布性通知。

通知作为下行文,只能向本机关隶属的直接下一级机关行文。通知不能用于泛行文和平行文;但办公厅(室)得到机关的授权,或在办公厅(室)的职权范围内,以自己的名义可向机关的直接下级机关(其级别与办公厅室级别相同或高半级)制发通知,这种通知属于下行文,并非平行文。

通知使用广泛,也容易与其他文种相混,其表现如下:

(1)超越职权发通知,向不是自己直接下级的机关制发通知,比如,需要告知上级、平级和不相隶属的机关单位,本应将其标识在"抄送"中,却误写在"主送机关"中;单独向不相隶属的机关单位告知,本应用函,却用了通知。错用最多的是对上级、平级和不相隶属的机关单位本应用邀请函的事项,结果却用通知行文。

(2)混淆周知性通知与公告、通告、启事、广告、海报等周知性文书的界限,把本应用后者来告知的事项,用了通知行文,而且还在这类周知性的事项中写上"请遵照执行"之类的语句。在这方面,公告被错用的现象最普遍,一些本应用周知性通知、通告、启事、广告、海报的事项被误用了公告。

(二) 通知的类别

按照文种的适用范围,可将通知分为如下类型。

1. 批转性通知

批转性通知是用来批转下级机关的意见、报告、会议纪要等公文。顾名思义,该类通知一要"批",即对下级的公文进行分析、评价等方面的批示;二要"转",即转发到所有下级机关。

2. 转发性通知

这类通知只"转"不"批",用于转发上级机关和不相隶属机关的公文。但机关所属部门制定的规章或目的在于下发执行的意见,得到机关同意,一般由机关的办公厅(室)以转发性通知下发。

3. 发布性通知

这类通知用于发布性法规、规章以外的规范性文件。

4. 事项性通知

这类通知的内容的一个重要特点是要写明具体事项,即"要求下级机关和需要有关单位办理或者执行的事项",并写明办理、贯彻执行这些事项的要求等。例如,"会议通知"属于事项通知,但它有比较固定的要点。

5. 指示性通知

这类通知的内容,偏重于政策性和规范性,类似命令、决定和以前的指示。只是由于发文机关的权限限制,不宜用命令;又非安排"重要事项或者重大行动",不宜用决定。所以,采用通知的形式。

6. 告知性通知

这类通知所告知的事项,一种是没有贯彻执行约束力的通知,如"任免通知"对于被任免人员所在的单位需执行并凭通知办理有关手续,其他单位则知道就行了;另一种是有贯彻执行约束力,但不写主送机关的简易的通知,因为受文对象不言而喻,比如说关于放假的通知,这类通知可在公示栏张贴或板书,也可在报刊等媒体上发布。

(三)通知的格式与写法

1. 首部

(1)发文字号。由发文机关代字、发文年度和年度内发文顺序号这三部分组成。文种代字由机关统一规定,国务院及其办公厅用的是"发"字,也可不写。

(2)标题。通知的标题主要有两种形式:一是完全型标题,即由发文机关、事由和文种三部分组成;二是由事由和文种构成。在文种前面可加上"紧急"、"联合"等修饰语。

事由一般用"关于……"句式,但批转性通知往往不写"关于"二字;在转发、批转性通知的事由中,要写明被转发、批转的公文的发文机关,如原标题省略了发文机关,应在本通知标题的事由中补写。另外,转发性通知的事由,引用被转发公文的原标题时,应去掉书名号(法规、规章除外);如标题过长,可将其标题简化另拟;如原标题文种是通知,应将该"通知"二字去掉,这样就可以在本标题中避免出现"通知的通知"。

2. 正文

通知的正文写法多样,不同类型的通知有不同的写法。

(1)批转、转发、发布性通知。这三类通知的正文一般包括如下两部分:

①批转、转发、印发决定。批转、转发性通知该部分一般首先说明批转、转发决定,常用"某机关某公文(公文名称)已经(本机关)同意(或批准),现转发给你们,请遵照(或认真贯彻)执行"之类的句式。有的还扼要说明做出该决定的依据。发布性通知类似转发性通知,只是将"转发"变为"印发"而已。

②通知指示。在该部分,批转性通知(一般以机关名义制发)对所批转的公文进行"批示",即指出意义、重要性和贯彻执行的办法、步骤、要求等;而转发性通知(一般以秘书部门名义制发,其无"批示"权)一般不"批",但可对所转发公文事项的意义予以强调。

(2)事项性、指示性通知。事项性通知,顾名思义,要求贯彻执行、具体要做的事情明确,故又叫工作性通知;指示性通知则重在明确政策界限。这两类通知的正文一般包括缘由、事项和结尾三部分。

①缘由。缘由即说明发通知的目的、缘由、背景或必要性。

②事项。事项性通知即说明要求下级办理和需要有关单位周知或者执行的具体事项,有的还说明怎么做和注意事项等,可分条列项或加小标题。指示性通知的事项,即一项项政策性的内容,原则性突出,一般没有事项性通知那样具体。

③结尾。结尾一般提出要求,也可将结尾写在事项中。

(3)会议通知。会议通知一般包括以下四部分:

①召开会议的目的和决定。会议通知一般在正文开头首先说明两部分的内容:一是开会的目的、意义,这部分可以不写;二是决定召开的会议名称,或再加上会议为期的时间等。

②会议的时间安排。该部分包括报到的时间、地点,会议召开的地点和时间以及会议议程(报告、讨论、表决、参观……)等。对于简单的会议,可以只写报到的时间地点和会议召开的起止时间。

③参会要求。该部分主要包括参会名额、资格、应带或提交的材料等。

④其他事项。主要包括会务费、食宿费等,会务组联系电话、联系人等。

(4)任免通知。任免通知的正文一般包括两部分:一是任免根据,即某机关的决定,有的还写明由什么会议决定,或再说明做出该决定所依据的法律、法规;二是具体任免内容,即人员的姓名和机关名称及职务。

3. 尾部

(1)结束语。结束语,即在正文下一行标识"特此通知"之类的惯用语。

转发、批转性通知和任免通知,往往没有结束语。其他类别的通知,大多也不写结束语。

(2)发文机关印章和成文日期。除用于张贴、板书或新闻媒体上发布的简易周知性通知不盖印章外,其他正式行文的通知该两项按文件格式的要求标识。

(四)通知的写作要求

1. 语言表达要明确具体

通知这一文种无论是指示类、批转类或告知类的,都是上级要求下级怎样做的,所以语言表达要明确具体,才可供操作。

2. 行文要规范

要根据本机关的职权范围,把握好不同类型通知的行文规范。

 例文

1. 转发性通知

国务院办公厅转发教育部等部门
关于调整体育总局所属学校管理体制
实施意见的通知

国办发〔2001〕15号

各省、自治区、直辖市人民政府,国务院各部委、各直属机构:

　　教育部、体育总局、国家计委、财政部《关于调整体育总局所属学校管理体制实施意见》已经国务院同意,现转发给你们,请认真执行。

国务院办公厅
二〇〇一年二月二十四日

2. 批转性通知

国务院批转中国残疾人事业"十五"计划纲要的通知

国发〔2001〕7号

各省、自治区、直辖市人民政府,国务院各部委、各直属机构:

　　国务院残疾人工作协调委员会制定的《中国残疾人事业"十五"计划纲要(2001年~2005年)》已经国务院同意,现转发给你们,请认真贯彻执行。

　　新世纪开始,我国将进入全面建设小康社会,加快推进社会主义现代化的新的发展阶段。《中国残疾人事业"十五"计划纲要(2001年~2005年)》明确了"十五"期间我国残疾人事业发展的主要目标和任务,提出了相应措施。地方各级人民政府和有关部门要结合本地区和本部门的实际,采取切实有效措施,按照《中华人民共和国国民经济和社会发展第十个五年计划纲要》关于"加强残疾人事业,帮助残疾人康复、就学和就业,创造残疾人平等参与社会生活的条件"的精神,认真完成《中国残疾人事业"十五"计划纲要(2001年~2005年)》规定的任务,促进新世纪初我国残疾人事业的发展。

中华人民共和国国务院
二〇〇一年四月十日

3. 发布性通知

国务院办公厅关于印发外交部
驻澳门特别行政区特派员公署职能
配置、内设机构和人员编制规定的通知

国办发〔2001〕31号

各省、自治区、直辖市人民政府,国务院各部委、各直属机构:

《外交部驻澳门特别行政区特派员公署职能配置、内设机构和人员编制规定》经国务院批准,现予印发。

国务院办公厅
二〇〇一年四月二十九日

4. 会议通知

关于召开"严打"工作会议的通知

×公办〔2006〕××号

各区公安分局、县级市公安局、市局各直属机关:

为了传达贯彻公安部有关文件精神和省厅关于"严打"工作部署,市公安局决定召开2006年"严打"工作会议,现将会议有关事项通知如下:

一、会议时间:×月×日×时至×时在市公安局招待所106号房报到。×日正式开会,会期3天。

二、参加会议的人员:各区分局、县级市局的局长,分管刑侦、治安的副局长和政治部主任;各直属机关负责人和政治部主任。

三、各参会单位带好以下材料:

1. 2005年工作总结;
2. 2006年工作计划;
3. 2005年立案和已侦破大案、要案的材料。

会议筹备工作组及会务组联系人:张×× 李××

联系电话:××××××××(市局办公室)

××××××××(市局招待所值班室)

特此通知

××市公安局办公室(印章)
二〇〇六年一月十三日

5. 任免通知

关于澳门特别行政区政府
白英伟任职的通知

国人字〔2000〕144 号

澳门特别行政区政府：

依照《中华人民共和国澳门特别行政区基本法》的有关规定，依据澳门特别行政区行政长官何厚铧的提名和建议，国务院 2000 年 10 月 27 日决定，任命白英伟为澳门特别行政区警察总局局长。

国务院
二〇〇〇年十月二十七日

6. 告知性通知

关于 12 月 20 日放假的通知

从 1999 年 12 月 20 日起，我国政府将对澳门恢复行使主权。为了使广大人民群众欢庆澳门回归祖国，决定 1999 年 12 月 20 日全国放假一天。

国务院办公厅
一九九九年十二月八日

[简析] 转发、批转、发布性通知，这三种通知都是作为秘书部门的办公厅（室）制发，其附件都是经机关批准或同意下发的。但其作用泾渭分明：转发的是上级和不相隶属机关的公文，批转的是下级机关的公文，发布的是本机关除法规、规章以外的守则类规范性公文。

从写法看，批转性通知，"转"和"批"缺一不可，"批"即对所转发的公文本身进行评价分析；而转发性通知，则以"转"为己任，虽然不能对所转发的公文本身进行评价、分析，但却可就其主旨加以议论，指出重要性，或发出号召；发布性通知与转发性通知，虽然用法不同，但写法却极为相似，最大的区别只是一个用"转发"，一个用"印发"。

十二、函

（一）函的概念

函是用于不相隶属机关之间商洽工作、询问和答复问题以及请求批准和答复审批事项的公文。

函作为平行文，适用范围十分广泛，包括商洽、询问、答复、请批、复批等。在不相隶属机关单位之间的正式行文，可使用的公文只有函和意见。在行政公文的13个文种中，左右沟通、横向联系主要靠函。函在不相隶属机关之间起着交流信息、互通情况、团结协作等工具作用。因其特殊的使用场合，函具有语气礼貌和形式简便两大特点。

（二）函的类别

函按行文方向分，可分为来函和复函；按内容的性质划分，可分为公函和便函，公函属于正式行文的公文，便函属于事务文书。按照函的作用划分，可将函分为以下类型。

1. 商洽函

商洽函用于不相隶属机关之间的商洽工作。其中包括向对方提出讨论意见，但又与使用意见不同。商洽函偏重于商榷，而且具有求复性，即商洽以达成一致意见为目的，往往要求对方复函；意见则用于对重要问题提出见解和处理办法，是单方面的发表看法，不是提出商洽，一般也不要求对方回答。

2. 询问函

询问函用于不相隶属机关之间互相询问有关情况，如向对方了解有关情况，或请求对方调查某人某事并出具证明之类。

3. 答复函

答复函用于不相隶属机关之间答复对方的商洽、询问，它与批复函不同，批复函是对请批函的答复。

4. 请批函

请批函用于不相隶属机关之间请求批准事项。所谓"请求批准"指的是向不相隶属主管某方面业务的机关请求批准其业务权限内的事项。如：卫生局主管卫生防疫等业务，公安局要为民警体检和做防疫注射，后者便要向前者请求批准；公安局主管治安，卫生局如有消防、安全等方面的请批事项，便向公安局请求批准。

5. 批复函

批复函用于对不相隶属机关提出请求批准的事项做出答复。

还有一种情况需要注意,下级机关向上级机关呈送了请示,上级机关做出批复决定后,却不以自己的名义用批复来答复,而是以上级机关秘书部门(办公厅、室)的名义用函来答复。

6. 告知函

告知函用于将周知性事项告知不相隶属机关。这种告知是主动的,不是应对方要求而做出的答复。这类函也不要求受文对象回文。常见的错误是本该用告知函的事项,有的机关用通知行文。

7. 邀请函

邀请函用于邀请不相隶属机关的领导或有关人员参加会议或有关活动,常见的错误是对不相隶属机关,本该用邀请函,有的机关单位却误用通知行文,这是一种越权行文,因为通知的内容是受文对象必须执行的,而邀请函则没有任何强制性要求。一般事项的邀请,多用便函发出邀请。

(三)函的格式与写法

1. 首部

(1)发文字号。由发文机关代字、年份和年度内发文序号三部分组成。

(2)标题。函的标题有两种形式:一是完全型标题,即由发文机关、事由和文种三部分组成;二是省略型标题,由事由与文种两部分构成。

(3)主送机关。即函送达的不相隶属机关。

2. 正文

函的正文可分为两部分:缘由和事项。

(1)缘由。缘由即说明发函或复函的原因。商洽函、询问函和告知函说明商洽、询问、告知的目的;告知函也可开门见山直接告知事项,正文开头不写缘由;答复函和批复函按批复的写法;请批函按请示的写法。

(2)事项。事项是函的核心,商洽函、询问函、告知函、答复函叙述或说明需要商洽、询问、答复、告知的内容;批复函即批复决定,按批复的写法,针对请示函的内容做出肯定与否的明确回答;请批函即请示事项,按请示的写法,一函一事。

3. 尾部

尾部包括结束语、发文机关印章和成文日期。

商洽函、询问函,结束语可写"特此函商,并望见复"、"即请复函"之类;请批函可写"以上函请妥否,即请函复";邀请函可写"特此函邀";答复函、告知函、批复函等回函,可写"此复"、"特此复函"之类的套语。但不论哪一类函,都可不写结束语。

(四)函的写作要求

(1)注意请批函与请示的区别。向有隶属关系的上级机关请求指示、批准事项用请示,而向没有隶属关系的业务主管机关请求批准有关事项,则用请批函。主管机关答复请求审批事项,用审批函。

(2)开门见山,直奔主题。无论去函还是复函,都不要转弯抹角,切忌空话、套话和发空泛的议论。

(3)一文一函,简洁明了。

(4)语言要规范得体,并体现函的用语特色。发函要使用平和、礼貌、诚恳的语言,对主管机关要尊重、谦敬,对级别低的单位要平和,对平行单位和不相隶属的单位要友善。切忌使用生硬、命令性的语言。复函则态度要明朗,语言要准确,避免含糊笼统、犹豫不定。

关于商洽委托代培涉外秘书人员的函

××大学文学院:

本集团公司新近上岗的秘书人员缺乏专门的涉外秘书知识,业务素质亟待提高。据报载,贵院将于今年9月开办涉外秘书培训班,系统讲授涉外秘书业务、公关礼仪、实用文书写作等课程。这个培训项目为我集团公司新上岗的涉外秘书人员提供了一个难得的在职进修机会。为能尽快提高本集团公司涉外秘书人员的从业素质,我们拟选派8名在岗秘书人员随该班进修学习,委托贵院代培。有关代培费用及其他相关经费,将按时如数拨付。

如蒙慨允,恳请函复为盼。

××集团公司(印章)
二〇〇五年七月二十日

[简析] 这是一份商洽函。正文分六个层次:其一写本单位在岗秘书人员的素质亟待提高,这是行文的缘由、背景;其二,写知悉对方开办秘书培训业务;其三,认为对方的培训是我方秘书难得的在职进修机会;其四,以"目的句"写行文的目的;其五即为商洽的事项。最后,请求对方答复。

文章思路清晰,环环相扣,逻辑性强。"贵院"、"请函复为盼"一类具谦敬意味的词句,体现了商洽函的语体特征。值得指出的是,"秘书人员"应简写为"秘书";"随该班进修学习"与"委托贵院代培"应位置对调;"如蒙慨允,恳请函复为盼",会导致对方不同意便不复函。所以,"如蒙"应改为"是否",以求对方复函。

关于给××超市总公司商租商场一事的复函

上海××超市总公司:

贵公司《关于商租××商厦五楼的函》(沪×超函〔×××〕20号)收悉,经研究,现答复如下:

贵公司欲租我商厦五楼闲置的楼面开设超市,这是方便顾客的购买需求,有利于盘活我商厦的闲置资源、扩大我商厦的经营规模与商品种类的好事,本商厦欢迎贵公司来我商厦五楼开设超市。具体租金请贵公司来人面洽。

特此复函。

上海××商厦(印章)

××××年四月一日

[简析] 这是一份答复对方商洽事项的函。正文开头引述对方来函标题及发文字号,以作复函缘由,继而用"经研究,现答复如下"一语过渡到主体部分。

主体部分先概括对方来函所商洽的事项及意义,既是对来函的回应,又表达了自己的态度。紧承这句,做出"欢迎"合作的表态,并提出面谈要求。文章针对性强,态度诚恳,表述严谨,行文规范。

关于请求解决我县枯水期用电指标的函

××市供电局:

去年以来,我县利用本地水力资源发展小水电,每年丰水期输入国家大电网的电达3000至6000万度,每度电价0.25元。而枯水期我县则严重缺电,以每度电价0.50元购进1500万度电,仍然不能保证城镇居民生活用电。目前有几间水泥厂、糖厂因缺电已停产。为此,我县请求从今年起在每年11月1日至次年3月30日的枯水期内,每天能支持配送我县基数电10万度。

可否,请予函复。

××县人民政府(印章)

××××年七月一日

[简析] 这是一份请批函。县人民政府与市供电局并没有隶属关系,但供电局是业务管理部门,因此,请求批准解决用电指标应该用函行文。

正文开门见山,直陈自去年以来我县为国家电网输入的电力数额及价格。这不仅说明了本县为国家做出的贡献，而且使这一情况与枯水期我县外购电力及费用形成对比。然后陈明即便这种低卖高买的形式也难以解决枯水期居民用电短缺和企业停产的局面。这样，便把请求配给基数电的理由说得入情入理，充分可信。为便于审批，文章将请求配给基数电的时间、数额也写得明确具体。

文章不长，但要求合情合理，理据充分。陈述要求的关键处正确地用了"请求"两字，这是一篇语言得体的请批函。

关于日野FC16SA大卡车存在严重质量问题要求赔偿损失的函

广东省汽车贸易中心：

我公司于××××年六月六日向贵公司原业务一科购买附有商检合格证的日野FC16SA型六吨卡车15辆，发票两张，号码为0671012，0671022，于××××年六月二十三日交货，九月中旬正式投入营运使用。该批车使用后，陆续发现前、后轮内侧胎不规则锯齿形磨损，以内侧内边缘为甚。经有关技术专家及广州市公安局第七检测站检验，认定此批车存在严重质量问题，与原供货资料标准不符。我公司已于十一月初暂停止使用。为此，特向贵单位请求：

一、于本月三十日前，派员前来检验质量鉴证等问题；

二、重新按质论价，赔偿经济损失，或退货。

希贵公司讲求信用，按国家有关法律、规定与我公司共同协商解决上述商品的质量问题。

附件一、购车发票两张。

二、广州市公安局检测站检验书。

联系人：×××、×××

电话：××××××

联系地址：广州市××路××号广东省××公司汽车队。

××××年十一月十二日（印章）

[简析] 这是一则商洽索赔的函。正文简要交代了行文的原委、发现的情况、检验认定、采取的措施等，这也是行文的背景，而且是提出索赔要求的有力证据；要求写得有礼有节，要求合理，并提出希望。最后附上证明材料，写上联系方法，以便联系。此函行文得体，表意明确，证据具体，思路周密。

国务院办公厅关于青海西宁经济技术开发区的复函

青海省人民政府：

你省《关于申报西宁高新技术产业开发区为国家级经济技术开发区的请示》（青政发〔1999〕87号）收悉。经国务院领导同意，现函复如下：

一、同意在西宁高新技术产业开发区基础上建立的西宁经济技术开发区为国家级经济技术开发区，实行现行的国家经济技术开发区的政策。

二、西宁高新技术产业开发区分东、西片，东片北至果洛路，南至南山路、凤凰山路，西至湟中路、享堂路，东至民和路；西片北至海晏路，南至解放渠，西至海湖路，东至新宁路。东、西两片规划范围总用地4.4平方公里（其中东片用地2.4平方公里，西片用地2平方公里）。

三、西宁高新技术产业开发区的建设和发展，纳入西宁经济技术发展的总体规划，建设发展资金由你省自筹解决。

四、西宁高新技术产业开发区要坚持以工业项目为主、吸收外资为主、出口为主和致力于发展高新技术方针，积极改善投资环境，逐步完善综合服务功能。

五、要加强领导和管理，促进西宁高新技术产业开发区各项工作的健康发展。

国务院办公厅（印章）
二〇〇〇年七月三日

[简析] 这是又一种情况的答复函。即来文并不是"申请函"，而是下级写给上级的一份"请示"。对待来自下级的"请示"批复的问题，在实际工作中往往有两种情形：一是由上级用"批复"做答；二是由上级单位的办公部门来回复，由于办公部门与这些请示单位往往是平级，所以采用"函"这个平行文种进行批复，而不是使用用于答复下级请示的"批复"。

十三、会议纪要

（一）会议纪要的概念

会议纪要是记载、传达会议情况和议定事项的公文。

会议纪要可作为上行文，向上级机关汇报会议的基本情况；可作为下行文，向下级传达会议的精神和决议，要求下级机关贯彻执行；也可作为平行文，向不相隶属机关通报会议情况。此外，还可在报刊等新闻媒体上（或加"编者按"）发布。

鉴于会议纪要的发文方式多样化，所以国家质量技术监督局颁布的《格式》在文件式格式、信函式格式、命令式格式之外,另外有办公会议的会议纪要格式。《格式》的条文释义是这样解释的:"国家行政机关的办公会议是本机关决策的最高机构,会议议定的事项都是本机关的决策事项,并以固定形式的会议纪要印发,有鉴于此,本标准对此类会议纪要格式做了统一规定。"此外,非办公会议的会议纪要,使用的是文件式格式或信函式格式。

（二）会议纪要的类别

按会议的议题和会议纪要的作用,可将其分为以下类型。

1. 办公会议纪要

办公会议是机关决策的最高机构,这类会议的目的是做出决策,少数服从多数,会议结果形成领导集体的共同意志和决议,这类会议纪要在效力方面类似于决定。

2. 综合性会议纪要

综合性会议指的是某几方面议题之间有联系或一个议题包含众多议定事项的会议,这类会议纪要既要突出会议的基本主题,又要照应方方面面的主要内容。

3. 专题性会议纪要

专题性会议是相对综合性会议而言,其议题专一,即专门为了一方面的问题举行会议。这类会议纪要的内容,与决议、决定极为接近。

4. 协议性会议纪要

协议性会议是与会代表共同协商有关问题的会议,这类会议纪要所记载的,是经过与会代表协商并一致通过的议定事项,与会单位都应遵照执行。

5. 学术性会议纪要

这类会议纪要记载学术会议的情况,除了反映与会者的一致观点、通过的决议等之外,有的会议纪要还把大多与会者的观点、看法与少数参会者的反对意见分别加以介绍,体现了学术讨论的百家争鸣。这种将少数与会者的反对意见写入会议纪要的做法,一般不用于其他类型的会议纪要。

（三）会议纪要的格式与写法

1. 首部

(1)发文字号。由发文机关、年份和年度内发文序号三部分组成。

(2)标题。会议纪要的标题有三种形式:一是完全性标题,即由发文机关、事由和文种三部分组成;二是省略性标题,由事由与文种两部分构成,这种用法较为普遍;三是类似总结、调查报告常用的正副标题,正标题概括会议的主要议题、基本精神之类,副标题按前两种标题形式写。

完全型标题的发文机关,一般是举办会议的机关。如《交通厅2002年春运工作会议纪要》;若干个机关联合召开,就用行政区域名称,如《××市司法协作研讨会纪要》。

标题中的事由,主要有三种写法:一是引用会议名称,如《司法系统第三届理论研讨会纪要》;二是概括会议议题或内容,如《关于改革电信局管理体制的会议纪要》,由于需要概括,故常用"关于……"句式;三是与会人性质,如《××省××铁路沿线市县农业局长会议纪要》,这种事由可能与会议名称性质相同,也可能不完全相同。

因为事由中已有"会议"二字,所以文种一般写"纪要"二字。

2. 正文

(1)引言。引言概述会议的基本情况,包括会议举行的形势背景、依据、目的以及召开的时间、会期、地点、主办单位、参会单位或人员及人数、主要议题等。

(2)事项。事项主要包括与会代表对某问题的看法、评价、一致观点、通过的决议事项、对问题的对策等。可用小标题分门别类,大的层次、段落开头常用"大家认为"、"与会代表一致认为"、"与会代表就……问题进行了讨论(分析、研究),认为……"、"会议决定"、"会议强调"、"会议号召"等引起下文。

(3)结尾。结尾往往与事项连在一起,即没有结尾。有的结尾明显,即分自然段分别提出要求、希望或发出号召等,并常用"会议要求"、"与会代表希望"、"会议呼吁"、"会议号召"等引起结尾性的段落。

3. 尾部

会议纪要一般没有尾部,不写成文日期,也不盖印章。

(四)会议纪要的写作要求

(1)熟悉材料。会议纪要是对会议全部材料的概括、综合和提炼,因此,必须广泛搜集会议材料,全面掌握会议情况;按照会议精神,对材料分类和筛选。

(2)突出主题。抓住要点,把会议的主要情况简明、真实、准确、扼要地反映出来,把会议议定的事项一一叙述清楚。

(3)语言表达上,以叙述为主。语言要精炼、通俗,篇幅一般不宜太长。

(4)根据会议的内容及规模,选用恰当的写作结构。结构安排要合乎逻辑,条理清楚。

(5)注重使用会议纪要的习惯用语。

会议纪要常常以"会议"为第三人称而记述会议内容。因而,主体部分应注重使用"会议认为"、"会议提出"、"与会者一致认为"、"会议决定"、"会议要求"、"会议希望"、"会议号召"等作为层次或段落的开头语。

例文

关于协调解决长江大街 58 号首层房屋使用权问题的会议纪要

××年3月2日上午,市政府办公厅×××主任主持召开会议,协调解决长江大街58号首层房屋使用权问题。参加会议的有省政府办公厅交际处、长江宾馆、市商委、市国土房管局、二商局、市物资供应公司等有关部门的负责同志。

会议认为,长江大街58号首层房屋使用权的问题,是在过去计划经济和行政决定下形成的历史遗留问题。早几年曾多次协调,虽有进展,但未有结果。最近,按照省、市领导同志"向前看"、"了却这笔历史旧账"的批示精神,在办公厅的协调下,双方本着尊重历史、面对现实、互谅互让的原则,合情合理地提出解决这宗矛盾的方案。

经过协商、讨论,双方达成了一致的认识。会议决定如下事项:

一、市物资供应公司应将长江大街58号房屋的使用权交给胜利宾馆。

二、考虑到市物资供应公司在58号经营了30多年,已投入了不少资金,退出后,办公地方暂时难以解决,决定给予其商品损耗费、固定资产投资和搬迁费等一次性补偿费用共106万元。其中省政府办公厅和长江宾馆负责86万元;考虑到省政府领导曾多次过问此事和省、市关系,另20万元由市政府支持补助。

三、省政府办公厅和长江宾馆的补偿款于1994年3月7日前划拨给市物资供应公司。市政府的补助款于4月5日左右划拨,市物资供应公司应于3月15日开始搬迁,3月20日前搬迁完毕并移交钥匙。

四、市物资供应公司原搭建的楼阁按房管部门规定不能拆迁。空调器和电话等2月20日前搬迁不了的,由长江宾馆协助做好善后工作。

会议强调,双方在房屋使用权移交中要各自做好本单位干部群众的工作,团结协作,增进友谊,保证移交工作顺利进行。

××市政府办公厅
××××年×月×日

[简析] 这是一份协议性会议纪要,符合会议纪要的格式和写作规范。标题由"会议名称+会议纪要"构成。导言介绍会议召开情况,如时间、地点、参加人员(单位)、讨论的问题等基本情况,会议的议定的事项逐项列出。会议纪要是用于记载、传达会议情况和议定事项的公文。会议纪要不同于会议记录,它对企事业单位、机关团体都适用。

病文评改

1. 命令

[原文]

××市防汛指挥部通令嘉奖××乡

××乡防汛指挥部在二○××年八月八日上午,坚决地贯彻执行了市防汛指挥部抢修××大坝的紧急指示,战胜了××河突然到来的洪峰,使处在危急的××区××河堤化险为夷,特此通令嘉奖。望再接再厉,为取得防汛斗争的彻底胜利而奋斗。

总指挥×××

政治委员×××

二○××年×月×日

[简析] 此嘉奖令写得简明扼要、严肃庄重、短而有力,确实是一篇较好的公文,但按公文规范化的要求,尚有如下不足之处:

1. 标题。标题不规范,是此文最突出的病误。这种内容比较单一、行文比较简短的嘉奖令,标题可以省略事由。此文标题却不伦不类,主要是文种不明确。它把对××乡的嘉奖令变成了"通令嘉奖××乡",则将文种湮没在事由之中,致使标题缺少了文种。可修改为《××市防汛指挥部嘉奖令》或《××市防汛指挥部关于嘉奖××乡的命令》。

2. 正文。有两个地方值得斟酌,应做适当修改。

(1)"××乡防汛指挥部在二○××年八月八日上午,坚决地贯彻执行了市防汛指挥部抢修××大坝的紧急指示,战胜了××河突然到来的洪峰"一句,表达不够准确。

①语序不当,时间应放在"坚决地贯彻……"之后,否则有"仅八日上午才贯彻执行"之意;"××河突然到来的洪峰"也欠妥。②不合事理,应在"战胜了……"前面加上"带领群众"几个字,否则"××乡防汛指挥部自己战胜了……洪峰",令人不可思议。

(2)"使处在危急的××区××河堤化险为夷"一句,有语病。试分析,"使……化险为夷"没毛病,而"处在危急的"这个作定语的介词结构不通。"处在"是介词,"危急"是个形容词,仅这两个词搭配不能组成完整的介词结构。若说"处在危急中的……"或说"处在危急状态的……"均可;也可将"处在"改为名词"处境"。

此外,从发布者考虑,此嘉奖令最好由市人民政府发布。但这是另一回事,改稿则不轻易改动。

[改稿]

××市防汛指挥部嘉奖令

××乡防汛指挥部坚决贯彻执行市防汛指挥部关于抢修××大坝的紧急指示,于20××年8月8日上午带领群众战胜了突然到来的××河洪峰,使处境危急的××区××河堤化险为夷,特此通令嘉奖。望再接再厉,为取得防汛斗争的彻底胜利而奋斗。

二○××年×月×日(印章)

2. 决定

[原文]

关于江西省××县古泉饮水机厂侵犯××饮水机厂源泉牌注册商标的处理决定

江西省××县古泉饮水机厂擅自使用××饮水机厂源泉牌注册商标,经协同江西省××县工商行政管理局查处此案。为了保护商标专用权,维护名牌产品信誉,××县古泉饮水机厂擅自使用××饮水机厂源泉牌注册商标,畅销自己的产品,进行欺骗群众,以其牟利,侵犯了商标专用权,违反了商标法,根据《中华人民共和国商标法》第三十八条第一款和第三十九条的规定:对××县古泉饮水机厂使用"源泉"牌商标,责其停止生产;所查封源泉牌贴花予以全部销毁,并公开在人民日报上检讨其错误,以挽回影响。

××市××区工商行政管理局
20××.1.9

[简析] 这份《决定》,连标题和落款总共不到300字,却写得语无伦次,甚至句句有毛病。它不仅反映了某一级国家机关的公文水平,而且由于见诸报端,不能不使人深感遗憾。下面,逐句加以分析。

1. 标题

主要是句子成分搭配不当。说"侵犯……商标专用权"或者说"擅自使用……商标"均可,而说"侵犯……商标"则不通。另外,文字排列不当,"饮水机厂"不应拆开分作两行。

2. 正文

(1)"……古泉饮水机厂擅自使用××饮水机厂源泉牌注册商标"的句子,全文共出现三次,而且重复得毫无道理。

(2)"经协同……查处此案。"此句的毛病是:

①用词不准确。一是"协同",使主办和协办单位颠倒,xx市xx区工商行政管理局则无权做出处理决定;二是"查处"包括检查和处理,而实际上只能是由双方共同检查(或由一方协助另一方),而不可能由双方共同处理。

②语意不完整。"经……查处此案。"仅是个介词词组,其后不应使用句号;尤其是和下句没有语法联系,则不只是标点符号的错用。此句可改为:"我们在……协助下对……一案进行了检查。"

(3)"为了保护……,维护……"也是个介词词组,却接着说古泉饮水机厂如何如何,而后来才说根据什么规定如何处理。这样,就把表示目的和根据的句子拆散开来,造成了层次混乱,表意不明。

(4)"进行欺骗群众"属述宾词组搭配不当。"欺骗群众"也是个述宾词组,就足够了,可将"进行"去掉。"违反了商标法","违反"应改为"违犯","商标法"应加书名号。

(5)"根据……规定:对……使用'源泉'牌注册商标,责其停止生产;所查封……全部销毁,并公开……检讨错误……"这句话的毛病更大:

①前后两个分句均不通。

②"规定"之后不应使用冒号,因冒号后面不是《商标法》的条款内容。"源泉"二字用的引号也可删去。

[改稿]

××市××区工商行政管理局
关于江西省××县古泉饮水机厂侵犯
××饮水机厂商标专用权一案的处理决定

近日,我们在江西省××县工商行政管理局的协助下对江西省××县古泉饮水机厂侵犯商标专用权一案进行了检查。该厂擅自使用××饮水机厂源泉牌注册商标,销售自己产品,欺骗群众,牟取利润,严重违犯了《中华人民共和国商标法》第三十八条第一款和第三十九条的规定,特决定:责令该厂停止生产,并公开在《人民日报》上检讨错误;对所查封的源泉牌贴花,予以全部销毁。

二○××年一月九日(印章)

3. 报告

[原文]

××市司法局文件

(2006)××字第××号

关于报送二〇〇六年工作计划的报告

市政府办公厅：

　　根据市"二〇〇六年工作要点"精神，结合我局实际情况，业已订好"二〇〇六年工作计划"，并经局党委××次会议讨论通过，现随文附送，请审批。

××市司法局局长办公室

2006年1月10日

[简析]　此文主要病误是：

1. 落款和版头不符。如果以办公室名义行文，应改为办公室版头；如果以局名义行文，落款应是司法局。但从行文关系来说，司法局同市政府是直接隶属关系，以局名义行文为宜，主送机关则应改为市政府。
2. 发文字号不规范。主要是年份前置并错用圆括号，另有赘字。
3. 正文：
(1) 第一句话缺少主语，"订好"一词也欠妥。可把"业已订好"改成"我们拟订了"。
(2) "随文附送"用词不当，"附送"即附带赠送之意，也可将其改为"呈报"。
(3) "请审批"用语不规范，因报告无需批复。
(4) 标点符号使用错误。
4. 落款：成文日期应改为汉字。

[改稿]

××市司法局文件

××〔2006〕××号　　　　　　　　　　　　　　签发人：×××

关于报送二〇〇六年工作计划的报告

市政府：

　　根据市政府《二〇〇六年工作要点》精神，结合我局实际情况，我们拟订了《二〇〇六年工作计划》，业经局××会议讨论通过。现随文呈报，请审阅。

二〇〇六年一月十日（印章）

4. 请示

[原文]

××粮食局文件

××字(0×)第××号

关于再次请求解决××仓库划交的紧急请示报告

×××：

　　关于××粮食局所属棉麻公司××仓库划交的问题，我们曾于×月×日以×粮字(××)第××号报告×××，至今未见批复。现在谷类调拨在急，××不按我们双方协商的意见执行，拒收稻谷于库外，致使全市麻类调拨、储业务中断。

　　目前汛期临近，××、××、××等沿淮各县稻谷的库存量达××万担，纷纷来人来电要求迅速调出。为不使国家财产遭受损失，我们特再报告，请示迅速解决××仓库划交问题，以应急需。请批示。

二○○×年×月×日（印章）

[简析]　此文情况叙述清楚，理由说明充分，文字比较简洁，但其毛病不少，也比较典型。主要病误是：

1. 标题

(1)请示与报告不分，"请示"和"报告"两个文种并用。

(2)事由中的动词"解决"和"划交"搭配不当，为消除语病，可在"划交"后面加"问题"一词，作"解决"的宾语。

(3)按规定，紧急公文应在版头右上角标注"特急"或"急件"，标题可将"紧急"二字删去。

2. 正文

(1)开头"……报告×××，至今未见批复"，结尾"我们特再报告……请批示"，这些不规范的用语混淆了"请示"和"报告"两个不同文种的区别。

(2)"谷类调拨在急"不妥，可改为"谷类物资调拨任务紧急"。

(3)"……各县稻谷的库存量达×××万担，纷纷来人来电……"此句也有语病，前句主语是"库存量"，"库存量纷纷来人来电"显然不通。可在"稻谷"前面加上"因"而让"各县"充当主语。

(4)"迅速调出"和"迅速解决"，"迅速"一词不仅重复，而且不够准确。可将"迅速调出"改为"迅即调出"，"迅速解决"改为"尽快解决"。

此外，发文字号也不规范，应去掉赘字，年份写全称并改用六角括号。发文字号应移至左侧，右侧标注签发人。

[改稿]

××粮食局文件

××〔20××〕××号　　　　　　　　　　　　　签发人：×××

关于尽快解决××仓库划交问题的请示

×××：

关于××粮食局所属棉麻公司××仓库划交的问题，我们曾于×月×日以××号文请示×××，至今未见批复。现在谷类物资调拨任务紧急，××不按我们双方协商的意见执行，拒收稻谷于库外，致使全市谷类物资调拨、储存业务中断。

目前汛期临近，××、××、××、××等沿淮各县因稻谷的库存量达××万担，纷纷来人来电要求迅即调出。为不使国家财产遭受损失，我们特再次请示尽快解决××仓库划交问题，以应急需。

妥否，请批复。

二○××年×月×日（印章）

5. 意见

[原文]

××政法学院文件

政院发〔2006〕2号

××政法学院关于加强重点学科建设的意见

（二○○六年一月六日）

最近，学院领导办公室根据××市领导同志的意见，讨论了关于我校学科建设的问题。现对有关问题做出以下指示：

一、重点学科建设是增强教师队伍素质，提高教学素质，申办学科硕士点的需要，是实现下一步目标——建设政法大学的需要。各系、部领导，行政、教职工人员应认清学科建设的意义，加强学科建设的力度。

二、重点学科建设首先应该凝练学科的方向，汇聚学科队伍，构筑学科基础。

三、重点学科建设首先应做强特色学科（行政法学、经济法学），做优传统学科（法学、刑法学等），培养新兴学科（心理学、新闻与传播学），加强弱势学科。

各系（部）要立足本单位实际情况，采取灵活多变的途径和手段，全面加强重点学科建设，切实做好今年增加硕士点的申报工作。

二〇〇六年一月六日

主题词：学科建设　意见

抄送：××省教育厅学科建设委员会

××政法学院院长办公室　　　　　　2006年1月6日印发

[简析]　这篇"文件"有以下不当之处：

1. 发文字号中机关代字不规范，太简单了，不能代表该校。

2. 标题不规范。这是一份下发的而非公布性的文件，宜将发文日期放在正文后而不应放在标题下（一般是媒体公布的文件才会用"题注"，如《中共中央国务院关于促进农民增加收入若干政策的意见》就用了题注——2003年12月31日，登在2004年2月9日的《人民日报》上）。

3. 没有主送单位。既然是下发的而非媒体公布的文件，就应有主送单位。

4. 主题词的词目表述不全，缺类别词。

5. 抄送的机关不当。新《办法》行文规则规定："向下级机关或者本系统的重要行文，应当同时抄送直接上级机关。"该学校的直接上级机关是省教育厅，并非是"省教育厅学科建设委员会"。

6. 正文首段写发文依据，其中多处用语不当。一是"学院领导办公室根据××市领导同志的意见"的主语不妥。"学校领导办公室"怎么可能做"根据"的主语呢？二是"根据××市领导同志的意见"说法欠佳。××政院是省属单位，虽然地处××市，但在学科建设上与××市领导无关。三是"现对有关问题做出以下指示"不当。既然文种是"意见"，怎么冒出个"指示"来呢？这是混淆了"意见"和"指示"两种不同公文特性所致。

7. 一、二、三各点的"意见"太笼统。新《办法》对"意见"的表述为"适用于对重要的问题提出见解和处理办法。"这就告诉我们在该文件的具体行文上应把为什么要加强重点学科建设，该加强哪些重点学科建设，尤其是把如何来加强重点学科建设的"见解"和"办法"明确地表述出来，以便指导各系部及相关处室的工作。

[改稿]

××政法学院文件

××政院发〔2006〕2号

××政法学院关于加强重点学科建设的意见

各系（部）、机关各处（室）：

2006年是我校争取增加硕士学位授权点的一年。加强重点学科建设是今年的龙头工程。它对申报新的硕士点，实现"质量立校，科研兴校，人才强校"的发展战略具有特别重要的意义。现就如何加强重点学科建设提出以下意见：

一、凝练学科方向，确定好重点学科建设的目标与任务。各系(部)要按照"做强特色学科，做优传统学科，培育新兴学科"的要求，尽早确定新增申报硕士点的重点学科及研究方向。

(以上可展开若干小点，略)

二、汇集学科队伍，为重点学科建设提供人才支持。

(一)加大优秀人才的引进力度，制定特殊政策，引进学科带头人和相关高学历、高学位、高水平人才以充实教师队伍。

(二)加大现有人才的培养力度，鼓励中青年教师攻读硕士、博士学位，有计划地遴选一批教师到名牌大学访学。

(三)做好特聘教授、兼职教授的聘任工作。

(以上可展开，略)

三、提升学科水平，为重点学科建设提供成果保障。

(一)科研选题立项工作。

(二)科研成果奖的申报工作。

(三)建设一支专兼职相结合的科研队伍。

(四)完善激励机制。

(以上可展开，略)

四、构筑学科基地，为重点学科建设提供资金保障。

(一)实验室建设。

(二)图书馆建设。

(三)信息网络建设。

(四)经费保障。

(以上可展开，略)

五、做好现有硕士点的教学工作，为新的重点学科建设提供经验借鉴。

(以上可展开，略)

(××政法学院印)

二○○六年一月六日

主题词：教育　院校　学科建设　意见

抄送：××省教育厅高教处

××政法学院办公室　　　　　　　　　　2006年1月6日

6. 批复

[原文]

对××学院关于将警察系五名毕业生继续留用××劳改农场请示的批复

××学院、各劳改农场：

你院××号文《关于将警察系五名毕业生继续留用××劳改农场的请示》收悉，我厅经研究批复如下：

一、××学院警察系五名毕业生在××劳改农场实习期间，工作踏实，表现突出。××劳改农场因工作需要，希望继续留用。

二、从即日起，你院警察系五名毕业生，根据本人自愿，申请留用，试用期三个月，期满，经考核合格，转为正式管教干部。

三、其他劳改农场若有类似情况，也照此执行。

××省司法厅

[简析] 这篇公文的主要问题是：

1. 标题不简要，虚字多。

(1)"批复"自然是对"请示"的答复，标题中不必再显示"请示"。(2)"对"、"将"这样的介词不必用于标题。(3)批准了请示事项在标题中应表态。(4)标题一般用介词"关于"起头，其语法功能是取消了标题成为一个句子的可能性，使标题成为一个名词性的结构，语义重点落在文种上，强调发了一个什么样的文。此文的标题可以改为"关于同意××学院警察系五名毕业生继续留用××劳改农场的批复"。

2. 无独有偶，某学院"请示"的标题也犯有同样的毛病。"将"字多余，学院名可不标，简称为"我院"即可。标题改为"关于我院警察系五名毕业生继续留用××劳改农场的请示"就简洁了。

3. 公文标题立片言以居要，乃一篇之警策。拟好标题是公文写作的一项基本功。《国家行政机关公文处理办法》对公文标题的基本要求是"准确简要地概括公文的主要内容"。标题首先要准确概括公文的主要内容，在此基础上要追求简要，做到"惜字如金"，多一个字都不是好标题。

4. 这篇公文还反映出对"批复"这个文种的写作体例不熟悉，表现在：

(1)由于批复事项涉及其他单位，此文不是只主送请示单位，正文开头不能写"你院"而应写具体名称，否则无法与其他主送单位相区别。(2)在行文上不应将原请示的单位与其他相关单位一起并列为主送，前者属主送单位，后者应列为抄送。(3)引用"请示"的文号和标题是对的，但应规定先引标题后引文号。(4)"收悉"后应标句号。

7. 通告

[原文]

公　告

根据中央(94)6号文件精神,为了贯彻国务院批准的××城市建设总体规划,保证大昭寺结合部改建工程在庆祝自治区成立二十周年顺利竣工,特公告如下:

(一)大昭寺前南北两侧规划区内所有国营、集体单位、商店、个体摊贩、公共汽车站、停车场以及规划区范围内所有居民,限定在94年6月15日前搬迁完毕。

(二)所有搬迁单位、居民应按城关区人民政府的统一安排执行。个体摊贩一律迁往清真寺前农贸市场摆摊。

(三)从6月15日起,人民路东段和规划区内所有车辆、行人一律禁止通行。保证安全施工。

(四)希望有关单位积极协助,所有搬迁单位和居民必须按此公告执行。如借故不按时搬迁者,将视情节轻重给予纪律处分或经济制裁。

××市城关区人民政府
××市城建局
××市公安局
1994年5月24日

[简析] 很明显,此"公告"应改为"通告"。按通告要求,其写法比较正确。开始讲了发布通告的起因,即依据和目的;然后分项提出要求,条理清楚,段落分明。这是此文的成功之处。然而,由于文种使用上的错误,一些公文写作书将其评论为"是一篇写得比较好的公告"则是不妥的。另外,正文有多处需要修改。

1. 语言逻辑方面欠考虑。如"所有国营、集体单位和商店、公共汽车站",属于属种概念并列。

2. 层次段落安排欠妥当。第四项"希望有关单位积极协助",可移至第一项最后,因第四项讲"处分",与"协助"无关。三、四项应调换位置,使前三项都是讲搬迁事宜,第四项讲"禁止通行,保证安全施工"。

3. 引文不符合法规要求。按规定应先引标题,其发文字号中的年份也不应简写和使用圆括号。

4. 文字有不必要的重复。如第一项中,"规划区所有"和"规划区范围内所有"可以删去一个;第二项和第四项中均有"按……执行",可删去后面一句。

此外,"应按城关区人民政府安排执行"一句欠通顺,最好改为"应服从城关区人民政府的统一安排";"禁止通行"后面的句号应改为逗号,并在"保证"前面加个"以"字。

成文时间应改为汉字。公文标题,最好拟成"标准式"的(此文以不省略发文机关和事由为好,即便省略也不应省略两项)。

[改稿]

××市城关区人民政府××市城建局公安局
关于确保大昭寺结合部改建工程顺利竣工的通告

根据《中共中央关于……》(中发〔1994〕6号)文件精神,为了落实国务院批准的××城市建设总体规划,保证大昭寺结合部改建工程在庆祝自治区成立20周年前顺利竣工,特通告如下:

(一)大昭寺前南北两侧规划区内的商店、公共汽车站等所有国营、集体单位和停车场以及个体摊贩与居民,限于1994年6月15日前搬迁完毕。希有关单位积极协助。

(二)所有搬迁单位和居民应服从城关区人民政府的统一安排。个体摊贩一律迁往清真寺前农贸市场摆摊。

(三)对借故不按时搬迁者,将视情节轻重给予纪律处分或经济制裁。

(四)从6月15日起,人民东路和规划区内所有车辆、行人一律禁止通行,以保证安全施工。

××市城关区人民政府

××市城建局

××市公安局

一九九四年五月二十四日

8. 通报

[原文]

关于转发××市和××地区商业仓库发生
重大火灾事故调查处理报告的通报

×××:

为深入贯彻落实中共中央《关于加强安全生产的通知》(中发〔20××〕×号文件),发动和依靠广大职工群众参加安全管理,建立义务消防组织,定期进行群众性的安全大检查,总结推广了一批十几年、二十几年无火灾事故的先进典型,在安全工作上取得了一定成绩。但也有一些地区和单位存在不少问题,去年在××和××就发生两起损失×万元以上的大火,使国家受到重大损失。现将××省商业局和××地区商业局关于火灾事故的调查处理报告(业经××市委、××地委批准),摘要发给你们,请组织所属单位领导和职工进行讨论,结合检查本单位和安全工作,从中吸取教训。

当前,梅雨季节到来,希望你们抓好政治思想工作,加强安全工作领导,注意与水文、气象部门联系,发动和依靠群众,及早采取有力措施,切实做好以防霉、防洪、防雷击为主要内容的雨季安全防范工作,确保国家财产安全。

附件:一、××市商业局《关于××公司××仓库火灾事故调查处理的报告》(摘要)

二、××省××地区商业局、公安局《关于××仓库发生重大火灾事故的调查处理报告》

商业部
二〇××年×月×日

[简析] 此《通报》虽然语言比较简洁,但却存在不少问题,有的还颇具有代表性。

1. 公文标题:

(1)缺少发文机关名称,应补上。

(2)在一般情况下,"批转"、"转发"应使用"通知"文种。但作为"上上级机关"用"批转性通知"和"转发性通知"均不够妥当。此文可保留"通报"文种,而将"转发"和"调查处理报告"删去。

2. 公文内容:

转发的是"火灾事故",但正文强调的是"以防霉、防洪、防雷击为主要内容的雨季安全防范工作"。"防火"和"防洪"虽然都属安全工作范畴,但由于此文写法欠妥,加之强调的角度和侧重点失当,以致有些题文不符。

3. 语言文字:

(1)"为深入贯彻落实……《……的通知》"后边应加上与"贯彻落实"相搭配的宾语;引用公文也不规范。

(2)"为……发动和依靠……建立……定期进行……总结推广了……在……"均不是完整的句子,以致表意不明甚至产生歧义,使人不清楚在安全工作上取得一定成绩的是"先进典型",还是针对整个商业系统而言,应在适当的分句前加上主语。

(3)"请组织……进行讨论,结合检查本单位和安全工作,从中吸取教训"也有语病,应是:"……结合本单位工作进行安全检查……"。为避免词语重复,可将"进行"换成"搞好"。另外,语序也应适当调整。

(4)有些词语欠准确。"参加安全管理"可改为"参与安全管理";"地区和单位"不应该这样并列;"××商业局"应改为"××市商业局"。

(5)附件说明的序号应改为阿拉伯数字。

[改稿]

商业部关于××市和××地区商业仓库
发生重大火灾事故的通报

×××：

为深入贯彻落实《中共中央关于加强安全生产的通知》（中发〔20××〕×号）精神，各地发动和依靠广大职工群众参与安全管理，建立义务消防组织，定期进行群众性的安全大检查，总结推广了一批十几年、二十几年无火灾事故的先进典型，在安全工作方面取得了一定成绩。但也有一些单位乃至地区还存在不少问题，20××年在××和××就发生了两起重大火灾事故，均使国家遭受了×万元以上的损失。现将××市商业局和××地区商业局关于火灾事故的调查处理报告摘要通报给你们，请组织所属单位领导和职工进行学习，从中吸取教训，并结合本单位工作搞好安全检查，及时消除火灾隐患。

当前，梅雨季节已至，望全面加强安全工作领导，在搞好防火安全教育的同时，注意与水文、气象部门联系，发动和依靠群众，及早采取有效措施，确保国家财产安全。

附件：1.……（略） 2.……（略）

中华人民共和国商业部（印章）

二〇××年×月×日

9. 通知

[原文]

××市××区教育局（通知）

×教(05)字第 161 号

转发××市教育局、卫生局
《关于做好学校卫生保健工作的通知》的通知

区教育学院、各中、小学、卫校：

现将××市教育局、卫生局《关于做好学校卫生保健工作的通知》转发给你们，请各校遵照执行。当前，尤其是保护学生视力，预防近视的工作，各校必须切实加强领导，下大决心采取各种有效措施，使学生的患近视率有所控制和下降。

附件：《××市教育局、卫生局关于做好卫生保健工作的通知》（注：通知全文略）

××区教育局

××区卫生局

二〇〇五年九月二十七日

[简析] 此转发性公文用语简洁，要求明确，但也有不少毛病，有的则是此类转发性公文比较共性的问题。

1. 公文版头：

行政公文的版头，一般由发文机关名称加"文件"二字组成，不存在加圆括号标注文种名称的版式（党的机关公文才有这种版式），应去掉圆括号，将"通知"改为"文件"。

2. 公文标题：

(1)这种两个机关联合发的下行文，标题以"三要素"齐全为宜。

(2)标题中的书名号应去掉，被转发的不是法规、规章，不应有书名号。

(3)为避免两个"关于"、两个"通知"重复出现的情况，可用"自拟摘要"方法修改。

3. 发文字号：

(05)应改为〔2005〕；"教"和年份之间最好用"发"连接；"字"和"第"毫无意义，应去掉。

4. 公文正文：

(1)第一句中的"你们"指"各校"，主送单位也是指"各校"，因此"各校遵照执行"中的"各校"可省略（同时避免了同下句"各校"的重复）。

(2)"当前，尤其是……"，不合语法规范。应先提出"卫生保健工作"，而后再强调"尤其是……"。

5. 附件说明：

这类转发性公文，正文已写明要转发的公文名称，因此落款前可不必再加附件说明，以避免重复。

此外，主送机关中的标点符号和文中个别标点符号使用不当，应适当修改。主送单位中不属于同一层次的并列词语错用顿号，是许多公文经常出现的病误。

[改稿]

××市××区教育局文件

×教发〔2005〕161号

××市××区教育局、卫生局
转发有关做好学校卫生保健工作文件的通知

区教育学院，各中、小学，卫校：

现将××市教育局、卫生局《关于做好学校卫生保健工作的通知》转发给你们，请遵照执行。当前，对学校卫生保健工作要引起高度重视，尤其是对保护学生视力、预防近视的工作,各校必须切实加强领导,下大决心采取各种有力措施,使学生的患近视率有所控制和下降。

二〇〇五年九月二十七日(印章)

10. 函

[原文]

××市人民政府办公室

××办函(2006)14号

关于清缴各类机密文件的函

××各办、委、处、(局)室、公司:

　　根据省政府办公厅×办函(2006)5号文件精神,为了加强保密工作,严防文件遗失,保证文件的安全,望各部门接此通知后,立即组织人员,将二〇〇五年度中央、省、××等上级各类机密文件进行认真彻底清缴。并将清理出的文件按文种和时间流水号列出清单,务于三月十五日前交办公室文档室,以便尽快归档立卷。

××市人民政府办公室
二〇〇六年二月三日

××市人民政府办公室　　　　　　　　　　　二〇〇六年三月四日印发

[简析]　1. 公文版头不规范:行政公文,版头横线中间的五角星应去掉。发文字号中的圆括号应为六角括号。

2. 语言文字不规范:

(1)主送标点有误,"处"后的顿号应移至"(局)"后,"室"后的顿号应改为逗号。

(2)引文不合要求,应先引标题后引发文字号。

(3)开首句"根据……为了……"仅仅是两个介词词组,未表达完整意思,属病句。

(4)"望各部门接此通知后"。"各部门"应改为"各单位","通知"应改为"函"。

(5)"望……清缴"。"清缴"应改为"清理"。

(6)介词词组"按文种和时间流水号"可删去。

(7)日期除成文时间用汉字外,其他均应改为阿拉伯数字。

3. 正文结构不规范:

主要是层次安排不当,开头两个介词词组后面应紧接着说干什么,然后再提出具体要求。

[改稿]

××市人民政府办公室
××办函〔2006〕14号

关于清缴各类机密文件的函

××各委、办、处(局),公司:

根据省政府办公厅《关于……》(×办函〔2006〕5号)精神,为了加强保密工作,严防文件遗失,保证文件安全,××决定对2005年度中央、省、××等上级各类机密文件进行彻底清缴。望各单位接此函后,立即组织人员认真清理,并将清理出的文件列出清单,务于3月15日前交办公室文档室,以便尽快立卷归档。

二〇〇六年二月三日(印章)

××市人民政府办公室　　　　　　　　　　二〇〇六年三月四日印发

综合训练

一、判断题

1. 在工作报告中可提出有关工作建议,要求上级机关认可。(　　)
2. 有的工作报告在提出工作建议的同时,还要求上级机关将此报告批转给下级机关执行,这种报告的结尾通常用"如无不妥,请批转有关部门执行。"(　　)
3. 报告的行文方式主要以概括叙述和说明为主。(　　)
4. 工作报告可以写本单位进行到一半的工作。(　　)
5. 情况报告只需要写出事件的发生原因和经过。(　　)
6. 请批函与请示的共同点是"请求批准"。(　　)
7. 县教育局向县财政局要求拨建校款项用请示行文。(　　)
8. 便函不是函。(　　)
9. 函追求短小精悍,因而复函不必引用对方来函的标题及发文字号。(　　)
10. 批复应一文一事。(　　)
11. 如果同意下级单位的请示事项,可以不必说明同意理由,表明同意态度即可。(　　)
12. 如果不同意下级单位的请示事项,一般还要说明不同意的理由。(　　)

13. 批复内容若涉及其他部门,为了体现上级机关的权威性,起草批复时不必与有关部门协商。(   )

14. 原由是否有理有据是请示事项能否得到上级机关批准的关键。(   )

15. 凡必须得到上级机关批准和指示后才能办理的公务,都可用"请示"行文。(   )

16. 请示一般只写一个主送机关和领导人。(   )

17. 请示如需有关上级单位知道,可用抄送形式。(   )

18. 受双重领导的机关向上级机关请示,应当写明两个主送机关。(   )

19. 请示不得下发给下级机关。(   )

20. 为提高办事效率,同一份请示可请求指示或批准若干事项。(   )

21. 情况紧急可以越级请示。(   )

22. 报告和请示都是陈述性公文。(   )

23. 两个以上单位发通知,标题部分一般可以省略发文单位。(   )

24. 除批转法规性文件外,通知的标题中一般不含书名号。(   )

25. 发布、批转性通知的正文由批语部分和批转件部分组成。(   )

26. 转发下级机关与同级机关的公文,应用"批转"。(   )

27. 转发上级机关或不相隶属机关的公文,用"转发"。(   )

28. 总公司拟用通知颁发一项内部管理办法。(   )

29. ××市水电局将召开全市清查水库隐患工作会议,以通知行文通知各县、区水电部门提前做好工作准备。(   )

二、单项选择题

1. 下列选项中不恰当的是(   )。
    A. 我们一定要严厉打击少数腐败分子,把反腐败进行到底
    B. 以上意见如无不当,着即批转各有关单位认真遵照执行
    C. 我们必须排除种种不利因素,争取在第一季度建成东方贸易商厦
    D. 玻璃制品厂原党委书记张某一伙,几年来大量贪污盗窃、行贿送礼,其中仅行贿一项即达 85000 元

2. 为了维护正常的领导关系,具有隶属关系或业务指导关系的机关之间应基本采取(   )。
    A. 逐级行文   B. 多级行文   C. 越级行文   D. 直接行文

3. 下面公文写作中,语句符合规范的是(   )。
    A. 该卷烟厂全体职工同心协力,奋发图强,在上半年不到三个月时间里,就创造出产值比去年同期增长 200% 的奇迹
    B. 我们一定要采取措施,尽可能节省不必要的开支和浪费

C. 目前有关部门已对该报做出停刊整顿并令其主要负责人深刻检查等纪律处分的处理

D. 一艘在巴拿马注册的名为"协友"的货轮9月9日1时30分在斯里兰卡东部亭可马里突然遭到泰米尔"猛虎"组织袭击而失事,五名船员失踪

4. "由于我们没有建立健全安全保卫制度,结果给流氓、惯偷、坏人造成了盗窃、行凶、阴谋破坏的可乘之机。"这句公文用语显然是不规范的,其不正确的原因是(　　)。

A. 含义不明确、不清晰,让人产生歧义　B. 句子成分搭配不当

C. 语序安排欠妥当　　　　　　　　　D. 不合乎事理

5. 下面几种说法中,不正确的是(　　)。

A. 在公文中安排语序时,当一组概念表现由若干连续的动作、行为构成的活动过程时,一般应按时间发展顺序排列

B. 受双重领导的机关向上级机关请示,应写明主送机关和抄送机关,由抄送机关答复

C. 有些公文的主题,可以根据领导人授意而直接表述,有些公文的主题,则需在调查研究的过程中,随着对客观实际情况全面而深入的探索而逐步提炼与明确

D. 公文中的疑问语气一般较少使用语气词"啊"、"呢"、"吧"等,"吗"也尽可能不用或少用

6. 以下标题符合通报的撰写要求的是(　　)。

A. 《关于打击盗掘和走私文物活动的通报》

B. 《国务院关于进行第三次全国人口普查的通报》

C. 《国务院关于打击假冒伪劣商品的通报》

D. 《国务院关于部分地区违反国家购销政策的通报》

7. 以下说法正确的是(　　)。

A. 通知的标题可简写为《任免通知》

B. 批复具有专业性,一般由专业主管部门在一定业务范围内发布

C. 决定的正文部分由制发决定的根据、执行要求、结尾三大部分组成

D. 通知的标题由发文机关名称、事由、文种组成

8. 以下说法错误的是(　　)。

A. 通知具有很强的指导作用,要求下级机关必须遵守和执行

B. 决定具有指导性,具有较强的理论性和政策性,是指导工作的准则

C. 任免令落款处由任免机关领导人亲笔签署(或代以签名章)

D. 迁移、更改电话号码等可使用通告

9. 批复不具有（　　）。
   A. 法定的权威性与执行性　　　　B. 指导性
   C. 被动性　　　　　　　　　　　D. 针对性

10. "接受请示的机关应对请示事项表明是否批准的态度或予以明确的指示。"这句话反映了请示具有（　　）。
    A. 被动性　　　　　B. 针对性
    C. 强制回复的性质　　D. 强制约束作用，要求下级机关必须遵守与执行

11. 撰写《关于审批第三批国家历史文化名城和加强保护管理的请示》一文时，符合撰写要求的说法是（　　）。
    A. 应正确标注主送机关与抄送机关
    B. 一般应直接报送领导者个人
    C. 适宜采用概括叙述的表达方式，避免描述事情的细枝末节或罗列数字
    D. 可同时要求对历史文化名城周边的自然风景区加以保护管理

12. 关于报告，下列说法错误的是（　　）。
    A. 报告可以分为工作报告、总结报告、调查报告和答复询问的报告
    B. 报告是下级机关向上级机关反馈信息、沟通上下级机关纵向联系的一种重要形式，因此，为各机关普遍且经常使用
    C. 报告以议论为主要表达方式，例如撰写总结报告
    D. 报告与请求不能结合使用，在报告中不得夹带请求事项

13. 撰写《关于调整设市标准的报告》一文时，不符合写作要求的是（　　）。
    A. 由于需呈请上级机关予以批转，所以在报告结尾提出请求批转的要求
    B. 中心明确，重点突出，为了不使报告空泛平淡，避免报告出现面面俱到的情况
    C. 报告内容反映了新形势下的新事物、新问题，使报告内容具有信息价值
    D. 报告中要求批准"××省四个县"的县改市要求

14. 关于答复询问的报告，叙述错误的是（　　）。
    A. 用语简明、得体，分寸适宜
    B. 可夹带请示事项
    C. 是下级机关答复上级机关询问的文种
    D. 内容准确真实，实事求是地向领导机关作认真负责的报告

15. 函灵活简便，可广泛应用于公务联系的各个领域，以下事项不适宜使用函件这一形式的有（　　）。
    A. 北京市人民政府就××发电厂建设问题向国家计委申请
    B. 上海市浦东新区人民政府就浦东新区的道路规划问题向上海市交通厅

询问
C. 上海市公安厅就打击车匪路霸问题向华东六省的公安厅提出建议
D. 国务院、中央军委就军队营区外义务植树进行指示

16. 以下有关公文的说法错误的有( )。
    A. 公文的基本组成部分有:标题、正文、作者、日期、印章或署名、主题词
    B. 通用公文,又称行政公文,指各类机关普遍使用的文件,如请示、报告、函等
    C. 通知的作者广泛,不受机关性质与级别层次的限制
    D. 函为不相隶属的机关间相互往来的正式公文,对受文者的行为没有强制性影响

三、多项选择题

1. 适用于报告写作的事项有( )。
    A. 向上级汇报工作,反映情况
    B. 向下级或有关方面介绍工作情况
    C. 向上级提出工作建议
    D. 答复群众的查询、提问
    E. 答复上级机关的查询、提问

2. 工作报告的内容包括( )。
    A. 经常性的工作情况
    B. 偶发性的特殊情况
    C. 向上级汇报今后工作的打算
    D. 对上级机关的查问做出答复
    E. 向上级汇报的工作经验

3. 适合作报告结尾的习惯用语有( )。
    A. 特此报告   B. 以上报告,请批复
    C. 以上报告,请审示   D. 请批准
    E. 如无不妥,请批准

4. 适合请示的事项有( )。
    A. 向上级汇报工作情况,请求上级指导
    B. 下级无权解决的问题,请求上级机关做出指示
    C. 下级无力解决的问题,请求上级机关帮助解决
    D. 按规定不能自行处理,应经上级批准的事项
    E. 工作中出现的一些涉及面广而下级无法独立解决必须请求上级机关协调和帮助的问题

5. 下列事项中,应该用请示行文的有(　　)。
   A. ××县教育局拟行文请求上级拨款修复台风刮毁的学校
   B. ××县政府拟行文向上级汇报本县灾情
   C. ××集团公司拟行文请求上级批准引进肉食品加工自动化生产线
   D. ××海关拟行文请求上级明确车辆养路费缴纳标准
   E. ××市政府拟行文向上级反映农民负担增加的情况

6. "请示"应当(　　)。
   A. 一文一事
   B. 抄送下级机关
   C. 一般只写一个主送机关
   D. 不考虑上级机关的审批权限和承受能力

7. 下列标题中正确的有(　　)。
   A. ××分公司关于请求批准开发新产品的报告
   B. ××县人民政府关于解决我县高寒山区贫困户移民搬迁经费的请示
   C. ××县人民政府关于请求将××风景区列为省级自然保护区的请示报告
   D. ××公司关于解决生产用地的请示
   E. ××省移民办公室关于对移民区域做适当调整的请示

8. 请示的下列结语中,正确的有(　　)。
   A. 特此请求,请批复　　B. 当否?请批准
   C. 可否,请批复　　　　D. 请审批

9. 下列事项(　　)可以用通报行文。
   A. ××总公司拟宣传奋不顾身抢救落水儿童的青年工人的事迹
   B. ×厂拟向市工业局汇报本厂遭受火灾的情况
   C. ×市安全办公室拟向各有关单位知照全市安全大检查的情况
   D. ×县县政府拟公布加强机关廉政建设的几条规定
   E. ×市水电局将召开水利建设工作会议,需告知各县、区水电部门事先做好准备
   F. ×县纪委拟批评×局×××等干部玩忽职守、造成国家经济损失的错误

10. 下列结语中,可用于呈报类建议意见的有(　　)。
    A. 以上意见供领导决策参考
    B. 以上意见供参考
    C. 以上意见如无不妥,请批转各地执行
    D. 以上意见请审阅
    E. 以上意见,请结合实际情况贯彻执行

11. 在提建议上,意见侧重于( )。
    A. 以客观工作的叙述为基础
    B. 针对问题提看法
    C. 针对问题提出处理办法
    D. 大段大段地陈述

12. 关于批复的说法正确的有( )。
    A. 批复具有被动性和明确的针对性
    B. 批复标题必要时可标明"同意"或批准的态度
    C. 批复撰写前必须进行充分的调查研究工作
    D. 批复是用于答复下级机关请示事项的下行文

13. 下列说法符合工作报告写作要求的是( )。
    A. 适宜采用概括叙述的表达方式,避免描述事情的细枝末节或罗列数字
    B. 中心明确,重点突出
    C. 报告内容应有新意
    D. 点面结合,实事求是

14. 下列公函的标题符合公函格式规范的有( )。
    A. 国家教委关于批复设立校办企业的函
    B. 关于将生活服务设施纳入新建住宅规划的函
    C. 国务院办公厅关于公开发布天气预报有关问题的函
    D. 关于珲春电厂建设问题的函

15. 以下关于会议纪要的说法正确的是( )。
    A. 会议纪要是机关用以传达贯彻会议主要精神与议定事项,同时也据此检查会议议定事项执行情况的一种会议文件
    B. 会议纪要的成文日期一般用圆括号标注在标题正下方
    C. 专题性大型会议,一般适用归纳叙述方法撰写会议基本情况
    D. 对会议中出现的重大分歧,会议纪要中应如实加以记载

四、病文修改

下面五则公文文稿都有病误,请根据公文写作要求,分条列项指出每则文稿中的至少8处错漏,并简述理由。

1.

××省人民政府决定

各市、县人民政府:

今年初,枝江镇信用社职工××同志为保卫国家财产,面对英勇歹徒,顽强搏斗,最后擒获歹徒。为此决定:授予××同志先进工作者称号。

省政府希望各条战线的群众、工人、农民、知识分子认真贯彻十七届二中、3中、4中全会精神，胸怀全局，艰苦奋斗，努力工作，为社会主义现代化建设做出更大贡献。

××省人民政府
08年4月24日

2.
关于区教育局校办企业管理科更名的请示报告

区委、区政府、区经委：

经局务会议讨论通过，决定将局校办企业管理科更名为××区校办工业总公司，原该科科长张××同志任总经理。以上请求如无不当，请即批复。

××区教育局
1995年六月九日

3.
××市人民政府办公厅通报

全体市民：

据反映得知，近日来本市部分地区有一种令人人心惶惶的传说，称原流行于某国的恶性传染病××已传入本市，并已造成十几人死亡。经本市防疫部门证实，这是完全没有任何事实根据的，本市至今从未发生过一起××热的病例。经核查已查明，这一消息源于本市"晨报"九二年4月1日的一则"愚人节特快报道"。"晨报"这种不顾国情照搬西方文化极不严肃的做法是非常错误的，已经给全市人民的稳定生活带来了极其恶劣的影响。目前有关部门已对本报做出停刊整顿并令其主要负责人深刻检查等待纪律处分的处理。有关单位应汲取这一教训，采取措施以予杜绝。特此通报。

××市人民政府启
一九九二年五月六日

4.
关于办理商标注册附送证件问题的批复

《关于办理商标注册附送证件问题的请示》收悉，国务院大致同意关于办理商标变更、转让或者续展注册时不再附送原商标注册证的意见，但考虑到这一问题涉及(商标法实施细则)的修改，特批复如下，盼遵照执行。

……

本批复第一项、第四项由你局在1995年12月15日前发布。第二项、第三项由你局在一九九八年十一月一日前发布。

国务院
1995年4月23日制发

5.
建设部、国家文物局请示

国务院、国务院办公厅：

　　前年，国务院批准了21个城市为国家历史文化名城，这对制止"建设性破坏"，保护城市传统风貌起了重要作用。

　　不过除已批准的国家历史文化名城外，还有一些城市古迹十分丰富……按照国发(1986)104号文关于审定国家历史文化名城的原则，进行反复酝酿，提出37个城市，建议作为第二批历史文化名城（名单附后）……

　　请即批转各地区、各部门研究执行。

　　附件：第二批国家历史文化名城名单

　　第二批国家历史文化名城简介

　　另，建设部和国家文物局拟成立"保护历史文化名城联署办事小组"，如无不妥，请批准。

建设部、国家文物局
1993年6月10日

第三章　事务文书写作

学习目标

通过本章的学习,应该达到以下目标:

知识目标:了解各类事务文书的概念和特点,理解不同文种的写作要求,重点掌握事务文书的基本格式和写法。

能力目标:认真学习各文种的例文,领悟"例文简析",模拟写作,初步具备撰写事务文书的能力。

第一节　计划、总结

一、计　划

(一)计划的概念

计划是机关、团体、企事业单位或个人为了实现某一管理目标,完成特定的任务,开展某项工作而预先做好安排和设计,并用书面形式表达出来的一种事务文书。

古人云:"凡事预则立,不预则废"。有了计划就有了明确的指导思想,行动就有了统一的步骤,工作就能有节奏地开展,这就是"谋先,事则昌"(《法苑》)的道理。因此,写好计划是做好工作的前提。

(二)计划的特点

1. 预期性

凡是计划都是在预测的基础上,对未来工作任务所做的构想。计划中提出的奋斗目标、完成任务的步骤虽然是建立在对客观现实清醒认识的基础上而制订的,但计划

的着眼点是对下一阶段要做的事情进行规划和安排,是希望实现但尚未实现的,因而预想的成分较多。可以说,计划是前进方向上的"路标",只有高瞻远瞩,对未来将发生的或将做的事情有充分的估计,才能使计划制订得切实可行。

2. 可行性

计划是作为执行性文件制订的。一个合理的计划,是管理目标能够顺利进行的保障。计划所拟订的目标应具有一定的高度和挑战性,能够激发计划实践者的热情,挖掘巨大的潜能,争取顺利完成计划,创出佳绩。但制订计划时必须十分重视预想的可行性,目标要可以实现,措施与办法要切实可行。

3. 具体性

计划是组织落实完成任务的具体依据,一旦成文就要遵照执行。计划对实践具有指导作用,未来的工作将在它的规范下具体落实,检查工作也以此为据。因此,在制订计划时,要写明完成计划的具体办法、措施、具体时间,这样才便于计划的实现和检查。

4. 业务性

计划是业务性很强的文种。行业性质不同,制订计划的术语也不同。因此,制订者需要熟悉业务,按其工作范围内所涉及的各项业务指标来制订计划。

5. 约束性

计划虽不是法定公文,但它一经会议通过和批准,就有了法定公文的效能,在制订者管辖的范围内,具有一定的权威性和约束力,能够成为行动的准则和工作考核的标准。

(三)计划的类别

计划是一个宽泛的文种概念,种类很多,其名称也有很多提法。

一般来说,"规划"是较全面、长远、适用范围较广的计划;"设想"是初步的、粗线条的、尚未成熟的非正式计划;"安排"是短期内概括、简略的计划;"打算"是适用时间较短,范围较小,内容较单一、具体的计划;"要点"是概括性的纲要,适用于上级对下级布置任务,交代政策,提出要求;"方案"是适用于对某项工作的全面部署与安排。

计划还可从以下不同角度进行分类:按时间分,有长期计划(10～15年)、中期计划(5年左右)、短期计划(1年及1年以下)。

按形式分,有条文式计划、表格式计划、条文与表格相结合式计划。

按性质分,有综合性计划、专题性计划等。

(四)计划的格式与写法

1. 计划的拟写步骤

(1)学习方针政策。学习与计划有关的上级机关的文件精神,明确上级的要求和工作思路,深入了解本机关领导人的工作意图,确保计划与上级的要求、本单位领导集体的意图相一致。

(2)调查实际情况。在明确上级精神、端正指导思想的基础上,再进一步了解本单位的现实状况,必要时还要回顾历史经验,使今天的计划与昨天的工作衔接起来。

(3)综合设想。根据本单位的实际情况,对照上级的文件精神,进行分析研究,进一步明确计划的宗旨,抓住主要的、关键性的问题,通过比较得出主次与缓急,找出措施与方法,这一步是能否拟好计划的关键。

(4)拟制计划条文。把综合分析后的情况写成文字,再邀有关人员座谈讨论,或先发一个计划的征求意见稿,让有关单位讨论后提出修改意见或建议,最后由主管领导审定,这一步往往要反复多次。

(5)实施检验。计划付诸实施后,要密切关注实施效果,不断积累经验,发现问题要及时修正。

2. 计划的格式与写法

计划的文本结构大致包括标题、前言、主体和落款四个部分。

(1)标题。标题是计划的名称,通常由"发文单位名称+适用期限+内容(事由)+文种"组成,如《××市外贸公司 2002 年销售计划》。一般来说,公文单位名称要写全称或者规范化的简称,适用期限用阿拉伯数字,季度、阶段等可用汉字表示,如《国家八七扶贫攻坚计划》。有些计划特别是规划,具有长期指导意义,也可以不写适用期限,如《全国生态环境建设规划》。计划的内容(事由)可以是"工作"、"学习"、"生产"、"信贷"等。如所订计划属于未最后确定的计划,可在标题的右侧或正下方用括号标注"初稿"、"草案"、"讨论稿"、"征求意见稿"等字样。

(2)前言。计划的前言一般用简洁的文字阐明制订计划的指导思想、制订计划的依据,说明"为什么做"、"依据什么做"、"能不能做"的问题。这一部分是计划的纲领,不宜写得冗长,不能过多地论述制订计划的意义,应点到为止。本部分的最后可用"为此,特制订本计划"之类的过渡语转入下部分的内容。

(3)主体。主体是计划的主干部分,如果说前言是说明"为什么"要制订计划,主体部分则是回答"做什么"、"怎么做"、"何时完成",这是计划的核心,也即计划的三要素。这一部分要写明以下内容:

①目标和任务。目标是计划的灵魂,任何计划都要写明计划期内所要完成的任务、目标,如果任务较多,由若干个子目标组成的,要把子目标内容的质的规定和量的要求都写清楚,尤其是经济计划,无论是总指标还是分指标都要做定量定性的表述。

②措施和方法。措施和方法是完成任务的具体保证。计划制订出来便要执行,只有把具体的实施措施和完成任务的手段和方法构想出来,才便于执行。这一部分的主

要内容可包括组织领导、任务的分工、完成任务的物质条件、政策保障、采取的措施等,每项内容都要具体落实。

③步骤和安排。计划的实施有一个完成的先后顺序问题,因此,制订计划时要把完成计划的日程排出来,这样才能使计划有条不紊地执行。步骤和时间的安排要科学化,过紧过松,都不利于计划的完成。有的计划步骤和安排不单独写,而是糅在措施和方法中,这样写也可以。

这三个层次的内容是计划的基本内容,相互关联,不可或缺。它能保证计划的完整性和可行性。有些大型计划,每一层都写得很具体。

(3)落款。落款即写明计划制定者和日期。如系上报或下达的计划,还应加盖公章。

(五)计划的写作要求

1. 具体明确,切实可行

制订计划要从实际出发,目标要可以实现,措施与办法要切实可行。

2. 统筹兼顾,突出重点

制订计划要审时度势,兼顾全局,点面结合,突出重点。

××市电信公司党建工作、思想政治工作和精神文明建设工作要点

2005年党建、宣传思想政治工作和精神文明建设工作,要在市委、省公司党组的领导下,以邓小平理论和"三个代表"重要思想为指导,紧密结合企业经营工作,服从服务于经营工作,在"结合"、"服务"上做好文章,为促进企业改革发展和稳定提供强有力的思想和组织保障、精神动力和智力支持。

一、2005年党建工作的主要任务。

1. 认真开展保持共产党员先进性教育活动。在全党开展共产党员先进性教育活动,是党中央在深入研究新世纪新阶段的形势、任务和党员队伍状况的基础上慎重做出的一项重大决策,分公司各级党组织要在地方党委、省公司党组和分公司党委的统一部署安排下,加强领导、周密计划、认真搞好此项教育活动,防止走过场。要进一步提高思想认识,把思想统一到中央重大决策和部署上来,以高度的政治责任心,把这项工作抓紧抓好,按照各级党委的要求安排好、组织好每个阶段的工作,确保教育活动取得明显成效。通过学习教育活动,找准和解决党员和党的基层组织在思想作风、组织建设以及工作方面存在的突出问题,达到提高党员素质,加强基层组织建设,服务经营生产工作,促进各项工作的目的。

2. 认真组织广大党员特别是领导干部学习《党员权利保障条例》。要将《党员权利保障条例》作为落实《关于加强党的执政能力建设的决定》的一个重要文件,纳入党委(支部)中心组的学习计划,组织领导班子成员认真学习。通过学习,使广大党员和党员领导干部深刻领会《党员权利保障条例》的主要内容和精神实质,努力将《党员权利保障条例》的各项规定转化为党的各级组织和党的各级领导干部的自觉行为。

3. 认真贯彻落实中央组织部、国务院国资委党委《关于加强和改进中央企业党建工作的意见》,该意见是党中央关于企业党建工作的一个非常重要的文件,是指导当前和今后一个时期中央企业党建工作的纲领性文件,该《意见》既与国家法律、法规,特别是企业法、公司法的有关规定保持衔接,体现依法治企,又结合中央企业党建实际,更具现实操作性。各级党组织要认真学习,深刻领会全面落实《意见》精神,积极探索在新形势下加强和改进企业党组织建设的有效途径,运用新的思路,采用新的方法,切实加强企业党的组织建设和对党员队伍的教育管理和监督工作。

4. 做好本地网流程重组后的党支部建设工作,充分发挥基层党组织的战斗堡垒作用。党委(支部)到届的所有基层单位,认真贯彻"四化"方针和德才兼备原则,切实搞好换届选举工作。全市各级党组织都要以思想政治建设为重点,不断加强和改进党委(支部)领导班子自身的建设,努力使其成为一个政治素质好、经营业绩好、团结协作好、作风形象好,致力于渭南电信建功立业,得到员工群众衷心拥护的领导集体。通过"春训班"、"专题教育"、"上党课"等形式,有计划地抓好党员干部的理论学习,努力提高领导干部的理论水平和解决实际问题的能力。努力建设一支有理想、有道德、有文化、有纪律,能够熟练掌握适应现代通信发展需求的相关科技知识和劳动技能的员工队伍。

5. 重视党员发展工作。接收新党员是党组织发展壮大的重要途径和保证。二季度,分公司党委拟举办"入党积极分子"培训班,各支部要严格按照中组部发展党员工作细则和"坚持标准、保证质量、改善结构、慎重发展"十六字方针的要求,坚持"成熟一个,发展一个"的原则,认真做好组织发展工作。根据近年来员工文化知识结构的提高和通信发展、建设、服务工作的需要,要注重在生产一线的关键岗位、班组和技术骨干中培养和发展党员。坚持民主评议党员制度,对表现突出的党员、优秀党务工作者及先进支部要大力表彰,对不发挥应有作用,影响党的先进性的不合格党员,要严格按党纪处分条例处置,确保党员队伍的纯洁性。

二、抓好思想政治工作、企业文化及精神文明建设,为经营发展提供思想保障。

1. 坚持把为改革、发展、服务,作为思想政治工作的中心工作。根据分公司的经营服务目标,共产党员先进性教育、十六届四中全会精神的贯彻、中央企业党建工作指导意见的学习、贯彻,企业文化的宣传等中心工作,充分利用文化宣传长廊,自动化办公网,广泛宣传分公司的奋斗目标及实现的重要性。及时充分反映各单位在学习贯彻十六届四中全会精神、企业文化宣传中的新思路、工作中的新举措,着力营造聚精会神搞经营,一心一意谋发展的良好氛围。围绕阶段性学习教育活动,编发系列宣传提纲,引导全体员工抓住机遇,加快发展,鼓励广大党员在发展、经营、服务工作中发挥模范带头作用。

2. 认真组织学习中国电信企业核心理念及相应行为准则。集团公司印制的《中国电信企业文化手册(2004)》版,已发到全体员工手中,分公司又在办公自动化网"企业文化"栏目上刊登了集团公司《企业文化宣传培训教材》。本教材以手册为蓝本,以企业文化为核心,分八章系统介绍了中国电信企业文化体系及内涵,供全体员工阅读学习。企业文化建设重在执行。通过对文化理念及行为准则的培训、宣传和实践,使广大员工认知和认同,并自觉渗透到日常生产经营的各项活动中去,从而让企业文化落地生根。把广大员工的思想和意志进一步统一到企业文化核心价值观上来,统一到集团使命、目标和集团改革发展战略部署上来。进一步统一员工队伍的思想,提升企业品牌,增强企业的核心竞争力,使分公司上下保持心齐、气顺、劲足的良好局面,推动分公司整体工作实现新的突破。今年是企业文化的宣传年,分公司将在初步宣传的基础上,拟组织"企业文化"知识学习竞赛和"我说企业文化"的演讲活动。

3. 围绕"中心"任务,认真做好思想政治工作,保持员工队伍的稳定。要坚持以人为本,尊重人、关心人、理解人、帮助人,把思想教育与严格管理结合起来,把解决思想问题与解决实际问题结合起来,充分发挥思想政治工作统一思想、凝聚力量、化解矛盾、激励斗志的作用,为企业改革发展提供思想保证。要针对广大员工的思想实际,通过多种宣传教育形式,把企业的战略目标、改革措施和发展压力传递到基层,使广大员工理解改革、支持改革、参与改革;要面向基层、深入实际、调查研究,把握员工思想动态,了解和掌握员工对改革措施的想法和意见;对员工关心的热点问题,要有针对性地做好解惑释疑、说服教育工作,从源头上减少和控制各种矛盾的发生,努力维护企业和社会的稳定。要积极利用[url=http://www.pclunwen.com/]网络、多媒体等现代信息技术手段,加强和改进员工宣传教育工作、增强思想政治工作的针对性和实效性。

4. 狠抓精神文明创建工作,努力提高员工的综合素质。各级基层党组织要把培养有理想、有道德、有文化、有纪律的员工队伍,作为精神文明建设的根本任务,努力提高员工的思想道德素质和科学文化素质。要持续开展"三个代表"重要思想的学习教育与实践活动,切实加强对员工理想信念教育、形势任务教育和职业道德教育,大力弘扬爱岗敬业、艰苦奋斗精神,引导员工树立与社会主义市场经济相适应的思想道德和价值观念。要按照学习型组织的建设要求,倡导终身学习理念,培养持续学习的本领,创建学习文化,营造浓厚的学习氛围。要积极组织开展形式多样、生动活泼、员工参与的群众性精神文明创建活动和系列文化活动,将先进的思想道德体系和企业文化理念等灌输于日常的经营管理和文化娱乐活动之中,潜移默化地影响员工的行为,进而达到教育员工、服务员工、引导员工、塑造员工、鼓舞员工、提高员工的目的。

5. 继续搞好公民道德与诚信主题教育和实践活动,继续深入开展"诚实做人,诚信做事"、"诚信兴业,文明服务"宣传教育,组织多种形式的诚信实践活动。建立与社会主义市场经济发展要求相适应的思想道德体系。着力推行商务诚信建设,进一步推广社会服务承诺制、生产经营信誉制,在营业、维护部门适时组织诚信服务宣誓活动,试行党员挂牌服务等,切实把双创活动开展得有声有色。

6. 扎实开展"创佳评差"活动,不断提高电信服务质量和水平。继续开展"创佳评差"活动,严格执行各项绩效考核标准,加强服务的基础管理工作,建立健全服务质量管理体系。加大监督力度,加强用户投诉处理工作,重视解决群众关心的热点、难点问题,坚决杜绝因服务质量问题引起的新闻媒体曝光。继续完善"四个"营销渠道建设,为用户提供个性化、特色化、标准化服务,全面落实首问负责制,切实做到思想、责任、管理、奖惩四落实。要建立创佳评差目标责任制,做到目标明确、措施扎实、工作务实,要适时设计活动载体,把创建工作由虚变实、由实变新,要按照"拓展领域,充实内容,改进方法,提高水平"的思路,以塑造××电信新形象为着力点,广泛深入地开展精神文明创建活动,使"创佳评差"活动向深层发展。

(资源来源:摘自中文网站)

[简析] 这则计划属专项工作计划,有明确的工作指导思想,也就是告诉我们"为什么要做";2005年的主要工作任务,也就是告诉我们应该"做什么",在每项工作任务中也告诉了我们应该"怎么做",且明确具体、切实可行。虽然在完成的时限上没有具体的安排,只提出指导原则和总的要求,但这也符合工作要点的要求。从全文的结构上看,行文层次分明,条理清晰;从内容上看,表达清楚,目标明确。总之,本计划的制订全面详细,便于执行、便于检查。

二、总　　结

(一) 总结的概念

总结是机关、团体、企事业单位对前一阶段的社会实践进行回顾检查,分析评价,从理论高度概括经验教训,以明确今后活动和前进方向的书面材料。

不断总结经验能够提高人们的认识并指导工作实践;提高人们掌握事物运动规律的自觉性,减少盲目性;还能够提高作者观察事物和分析问题的能力;可以使上级及时地掌握下面的情况,为上级正确决策提供依据,争取上级的指导和帮助;还可以起到互通情报、互相借鉴的作用。

总结的使用范围很广,是否善于总结工作,已成为衡量、评价现代领导的主要标准之一;是否擅长写总结,也是衡量、评价一个机关工作人员(尤其是文秘人员)的主要标准之一。

(二)总结的特点

总结作为一种常用的事务文书,与其他实用文相比较,具有如下特点。

1. 实践性

总结的写作离不开总结者自身的实践活动,总结材料也是从实践活动中选取的,总结的观点和结论是从自身活动中概括出来的。总结的实践性,还在于总结既来自本身的实践,又指导人们今后的实践活动。由此可见,实践性是总结的最基本特点。

2. 概括性

总结过去的实践活动,不仅要摆出事实,告诉人们做了些什么,做得怎样,而且还要告诉人们,为什么做得这样,要知其所以然。总结不是现象和事实的罗列,而是在事实基础上进行概括,对事实进行分析、归纳,舍弃次要的非本质的材料,抓住事物的本质和主流,揭示事物的内在联系和规律性。总结的概括性在于,总结的过程实际上是一个概括过程,也就是去粗取精、去伪存真、由此及彼、由表及里的过程。

3. 理论性

总结的理论性在于对工作中的成功和失败要提高到理论上加以认识,不能就事论事,要就事论理。也就是说,它必须是客观事物的本质和内部规律的概括,使人们的认识由感性认识升华到理性认识。

(三)总结的类别

总结的种类很多,根据不同的标准,可以划分为以下几类:按总结的性质分类,有学习总结、思想总结、工作总结等;按总结的容量分类,有综合总结、专题总结;按总结的时间跨度分,有年度总结、季度总结、学期总结、阶段总结等。

在实际工作中,最常用的有两大类,即综合总结和专题总结。

1. 综合总结(全面总结)

综合总结是指对一个单位或部门在一个阶段内的所有工作进行全面的总结。总结的综合性有两个方面的含义:从时间上说,是指对一个阶段内的工作进行综合总结,如月份总结、季度总结、年度总结等,都要求总结一个阶段内的所有工作。当然,全面中要突出重点,不能面面俱到。从内容上说,是对一项工作任务的各个方面进行综合总结,比如一项新的工作进行了一段时间之后,要求全面积累一些经验,作为继续前进的借鉴。

2. 专题总结

专题总结是指前一阶段对某项工作任务或某一方面活动进行的专门总结。比如政治学习总结、工资调整工作总结、"严打"工作总结等,这类总结可以有重点地深入探讨某一问题的工作规律，带有一定的科学研究性质。

（四）总结的格式和写法

总结一般由标题、正文、落款三部分组成。

1. 标题

总结常见的标题有两种：即公文式标题和文章式标题。

（1）公文式标题。其构成形式是"单位名称＋总结时限＋总结内容＋文种"，如《××× 大学 2002 年度行政工作总结》。上述四项，除总结内容和文种一项必须具备外，其余各项在标题中不一定同时出现，可以有省略，或省略单位名称，或省略时间期限。

（2）文章式标题。这种标题可分为单标题和双标题两种。单标题多直接标明总结的基本观点和内容范围，专题总结特别是经验总结多用此类标题。如《我们是怎样解决工学矛盾的》、《在竞争中求发展》。双标题由正题和副题构成，正题用文章式标题，副题采用公文式标题。如《从改革中寻出路，不拘一格选人才——××市人民广播电台公开招聘编采人员工作总结》。

2. 正文

（1）正文的内容。总结的正文部分是总结内容的主要体现，包括以下几个方面：

①基本情况概述。总结的开头，先简要地介绍总结内容的基本情况，包括生产、工作、科研、学习等的时间、地点、具体任务、进程、完成任务的情况等，有什么成绩、经验和问题，必要时还要介绍背景，这样可以给人们一个总的认识。这一部分的文字要求简明扼要。

②主要成绩和经验（或称收获、做法、体会）。这是总结的重点和核心，也是总结的目的所在，常常概括为几点或几个方面来写。成绩要写得具体，有典型事例，还要有令人信服的统计数字。要对成绩和经验进行认真的分析研究，找出成功的客观原因，将感性认识上升到理性认识，从中找出规律性的东西。这一部分要注意内容的归类和层次的安排，使之观点鲜明、内容充实、中心突出、条理分明。

③存在的问题和教训。在总结成绩、经验的基础上，找出存在哪些不足，或尚待解决的问题以及工作中的主要教训。要认真地进行分析，找出原因，以期达到明确差距、改进工作的目的。这部分文字不必太长，明确问题即可。

④今后努力方向。通过总结成绩、经验、问题和教训，从而明确了任务和方向，提出今后的工作目标和打算。这部分实际上是总结的收尾，文字宜概括简要。

这样的内容安排主要适用于综合总结。如果是专题总结，大可不必面面俱到，或侧重于成绩和经验，或侧重于工作进程和体会，或侧重于卓有成效的工作方法和特点，或侧重于问题和教训等，应视总结的具体内容和写作意图而定。

（2）正文的结构样式，常见的有以下几种：

①板块式结构。这是总结常用格式。这种结构形式把全篇按照内容的不同分成

若干板块,如基本情况部分、成绩和经验部分、问题和教训部分、今后的努力方向和设想部分等。综合总结大多采用这种写法,其优点是整体性强、简明清晰。

②条目式结构(或称条文式结构)。这种结构形式除有一个基本情况概述为开头外,以下按工作项目,每项工作列为一个条目。每个条目内部都分成三部分:基本情况,成绩和经验,问题和教训,对今后工作的要求。这种较适合于内容繁杂的综合总结。其优点是条目鲜明、内容专一,若干条目组合在一起,就构成了一个完整的总结。

③小标题式结构。这种总结除开头有一段引言外,以下由若干小标题领起每一部分内容。小标题往往是成功经验的原因,或是工作阶段性的标志,或是问题症结所在。这种写法比较适合于专题总结。其优点是结构灵活自由,便于逐层展开,文章脉络清晰。

④分点式结构。这种结构形式,没有明显的情况、成绩、经验、存在的问题和今后努力方向,而是将总结的全部内容包含在各个小点之间,每一个小点谈一个方面的内容,所有小点组合在一起,就是一篇完整的总结。

⑤全文贯通式结构。一些内容简单、篇幅短小的总结,既不分条列项,也不用小标题,而是前后内容连贯,衔接紧密。全文围绕中心,先写认识,再叙情况,后谈经验体会。叙议结合,内在联系密切,严谨自然,通篇浑然一体。

3. 落款

总结的正文右下方先署名,即总结单位名称或个人姓名,后写出总结的具体日期。如在标题中有单位名称,只需写明总结的日期即可。

(五) 总结的写作要求

1. **筛选材料,突出重点,切忌流水账**

丰富的材料是写好总结的前提。主体的实践活动越丰富,写起来越"有血有肉"。因此在执笔前要通过征询领导意见,召开座谈会,翻阅计划、月报表等资料,尽可能掌握第一手材料,在材料占有中注重过程性、成效性、典型性的材料,要突出重点,不能面面俱到。在运用材料时,根据"立言之本意"的原则组织材料,要突出"闪光点"、"独特之处",不能写成流水账。

2. **详略得当,突出个性,切忌面面俱到**

写总结,要处理好详略关系。文风要平实,少说套话,要突出个性,显示自身的风采。以点带面,抓典型,抓重点,抓有普遍意义的东西,通过个性反映共性,通过个别反映一般,切忌包罗万象、面面俱到。

3. **实事求是,突出新意,切忌老生常谈**

总结年年做,现在办公自动化程度较高,有的人从电脑中调出去年的总结,稍加修改就定稿,这种"改头换面又一年"的做法实际上达不到总结的目的。总结一定要有新意,在准备写总结的时候,就应该认真地回顾过去的工作,想一下过去的工作哪些是具有突破性的,哪些工作成效是显著的,哪些做法是独特的,把这些方面总结出来,对自己和他人才有启示作用,否则总结就流于形式。

××市物价局2006年工作总结

今年以来,我市各级物价部门紧紧围绕经济社会发展大局,认真实施各项价格调控措施,深化价格改革,大力清费治乱,强化价格监管,提升价格服务,各项工作取得了新的成绩,为社会经济发展营造了良好的价格环境,也为"十一五"时期物价工作开了个好头。

一、今年以来各项物价工作取得新的进展

(一)认真落实价格调控措施,保持了市场物价的基本稳定

今年以来,我们认真贯彻落实国家各项价格调控措施,努力提高市场监管调控能力,市场物价保持了基本稳定。一是认真落实监测报告制度,开展了对农副产品、化肥、成品油、汽车、房地产等38类600多种商品服务价格的常规监测。配合国家出台的资源性产品价格改革及时组织了对成品油、电力等市场供求情况、价格执行情况的重点监测,在元旦、春节、五一、十一等重要节日期间加强了对粮油、肉禽蛋等农副产品和旅游市场价格的监测分析,密切关注市场动态,及时提出对策建议,为上级部门经济和价格决策提供了参考。二是加大价格调节基金征收力度,完成了政府下达的调节基金征收任务。三是发挥价格政策和信息的引导作用,利用多种渠道和媒介,大力宣传国家价格调控政策,及时发布重要商品的市场供求、价格变动信息,合理地引导了市场供求和社会心理预期。

(二)积极应对资源性价格改革的影响,适时疏导价格矛盾

一是快速反应,多措并举,积极应对油价上涨对公共交通和出租车行业带来的影响。为了缓解3月份国家上调成品油价格的影响,我们及时向市政府提出了减免涉及公用客运收费的建议,并按照市政府的要求,积极协调地税、交通、质监、财政、公安等部门,于4月底取消和减免了部分面向公交和出租行业的收费。5月24日国家再次上调燃油价格后,我们在依法召开听证会的基础上,建立了出租车运油价格联动机制,并适当调整了出租车租价,出租车每车每月可弥补油价支出460多元,有效缓解了油价上涨给出租车行业带来的运营压力,对出租车行业的健康发展和社会稳定都起到了积极作用。二是按照国家、省的要求,对电价做了政策性调整,实现了城乡用电同网同价。同价后,除居民生活用电价格外,全市农村其他各类到户电价大幅度降低,平均降

价幅度为22.9%,每年减轻农村用电负担约8600万元。三是根据经济发展要求,依照法定程序对土地、供水、天然气、医疗服务、教育、房管、交通、有线电视等领域的部分价费矛盾做了合理疏导,制定或调整了市区征地统一年产值标准和征地区片综合地价、源水环节和制水环节的结算价格、车用天然气销售价格、培训班收费、房屋档案服务费等,理顺了相关领域的价格关系。

(三)加强行政事业性收费管理,降低社会不合理负担

一是在《2005年行政事业性收费项目和标准目录》基础上,继续对市管收费项目进行了清理,同时对上级制定的涉及4个部门的4项收费提出了清理意见和建议。二是完善工作程序,创新工作思路,加大了年审工作力度。在狠抓了各项基础性工作的同时,结合我市收费单位"三年一换证"的实际情况,研究制定了"抓重点、带一般"的工作思路,以全市三分之一的收费单位作为重点审验单位,对其他单位则作为一般单位,实现三年一轮回的审验办法,重点审验了幼儿园、培训班、涉农收费等100多家单位的收费情况。目前,年审工作正在积极进行之中。三是继续加强价格和收费公示工作。为便于监督检查和公示内容的及时更新,对部门收费公示小样进行了分类整理,建立了包括37个系统和行业在内的部门收费公示档案,进一步完善了公示制度,规范了对收费单位的管理。

(四)解决价格热点难点问题,着力维护群众的合法权益

一是严格落实国家药品降价政策,对集中招标中标药品中涉及的调价品种进行整理,共调整181个规格品种的中标药品临时零售价格,一年可减轻群众医药费用负担8370多万元。二是认真落实下岗职工再就业优惠收费政策,对今年涉及5个部门12项收费项目的下岗职工再就业的优惠收费政策进行了整理、汇总,并编印了《下岗职工再就业优惠收费政策表》,免费向社会发放。三是调整规范了物业服务收费的监管方式,由核定物业服务收费标准转为帮助、指导、协调物业企业与业主双方协商物业服务收费标准,促进了物业服务市场的良性竞争,减少了物业服务收费纠纷。四是配合我市经济适用住房建设工程,开展了经济适用住房价格制定的前期准备工作,设计了格式化的价格审批文书,制定了严格的定价工作程序和价格确定工作实施方案。

(五)扎实开展价格监督检查,优化经济社会发展环境

一是按照国家、省的部署,开展了农资、成品油、电信、邮政价格和涉农收费、公安收费等专项检查,并会同公安部门开展了停车场收费专项治理活动,规范了相关领域的收费秩序。同时认真做好去年教育收费检查、交叉检查和医疗检查的收尾工作。二是市场监管工作取得新突破,在通信和商业领域开展了反欺诈专项治理活动,对××人民商场、嘉华购物广场有限公司和××家乐福超市等知名商业企业依法实施了行政处罚,在对放开的价格实施有效价格监管方面积累了经验;创新了监管思路,与省物价

局联合,先后召开了价格欺诈和教育收费政策提醒会,把价格监督检查关口前移,形成了由事后检查为主向事先监督与事后检查并重的市场监管新模式。三是继续推进明码实价工作。分步骤、分行业稳步推进明码实价,重点抓了在济全国连锁商场的明码实价工作;同时,采取邀请新闻媒体制专题报道、召开明码实价现场交流动员会、评比明码实价示范店等方式,扩大了明码实价的社会认知度。目前,三色标价签的市场使用率达到60%。

(六)严格规范价格行政行为,推进价格依法行政工作

4月初,组织召开了全市价格依法行政会议,对今后一个时期的依法行政工作做了安排部署。按照会议的部署和要求,一是及时整理、汇编了《"两个清理"参考目录》和《行政诉讼典型案例评析》,以"两个清理"为重点,即清理规范性文件、清理行政行为,指导全市物价系统检查、整改、规范自身的行政行为。目前,这项工作正在进行之中。二是在去年试点的基础上,对《价格行政执法责任制和内部行政管理工作目标考核实施方案》进行了修改和补充,并对区、县的价格行政执法责任制工作提出了具体要求。执法责任制的实施极大地推动了价格监督检查的各项工作,不仅提高了各级检查人员的工作积极性和工作效率,而且促进了价格监督检查宣传和理论研讨工作的开展。三是全面梳理价格执法依据,为推行行政执法责任制打下了良好基础。

(七)扎实做好基础工作,进一步提高公共服务水平

一是强化成本调查和监审职能。开展了多项农产品专题调查任务,其中有6篇专题分析报告被市委、市政府信息部门采用,为党委、政府制定农业政策和指导农业生产提供了依据;积极拓展业务范围,开展了对水泥、化肥等部分重要工业品的成本调查工作。同时,不断完善成本监审制度和工作流程,努力提高成本监审质量,完成了涉及教育、供水、天然气、公园、客运出租等行业的10项成本监审任务。二是扎实做好价格鉴证工作。同时,积极与市工商部门协调,开展了价格评估机构及人员资质认定工作。三是价格调研和宣传工作取得新成果。围绕公用事业价格监管、加强价格调控、完善价格形成机制、推进价费管理体制等开展了专题调研,以"贯彻十六届五中全会精神,做好'十一五'开局之年的物价工作"为主题组织了征文活动,形成了40项(篇)专题调研报告和理论研究成果,分别在《中国经济导报》和《山东物价》上做了专刊宣传;并开展了明码标价宣传月、价格举报管理信息系统发布会、反价格欺诈提醒会等大型宣传活动,进一步提高了物价部门的社会认知度,为价格管理工作营造了良好的社会环境。同时,价格协会、价格事务、价格审批大厅窗口等工作也取得了新的进展。

在充分肯定今年以来价格工作成绩的同时,也要看到存在的问题,主要是:经济和物价运行中一些矛盾和问题仍然突出,粮食价格下行压力较大,农资价格居

高不下，生产资源价格上涨较大，稳定市场物价的难度增加；在资源性产品价格改革和公用事业改革的双重影响下，对公用事业价格的走势以及价格主管部门如何采取必要的应对措施等问题研究不够，没有形成切实可行的管理办法；如何发挥价格杠杆作用，促进结构调整、资源节约、环境保护、新农村建设和和谐社会建设，还缺乏深入的研究探讨；物价机构和干部队伍的建设还不能适应新形势、新任务对价费管理工作的要求，还需要进一步加强。对于存在的问题，我们一定要高度重视，加大措施，认真加以解决。

二、今年后几个月物价工作的初步打算

按照市委、市政府的统一部署和8月份相继召开的全国、全省物价局长座谈会精神，并结合我市物价工作实际，今年后几个月价格工作总的思路是：以科学发展观统领价格工作全局，紧紧围绕经济工作的中心任务，充分发挥价格杠杆作用，促进资源节约、环境保护和结构调整，切实加强价格监管，着力解决群众反映强烈的价格热点难点问题，促进新农村建设，促进社会和谐。重点有以下工作：

（一）继续加强监管调控工作，努力保持物价的基本稳定

当前经济快速增长的态势，将对今后几个月的价格总水平形成一定的潜在上升压力。同时，资源性产品价格改革的全面稳步推进也成为推动价格上涨的重要因素。综合分析，预计后几个月我市居民消费价格总水平将出现小幅攀升。因此，要高度重视影响价格变动的相关因素，继续加强各项价格监管调控工作，努力保持物价的基本稳定。一是扎实做好对重要商品和服务价格的常规监测和对资源性产品价格及节日市场价格的重点监测，着力提高分析预测质量和分析预警水平，密切关注价格运行中的苗头性、倾向性问题，进一步提高价格异常波动的市场应对能力。二是严格执行农资综合补贴政策，切实把各项支农惠农政策落到实处，努力保持粮食、农资、化肥价格的基本稳定。三是综合运用经济的、法律的和行政的调控手段，增强政府对市场物价的调控能力。

（二）积极应对资源价格改革，稳妥疏导价格矛盾

"十一五"规划中提出了"建设资源节约型、环境友好型社会"的发展目标。为促进节约能源、加强环境保护，解决资源、环境与可持续发展之间日益突出的矛盾，根据国家和省的统一部署，我们要坚定不移地贯彻落实国家、省资源价格改革政策。在积极推进资源性产品价格改革的过程中，对由于资源性产品价格的调整而带来的各种价费矛盾要引起足够的重视，并采取措施，积极稳妥地疏导好成品油、天然气、供水、供热等领域的价格矛盾。重点做好以下四个方面的工作：

1. 开展对资源性产品价格改革以及由此带来的公用事业价格矛盾的专题调查，根据不同公用行业的特点和情况，制定好专项工作预案。初步考虑有以下几点：

①供水价格。一是，村村通自来水价格的管理办法及定价工作；二是，配合供水体

制改革各环节水价的合理调整；三是，实行阶梯式水价的方案调研及制定；四是，东联供水工程水价的制定。

②天然气价格。根据国家和省对门站结算价格调整的情况，适时调整我市天然气价格。

③供热价格。根据燃煤价格和企业成本情况，建立煤热价格联动机制。

2. 强化成本监审，畅通信息渠道，变被动提价为主动调控疏导。

3. 完善价格形成机制，及时疏导价格矛盾，逐步建立并完善上游价格与下游价格的联动机制，以体现政府定价中的市场导向、以人为本、协调平衡等基本原则。

（资料来源：摘自中文网站）

[简析] 这是一篇综合性的工作总结。文章采用小标题的形式，总分结合，结构层次分明，内容翔实。工作的主要成绩和经验、成功的做法等，表达客观全面，同时也指出存在的问题和今后的努力方向。应该说这是一篇值得借鉴的好总结，只是最后部分的工作初步打算可不放在总结里写。

第二节 简报、调查报告

一、简 报

（一）简报的概念

简报是用书面语言写成的简要情况报道。它是各级党政机关、人民团体、企事业单位用来反映情况、传递信息、交流经验、推动工作的一种内部的非正式公文的载体。由于它以内部报纸或期刊的面貌出现，又总是套红印刷，所以，简报常被人称为"红头小报"。常见的简报名称，有"内部参考"、"情况反映"、"××动态"等。

简报主要作用是上下左右沟通内部信息，下级机关向上级反映日常工作情况或某些动态，上级机关向下级机关传达意图、情况，介绍带启发意义的经验，平级机关之间交流信息和经验教训。但是，简报不是正式公文，不具有法定权威性和行政约束力。

（二）简报的特点

简报具有新、准、快、简的特点。

新，即内容要新。简报要把那些新形势下出现的新情况、思想上的新动态、工作上的新经验、做法上的新章法、富有启发的新见解以及新事物的萌芽或错误倾向的苗头等及时地反映出来,力求内容上的新颖性。

准,即问题要抓准,报道要真实。简报根据党和国家的方针政策和上级指示,善于抓准社会生活中的问题,准确地反映带有普遍性的突出问题,及时为领导机关提供实际情况,以便做出正确的决策。同时,报道的内容要实事求是、真实可靠。事例、数据不能有任何虚假和差错。

快,指编写速度要快。简报具有新闻性的特点,时效性很强,只有及时反映工作中的新情况、新问题、新经验,做到快写、快审、快编、快印、快发,才能发挥它应有的作用。

简,指简报语言要简明,篇幅要短小。简报的写作要力求内容单一,中心明确,篇幅简短,文字简练,去掉一切不能说明问题的空话、套话和废话,以较小的篇幅反映出更多的情况,让领导和有关人员尽可能在最短的时间内掌握更多的信息。

（三）简报的类别

简报的使用广泛,种类繁多,按其性质和写作特点可以分为以下四类:

1. 动态简报

动态简报是为传递机关内部或本地区、本部门、本系统思想、政治、经济、文化、科技等方面的动态信息而编发的一种简报。

2. 工作简报

工作简报也称综合简报、情况简报,主要是综合反映本单位、本部门、本系统一段时间内的工作情况和问题的内容材料。这也是最常见的一种简报,一般是定期编发的长期性简报。

3. 专题简报

这是在一段时期内报道某项专门工作的动态、进展、工作过程、经验、问题等而编发的简报。如体制改革、防汛防灾、反腐倡廉、打击走私、查禁假冒伪劣商品等。

4. 会议简报

这是比较大型、重要的会议上为反映会议的进程、基本精神、中心议题、领导人的重要讲话、与会人员的建议、会议决定、决议以及小组讨论等而编发的简报。此类简报一般由大会秘书处或主持单位编发,它具有连续报道的特点,时间要求特别及时。

（四）简报的格式与写法

简报的格式大体分报头、正文、报尾三部分。

1. 报头

报头在简报首页的上方,占有1/3或者1/4的位置,用一条横线将报头与正文隔开。报头中间以大字套红标明简报名称,如"××动态"、"××简报"、"情况反映"等。

名称下面是期数,一般按顺序编排。简报名称的左上方,标上密级,如"机密"、"秘密"、"内部刊物,注意保存"等。如系普通的简报,就没有必要标明密级。简报名称的右上方,是简报的编号,以便登记保存。简报名称的左下侧是编发单位的全称。在系统内部分发的,可用单位办公室的名称。如系会议简报,则用"××会议秘书处"。简报名称的右下侧是印发日期。

另外,有些简报,已逐步由单篇文章向期刊的形式转化。这类简报的编排,报头部分向下扩张,在通栏红线之下,不是简报的正文,而是多篇文章的目录。通常都是居中标明"目录"二字,从下一行起,像期刊一样,列上编发的各篇文章题目和作者。第二页开始才是编排的各篇文章的内容。

2. 正文

正文是简报的中心,是简报本质内容所在。它可以只刊登一篇文章,也可以刊登同类性质的一组文章。就简报中的一篇文章来说,通常包括标题、正文和供稿者;如果是转发材料,一般还要加上"编者按"。

(1)标题。简报的标题要求直言其事,用简明、准确、醒目的语言概括出文章的中心内容。既可以是单行标题,也可以是双行标题,即正题和副题。

(2)正文。正文由导语、主体、结尾三部分组成。

导语,也叫前言,这是简报的开头部分,要求开门见山。用简炼、生动的文句,准确地概述文章的主旨和所反映的基本事实,一般应把时间、地点、人物、事件、原因、结果等因素交代清楚,给读者留下一个总印象。

主体是正文的重点所在。写作主体时,一定要紧扣主题,承接导语,逐层展开,深入阐述;要精选真实、典型的事例和数据,正反对照,充分地说明观点,力图使观点和材料有机结合;同时要安排好文章的结构,做到顺理成章、严谨自然、层次分明、首尾圆合。

结尾是正文的收束,要求简明有力,给读者留下深刻的印象。常见的结尾方式有:点明主题,小结全文;展示前景,指明事情发展的趋向;提出希望,激励读者;点明问题之所在,警省人们,防微杜渐等。有的简报结尾因文而定,如主体部分已将所要说的谈完,也可以不写结尾。

(3)供稿者。在正文下一行右侧,用括号注明供稿人。如果供稿者同时又是简报编发者,也可不予注明。

(4)编者按。凡编印转发的材料,通常需要做适当的文字处理,压缩篇幅,突出重点,同时在正文之前加上编者的按语。简报的按语,或说明转发原因,或交代转发意图,或强调其重要意义和参考价值,或提示其要点,或转达领导指示,或对今后工作提出要求等。按语写作要简短、明确、画龙点睛,切不可脱离简报的主题,任意挥洒,冗长累赘。

3. 报尾

正文结束之后,在简报最后一页的下方,一般用一条或两条通栏平行线隔开,注明报送范围,可在横格线的左下方标明编审者,在右下方还要用括号注明本期印刷份数。简报格式的标注位置如下:

内部刊物
注意保存

××简报
第×期

×××××编印　　　　　　　　　　　　　　二〇××年×月×日

———————————————————————————————————

[编者按]××××××××××××××××××××××××××
××××××××××××××××××××××××××

标　题

×××××××××××××××××××××××××××××
×××××××××××××××××。

———————————————————————————————————

报:
送:

———————————————————————————————————

(共印××份)

(五)简报的写作要求

1. 内容真实,事实准确

简报作为反映情况、传递信息、交流经验、推动工作的重要工具内容必须绝对真实,事实必须准确无误。

2. 紧扣主题,简明扼要

通常是一份简报一个主题,所以简报的写作必须简短、明快,不要写空话、套话,不拖泥带水,内容集中,文字简明扼要。

×××国税

工作简报

第9期

（总第87期）

××市国税局　　　　　　　　　　　　　　　　　　　二〇〇二年六月五日

全市国税发票专项检查情况表明事业单位发票管理亟待规范

　　5月初以来，市国税局组织6个检查组，在全市范围内开展发票专项大检查。截止到5月底，共检查用票户××××户，查处违章普通发票×××份，违章增值税专用发票×××份，补税××万元，罚款××万元，取得了显著成效。

　　检查情况表明，当前发票管理秩序比较混乱，事业单位使用、索取发票违章现象尤为突出，检查的×××户事业单位，都存在不同程序的违章现象，占被检查户数的××％，造成大量的税收流失；二是自印收据代替发票入账，这种情况在有收费职能的医院、广播电视等事业单位和土地管理、城建等所属的事业单位表现比较突出；三是使用过期发票；四是跨行业填开，如将商品零售发票作酒席款入账、国税、地税发票混用；五是开具的发票不规范，大多数事业单位财会人员为图省事，项目填写不全，如有一份×××元的发票只有金额和日期，余下项目全部空白。

　　事业单位发票管理问题如此之多，漏洞如此之大，值得大家深思。究其原因，至少有四点：一是部分事业单位税法观念淡薄，依法依规使用和索取发票的意识不强，单位负责人不能正确理解发票与税收的直接关系，个别单位甚至认为自己不是纳税人，逃避监管违章用票；二是事业单位财会人员疏于学习，对使用和管理发票的常识相当缺乏；三是国税部门在开展税法宣传活动中，对发票管理的宣传滞后，重视不够；四是国税部门平时对事业单位的发票使用检查不够，监督不力，有的事业单位甚至从未被查过。

　　针对发票检查中发现的问题，市国税局要求全市国税系统采取五条措施，推动发票管理工作扎实整改。一是各国税分局要转变观念，改变只管企业、个体户等纳税人，而不管事业单位发票使用的旧观念，明确事业单位不是"税收盲区"，对事业单位的发票使用情况同样要适时检查、定期辅导，与其他性质的纳税人一样严格管理。二是加强发票宣传工作，重点宣传《中华人民共和国发票管理办法》，使事业单位理解发票的意义、作用，增强依法规范用票、管票意识。三是大力争取地方党委、政府的重视与支持。目前,全市事业单位因发票使用而违章的情况较多,处罚金额较高,罚款和税款入库的阻力较大,各国税分局务必做好宣传汇报工作,切实争取党政领导的支持,坚决按政策办事,处罚到位,入库到位。四是严格发票审批,坚持实行"以票控税"制度,对发票领、用、存各个环节都加强控管,规范发票使用、管理。五是进一步加大发票违章查处力度,对违章使用发票屡教不改的事业单位,国税部门要顶住方方面面的压力,发现一个查处一个,必要时可在新闻媒体上公开曝光。

报:省局领导及有关处(室)
送:市局领导、市直有关单位
发:各分局、机关各科室

(共印 60 份)
(资料来源:摘自中国税网)

[简析] 这是一份工作简报,标题交代事实,揭示中心;导语用简明的文字概括主要事实;主体提炼要点,引出具体问题;结尾简要小结,补充说明。综观全文,文章中心明确,层次清楚,报道及时,体现出了简报的特点。

二、调查报告

(一)调查报告的概念

调查报告就是在对客观事物或社会问题进行有目的的、有系统的调查研究之后,向公众或有关部门所做的反映情况、判断性质、表达结论和意见的书面报告。人们对现实生活中的典型事件、重要情况、工作中急需解决的问题进行深入地了解,系统地解剖,揭示出它的本质和规律,叫调查研究。调查是报告的基础和依据,报告则是调查的反映和体现,不进行调查研究,就无法写出调查报告。

调查报告的作用主要体现在两个方面:一是反映客观情况,揭示事物发展规律,为决策和决策的实施提供依据;二是总结典型经验,揭露存在的问题,探明事实真相,发现新生事物,指导和推动工作。

(二)调查报告的特点

1. 明确的针对性

写调查报告的目的是通过反映情况和对典型事例的分析研究,总结出具有普遍意义的经验与教训,用以指导和推动工作。因此,必须根据工作的需要选择调研课题,对上级领导和广大群众关心的问题以及急待解决的问题提供正确的答案。

2. 凭事实说话

调查报告要较完整地写出一个事物、一项工作、一项政策、一个问题，阐明它的起因、发展、结果，并且要有分析，从中找出规律，实事求是。凭事实说话是调查报告写作的原则，也是其力量之所在。

3. 材料的典型性

调查报告选择的调查对象必须是典型的、有代表性的和具有普遍教育意义的；在使用材料上也必须是典型的，必须是能反映事物本质的典型事例和数据。

此外，调查报告还具有指导性、教育性和新闻性等特点。

（三）调查报告的类别

调查报告从内容上可分为科学调查报告和社会调查报告。这里主要研究社会调查报告。社会调查报告主要有五种类型：

1. 基本情况的调查报告

这类调查报告所反映的内容比较广泛、全面。它主要是对社会上的政治、经济、军事、文化等方面的情况进行调查，以弄清现实情况，做出正确的形势估计和情况判断，为领导机关制定某项方针、政策提供资料和依据。

2. 新生事物的调查报告

这类调查报告主要是反映社会生活中涌现出来的新人、新事、新发明、新风貌。这类调查报告在"新"字上做文章。它要写出新事物的情况、特点，体现出时代精神，比较完整地阐述它产生、发展的过程，揭示出成长规律，说明它的意义和作用，旨在进一步促使它迅速成长、发展。

3. 典型经验的调查报告

这类调查报告着重介绍某项工作的做法和体会，并把它上升到理论的高度来认识。这种典型经验具有代表性、科学性、先进性和指导性，对面上工作起推动作用。在写作中，必须说明先进经验的思想基础、客观条件、创造过程、具体做法和实际效果等方面的情况，使读者感到可信、可学。

4. 揭露问题的调查报告

这类调查报告通过确凿的事实，揭示某个方面或某项工作中存在的问题，揭示社会上有碍建设的种种弊端，分析问题或弊端产生的原因，指出它的严重危害性，提出解决的办法，以达到吸取教训、解决问题的目的。

5. 考查历史的调查报告

这类文章报告的是历史事实。当人们对某一历史问题不了解，又觉得有了解的必要，或者对某一历史结论产生怀疑，有重新认识的必要时，便去调查，还历史的本来面目。

（四）调查报告的格式与写法

调查报告一般分为标题、导语、正文、结尾四个部分。

1. 标题

调查报告的标题要求把文章内容的精粹告诉读者，鲜明地揭示文章的主题或明确地表达作者的观点倾向。标题一般由正标题和副标题组成。正标题是全文主要事实或基本经验的概括说明，副题是关于调查对象或调查内容的补充说明。也有只有一个正题的，但一般要求标题中有"调查报告"、"调查"或"调查附记"等字样。

2. 导语

导语也称前言、引言、总述等。通常有三种情况：一种是交代调查的目的、时间、地点、范围、方式，并扼要点明基本观点，突出报告内容的重要意义；一种是揭示主要问题，引起读者的注意；另一种是概括介绍调查对象的基本情况和全文主要内容以及要说明的主要问题，便于读者对全文内容有个概括了解。导语写法多种多样，没有固定格式，但文字要高度概括，简明扼要，有所侧重，不可面面俱到。

3. 正文

正文也称主文、主体。其内容可包括基本情况、分析、结论、建议和措施。这部分是调查报告的核心和重点，要求层次清楚、条理分明、先后有序、详略得当、联系紧密、层层深入。这一部分的写法应根据内容灵活安排结构，常见的方法有以下几种：

（1）按调查顺序归类后分几个问题来写，可采用小标题形式，也可采用序号一、二、三。

（2）用对比的方法，从对比中判断是非，在对比中总结经验和教训，解决调查中一个或几个问题。

（3）用逆进方法，按调查对象发生、发展、变化的过程写。如事物发生的时间、地点、原因、作用、经验教训。先提出调查的情况，然后进一步分析，最后提出建议。

必须指出的是，不管采取哪一种结构写，都必须提出观点，有叙有议。小型调查报告可一事一议。一般整理安排材料的方式有两种：一种是"纵式结构"，即按照事情发生、发展的先后顺序，层层分析说明问题。这种结构方式可以使读者对事物发展的来龙去脉做深入全面了解，适用于内容比较单一的调查报告。另一种是"横式结构"，即按几条重要经验或规律安排层次，分成几个问题写，并标上小标题。这种方式适用于涉及面广的调查报告。

4. 结尾

结尾即调查报告的结束语，有些调查报告，结尾意味深长，充满激情和信心，能够鼓舞读者；有的总结全文、深化主题，有利于提高人们的认识；有的提出新问题，指出努力方向，启发读者进一步思考等。总之，调查报告的结尾要富于启发性、教育性，文字要简洁，不能拖泥带水。调查报告的导语和结尾两部分不一定每篇调查都要有，可按实际需要定。

(五) 调查报告的写作要求

1. 深入调查研究,充分占有材料

调查是报告的基础和依据。毛泽东曾说:"没有调查就没有发言权"。因此,应通过深入细致的调查,充分掌握第一手材料,为写好报告奠定坚实可靠的基础。

2. 认真分析研究,确立正确观点

要对调查获得的材料进行定量、定性、因果、矛盾诸方面的分析,去粗取精,去伪存真,从感性认识上升到理性认识,最终形成正确的观点。

3. 巧用表达方式,语言明快生动

写作调查报告要精心构思,巧妙安排,综合运用记叙、说明、议论等表达方式和对照、比较乃至比喻等修辞手法,注意引用有说服力的数据、生动的事例和富于形象性的群众语言,还可恰当地引用一些诗词、典故、名言、警句等以增强文章的表现力。

哈尔滨市职业教育工作的调查报告

根据市人大常委会 2005 年工作要点安排,市人大常委会副主任尚玉金带领教科文卫委员会部分成员于 6 月份对我市职业教育工作情况进行了调查,听取了市政府专题工作汇报,研究了市劳动局、市财政局的书面汇报,深入到市区及阿城部分中等职业学校,召开了有职业技术学院、部分中等职业学校、市、区、县(市)及部分企业及职业教育负责人的座谈会,发出并收回覆盖八区十一县(市)的调查问卷 60 份,现将调查情况综合报告如下:

一、我市职业教育工作基本情况

(一)我市职业教育资源基本情况。目前,在哈中高等职业技术培训机构共有 227 所,其中中职类 204 所,分别为职业高中 47 所(其中城市 25 所、农村 22 所),中专 119 所,技工学校 44 所,在哈高职院校 23 所。从城乡分布情况看,城市 200 所,农村 27 所。从办学主体看,属于政府兴办的 47 所,行业兴办的 146 所,企业兴办的 27 所,社会力量兴办的 7 所。我市中高等职业技术培养培训机构设置的专业共有 116 个,其中中等专业 90 个,高等专业 26 个。

(二)我市职业教育工作情况。几年来,市政府认真执行《职业教育法》、《省职业教育条例》和全国职业教育工作会议精神,不断深化职业教育改革,相继出台了春秋季招生、注册制、学分制、弹性学制等新的招生制度,有力地促进了我市职业教育健康、有序地发展。近年来,市本级财政加大了对职业教育资金投入,2002～2004 年市本级共投入职业教育资金27414万元,2003年市本级专项资金由以前的每年80万元增加到780万元,在市财政的大力支持下,我市各区的职业高中都有了较大的发展。道里区在2002年新建第十二职高后,今年又将第十三职高列入改造规划,拟新建一座3000平方米的教学楼;道外区第一职高2003年建设一座5000平方米的实验楼后,今年又进行了新的规划,并制定了全区职教资源整合方案,拟定下半年组建区域性职教集团;动力区依托第十五职高成立了"蓝领学院";南岗区第二职高去年新建的3.5万平方米的教学楼投入使用,成为教学环境一流、教学设置优良的示范性学校;香坊区将郊区学校151中并入该区职教中心,建成对农村劳动力的转移培训基地。这一切都为全市职业教育大发展、快发展奠定了基础。党的十六大做出了东北老工业基地调整改造的重大战略决策,对我市职业教育发展提出了更高的要求,市政府从2004年初开始组织力量,对我市职业教育如何更好地为振兴我市经济发展服务进行了广泛的调研,听取了各方面相关人员的意见和建议,同时,还组织有关人员赴沈阳、大连、长春进行实地考察,摸清了我市职业教育基本情况、存在的主要问题,并提出了对策。今年4月20日,召开了全市职业教育工作会议,《哈尔滨市关于大力推进职业教育改革与发展的决定》即将出台。总的来看,我市职业教育正面临大发展的趋势。

二、我市职业教育存在的问题

一是重视职业教育的社会氛围不浓。调查表明,有95.2%的人认为,由于当前社会人们普遍认为上大学尤其是上名牌大学才是成才的最好出路,特别是高校扩招引发的"普高热"以及"精英"教育的观念,导致了社会人才观和择业观的偏颇,从而造成了社会、家长、学生对职业教育的轻视。一些单位用人标准的唯学历倾向以及不严格执行劳动就业准入制度,企业急功近利的短期行为和担心培训后技术工人"跳槽"、"雁南飞"、"为人做嫁衣裳"的顾虑,致使一些企业不愿意在培训技术工人上花钱。另外,主流媒体对职业教育的宣传乏力,也直接影响了全社会对职业教育的重视程度。

二是职业教育多头管理、缺乏统筹。当前,我市职业技术教育,从管理主体看,存在教育部门、劳动部门和其他20多个行业管理部门。从管理层级看,主管职业教育的既有市、县(县、市)级部门,也有省级部门。由于多头管理,难以形成发展职业技术教育全市一盘棋。职业教育资源没有得到充分利用,存在不同程度的闲置,未能发挥最大办学效益。

三是职教经费投入不足,办学条件落后。2002年,《国务院关于大力发展职业技术教育的决定》要求,完成"普九"任务的地区,教育费附加的20%应当用于职业教育,按此规定,我市尚有较大差距。《中华人民共和国职业教育法》对"企业应当承担职业教育经费"有明确规定,按此规定,以2002年为例,全市企业用于职教的支出经费应该是1.824亿元,而实际支出是7900万元,尚有1个多亿的教育经费没有落实。在调查中,有些单位反映,职业学校学费收入的15%被截留用于地方政府的整体规划,违背了《省职业技术教育条例》的规定,由于投入不足,各职业学校实训基地数量不足,条件落后。职业高中大多数没有像样的实训基地。中专、技工学校虽有实训基地,设施设备也十分陈旧落后,75%的实验实习设备是企业淘汰的,多是六七十年代的设备。

四是职业学校办学理念、办学模式陈旧,专业设置不合理。一些职业教育机构不能做到学校围绕市场转,按需培训,而是学校有什么条件就开什么专业,专业设置重复,办学模式陈旧,第三产业的专业设置比重过高。以2003年为例,我市中职学校招生1.7万人,第二产业和第三产业的专业招生比为1∶5;社会培训机构培训1万人,第二产业和第三产业的专业招生比为1∶20;高职院校招生1.3万人,第二产业与第三产业的招生比为1∶5.5。近百个专业中,具有竞争优势的仅有18个,职业技术学校专业设置和市场需求衔接不紧密,有限的毕业生中,还有一部分不能取得就业岗位。这就表明,我市培养的职业技术类人才在数量、类别和质量上远远满足不了需求。

五是教师队伍素质偏低,"双师型"教师匮乏。职业教育教师有50%以上都是从原普教岗位上转移过来的,绝大多数教师缺少专业技术知识。由于近年来职业技术院校不景气,学校没有能力吸引优秀专业人才到学校任教,加之一些优秀人才被经济发达地区"挖"走,导致职教师资队伍不能适应实际需要。

六是农村职业教育薄弱。调查显示,有92%的人士认为职业教育为"三农"服务,与农村义务教育相结合,互相促进方面大有文章可作。

三、几点建议

今后几年是我市职业教育面对哈尔滨老工业基地振兴迫切需要而加快改革和发展的重要时期。针对上述问题,提出以下几点建议:

(一)进一步提高认识,增强加快发展职业教育的紧迫感。利用各种新闻媒体和其他多种有效方式,加大对职业教育的宣传力度。首先要使全市各级政府和相关部门领导充分认识到,抓职教就是抓经济,抓职教就是抓小康,抓职教就是抓素质,抓职教就是抓效益,抓职教就是抓社会稳定。要向社会宣传我市乃至全国人才市场紧缺技能型人才的实际情况,要宣传我市实施老工业基地振兴和产业结构调整过程中急需职业技术人才的实际情况,宣传职教毕业生就业有路、致富有方、升学有望、创业成才的典型事迹,宣传和表彰发展职业教育中涌现出来的先进单位和个人。抓住每年高中升学高峰特别是在每年中考、高考前的机遇,对社会、家长和学生进行正确的教育观、人才观、择业观的引导,使他们了解职业教育并产生兴趣,使他们认识到职业教育是青年走向成功的高速路,是实现其人生价值的光明大道。要通过宣传,使全社会认识到,职业教育是培养高素质专门人才的教育,是推动振兴老工业基地的教育,是促进农村教育更好地为"三农"服务的教育,是实施"科教兴市"战略的教育。从而使全社会形成一个支持、鼓励、参与职业教育发展的良好舆论氛围。

(二)切实加强领导,把促进职业教育快速发展的各项措施落到实处。

(略)

（三）从实际出发,把加快农村职教发展摆上重要位置。《国务院关于大力推进职业教育改革与发展的决定》确定:"农村和西部地区职业教育是今后一段时期职业教育发展的重点"。从实际情况看,我市一方面是老工业基地、工业大市,另一方面农村人口有500多万,也是国家商品粮基地、农业大市。我们高兴地看到,在为振兴我市老工业基地服务,发展城市职业教育方面,政府已经研究制定了切实可行的对策。建议政府在抓好城市职业教育同时也要把快速发展农村职业教育摆上日程。围绕农业和农村经济结构战略性调整,全面提高农村劳动者素质,每年培训农村劳动人员20万人次以上,重点培训农村乡(镇)、村基层干部,培养具有绿色证书、职业资格证书的农业技术骨干和新农村经纪人、信息员、营销员。每年培训新增转移农村富余劳动力2万人。在农村中学加大推进"绿色证书"教育,强化学生职业意识和技能培养。搞好县农业技术推广部门、农业科学研究所与县职业中心学校的联合与协作,乡(镇)政府在现有教育资源基础上,办好集普通教育和职业教育为一体的综合中学,与乡(镇)农业综合服务站实现资源共享,建立一批农科教结合示范基地。以县乡农科教结合示范基地为辐射点,以村和农户为辐射面,以信息网络服务站为纽带,在县、乡、村、户之间构建信息传播、科技培训、生产示范、项目推广的立体交叉网络体系。在农村中学从初一或初二起就增设职业教育课程,激发学生学习兴趣,吸引辍学学生返校。提高农村义务教育质量,实现农村职业教育与义务教育的相互促进,使职业教育和义务教育增加为"三农"服务的生机和活力,加快全市社会主义和谐社会建设的步伐。

（资料来源:哈人办发[2005]53号,作者:哈尔滨市人大教科文卫委员会）

[简析]　这是一篇有关职业教育工作的调查报告,作者通过全面详实的调查,反映了当前职业教育的现状、存在的问题,并提出了解决这些问题的建议,具有较强的现实指导意义。全文内容丰富、材料典型、点面结合,令人信服,行文结构合理、层次清楚、条理分明、详略得当、联系紧密、层层深入,是一篇值得借鉴的佳作。

第三节　述职报告、演讲稿

一、述职报告

（一）述职报告的概念

述职报告是指担任领导工作的人员以及专业技术人员向有关方面陈述、汇报个人在某一时期履行岗位职责和德能素质的自我评述的事务文书。

随着我国人事干部制度改革的不断深入,民主建设的不断加强,述职报告使用频率越来越高,它是群众评议领导干部和专业技术人员的依据,是组织人事部门考察了解领导干部和专业技术人员的重要途径;同时也有利于强化个人履行职责的观念,有利于发扬民主、倾听群众呼声、密切干群关系。

(二) 述职报告的类别

述职报告的种类,可以从以下几个角度划分:

从时限上来分,分为任期述职报告(任职以来的总体情况报告)、年度述职报告(报告本年度履行职务的情况)、临时性述职报告(担任某项临时职务的报告)。

从表达形式来分,可分为口头述职报告和书面述职报告。口头述职报告即任职者没有向听报告人提交书面材料,只是做口头陈述。一般任职时间较短且在较小的基层单位工作的可以用口头述职。书面述职较之口头述职更加规范,书面述职报告也要求在一定范围内口述,口述之后再上交。

(三) 述职报告的格式与写法

述职报告的结构由标题、署名、称谓、正文四部分组成。

1. 标题

述职报告的标题,常用的写法有两种:一是"任职期限+所任职务+文种",如"1996年到2000年任总经理助理的述职报告";二是只写文种名称,即"述职报告"。

2. 署名

述职报告要求在标题的下方写上述职人的姓名,有时还需要在姓名前冠以职务,如口头述职则可省略。也可以在正文结束之后的下三行右侧写上"述职人:×××",下行写上年月日。

3. 称谓

在正文上方顶格书写主送单位和听述职报告人员的称呼,如:"×××人事部"、"××领导";如果是一定的场合述职,则应用"各位领导"、"各位评委"等称呼。

4. 正文

述职报告的正文由前言、主体、结语三个层次组成。

前言中一般需简要地说明任现职的自然情况,包括任职时间、任何职、岗位职责的目标任务;还要扼要地叙述履行岗位职责的主要成绩,对自己工作尽职的情况做总的评价,以确定述职的范围和基调。常用转接语"根据××的要求,现将本人任职期间的情况报告如下",以此引导下文。

主体部分一般围绕职责要求,具体地、有条理地陈述主要业绩、存在的问题等情况。虽然,各个岗位的性质不同,岗位要求也不完全一样,但基本的方面是共同的。因此,撰写时要突出以下几个方面:

(1)思想政治素质方面。任职期间对党和政府的路线、方针、政策、法规的执行情况,爱岗敬业精神、工作作风等。

(2)业务实绩方面。任职期间如何按岗位要求履行职责,对上级交办的事项完成情况,工作中解决了哪些实际问题,取得了哪些阶段性的成果,社会效益如何,有无开拓创新精神,曾得到过的肯定和表扬。

(3)存在的问题方面。在陈述业绩的基础上,适当地指出履行职责期间的一些不足的方面。

主体是述职报告的核心部分,要仔细研究岗位职责的标准规范,按标准规范述职,用实绩来说明自己履行职责的好坏。

结尾可与开头相呼应,总结全文,提出今后努力的方向,表明自己将更加尽职尽责,努力做好本职工作。也可用"以上述职,请予审查"、"述职完毕,请批评指正"等语作结尾,这部分的写法要求自然、简短、有力。

(四)述职应注意的问题

一是人称要准确。述职报告是述个人之职,不是代表领导班子集体汇报工作。因此,要用"我"的口气说话,不要用"我们"。

二是目的要明确。尽管有时来听述职报告的多是本单位的广大群众,但群众是来听你述职的,即听你汇报本职工作情况的,而不是来听施政演说的,更不是来听你训话的。

三是个人特征要突出。不同的岗位、不同的层次、不同的业务分工有不同的工作内容和工作方式,述职时的口气、用语和侧重点都应有所不同。比如,决策层的领导述职,应侧重在决策的正确、及时和决策的组织实施上;业务主管层的领导述职,应侧重如何结合实际执行决策以及执行的效果如何等。不能千人一面,淹没了个人特征。

四是成绩和不足都要写。述职报告可以而且也应该重点展示个人的能力和政绩,但对缺点和不足不能一味回避。要实事求是,有喜报喜,有忧报忧。

五是不要贪功诿过。强调个人时,不要伤及他人;强调领导才能时,不要埋没群众。述职报告只写个人的工作情况,不能伤及他人。比如,有的人述职时把自己协助开展的工作说成是自己主持开展的,把取得的成绩都记在自己的账上,把工作中失误都推得一干二净,这就不利于领导之间的团结,也不符合实际。述职时应该强调领导者本人的才干,但不能把自己说成是与众不同的超人,不要有意无意地埋没了广大群众的积极性、主动性和创造性。

六是态度谦恭、得体。每一个听述职报告的人,都是有权评议述职者的人,这是述职者时刻要记住的。因此,无论述职者的级别有多高,在述职报告中一定要保持谦恭的态度,才是得体的。有的在述职时一会儿表扬这个,一会儿表扬那个;一会儿说某问题必须怎么着,一会儿说某事应该怎么办等。这就是不谦恭,也是不得体的。

述职报告

去年机构改革时,院党组留任我为办公室主任,主持工作至今。在主任的岗位上主持工作,我既深感责任重大,有干好工作的强烈使命感,又深知能力有限,怕辜负党组和大家的信任。是院领导的激励和培养,同志们的支持和帮助,使我有信心站在这里向大家汇报工作,并接受院领导和同志们的评议。我主要做了以下三个方面的工作:

一、加强理论学习,提高队伍素质。为适应机构改革后的形势和任务,在主管的带领下,我们确定了办公室的工作思路,就是以邓小平理论和"三个代表"思想为指导,以"三服务"为方向,以争创"五好"处室为载体,以综合分析、信息建设、督办落实为重点,发挥参谋助手、协调枢纽、写作班子的作用。按照这个思路,我们首先是加强全室同志的理论和业务学习,制定了《办公室政治理论和业务学习制度》,把理论和业务学习与提高队伍素质,探索工作规律,解决工作问题有机地结合起来。一方面统一了思想认识,调动了大家努力学习和提高自身素质的积极性,工作热情高涨;另一方面增强了班子的凝聚力和战斗力。×××,×××认真负责、勤奋工作,各科科长积极进取、争先创优,有力地推动了工作的开展。今年7月办公室党支部被评为先进党支部。

二、加强制度建设,提高管理水平。任职后,我把改进工作作风,加强制度建设,摆上重要位置。共完善和制定各项规章制度12项。《督促检查工作暂行规定》进一步明确了督办工作的基本原则、工作任务、工作程序、工作方法;《同省人大代表联系制度》进一步明确了联络工作的目的、内容、方式;《关于进一步加强检察信息工作的意见》对信息建设的领导和重点、报送原则、综合利用、网络建设、考核评比作了比较明确的规定。同时各科室都对原有的规章制度,结合实际进行了修改和完善。在创建学习型处(科)室活动中,我们结合工作实际,开展全室人员"素质达标"活动。制度的建立和完善为加强管理、转变作风、改进服务方式奠定了坚实的基础,使办公室出现了繁忙而冷静、纷杂而有序的局面,推动了办公室工作规范化建设。

三、加强综合协调,提高服务质量。工作中我把综合协调工作作为办公室参与检察政务的重点来抓,力争在领导决策时,提供有关信息依据;在领导决策后,参与决策的实施,推动决策的落实;对决策实施中遇到的矛盾和问题积极协调,加以解决。在这其中我既得到了领导的支持和同志们的帮助,也得到了锻炼和提高,和大家建立了真挚的友谊,同志们给予我的关怀和帮助,是我工作和前进的动力,我真切地感受到了大家的真诚接纳。在做协调工作的同时,我也承担了文字工作,独立和组织撰写了20多篇、10多万字的领导讲话和理论文章。如全省检察长会议报告,省九届五次人大会议检察报告,全省检察机关先进集体先进个人表彰大会讲话,全省反贪、法纪、预防、控申会议讲话。通过综合工作我加深了对检察工作的理解和把握,也推动我较为系统地学习了法律知识,更加坚定了我做好工作的信心。

知不足而奋进是我的追求,行不止塑品德是我的目标。我虽然做了些工作,但离党组的要求和同志们的期望还有很大的差距,深入基层指导工作少,工作能力还不适应任务的需要。我要以此次述职为契机,虚心接受领导和同志们的批评和帮助,努力学习、勤奋工作,以优异的工作业绩回报大家的关怀。

(资料来源:摘自中文网站)

[简析] 这则述职报告紧紧围绕自己的岗位职责,对任职期间履行职责的情况做了全面的评述,重点突出、条理清晰。略显不足的是廉洁自律和存在的问题方面的陈述比较空泛、不够具体。

二、演 讲 稿

(一)演讲稿的概念

演讲稿也叫演说辞,它是在较为隆重的仪式上和某些公众场所发表的讲话文稿。演讲稿是进行演讲的依据,是对演讲内容和形式的规范和提示,它体现着演讲的目的和手段、演讲的内容和形式。

演讲稿是人们在工作和社会生活中经常使用的一种文体。它可以用来交流思想、感情,表达主张、见解;也可以用来介绍自己的学习、工作情况和经验……演讲稿具有宣传、鼓动、教育和欣赏等作用,它可以把演讲者的观点、主张与思想感情传达给听众以及读者,使他们信服并在思想感情上产生共鸣。

(二)演讲稿的特点

1. 针对性

演讲是一种社会活动,是用于公众场合的宣传形式。它为了以思想、感情、事例和理论来晓谕听众,打动听众,"征服"群众,必须要有现实的针对性。所谓针对性,首先是作者提出的问题是听众所关心的问题,评论和论辩要有雄辩的逻辑力量,要能为听众所接受并心悦诚服,这样才能起到应有的社会效果;其次是要懂得听众有不同的对象和不同的层次,而"公众场合"也有不同的类型,如党团集会、专业性会议、服务性俱乐部、学校、社会团体、宗教团体、各类竞赛场合,写作时要根据不同场合和不同对象,为听众设计不同的演讲内容。

2. 可讲性

演讲的本质在于"讲",而不在于"演",它以"讲"为主、以"演"为辅。由于演讲要诉诸口头,拟稿时必须以易说能讲为前提。如果说,有些文章和作品主要通过阅读欣赏领略其中意义和情味,那么,演讲稿的要求则是"上口入耳"。一篇好的演讲稿对演讲者来说要可讲,对听讲者来说应好听。因此,演讲稿写成之后,作者最好能通过试讲或默念加以检查,凡是讲不顺口或听不清楚之处(如句子过长),均应修改与调整。

3. 鼓动性

演讲是一门艺术。好的演讲自有一种激发听众情绪、赢得好感的鼓动性。要做到这一点,首先要依靠演讲稿思想内容的丰富、深刻,见解精辟、有独到之处、发人深思,语言表达要形象、生动、富有感染力。如果演讲稿写得平淡无味、毫无新意,即使在现场"演"得再卖力,效果也不会好,甚至适得其反。

(三)演讲稿的格式与写法

演讲稿的结构分开头、主体、结尾三个部分,其结构原则与一般文章的结构原则大致一样。但是由于演讲是具有时间和空间性的活动,因而演讲稿的结构还有其自身的特点,尤其是对它的开头和结尾有特殊的要求。

1. 开头要抓住听众,引人入胜

演讲稿的开头,也叫开场白。它在演讲稿的结构中处于显要的地位,具有重要的作用。瑞士作家温克勒说:"开场白有两项任务:一是建立说者与听者的同感;二是如字义所释,打开场面,引入正题。"好的演讲稿,一开头就应该用最简洁的语言、最经济的时间,把听众的注意力和兴奋点吸引过来,这样,才能达到出奇制胜的效果。

(1)开场白的技术主要有:

①楔子。用几句诚恳的话同听众建立个人间的关系,获得听众的好感和信任。

②衔接。直接地反映出一种形势或将要论及的问题,常用某一件小事、一个比喻、个人经历、轶事传闻、出人意外的提问,将主要演讲内容衔接起来。

③激发。可以提出一些激发听众思维的问题,把听众的注意力集中到演讲中来。

④触题。一开始就告诉听众自己将要讲些什么。世界上许多著名的政治家、作家和国家领导人的演讲都是这样的。

(2)演讲稿的开头有多种方法,通常用的主要有:

①开门见山,提示主题。这种开头是一开讲,就进入正题,直接提示演讲的中心。例如宋庆龄《在接受加拿大维多利亚大学荣誉法学博士学位仪式上的讲话》的开头:"我为接受加拿大维多利亚大学荣誉法学博士学位感到荣幸。"运用这种方法,必须先明晰地把握演讲的中心,把要向听众提示的论点摆出来,使听众一听就知道讲的中心是什么,注意力马上集中起来。

②介绍情况,说明根由。这种开头可以迅速缩短与听众的距离,使听众急于了解下文。例如恩格斯在1881年12月5日发表的《在燕妮·马克思墓前的讲话》的开头:"我们现在安葬的这位品德崇高的女性,在1814年生于萨尔茨维德尔。她的父亲冯·威斯特华伦男爵在特利尔城时和马克思一家很亲近,两家人的孩子在一块长大。当马克思进大学的时候,他和自己未来的妻子已经知道他们的生命将永远地连接在一起了。"这个开头对发生的事情、人物对象作出必要的介绍和说明,为进一步向听众提示论题做了铺垫。

③提出问题,引起关注。这种方法是根据听众的特点和演讲的内容,提出一些激发听众思考的问题,以引起听众的注意。例如弗雷德里克·道格拉斯1854年7月4日在美国纽约州罗彻斯特市举行的国庆大会上发表的《谴责奴隶制的演说》,一开讲就能引发听众的积极思考,把人们带到一个愤怒而深沉的情境中去:"公民们,请恕我问一问,今天为什么邀我在这儿发言?我,或者我所代表的奴隶们,同你们的国庆节有什么相干?《独立宣言》中阐明的政治自由和生来平等的原则难道也普降到我们的头上?因而要我来向国家的祭坛奉献上我们卑微的贡品,承认我们得到并为你们的独立带给我们的恩典而表达虔诚的谢意么?"

除了以上三种方法,还有释题式、悬念式、警策式、幽默式、双关式、抒情式等。

2. 主体要环环相扣,层层深入

这是演讲稿的主要部分。在行文的过程中,要处理好层次、节奏和衔接等几个问题。

(1)层次。层次是演讲稿思想内容的表现次序,它体现着演讲者思路展开的步骤,也反映了演讲者对客观事物的认识过程,演讲稿结构的层次是根据演讲的时空特点对演讲材料加以选取和组合而形成的。

那么,怎样才能使演讲稿结构的层次清晰明了呢?根据听众以听觉把握层次的特点,显示演讲稿结构层次的基本方法就是在演讲中树立明显的有声语言标志,以此适时诉诸于听众的听觉,从而获得层次清晰的效果。演讲者在演讲中反复设问,并根据设问来阐述自己的观点,就能在结构上环环相扣,层层深入。此外,演讲稿用过渡句,或用"首先"、"其次"、"然后"等语词来区别层次,也是使层次清晰的有效方法。

(2)节奏。节奏是指演讲内容在结构安排上表现出的张弛起伏。演讲稿结构的节奏,主要是通过演讲内容的变换来实现的。演讲内容的变换,是在一个主题思想所统领的内容中,适当地插入幽默、诗文、轶事等内容,以便听众的注意力既保持高度集中而又不因为高度集中而产生兴奋性抑制。演讲稿结构的节奏既要鲜明,又要适度。即要避免平铺直叙,又不要让内容变换过于频繁。

(3)衔接。衔接是指把演讲中的各个内容层次联结起来,使之具有浑然一体的整体感。由于演讲的节奏需要适时地变换演讲内容,因而也就容易使演讲稿的结构显得零散。衔接是对结构松紧、疏密的一种弥补,它使各个内容层次的变换更为巧妙和自然,使演讲稿富于整体感,有助于演讲主题的深入人心。演讲稿结构衔接的方法主要是运用同两段内容、两个层次有联系的过渡段或过渡句。

3. 结尾要简洁有力,余音绕梁

结尾是演讲内容的自然收束。言简意赅、余音绕梁的结尾能够使听众精神振奋,并促使听众不断地思考和回味;而松散疲沓、枯燥无味的结尾则只能使听众感到厌倦,并随着事过境迁而被遗忘。怎样才能给听众留下深刻的印象呢?美国作家约翰·沃尔夫说:"演讲最好在听众兴趣到高潮时果断收束,未尽时戛然而止。"这是演讲稿结尾最为有效的方法。

(四)演讲稿的写作要求

1. 了解对象,有的放矢

写演讲稿首先要了解听众对象:了解他们的思想状况、文化程度、职业状况如何,了解他们所关心和迫切需要解决的问题是什么等。否则,不看对象,演讲稿写得再花工夫,说得再天花乱坠,听众也会感到索然无味,无动于衷,也就达不到宣传、鼓动、教育和欣赏的目的。

2. 观点鲜明,感情真挚

演讲稿观点不鲜明,就缺乏说服力,就失去了演讲的作用。演讲稿还要有真挚的感情,才能打动人、感染人,有鼓动性。因此,它要求在表达上注意感情色彩,把说理和抒情结合起来。既有冷静的分析,又有热情的鼓动;既有所怒,又有所喜;既有所憎,又有所爱。当然这种深厚动人的感情不应是"挤"出来的,而要发自肺腑,就像泉水喷涌而出。

3. 行文变化,富有波澜

如果能掌握听众的心理特征和认识事物的规律,恰当地选择材料,安排材料,也能使演讲在听众心里激起波澜。换句话说,演讲稿要写得有波澜,主要不是靠声调的高低,而是靠内容的有起有伏、有张有弛、有强调、有反复、有比较、有照应。

4. 语言流畅

尽力做到口语化、通俗易懂、生动感人、深刻风趣。

5. 要控制篇幅

演讲稿不宜过长,要适当控制时间。

 例文

1. 演讲稿

竞聘演讲稿

尊敬的各位领导，各位同事：

大家好！我叫蔡和平，去年我运气不错，有幸转业到市委办这个人才济济、团结又温暖的大家庭。今年是我的而立之年，常言道：三十而立。在充满生机与活力的新世纪，在日新月异的知识经济时代，在竞争激烈、挑战与机遇并存的今天，扪心自问，我能立什么？我深思过，迷惘过，也无奈过。古人讲：天生我材必有用。适奉这次难得的竞岗机会，我本着锻炼、提高的目的走上讲台，展示自我，接受评判，希望靠能力而不是靠运气为自己的而立之年留下点什么……

站在大家面前有点单瘦的我，稳重而不死板，激进而不张扬，温和而不懦弱，愚钝而不懒惰，正直而不固执。我1989年9月考入空军飞行学院，学过飞行，后因视力下降停飞改做地面工作，干过排长、指导员、干事，大学文化，中共党员，2000年9月转业。在有206名军转干部参加的进政法系统一考试中，我名列第二，原以为能谋个警察的差事也就心满意足了，没料到能非常荣幸地被选拔到首脑机关市委办工作，在此，我衷心感谢领导和同仁的厚爱。与大家共事一年来，我既有不小的压力，更有无穷的动力。

我没有辉煌的过去，只求把握好现在和将来。今天，我参加《新益阳》编辑部副主任职位的竞争，主要基于以下两个方面的考虑：

一方面我认为自己具备担任副主任的素质。

一是有吃苦耐劳、默默无闻的敬业精神。我是一个农村伢子，深深懂得"宝剑锋从磨砺出，梅花香自苦寒来"的道理。当兵前，我参加过"双抢"，上山砍过柴火；当兵后，经受过炎炎烈日下负重五十多斤日行军五十公里的考验，更经历了八年大西北恶劣自然环境和艰苦生活条件下的磨炼，特别是严格的军营生活培养了我"流汗流血不流泪"和"特别能吃苦、特别能忍耐、特别能战斗、特别能奉献"的良好品质。我爱岗敬业，工作踏踏实实，兢兢业业，一丝不苟，不管干什么从不讲价钱，更不怨天尤人，干一行，爱一行，努力把工作做得最好。

二是有虚心好学、开拓进取的创新意识。爱因斯坦说过：热爱是最好的教师。我热爱文秘工作，平时爱读书看报，也浏览了一些有关政治、经济方面的书籍。到办公室工作后，我谦虚好学，不耻下问，系统学习了有关业务知识和各级各类文件精神，初步具备了一个文秘人员所必需的业务知识和政策水平。还自学了计算机知识，能够熟练

地使用计算机进行网上操作、文字处理和日常维护等。我思想比较活跃,爱好广泛,接受新事物比较快,勇于实践,具有开拓精神;同时我朝气蓬勃,精力旺盛,工作热情高、干劲足,具有高昂斗志。

三是有严于律己、诚信为本的优良品质。我信奉诚实待人、严于律己的处世之道。我曾经多年在上百人的连队工作,既要维护连队干部的权威,又要和战士们打成一片,正因为具有良好的人格魅力和做人宗旨,同战友们建立了亲如兄弟的深厚感情,受到了战士们的爱戴,在我转业离队时,好多的战友因舍不得我离去而泪流满面,自发地敲锣打鼓为我送行。到市委办工作后,我在日常生活和工作中,不断加强个人修养和党性锻炼,以"老老实实做人、勤勤恳恳做事"为信条,严格要求自己,尊敬领导,团结同志,应该说得到了领导和同事的肯定。

四是有雷厉风行、求真务实的工作作风。11年的军旅生涯,培养了我雷厉风行、求真务实的工作作风,养成了我遇事不含糊,办事不拖拉的工作习惯,造就了我不惟书、不惟上、只惟真、只惟实的工作态度。至今,我仍然清晰地记得离开部队时一位老首长语重心长对我讲的话:"小蔡啊,你不管到哪工作,在什么岗位上,作为一个经过部队多年摔打的共产党人,做什么事不仅要上不愧党,下不欺民,更要对得起部队的培养和自己的良心。"

另一方面我认为自己具备担任副主任的才能。

一是有一定的政治素养。我平时比较关心社会生活中的大事,对国家的大政方针有一定的了解,有较高的思想政治觉悟。尤其是到地方工作后,我更加注重了政治理论知识的学习和思想意识的改造,能够始终保持坚定的政治立场和较高的政治敏锐性。

二是有一定的文字基础。"腹有诗书气自华"。我在中学阶段就爱好文学,参加过文学社,17岁时就发表过诗歌,在部队有二十多篇文学、新闻作品和理论文章在省级以上报刊发表。到督查室工作后,在领导和同事的帮助下,我的文字综合水平又有了一定的提高,我撰写的《我们是怎样提高督察工作权威的》在今年的第一期《当代秘书》杂志上刊发后,广西、山西等兄弟省市的督察部门纷纷来信要求我们寄送资料,供他们取经学习。

三是有一定的管理能力。我在部队工作期间,在基层连队任职达5年之久,从事过连队的日常管理和思想工作。在我的任期内,我所在的警卫连是军区空军的基层达标先进连队,我还带队参加过军区空军警卫专业大比武,获得了第三名,本人也荣立了三等功,最重要的是我积累了一定的管理经验。

四是对编辑工作有初步了解。转业前我当过近两年的新闻干事,在空军报社实习过三个月,是空军报的特约记者和解放军报的特约通讯员,从事过团里简报和广播稿的主编工作,对摄影也不是个外行。在督察室工作的一年时间里,我主要从事《益阳督查》、《民情调查》的编辑,应该说我对编辑工作也算得上一知半解。

假如我竞聘成功,我将笨鸟先飞,不负众望,不辱使命,做到"以为争位,以位促为"。

第一,摆正位置,当好配角。在工作中我将尊重主任的核心地位,维护主任的威信,多请示汇报,多交心通气,甘当绿叶。辩证地看待自己的长处和短处、扬长避短,团结协作,做到到位不越位、补台不拆台。

第二,加强学习,提高素质。一方面加强政治理论知识的学习,不断提高自己的政治理论修养和明辨大是大非的能力。另一方面是加强业务知识和高科技知识的学习,紧跟时代步伐,不断充实完善,使自己更加胜任本职工作。

第三,扎实工作,锐意进取。既发扬以往好的作风、好的传统,埋头苦干,扎实工作,又注重在工作实践中摸索经验、探索路子,和大家一道努力把《新益阳》办成更具前瞻性、可读性、指导性、思想性和有益阳特色的党委机关刊物。

不容置疑,在各位领导和同事面前,我还是一个才疏学浅、相对陌生的学生或者新兵;平心而论,我到办公室工作的时间短,参加竞争,我一无成绩,二无资历,三无根基,优势更无从谈起。倒是拿破仑的那句"不想当将军的士兵不是好士兵"在激励着我斗胆一试,响应组织号召,积极参与竞争,我不敢奢求什么,只想让大家认识我、了解我、帮助我,抑或喜欢我、支持我。也正因为如此,我更加清醒地看到了自身存在的差距,促使我在以后的工作当中,励精图治,恪尽职守,努力学习,勤奋工作,以绵薄之力来回报组织和同志们。最后以一首自编的对联来结束我的演讲,上联是"胜固可喜,宠辱不惊看花开",下联是"败亦无悔,去留无意随云卷",横批是"与时俱进"。

谢谢大家!

(资料来源:摘自中文网站)

2. 讲话

新春茶话会上的讲话

同志们,朋友们:

在新春佳节即将到来之际,我们在这里欢聚一堂,喜迎新春,共谋发展,感到格外高兴。辞旧岁,去年全州经济社会发展取得了显著成绩,我们为之精神振奋;迎新春,今年全州将加快经济社会发展速度,我们更加坚定发展的信心。

过去的一年,是全州各族人民认真学习贯彻"三个代表"重要思想和十六大精神、全面建设小康社会取得良好开局的一年。在这一年里,面对全国部分地区发生的突如其来的非典疫情和大姚地震等自然灾害带来的困难和挑战,州委、州人民政府团结带领全州各族人民,以邓小平理论和"三个代表"重要思想为指导,认真贯彻落实党的十六大、十六届三中全会和省委七届三次、四次全会精神,改革创新,克难奋进,艰苦创业,保持了国民经济持续快速健康发展的良好势头,党的建设、精神文明建设和民主法制建设取得了新的成绩。全州实现国内生产总值139.6亿元,比上年增长10.4%;财政总收入29亿元,比上年增长14.1%(其中上划中央"两税"收入19.3亿元,地方财政收入9.7亿元,同比分别增长14.5%和13.4%);全社会固定资产投资42亿元(不含安楚高速公路在境内的投资),比上年增长23.8%;社会消费品零售总额36.7亿元,比上年增长9.4%;农民人均纯收入1826.97元,城镇居民人均可支配收入7549元,分别比上年增长6.57%和6.7%。

在这一年里,我们把学习贯彻"三个代表"重要思想,转化为加快发展的强大动力,变成为全面建设小康社会的具体行动。我们实施"农业富民"策略,推进农业产业化,千方百计促使农民增收。我们实施"工业强州"策略,加快国有企业改革步伐,推进新型工业化进程。我们实施"引资兴州"策略,大力招商引资,不断提高全面开放水平。我们实施"投资拉动"策略,加快基础设施建设,推进城镇化进程。我们着力建设产业支柱,培育五大重点产业,发展特色经济。我们坚持以民为本,关心群众生活,特别是解决好大姚地震灾区、农村贫困地区和下岗职工困难群众生产生活问题,人民生活水平继续提高。我们加强民主法制建设,打造"诚信楚雄",发展先进民族文化,推进政治文明。我们坚持协调发展,推进科技教育文化卫生体制改革,促进社会全面进步。我们加强党的建设,努力提高各级党委的执政能力和水平,组织保证得到进一步强化。

在这一年里,我们对全面建设彝州小康社会作出了全面部署,迈开了全面建设小康社会的强劲步伐;对推进我州新型工业化做出了具体部署,使"工业强州"决策增加了实在的、更新的内涵;提出并实施"引资兴州"重大策略,充实了对外开放战略的内容,开创了发展开放型经济的新局面;我们战胜了大姚两次地震、非典等突如其来的天灾人祸,提高了应对复杂局面的能力,增强了战胜困难、加快发展的信心。

回忆过去,我们豪情满怀,信心倍增;放眼未来,我们深感任重道远,责任重大。形势越好,我们越要保持清醒头脑,越要充分看到当前我州经济社会发展中面临的一些深层次矛盾和困难问题。就发展而言,全州经济结构不合理、支柱产业单一的状况尚未根本改变;县域经济实力不强、农民增收缓慢,尤其是县级财政增长乏力的问题仍然突出;工业化、城镇化和农业产业化相对滞后,基础设施仍显薄弱;就业和再就业压力增大;自然灾害频繁,给灾区群众生产生活带来很大的困难;社会稳定工作不容乐观,任务繁重。从工作角度看,我们思想解放不够,驾驭市场经济的本领还有待提高,各级干部谋全局、抓落实、促发展的思路、方法和作风也有待改进。这些问题是对我们的考验和挑战。我们坚信,在各级党委的坚强领导下,只要我们始终坚持以发展为主题,坚持与时俱进,坚持实施正确的发展思路,大力营造宽松的发展环境,努力形成团结干事的良好氛围,我们就能够不断战胜前进道路上的各种困难和问题,开创彝州改革发展的新局面。

一元复始,万象更新。2004年,是全面落实党的十六大和十六届三中全会精神、实现"十五"计划目标的关键一年。扎扎实实地做好2004年各项工作,奋力推进彝州经济社会快速发展,对于进一步夯实全面建设小康社会的基础意义重大。刚刚结束的州委六届五次全会提出今年全州经济社会发展的总体要求是:以邓小平理论和"三个代表"重要思想为指导,全面贯彻落实党的十六大、十六届三中全会和省委七届五次全会精神,树立和落实科学的发展观,按照"五统筹"、"五坚持"的要求,紧紧抓住经济建设这个中心,牢牢把握加快发展这一主题,深化改革、扩大开放,突出抓好农民增收、工业强州、引资兴州、县域经济、城镇建设、投资拉动、改革创新、科技人才、协调发展九个方面的工作,奋力推进彝州经济快速发展,促进社会全面进步。确定的全州经济发展主要预期目标是:国内生产总值增长9%,争取达到10%以上,地方财政收入增长不低于5%,农民人均纯收入增长力争达到5%以上。

在新的一年里,我们要抓住机遇、珍惜机遇、用好机遇,继续保持创新、发展的精神状态,增强加快发展的责任感和紧迫感,以更大的胆略、更足的劲头和更实的作风,完成加快发展的各项任务。要以农民增收为目标、调整结构为主线,培植龙头企业,推进农业产业化进程;要以园区建设为载体、项目实施为支撑,培植重点产业,加快推进新型工业化进程;要以营造环境为核心、优化服务为重点,大力招商引资,增强发展活力;要以特色经济为依托、富民强县为目标,做大经济总量,加快发展县域特色经济;要以中心城市为龙头、县城建设为重点,注重产业支撑,大力推进全州城镇化进程;要以投资拉动为重点,实施项目带动战略,夯实经济发展基础;要以创新体制为根本,深化改革,促进全面发展;要以科技为支撑,实施人才强州方略,为加快发展提供智力支持;要以协调发展为目的,建设精神文明,推进民主政治进程;要加强和改进党的建设,为加快发展提供坚强的组织保证。

在新的一年里,我们要紧紧抓住发展这个第一要务,以富民的目标凝聚人心,以富民的措施鼓舞人心,以富民的实绩振奋人心。我们要坚持科学的发展观和正确的政绩观,以正确的政绩观落实科学的发展观。我们要大力弘扬求真务实的作风,求实事求是之真,务加快发展、富民强州之实。坚持立党为公、执政为民,情为民所系,权为民所用,利为民所谋。为民、务实、清廉,扎扎实实做好今年的各项工作。

同志们、朋友们!团结和民主,是政协工作的两大主题。奋力推进彝州经济快速发展和社会全面进步,必须把全州各级各部门和各族干部群众的思想认识统一到加快发展上来,变为一致的思想和行动;必须团结一切可以团结的力量,把一切有利于加快发展的积极因素都调动起来,不断为加快彝州发展增添新的力量。当前,全州政协工作和爱国统一战线工作,必须以此作为一切工作的出发点和落脚点。在过去的一年里,州政协认真履行各项职能,为促进我州经济快速发展、社会全面进步,为维护彝州改革发展稳定的大局发挥了重要作用。在新的一年里,希望州政协紧紧围绕加快发展这个主题,进一步做好政治协商、民主监督、参政议政工作,深入调查研究,积极建言献策,为彝州全面建设小康社会做出新的更大的贡献。

"多少事,从来急;天地转,光阴迫。一万年太久,只争朝夕。"让我们更加紧密地团结在以胡锦涛同志为总书记的党中央周围,坚持以邓小平理论和"三个代表"重要思想为指导,全面贯彻落实党的十六大、十六届三中全会、省委七届五次全会和州委六届五次全会精神,深化改革,扩大开放,为推进彝州经济社会快速发展而努力奋斗!

最后,让我们一起辞喜气洋洋的羊年,迎生机勃勃的猴年。祝大家春节快乐,阖家幸福!

(资料来源:摘自中文网站)

病文评改

1. 工作总结

［原文］

×××2003年工作总结

2003年,我室在委局领导的重视和关心以及兄弟科室的大力支持下,以与时俱进的精神,努力践行"三个代表"重要思想,积极主动、踏实勤奋地在案件查处、指导培训基层、调查研究、清理积案以及档案工作、支部建设等方面卓有成效地开展工作,圆满完成了组织和上级领导交给的各项任务。

一、基本情况

1. 案件、线索的查处方面

2003年1至12月,我室共收到委局领导批转的信访件共60件,初查后移交下级纪委立案的10件,直接立案查处的12件,移送检察机关进一步立案侦查的16件,为国家挽回经济损失1025万元。与此同时,理结上年遗留案件6件。具体情况是:

直接立案查处9件9人。(1)××局副总工程师×××受贿案;(2)××局党委副书记×××受贿案;(3)×××副台长×××贪污案;(4)××市南速公路总公司副总经理×××受贿案;(5)××市爱卫办主任×××贪污受贿案;(6)××市爱卫办副主任×××贪污受贿案;(7)××市爱卫办副主任××贪污受贿案;(8)××市个体劳动协会、私营企业协会副会长×××受贿案;(9)×××工商局××分局局长×××受贿案。上述9案均由我室立案调查后已移送检察机关立案侦查。

在查结所有案件线索中,移送检察机关立案侦查的6人,具体是:××电视台电视剧制作中心副主任×××、市工商局经检分局局长×××、市工商局专业市场管理分局局长×××、市工商局专业市场管理分局副局长×××、市工商局专业市场管理分局经济检查科科长×××、市工商局××分局××工商所所长×××。

理结上年遗留案件5件。(1)××报社系列案,原××报社总编辑×××移送检察机关立案侦查;(2)原××市体委主任×××案;(3)原××市劳动和社会保障局副局长×××案;(4)原××市财政局财政专管员×××案;(5)原××市资源投资有限公司总经理×××案。

本年度,所有自立案件全部调查终结并移送本委审理室审理,所有案件线索全部查结。

2. 清理历年积压件方面

清理了历年积压的信访件共28件,其中回复上级领导以及案管、信访部门的10件,交下级纪委处理的10件。目前,历年积压的信访件已基本全部清理完毕。

清理了1994年至2003年度历任遗留的案件、线索材料的整理、立卷、装订、归档,共计×××件×××卷。现已基本清理归档完毕。

3. 指导培训基层方面

先后为市工商局、市地税局、市财政局、市航务局、××汽车集团等单位讲办案业务课,听课人数达300多人。采取以案代培的方式,先后为市直机关纪工委、市交通纪工委、市文化局、市教育局、××日报社等单位培训办案骨干6人。指导和协调市交通纪工委、市政府办公厅纪检组、市科协纪检组、市审计局纪检组、市侨办纪检组、市工商局纪委、市计生局纪委、市体育局纪委、××区纪委等十多个单位的案件检查工作。

4. 调研工作方面

为了加强与分管单位的联系和沟通,促进办案工作的协调发展,我们利用办案的间隙时间,合理安排,抽出人员,有计划、有步骤地进行走访和座谈。同时还利用分管××部的有利条件,举行了各民主党派的座谈会。通过调研,听取了基层单位和社会各界以及各民主党派对我们工作的意见和建议,并及时反馈给委局领导,收到了较好的效果。同时写出了2篇调研报告——《关于对联系单位案件检查工作的调研报告》、《关于对各人民团体机关纪检监察工作及各民主党派的调研报告》,得到了委局领导的重视和肯定。

5. 协办、协查方面

一是派员参与省纪委"11.25"专案(即××管理局局长×××违纪违法案),并具体由我室承办对×××的党政纪处分事宜。二是派员参与市国投"5.20"专案,目前已加大了调查力度,增派人员协助对市国投副总经理×××等人实行"两规"措施调查。三是组织指导市交通纪工委查处市二汽公司材料仓库科长×××案。四是协助市外单位纪检部门来市办案。如先后协助××省纪委、××市纪委、××市纪委、××市纪委等单位办案。

二、主要特点和做法

从我们今年查处的案件情况看，有以下几个特点：

1. 立案数和移送检察机关人数均比去年同期大幅上升。如今年我室立案9件，比去年同期立案2件增加了3.5倍。在9件立案案件中，涉及市管干部5人、正处级干部4人。今年移送检察机关进一步立案侦查的16人，比去年同期9人上升了77.8%。

2. 涉及"三机关一部门"的腐败案件依然严峻，而且成系统性。从今年我室查处的市工商系列案、市爱卫办系列案的情况看，反映了行政执法机关和政府机关工作人员的违纪违法问题依然比较严重。如市工商系列案涉及人数多，连环受贿问题比较严重，既有班子成员之间的相互贿送，也有科（所）长与一般工作人员之间的"交易"，而且在一个单位或一个部门中存在着普遍性，直接损害人民群众的切身利益，社会影响大。目前已调查的涉案人员有14人，其中涉及市工商局属下的正副分局长5人，科（所）长6人，7人已移送检察机关立案侦查。又如市爱卫办系列案，先后被调查的涉案人员有7人，已移送检察机关立案侦查的5人，其中整个班子3名成员均被立案调查。这些案例都是反腐败斗争需要重点抓的"三机关一部门"典型案件，委领导××同志已批示将市爱卫办作为明年纪律教育的典型案例。

3. 通过调研，广泛听取了基层单位和社会各界以及各民主党派对我市党风廉政建设和反腐败工作的意见和建议，使我们收集了情况，掌握了重点，广开了思路，为明年创新工作思路打下了一定的基础。

根据以上特点，我们在工作中能够主动争取委局领导的重视和支持，××、××、××同志经常关心和询问我们的工作，并给予具体的指示，使我们思路明确，走好了案件的每一步，保证了各项工作的健康有序地进行。与此同时，我们也结合工作实际以及队伍状况，采取了以下一些做法：

1. 调查组长责任制。为了在实践中锻炼干部，我们针对本室年轻同志多、社会阅历较浅的特点，有意识地给他们交任务、压担子，让他们在实践中锻炼成长。如××、×××、×××同志先后担任市高速公路总公司××案、市工商系列案、市爱卫办案的调查组长工作，室领导当配角，关键问题给予指导，重大问题承担责任，使各组长能够顺利完成调查任务。通过让年轻人当调查组长，较好地调动了他们的积极性，让他们通过换位思考，明白自己肩负的责任，进一步增强对工作的责任心。

2. 安全保障责任制。在工作中，我们始终树立"安全第一"的思想，尤其在办案工作中，我们建立了安全保障责任制，明确谁分管安全保障，谁负总责，而且加强了轮岗，根据案件的情况，明确该案的安全保障责任人。如×××同志，负责市工商系列案和市爱卫办案的安全保障工作，工作责任心强，在办案点条件艰苦、人员复杂的情况下，充分发挥自己的主观能动性，后勤保障安排得当，保证了案件调查工作的顺利进行。

一年来,由于对安全保障工作高度重视,各案件均没有发生安全事故。

3. 集中力量,有重点地查处案件。作为办案室,我们始终把办案工作放在首要位置,坚决完成领导交办的各项调查任务。同时,我们在上半年调研的基础上,掌握了一些案件易发多发的重点单位,纳入了我们开展宣传教育和防范工作的重点。在市委、市政府以及委局领导的重视和支持下,在下半年集中全室力量,同时查处了市工商系统和市爱卫办的腐败案件。这些案件都直接影响到党和政府的形象,直接关系到人民群众的切身利益,如市爱卫办案就是顶风设立"小钱柜"作案,而且走在市政府领导眼皮底下作案;市工商系列案反映了基层执法人员徇私枉法、以权谋私。根据这些案件涉及人数多、社会关注程度高的情况,我们采取了宽严相济和警示教育的办案策略,先后到市工商系统举办的基层科(所)长培训班上讲课3次,听课人数达150人次。同时,还到发案的经检分局召开了近百人的动员自首大会,使该分局先后有4名同志主动投案自首,得到了组织的宽大处理。

4. 充分发挥党支部的保障作用。从一年的工作看,我们之所以能够卓有成效地开展工作,其中一点,就是发挥了思想政治工作的优势,发挥了党支部的战斗堡垒作用,保证了全室同志思想统一、步调一致、团结协作,认真做好各项工作。如我们在纪律教育月活动中,采取了认真组织学习与灵活交流思想的方式,邀请了家属们参与活动,共同受教育,体现组织上的爱护,思想工作的到家,这一做法得到了机关党委的肯定。又如,我们在办案中,发现个别党员同志出现纪律上的不良苗头时,室主任和支部书记能够马上个别谈心,同时,还利用支部的组织生活会,开展批评与自我批评,从而沟通了思想、消除了疑虑、凝聚了正气。今年《机关建设》报先后刊登了我室支部活动的两篇简讯——《联系办案实际,采取灵活形式》《特别的组织生活》。对此,我们要求同志要珍惜荣誉,继续保持"两个务必"。此外,支部工作还注意把思想工作与解决实际问题结合起来,把思想工作落到关心同志们的具体生活实际当中,经常询问同志们的生活、工作和学习情况,对家庭确有困难的,能够及时向机关党委反映,给予适当的补助;对生病住院的,能够及时探望和慰问,使全室同志都能够凝聚在一起,一心一意把工作搞好。

三、存在问题

一年来,我们虽然取得了一定的成绩,但也存在一些不足:一是收集和挖掘典型案件不够;二是在文稿和文字材料方面仍时有差错;三是内部管理规范化还不够;四是人员的综合素质和业务技能有待进一步提高。

四、明年工作设想

1. 继续认真学习领会党的十六大和十六届三中全会精神,围绕中央纪委和省、市纪委党风廉政建设和反腐败斗争的部署,着力抓好案件查处工作。

2. 要突出办案重点,盯住领导机关、领导干部以及群众反映强烈、直接影响人民群众切身利益的案件。

3. 有计划、有重点,着力为分管单位培训一批业务骨干,使他们能够在一线独立承担办案任务。

4. 努力做好发案单位的回访工作,帮助发案单位做好教育和整改,及时掌握情况,反馈好的经验和做法。同时,配合"大宣教"格局,做好反面典型案例的剖析工作。

5. 继续大兴调查研究之风,深入走群众路线,及时为委局领导反馈基层的声音和信息。

6. 加强制度建设,要从内部管理入手,理顺各项内部管理工作,建立健全各项内部管理制度。如调查组长责任制、安全保障责任制、室内大件管理与传阅、呈文以及材料移交等相关规定等。

7. 在队伍建设方面,总的目标是:努力造就六室每个同志思想稳定,作风过硬,意志坚定,能打硬仗,能自觉积极开展工作,能独立完成室领导以及委局领导交办的各项工作任务。在支部建设方面,总的要为搞好整个室的工作提供政治思想保证。在支部工作的内容和形式上,力争采取"走出去,请进来"的方式,努力开创多种形式的支部活动。同时,牢牢把握思想政治工作这一优势,深入了解每个同志的思想和家庭动态,及时掌握情况,有针对性地开展思想政治工作,营造一个让同志们心情舒畅的工作环境,提升队伍的凝聚力,从政治上、思想上、作风上、工作上、纪律上努力把六室党支部建设成为让组织和领导放心和信任的、有战斗力的队伍。

×××监察室
2003年12月19日

(资料来源:《应用写作》,2004年第8期,刘汉民)

[简析] 这是一个单位的中层科室的一份工作总结,从形式上来看,层次清楚、材料充实。但是从内容上来看主要存在着几个突出的问题。

第一是概括性不强。第一个部分基本情况尽管将所办的案件进行了分类叙述,但是没有必要将所办的案件一一列出,因为这种写法既不精练,又给人一种记流水账的感觉,不符合工作总结的要求;第二个部分在谈到具体做法时,总结了两种做法,即"1.调查组长责任制,2.安全保障责任制。"实际上这属于同一个问题,可以概括为"建立行之有效的办案制度",这样就增强了概括性;另外,一些地方没有从材料中概括出理论性的观点,例如特点中的"3.通过调研,广泛听取了基层单位和社会各界以及各民主党派对我市党风廉政建设和反腐败工作的意见和建议,使我们收集了情况,掌握了重点,广开了思路,为明年创新工作思路打下了一定的基础。"十分明显,这不是特点。以上三点,充分说明了这个总结存在着概括性不强的问题。

第二是总结中所概括的特点与工作总结的主题不相符合。总结所概括的特点是:

"1. 立案数和移送检察机关人数均比去年同期大幅上升。2. 涉及'三机关一部门'的腐败案件依然严峻,而且成系统性。"显然,这不是该科室的工作特点,而是所办案件所呈现出的特征。这一内容不属于这个工作总结的范围。从逻辑上说,违反了逻辑思维基本规律的同一性,造成了思维上的混乱性。

第三是下年度的工作设想太罗嗦。如果总结中要提出工作设想的话,也只能概括性地提出,不要求全面具体,因为这不是工作计划。

诚然,这个总结还有其他一些问题,限于篇幅,就不一一点出了。下面附上笔者修改后的例文,供读者参考。

[改稿]

开拓创新办好案件,求真务实反腐倡廉
——×××2003年度工作总结

2003年,我室在委、局的正确领导下,以"三个代表"重要思想为指针,紧紧围绕经济建设和社会发展的大局,以与时俱进、开拓创新的精神状态,积极主动、求真务实的工作作风,认真查处案件、努力清理积案,大力开展调查研究、积极指导培训基层、切实加强支部建设,取得了令人满意的成绩。

一、认真抓好政治、业务学习,切实提高干部素质

我室十分重视政治理论和业务学习,室党支部和领导认为,要做好新形势下的纪检工作,首先干部必须不断提高政治理论水平和业务水平,否则就不可能做到与时俱进,适应新形势下纪检工作的需要。正是基于这一认识,在2003年初,室党支部就制定了全年的学习计划,并将学习计划下发到个人。本年度,我们除了参加委局组织的政治理论学习外,我们又组织全体干部认真学习了邓小平同志和江泽民同志关于反腐倡廉的论述,学习了十六届三中全会文件精神。通过学习,全体同志进一步认识了新形势下反腐倡廉的重大意义,它不仅是践行"三个代表"的需要,而且是巩固执政党地位的需要,因而更加坚定了反腐倡廉的决心和信心。为了切实提高干部的业务水平,我们除了组织大家学习有关政策和法律外,室领导给大家讲授办案的方法和经验,并且还让年轻同志主办案件,室领导给予具体指导。由于我们重视了政治理论和业务学习,因而有效地提高了干部的素质,同时也提高了办案的质量,我们移交给检察院的案件都能经得起实践的检验。

二、办案与指导并行,为开创反腐工作新局面做贡献

我室的主要任务是查处违纪违法案件,为了加大查处的力度,我们认真研究了工作方法措施,一是发挥团队精神,充分发挥集体的智慧,突破大案、要案;二是实行调查组长责任制;三是重调查,重证据;四是抓住重点,集中力量突破疑难案件。由于我们

做到了以上几点,提高了办案的效率和质量。2003年1月至12月,我室收到委局领导批转的信访件共60件,初查后移交下级纪委立案的6件,直接立案查处的9件,移送检察机关进一步立案侦查的16件,为国家挽回经济损失1025万元。与此同时,办结上年遗留案件6件,处理了历年积压的信访件共28件,另外,还对1994年至2003年度历任遗留的案件、线索材料进行了整理、立卷、归档,共计243件333卷。

为了开拓纪检工作的新局面,我们还加强了对基层纪检部门的指导,先后为市工商局等9个单位纪检干部开办业务讲座,参加听讲人数达300多人;还指导了市交通纪工委等十多个单位的案件办理工作。同时,采取以案代培的方式,先后为市直机关纪工委等六个单位培训了办案骨干。

我室自身办案与指导基层工作并举,为开创反腐倡廉的新局面做出了应有的贡献。

三、建立健全管理制度,确保工作效率和质量

我室认为,要保证工作效率和质量,必须建立和健全各项规章制度,为此,我们健全了干部管理制度、政治学习和业务学习制度、案件讨论制度、案件结案与移交制度。同时,我们根据办案工作的实际需要,又建立了调查组长责任制、安全保障责任制。由于健全和建立了以上行之有效的制度,因而提高了办案效率和质量,2003年立案的案件,全部调查终结并移送审理。

四、加强队伍廉政建设,创造良好工作氛围

我室认为,纪检干部的廉政建设更为重要,打铁先要本身硬,如果自己都不廉政,那么就没有资格去做反腐工作。因此,我们十分重视队伍的廉政建设。一年来,我们始终把廉政建设放在首位,教育全室干部真正做到立党为公、执政为民、廉洁办事、依法办案。当我们发现有不良思想苗头时,室领导及时找个别同志沟通思想,并召开民主生活会议,开展批评和自我批评,将不良的思想苗头消灭在萌芽状态。另外,我们对廉政的先进事迹及时表扬,不断发扬光大廉政精神。同时我们又关心干部的生活,解决干部的生活困难,为干部创造良好的工作条件,增强队伍的凝聚力。由于我们加强了廉政建设,创造了良好的工作氛围,因而干部都能从严要求自己,从而杜绝了违纪现象的发生,树立了纪检干部的良好形象。

诚然,一年来,我们虽然取得了一定的成绩,但也存在一些不足:一是收集和挖掘典型案件不够;二是在文稿和文字材料方面仍时有差错;三是内部管理规范化还不够;四是人员的综合素质和业务技能有待进一步提高。我们决心继续认真学习党的十六大文件精神,与时俱进,继续抓紧案件的查处,为党的廉政建设和保持党的先进性不断做出新的贡献。

×××监察室

二〇〇三年十二月十九日

(资料来源:《应用写作》,2004年第8期,刘汉民)

第三章 事务文书写作

综合训练

一、填空

1. 计划的特点是,具有_____、_____、_____、_____。
2. 计划的"三要素"是指_____、_____、_____。
3. 简报的特点可以用4个字概括,即_____、_____、_____、_____。
4. 总结的特点主要有_____、_____、_____。
5. 简报的报头包括_____、期数、编发机关和_____。
6. 调查报告的特点主要有_____、_____、_____。
7. 调查报告的种类有_____、_____、_____、_____。
8. 述职报告在撰写时应突出的方面是_____、_____、_____。
9. 演讲稿的特点主要有_____、_____、_____。
10. 演讲稿的开头常用的方式主要有:_____、_____、_____。

二、不定项选择

1. 计划的标题一般包括(　　)。
   A. 单位名称　　B. 使用期限　　C. 计划内容　　D. 文种
2. 《××职业学院2005～2006学年工作总结》属于(　　)。
   A. 文件式标题　　B. 文章式标题　　C. 双标题　　D. 单标题
3. 适用的时间较长、涉及面广、定目标、方向的是(　　)。
   A. 规划　　B. 设想　　C. 安排　　D. 打算
4. 述职报告的结尾内容一般包括(　　)。
   A. 自我批评　　B. 努力方向　　C. 表示决心　　D. 总结工作
5. 下面属于简报范畴的是(　　)。
   A. ××反映　　B. ××动态　　C. ××信息　　D. 红头小报
6. 国家机关、社会团体及企事业单位编发的用来反映情况、汇报工作、沟通信息、交流经验的内部文件是(　　)。
   A. 简报　　B. 会议公报　　C. 报告　　D. 通报
7. 演讲稿的写作要求是(　　)。
   A. 了解对象,有的放矢　　　　B. 观点鲜明,感情真挚
   C. 行文变化,富有波澜　　　　D. 语言流畅,深刻风趣
8. 演讲稿的语言要注意做到(　　)。
   A. 口语化　　B. 通俗易懂　　C. 生动感人　　D. 准确朴素　　E. 控制篇幅

三、写作实训

1. 围绕当代大学生在校学习生活情况,进行全面调查或抽样调查,拟写一篇调查报告。

2. 写一篇个人学习计划。

3. 下面是××市政府撰写的一篇文章的开头,请根据文章的开头部分写出该篇文章的标题。

我市"三下乡"活动,有计划、有步骤地完成了各项任务,取得了一定的成效,我们的基本做法是:

4. 请根据你所在的岗位职责要求,写一篇任现职以来的述职报告。

5. 你学习应用写作,一定很有体会,请你写一篇学习经验式的总结,要求用小标题串联材料。

6. 请画出简报的基本格式。

7. 以"谈诚信"为题或自拟题目拟写一篇演讲稿,并在班级进行演讲。

第四章　经济文书写作

学习目标

通过本章的学习,应该达到以下目标:

知识目标:了解各类经济应用文的概念和特点,理解不同文种的写作要求,重点掌握经济应用文的基本格式和写法。

能力目标:认真学习各文种的例文,领悟"例文简析",模拟写作,初步具备撰写经济应用文的能力。

第一节　经济合同、协议和意向书

一、经济合同

（一）合同的概念

合同是平等主体的自然人、法人和其他组织之间设立、变更、终止民事权利义务关系的协议。

经济合同是合同的一个重要种类,是指平等民事主体的自然人、法人、其他经济组织之间,为实现一定的经济目的,明确相互的权利和义务而订立的协议。

当事人签订经济合同,是为了实现特定的经济目的,取得一定的经济效益服务的。因此,市场经济条件下的经济合同对当事人实现经济目的起着保障作用。同时,依法成立的经济合同具有法律的约束力,如果当事人之间发生纠纷,为维护各自的合法权益,可把合同作为依据,对照条款进行交涉,甚至诉诸法律,所以又起着凭证作用。

（二）经济合同的特点

1. 合法性

一是合同的当事人必须具备法人资格。二是合同的内容应当符合国家法律、行政法规的规定，不得扰乱社会经济秩序，损害社会公共利益。三是合同的形式要符合有关法律规定，要求书写规范。

2. 约束性

合同一经签订，就具备了严格意义上的法律效力。当事人双方必须严格遵守合同的条款规定，任何一方不得擅自变更或解除合同。如果违反了合同中的规定，将要承担相应的法律责任。

3. 一致性

合同的签订必须贯彻自愿互利，协商一致的原则。合同中条款是当事人协商一致的结果，任何未经协商的内容，不得写入合同当中。同时，任何组织或个人不得以任何形式非法干预。

4. 平等性

作为合同的双方当事人，在法律面前的地位是平等的。其中包括平等地享受权利、履行义务以及承担违约责任等。

（三）经济合同的类别

经济合同的种类可以从不同的角度进行划分。

(1) 按内容分，有购销合同、建筑工程承包合同、加工承揽合同、货物运输合同、租赁合同、信贷合同、仓储保管合同、借款合同、供用水电合同、财产保险合同、财产租赁合同、科技协作合同、经营承包合同、补偿贸易合同、劳务合同、房地产合同等。

(2) 按形式分，有条款合同、格式合同、条款和表格相结合的合同。

(3) 按时间分，有长期合同、中期合同、短期合同和临时合同。

(4) 按范围分，有国内合同、涉外合同。

（四）合同的格式与写法

合同一般由标题、约首、正文、结尾四个部分组成。

1. 标题

合同的标题一般比较简单，一般由性质和文种两个要素构成，如"购销合同"、"建筑工程承包合同"等。

2. 约首

约首包括合同编号、当事人名称等内容。在标题之下，左半部分写明立合同人，即订立合同双方；先写甲方（供方、卖方），再写乙方（需方、买方）；右半部分写合同编号、签订地点、签订时间。写立合同人应写单位、企业全称（工商部门注册的名称），不可随便简化,也不能写别称,然后注明简称,如"甲方"、"乙方"、"供方"、"需方"或"买方"、"卖方"。

3. 正文

正文包括两个部分:引言和主体。引言简要写出订立合同的目的、依据、签订方式等,再用"签订合同如下"过渡到主体。主体即合同的具体条款,具体包括:标的,数量和质量,价款或酬金,履行的期限、地点、方式,违约责任等;最后再写明合同份数,保管情况,有效期限和附件等。

(1)标的。合同中当事人双方权利和义务共同指向的对象称为标的,是经济活动所要达到的目的。如货币、物资、产品或某种劳务服务。标的必须明确、具体,否则合同就无法履行。

(2)数量和质量。数量是用计量单位和数字来衡量标的的尺度,也是确定权利与义务的标准。合同中计量单位必须明确。数量计量单位有统一规定,重量、长度、体积、面积都要用国家标准计量单位。质量是标的内在素质和外观形态的综合反映,如产品的品种、规格、型号等。质量必须有具体的规定,如国家标准、部颁标准或企业标准。

(3)价款或酬金。价款、酬金是标的的价值标志。以物为标的叫价款,以劳务为标的叫酬金。二者都是以货币数量计算支付,以国家的价格规定为准则。允许议价的,当事人协商议定。

(4)履行的地点、期限和方式。履行期限,指合同各方实现承诺的时间界限,当事人双方必须严格执行协议的时间,期限时间宜实不宜虚,宜具体不宜笼统,最好确定具体日期,如不能定实际时间,应用"以前"、"以内",而不应用"以后",也不可用"尽可能在"或"争取在"。

履行地点是双方当事人实现权利和履行义务的具体地点。履行地点应根据合同的性质或当事人的约定。地点要明确而具体。

履行方式是双方当事人以什么方式来完成所承担的义务。一次履行或分期履行,是供方供货还是需方提货,要写清楚。

(5)违约责任。指当事人不遵守合同所应负的责任,这是对违约者的惩罚。处罚应是对等的,是对双方的共同要求。订违约责任时,应尽量细致、周全、具体、明确,尽量避免使用模糊语言,以免执罚困难。

(6)解决争议的方法。发生争议时,是通过仲裁方式解决,还是通过法院审判方式解决,在合同中应明确约定。

除上述条款外,还应根据合同法或法律规定或当事人的要求写明一些必需的条款。要注明合同份数、有效期、变更合同的条件、合同附件的名称或件数等。

4. 结尾

结尾是当事人双方签名盖章和签订日期。一般要写各方单位或姓名的全称,并分别盖章。如需上级单位或公证机关签署意见,要注明并盖章。当事人是企业法人的,应盖合同专用章,不得加盖行政专用章。另外,双方的电话、账号、开户银行、地址等,都应写清。

(五)经济合同的写作要求

经济合同写作时,应遵循一些基本要求。

1. 遵守一定的原则

首先必须遵守依法订立原则,即必须符合国家的法律、法规和政策;还必须坚持平等互利、协商一致、诚实信用的原则。遵守原则才能保证合同的合法性。

2. 内容必须具体、准确、完整

内容准确,是指合同规定的内容必须认定清楚。内容具体,就是要详细、完备。针对每一个标的,各项性能指标都应完整交代,不得遗落。内容完整就是指合同的各项条款必须齐备,尤其是违约责任更是不可或缺,否则出现问题则悔之晚矣。

3. 用语准确

要使用规范化的现代汉语,不得使用方言,以免因语言不通而产生误解。其次用语准确、明确,避免使用语义模糊或容易产生歧义的词语。比如"估计"、"推测"等词要少用或不用。表示时间、地点、数量要用确切的限定词。语句不宜过长,过长不但啰嗦还容易产生歧义。标点符号要准确。

4. 不得随意涂改

合同的书写要规范,要使用黑色或蓝色墨水,一旦成文,不得随意涂改。如果发现必须修改,就在双方协商一致同意之后方能进行,并在修改处加盖双方印章,否则无效。

订货合同

立合同单位:

××大学(简称甲方)

××家具厂(简称乙方)

为了发展生产,满足群众需要,经双方充分协商,特签订本合同,以便共同遵守。

一、甲方向乙方订书橱××只,单价××元;书桌××只,单价××元。总计金额

××××元。乙方在 2006 年 10 月 1 日前交货。

二、产品先由乙方做实样,经甲方同意后照原样施工。

三、所有原材料由甲方供应,乙方在甲方现场施工。

四、甲方按图纸实样验收产品,合格后结算费用,由甲方汇入乙方开户银行。

五、本合同一式四份,甲、乙方各执一份,另二份各自送上级有关部门存查。

六、本合同自签字之日起生效,有效期从 2006 年 7 月 1 日起至 2006 年 10 月 1 日止,任何一方不得任意毁约,否则应承担对方经济损失。

甲方:×××大学(章)   乙方:×××家具(章)
代表:××(章)   代表:×××(章)
×年×月×日   ×年×月×日

[简析] 这是一则订货合同,属于购销合同的一种,是买卖双方签订的合同,合同中甲方订购乙方的家具。标题就是文种,非常醒目。从正文看,此合同格式规范,内容具体明确,家具的品种、样式、价格、交货时间等——写清,行文简洁。

二、协　　议

(一)协议的概念

协议是自然人、法人或其他组织之间与他人进行某种合作,经过协商、谈判后取得一致意见而形成的文书。也可写为协议书。

协议与经济合同的区别主要表现在:

1. 规定的内容不同

协议主要在于明确合作意向与合作目标,规定合作要点和基本的合作原则,其内容是一种合作依据;合同主要是明确当事人的权利义务,其内容是订立合同各方的行为依据。

2. 适用的范围不同

合同必须有明确、具体的标的物,而协议可以有,也可以没有,它可能是某一方面或某几个方面的合作,在表述上可以是粗线条的。合同适用于自然人、法人、其他组织之间,确立的是一种民事权利义务关系,而协议还可适用于国家、政府、政党、团体之间,确立的包括民事权利义务关系在内的其他合作关系。

3. 显示的法律效力不同

签订和履行合同必须严格遵守《合同法》的一系列程序和规定。依法订立的合同,其条款一经生效便受法律的保护。而协议一般只是一种合作依据,其签订和履行的法律效力不及合同严格。一方违反协议,更明显的是造成道义上的不信任,其道义效应大于法律效力。当然,签订和履行协议同样要严肃、慎重,道义上的失信同样会产生严重的后果。

需要说明的是,在实际中,有时会发生合同与协议混用的情况,而一旦发生纠纷,其法律效力则以条款的内容为依据,而不是以名称论轻重。

（二）协议的格式与写法

协议的格式与结构可以比照合同的形式写作。

1. 标题

标题一般由协作项目和文种组成。如《联合开发××协议》。重大的事项也可以由签约的地名和文种组成,文种可以叫"协议"、"协议书"或近似的叫法,如《京都议定书》。

2. 签订协议的时间

时间位于标题下一行居中,用圆括号括起,也可以放在协议的最后。

3. 当事人的名称

当事人的名称或者姓名和住所,其要求与合同相同。

4. 正文

正文由引言、议定事项和附则构成,其形式与合同近似。

引言应简单地说明协作项目的名称,签订协议的依据、目的和意义。

议定事项一般涉及合作项目是否成立新的组织、合作项目的性质、业务范围、合作年限、资金来源、各方投资比例；如果是产业还要说明产、供、销的大体安排,技术、设备和场地的投入,管理机构的组成、权限,各方利益的分配办法,协议期限,具体细节的规定；如是否另行签订合同,是否制订章程等,争议与违约的解决办法等。由于每一个协议合作的项目性质不同,其条款要求不同,合作各方应充分讨论协商,一一表述。

附则可仿照合同格式来撰写。

5. 落款

落款要详细注明合作各方的名称、法人代表、联系地址和方式。涉外协议要注明国名。

（三）协议的写作要求

(1)要认真审查主体资格。要注意审查合作者的合法性、经济实力、信誉程度如何等,这些情况在协议签订前应当详细了解。

(2)要认真执行国家法规和政策,特别是涉外协议,要熟悉相关法律规定,切不可盲目行事。

(3)表述要清楚、确切。涉外协议的外文名词要用中文准确注释。

(4)涉外协议要以中文本为正本。正副本的文字要在协议中注明。

租房协议书

甲方：　　　　　　　　　　身份证号码：
联系电话：　　　　　　　　手机号：
乙方：　　　　　　　　　　身份证号码：
工作单位：　　　　　　　　手机号：

一、甲方将沈阳市浑南新区铁匠街　号　　私有住房租予乙方使用。月租金　元。自2005年　月　日起至200　年　月　日止，租期　个月，押金　元。付租方法：乙方一次性付给甲方　个月的租金　元。余款需于　年　月　日前支付。

二、在租用期内甲方不得干扰乙方正常使用房屋，不得私自增加房价。

三、在租用期内，乙方不得破坏屋内设施，不得私自对室内结构进行改造，不得转租、转借、转让他人租用，或另做他用，否则甲方有权解除协议。如乙方利用所租房屋从事非法活动(含搞传销)，则甲方有权收回住房使用权。

四、在租用期内，乙方负责：水费、电费、有线电视、物业费等费用，采暖费用由甲方负责。电表指数　　，水表指数　　(按1.9元/吨)，乙方发生费用待合同到期时结算。乙方负责　月的有线费用(按12元/月)。

五、室内配有下列物品：

1. 家电类：

(1)太阳能热水器(作价3000元)；

(2)油烟机(作价400元)；

(3)电视机(作价400元)；

(4)洗衣机(作价350元)；

(5)电话机(作价70元)；

(6)电冰箱(作价400元)；

(7)空调两台(作价3000元)。

2. 家具装饰类：

(1)1.2米宽床(作价500元)；

(2)书柜(作价500元)；

(3)晾衣架(作价140元)；

(4)椅子1把(作价45元)；

(5)灯具(作价1000元)；

(6)阳台装饰材料(400元)

(7)煤气罐(作价40元)等物品。

上述物品如乙方丢失或损坏按价赔偿。

六、由于乙方使用太阳能热水器不当,给甲方或第三方造成经济损失由乙方负责。

七、由于乙方过错,给甲方或第三方造成经济损失时,由乙方负责承担损失。

八、在租期到期后,甲乙双方有权终止合同。乙方欲续租应提前30天通知甲方,甲方同意后,乙方需提前20日续交下期房租,到期不交甲方有权终止协议。

九、一方违约,另一方有权提请民事诉讼,要求赔偿。

十、本协议一式二份,自签订之日起产生法律效力,双方需严格遵守,如有未尽事宜由双方协商解决。

甲方：　　　　　(签字)　　　　乙方：　　　　　(签字)
　　　　　　　　(手印)　　　　　　　　　　　(手印)
　　　　　　　　　　　　　　　　　　　　　　　年月日

[简析] 这是一租房协议书。出租方(甲方)是个人,这份协议采用条文式写法,格式规范,内容具体明确,将双方的权利和义务交代清晰,连室内配有的物品及其价款都一一列出,还有一些对租住方的限制性及相关连带责任的条款,避免了以后的扯皮。语言表述简洁,重点突出。

三、意向书

(一)意向书的概念

意向书是经济活动中双方或多方当事人就开展业务而签署的,用来表示合作意向的文书。它是对某项业务在正式签订条约、达成协议之前,由一方向另一方表明基本态度或提出初步设想的一种具有协商性的应用文书。

意向书的主要作用是传达"意向",提请对方注意或供参考,可以约束双方的行动,保证双方的利益;意向书能反映业务工作上的关系,能保证业务朝着健康有利的方向发展;意向书可为正式签订协议或合同打下基础。

注意意向书与合同的区别：

(1)从内容上看,意向书的内容概括、原则,仅表明当事双方的意向、合同内容具体、详细、周密,对双方的权利、义务等有具体的要求。

(2)从用途上看,意向书多用于经济洽谈、联合投资、技术合作、工程确立等方面；合同多用于购销、借款、保险、财产租赁、工程承包、加工承揽、货物运输、供用电、仓储保管等方面。

(3) 从法律效力上看,意向书不具有法律效力,不受法律保护;合同具有法律的约束力和强制力,当事人必须全面履行合同规定的义务,任何一方不得擅自变更或解除合同,否则会承担相应的法律责任。

(二) 意向书的特点

1. 协商性

写意向书多用商量的语气,不带任何强制性。有时还用假设、询问的语气。

2. 灵活性

意向书的灵活性主要在两个方面:一是可以随时改变自己的主张。意向书发出后,对方如有更好的意见,可以直接采纳,部分改变或全盘改变都是可能的。二是在同一份意向书里可以提出多种方案供对方选择。或者对其中的某项某款同时提出几种意见或调查,让对方比较和选择。

3. 临时性

意向书是协商过程中各方基本观点的记录,一旦达成正式协议,便完成了意向性的使命。意向书不像协议、合同那样具有法律效力。

(三) 意向书的类别

按照签署方式的不同,意向书可以分为单签式意向书、联签式意向书和换文式意向书三种。单签式意向书只由出具意向的一方签署,文书一式两份,由合作的另一方在副本上签字认可,交还对方。联签式意向书由双方联合签署,各执一份为凭。换文式意向书是指用双方交换文书的方法表达合作意向,各自在自己的文书上签字。

(四) 意向书的格式与写法

意向书的结构一般由标题、正文、落款三部分构成。

1. 标题

常用的标题有以下三种形式:

(1) 文种式标题。即直接写明"意向书"三字,这种写法较少。

(2) 简明式标题。即由事由和文种两项组成,如《关于贸易合作的意向书》。

(3) 完全式标题。即由合作双方名称、合作项目和文种三项组成,如《×××和××合作经营××采购中心的意向书》、《北京××××文化传播有限公司出版意向书》。

2. 正文

这是意向书的主体,由前言和主体组成。

(1) 前言。即意向书的开头,通常要说明以下几层意思:签订意向书的单位,写明签订意向书的指导思想、依据或目的以及需要实现的目标等。

(2)主体。主体是意向书的主要部分,主要写明商谈者双方经过初步商谈后达成的内容事项,如果内容较多,可采用条款式的写法。

通常,意向书的主体可以包含如下内容:商谈双方所表明的意向,对有关合作项目和条件、形势、可行性的看法;商谈双方要达到的某一合作意向的相应措施,包括机构的设置、合作的方式、组建的原则、双方的职责、利润的分配、经济合作的方式和项目等。

3. 落款

即署明双方单位和代表的名称,并写明签订日期。签署时可以采用上下格式,即甲在上,乙在下;也可以采用左右格式,即甲在左,乙在右。

需要注意的是单签式意向书,只由出具意向的一方签署,文书一式两份,由合作的另一方在副本上签字认可,交还对方;联签式意向书由双方联合签署,各执一份为凭;换文式意向书,用双方交换书的方法,表达合作意向,各在自己文书上签字。

(五)意向书的写作要求

1. 态度诚恳,谨慎负责

意向书虽然不具有法律的效力,但所要达到的意向是各方今后进一步商谈的依据,是签订合同的基础文件,所以意向书的写作应态度诚恳,忠实于洽谈内容,本着对洽谈各方负责的原则,认真地书写。

2. 重点突出,明确简洁

意向书既然是洽谈各方今后谈判的依据,所以在表述方面要做到重点突出、表意明确,但不必过于具体,应该简洁、概括,把意向双方商谈一致的地方表达出来即可。

3. 语言准确,把握分寸

意向双方今后若签订进一步合作的文件,将会以意向书为基础,所以意向书的写作在语言的运用上应该做到准确,不能含混;同时注意灵活把握语言分寸,为今后的进一步商谈留有一定的空间。

1. 意向书一

土地使用意向书

甲方:××高新技术产业开发区管委会

乙方:××有限责任公司

甲乙双方经友好协商,达成如下意向:

1. 甲方提供5#厂房后的土地供乙方建设厂房,厂房所有权归甲方。乙方无偿使用厂房 10 年(具体使用年限在合同中另行协商)。

  2. 甲方保证乙方的用水、用电和蒸汽的使用,水电、蒸汽连接到乙方厂房的费用由乙方承担。

  3. 乙方负责厂房周围路面的修整和施工。

  4. 厂房的布局、建设规格和标准及设备的放置应服从甲方总体规划。

  5. 未尽事宜,双方在具体合同中商定。

  6. 本意向书在签订 1 个月后,若乙方无任何进展,则本意向自行终止。

  7. 本意向书一式二份,甲乙双方各执一份。

××高新技术产业开发区管委会
主任:×××
××有限责任公司
经理:×××
  ××××年××月××日

[简析] 这是一则联签式意向书,正文部分直接表明双方的意向。由于内容较多,所以采用了条款式的写法。值得一提的是,这则意向书的显著特点是语言简洁、内容概括,这也正是意向书与合同的不同之处。

2. 意向书二

合作兴办养鱼场意向书

  兹为合作兴办××养鱼场一事,××渔业公司愿与××水产局竭诚携手,在该局划××沿海渔场地段后,投资兴建现代化养鱼设施,并负责今后的经营、管理及对外行销一应事宜。将来利润分配及合作的年期规定,双方当另签一份协议解决。谨具此意向书,敬祈鉴核。

  此致

                ××水产局局长钧鉴
                ××渔业公司总经理××
                ××××年××月××日

[简析] 这是一则换文式意向书。表意虽然概括单一,但清晰明确,体现出合同基础件的特点。

3. 意向书三

心理咨询师培训项目合作意向书

甲方： 温州市××心理学培训学校

乙方：

一、甲方概况

温州市××心理学职业培训学校前身是温州市××心理学辅导站，成立于1998年10月，当时为温州教育局下的成人教育机构，为适应心理咨询师职业资格培训，于2003年9月，在辅导站的基础上，成立了如今的××心理学培训学校。2005年9月，温州市劳动和社会保障局根据《民办教育促进法》、《民办教育促进法实施条例》以及劳社部发〔2004〕10号文件精神参照《民办职业培训学校设置标准（试行）》进行的评估。根据职业培训学校的特点，我校从2005年9月6日开始，"温州市××心理学培训学校"改名为"温州市××心理学职业培训学校"，目前我校成为温州市唯一一所心理咨询师培训机构。

二、合作目的

以推动中国心理学产业、提升国民健康素质为发展使命，运用心理科学及信息技术，为社会大众及专业人士提供心理咨询师国家职业资格培训和心理学方向的教育、软件、产品、设备及心理咨询服务等，追求、成就健康的生活品质和信念。

三、合作项目

心理咨询师国家职业资格二级、三级远程培训及相关产品。

四、合作条件

任何具有心理咨询师远程培训招生能力，能够为心理咨询师培训、继续教育招生等相关心理产品投入相应的人力、物力和财力并且愿意接受甲方统一业务管理的单位或个人。

五、合作流程

六、甲方义务

主要负责学员的教学、教务、考前辅导等一系列相关工作，同时帮助各机构展开建点、宣传、招生等业务工作。

1. 教学：提供网络教学课件、作业、单元考试、模拟考试、考前辅导等教学教务工作；

2. 宣传：在全国媒体提供行业前景、企业形象等宏观宣传，并在中国心理咨询治疗网为乙方提供网络链接及相关宣传，并承担相关费用；

3. 业务：在乙方业务启动期，免费为乙方提供启动、宣传、招生、市场、业务对接等支持。

4. 资金：甲方人员费用、业务支持费用由甲方负责。

七、乙方义务

主要负责本地区招生工作，并承担本地区招生所需的宣传工作（有预案）。

1. 硬件设施：提供必要的办公场地及设备；

2. 人员配备：有专门人员从事招生咨询、宣传、业务对接工作；

3. 资金投入：根据甲方业务支持计划，投入相应的宣传费用（有预案）。

4. 学员管理及教务支持。

八、利益分配

面谈。

九、管理

原则上实行分散式管理，甲方只针对乙方业务开展进行指导；为利于业务开展，乙方应当保证根据甲方针对该机构的业务实施方案投入宣传费用。

十、欢迎乙方来甲方考察，进一步商讨合作有关事宜。

甲方： 温州市××心理学职业培训学校　　　乙方：
代表人：　　　　　　　　　　　　　　　　代表人：
　　年　月　日　　　　　　　　　　　　　　　年　月　日

（资料来源：中国公文网）

[简析] 这是一则联签式意向书，通过媒体发布，是甲方公开寻求合作对象的意向书。这也正是意向书与合同的不同之处。正文部分直接表明甲方的意向。采用了条款式的写法，将合作的有关事项交代得明确、条理清晰、语言简洁。

第二节　市场调查报告、市场预测报告

一、市场调查报告

（一）市场调查报告的概念

市场调查报告，就是指在运用科学的方法对市场进行调查，对得到的资料进行筛选整理、分析加工的基础上，记述和反映市场调查成果并提出作者意见的书面报告。

市场调查报告属于调查报告的大范畴，具有调查报告的诸多特点，但又不同于一般的调查报告，是调查报告在经济领域中的具体运用。在市场经济中，参与市场经营的主体，其经营决策是否科学是成败的关键，而科学的决策必须以准确深刻的市场调查为依据。市场调查研究是经营决策的前提，当今国内外的企业都十分注重搜集和掌握市场信息，加强市场调查，及时调整发展战略。

市场调查报告是市场调查工作的最终成果，一份好的市场调查报告能对企业的市场策划活动提供有效的导向作用，让决策者及时了解市场信息、提供决策的材料和依据，最终提高科学化的管理水平，取得最好的经济效益。

（二）市场调查报告的特点

1. 针对性

撰写调查报告的目的是为了有效地指导实际工作，推动经济的健康发展。基于这一目的，撰写者就应该从市场实际出发，有针对性地调查市场的各个环节，掌握市场动向和规律。

2. 时效性

市场是瞬息万变的，这就要求市场调查报告的撰写要迅速、及时。只有迅速、及时地反馈市场的信息，准确地了解市场行情，才能为有关企业和部门提供决策时的参考意见，否则就失去了市场调查报告的参考价值和指导意义。

3. 真实性

市场调查报告必须真实地反映市场的实际情况。报告的内容要尊重客观事实，言之有据，准确无误。要运用科学的方法，采用真实、可靠的材料，确保市场调查报告的真实性。

（三）市场调查的方法

市场调查的基本方法有四种，即普查（全面调查）、抽样调查、典型调查及重点调

查。常用的具体方法主要有：询问调查法、实地观察法、实验调查法、资料研究法。

1. 询问调查法

即调查者事先确定调查内容，通过直接与被调查者的接触、交谈，取得调查资料。一般采用个别访问、召开调查会、问卷调查等方式。

2. 实地观察法

即调查者亲临现场，对被调查者的行为、言谈不直接提出问题，而在被调查者无所感知的情况下进行调查，从而达到了解消费者购买意向、了解消费者对商品的意见等情况的目的。

3. 实验调查法

即以举办展览会、试行销售的方式进行调查。一般是通过这种调查方法来了解产品的开发、改进的效果、发展前途、存在的问题等情况。

4. 资料研究法

即利用现有的统计数据、会计报表等资料进行综合分析的方法，总结分析已进行的经济活动，以此发现现行的经营决策是否正确合理、是否需要调整、如何调整等问题。

以上几种市场调查的方法可以单独使用，也可以结合起来使用。

（四）市场调查报告的类别

市场调查报告的种类很多，依据不同的标准，可以把市场调查报告分为不同的种类。

（1）按服务对象分，市场调查报告可分为市场需求者调查报告、市场供求者调查报告。

（2）按调查范围分，市场调查报告可分为区域性市场调查报告、全国性市场调查报告、国际性市场调查报告。

（3）按调查频率分，市场调查报告可分为经常性市场调查报告、定期性市场调查报告、临时性市场调查报告。

（4）按调查对象分，市场调查报告可分为商品市场调查报告、房地产市场调查报告、金融市场调查报告、投资市场调查报告。

（五）市场调查报告的格式与写法

通常情况下，市场调查报告的结构包括标题、前言、主体、结尾四个部分。

1. 标题

市场调查报告标题的常见形式有公文式、文章式和新闻式三种。

（1）公文式。一般由作者、事由和文种组成，如《格力空调在国内外市场地位的调查》；有时作者也可以省略，如《关于应届大学毕业生就业情况的调查》。

(2) 文章式。即不要求作者、事由和文种齐全，只要能够突出主题即可，如《电动玩具为何如此热销》。

(3) 新闻式。采用正副标题的形式，正标题标明内容，副标题标明对象、范围及文种，如《"皇帝的女儿"也"愁嫁"——关于舟山鱼滞销情况调查》。

市场调查报告的标题可以多种多样，但标题无论采用哪一种形式，都要与市场调查报告的内容相符，力求做到简明、概括、醒目、新颖。

2. 前言

前言部分也称引言，是市场调查报告的开头，一般是交代调查的时间、地点、对象、范围、目的、方法等，点明文章的基本观点或概括出文章的主要内容，强调文章得出的结论或文章显示的重要意义，使读者对文章有个概括的印象，对调查对象有个基本的了解。

但有的市场调查报告不写前言，一开头就进入文章主体部分的写作。

3. 主体

主体部分是市场调查报告的核心。要用通过市场调查取得的资料，介绍被调查事物的基本情况，预测市场发展趋势，最后提出建议。写作时，要根据材料的性质及其相互之间的联系，将材料进行科学的分类和合乎逻辑的安排，有时可以采用小标题的表达形式。

主体一般由以下三部分组成。

(1) 情况部分。一般要用可靠的资料和翔实的数据实事求是地把基本情况介绍出来。可以按照时间顺序进行表述，也可以按照问题的性质归纳成几类加以表述。

(2) 预测部分。通过资料的分析和研究，预测出今后市场发展变化的趋势，从而对市场的前景做出正确的判断。

特别需要注意的是，市场调查报告虽然不以预测为重点，但是很多报告的资料分析中，都暗含着对市场前景的判断。

(3) 建议部分。这是市场调查报告的落脚点，不但要对市场的前景进行预测，还要针对预测提出相应的建议。这种建议和对策既要有很强的针对性，又要切实可行。

4. 结尾

这是全文的结束部分，可以呼应开头、点题作结，也可以总括全文、强调观点。无论采用哪种形式结尾，结尾一定要写得简洁有力，绝不可拖泥带水。也有的市场调查报告，主体写完即结束，不另加结尾。

(六) 市场调查报告的写作要求

1. 深入调查，实事求是

写调查报告，作者要端正态度，以高度的责任心深入调查，如实反映情况。只有事实客观、全面、准确无误，才能使以此为依据做出的决策具有科学性。

2. 叙议结合,观点和材料的统一

叙是摆材料,议是表明观点。市场调查报告要既要有真实充足的材料,又要有鲜明的观点。要把调查所得的材料叙述出来,又要对材料做深入的分析,得出科学的结论。材料要能证明观点,观点要能统率材料,二者要做到有机的统一,这样才会使市场调查报告具有较强的说服力。

例文

1. 调查报告

西安葡萄酒市场消费者调查报告

一、调查方法
采用街头现场拦截面访。
二、抽样方法
样本设计实行随机抽样和非随机抽样结合的原则,即采用分群多阶段随机抽样和配额抽样法。
样本特征(满足以下条件)
西安市常住人口或居住五年以上;
年龄在18~60岁之间;
知晓或购买过葡萄酒;
无市场研究/广告/策划公司、电台、电视台、报社等媒介机构,无葡萄酒的生产、销售等单位工作经历;
在过去六个月内没有接受过任何市场研究访问。
样本执行区域(西安六城区)
具体访问地点:小寨商业圈、钟楼商业圈、土门商业圈、交大商业圈等;
实际完成样本数量:192份。
三、现场执行情况
现场执行严格按照督导负责制;
在现场执行过程中,所有人员严格按照培训的督导职责和访员职责进行;
公司对调查问卷进行了审核、复核,基本达到预想的有效率。
四、数据录入与处理
对调查回收问卷,进行编码;
Foxpro 6.0设计计算机录入程序;
用Foxpro 6.0进行有效调查问卷的录入;

采用专业统计处理软件 SPSS 10.0 对有效问卷进行分析处理；

分析结果包括：频数分析、频率分析、均值分析、相关系数分析、交叉分析等。

五、背景资料

......

六、

......

七、数据分析

本次调查结果主要有几个特点：

（一）西安目前葡萄酒的主要消费群体以收入较高的中青年人为主，葡萄酒的消费者主要是公司职员，其所占比例占本次调查总人数的 37.9%，其次为个体经营者和商业职工分别为 13.7%；文教科体卫工作者为 8.4%；另外，西安市葡萄酒的消费者一般是收入较高的工薪阶层。对葡萄酒消费最多的为收入在 1001～1500 元之间的消费者。

（二）消费葡萄酒场合中有近一半在家里，三成左右在夜场，餐饮只占了一成。

（三）干红在葡萄酒市场中所占份额很大。由于受固有的消费习惯的影响，干红占到 71.6%，果酒占 12.6%，这跟葡萄酒消费引导有直接关系。

（四）西安市的葡萄酒消费市场中，品牌消费集中，长城、张裕、西夏王是在无提示情况下，西安人的三大首选知晓品牌，比例各占 69.6%、20.9%和 5.2%。长城市场反映如此之好，跟长城实施的多品项战略和终端深耕策略分不开。

（五）从价位来看，消费者主要选择价位在 30～50 元的人占到 50%。在本次调查所列的酒品中，干红最受欢迎，调查中 54%的人认可干红。这充分说明了中档干红葡萄酒是目前的一大卖点，同时葡萄酒市场在品种档次上有待进一步延伸。

（六）影响消费者选择葡萄酒品牌的主要因素：

1. 调查结果表明，消费者选择葡萄酒时普遍最关注的是酒的口感，调查中 24.7%的人持此观点，其次为品牌，选择此项的被访者占总人数的 21.3%，调查中表示注重价格的均占 17.4%。综合起来，这些很看重口味的人主要以收入较高的中青年人为主，这也是葡萄酒市场的主要消费群体。

2. 有近一半的消费者选择葡萄酒时价位在 21～50 元之间；25.7%的消费者选择 20元以下的葡萄酒产品，由于他们收入偏低，因而价格成了购物时一个很重要的考虑因素。

3. 调查资料普遍反应一个问题，消费者选择葡萄酒时都很注重品牌，并且大部分人都选择当今最流行的葡萄酒品牌。这说明了消费者对葡萄酒的消费尚未成熟，从众心理严重。

（七）葡萄酒的价位选择特点：本次调查结果显示，价位在 21～50 元的中档葡萄酒目前最受西安市民欢迎，选择这一价位的人占总调查人数的 42.4%；选择 20 元以下的葡萄酒的人数达 25.7%。

调查中选择价格在 50 元以上的人占总人数的 30%,这说明高档葡萄酒的市场潜力有待很好的挖掘。

(八)葡萄酒的品牌选择排名:西安的葡萄酒消费市场中,品牌消费集中,长城、张裕、王朝是西安人的三大首选品牌。长城是西安市最信赖的品牌,调查中 41.3% 的人选择长城,其次为张裕,选择人数占 40.2%,再次为王朝,选择人数为 4.5%。

(九)葡萄酒低端市场较为混乱,市场上充斥着 10 元以下的低档葡萄酒,售价每支 5~8 元之间,在大部分超市占据货架近一半的空间。有的产品直接打出了干红的旗号,欺骗消费者,牟取暴利。

八、总结与建议

市场调查结果可以看出,目前葡萄酒在西安酒类市场中所占市场份额很小;消费者在选择葡萄酒时盲目从众,消费心理尚未成熟;品牌文化底蕴不足,长期战略匮乏等,这充分说明目前葡萄酒市场的运作还未真正成熟完善起来,为葡萄酒制定新的营销方略势在必行。以下是根据本次调查所建议的几点葡萄酒营销宣传策略:

1. 从本次调查结果看,目前葡萄酒的主要消费群体是中青年人,这部分人的消费心理已基本成熟,因此广告诉求应以理性为主,即注重产品的品质及其所蕴含的文化底蕴。

2. 葡萄酒的消费者大多是高收入层及工薪阶层,他们选购葡萄酒最关注的是口感、品牌、价格。而这一主体消费群受促销人员影响的比率达到了九成,因此,要赢得消费者,关键是建立葡萄酒品牌的专业营销体系,培养一支精锐销售队伍。

3. 调查中反应目前在西安市葡萄酒市场中销量最高的是长城、张裕和王朝。面对日益激烈的市场竞争,葡萄酒品牌应发挥自己的优势,将自己的品牌做大、做好,探寻发掘更多的消费群。

4. 随着人们生活方式和消费方式的日益多样化,各种酒都会因文化的因素存在和发展。红酒是"尊贵"、"时尚"的文化载体,如果从葡萄酒是一种高雅的艺术品,是一种文化象征入手,把品质融入结构美、个性美、风味美、意境美之中,从而产生一系列的物质、精神、习俗、心理、形象等作用,对酒的品牌传播非常有利。

5. 目前葡萄酒市场沿袭传统的产品结构,靠高、中、低三个档次产品打市场,真正名优的葡萄酒空缺,因此主推高品质的葡萄酒也是市场的赢利点之一。

6. 葡萄酒文化推广:

(1)西安是一个文化城市。西北人性情淳朴,本土情结厚重,直接面向消费者做大唐文化推广,引导体验型仿唐文化消费。

(2)西安是一个科技城市。对于新的购买方式,消费者的态度是非常乐于尝试的。在中国率先推出网上购酒和电话购酒的会员服务项目。

(3)西安是一个旅游城市。酒吧、咖啡厅是人气最旺的休闲场所,有较高收入的人每星期甚至每天都要到酒吧、咖啡厅喝茶,这部分人是葡萄酒目标消费群的主体。

(4)西安是一个教育城市。40多所高校60多万大学生是需要品牌培育的未来主消费群。研发青少年喜好的葡萄酒,使品牌真正走入家庭,深入人心。

7. 打西安市场,首先要打餐饮。具体的操作上,将80%的精力及资源用在数量上只占20%,却起着领导80%消费潮流的餐饮身上,将20%的精力与资源用在其余80%的餐饮上。在拿下了这20%的重要渠道之后,也创造了另外80%的目标餐饮的进入条件。攻克餐饮这一领导渠道,对成功抢占西安市场作用巨大。

8. 探索新型品牌推广、营销手段。对于新的购买方式,消费者的态度非常乐于尝试的。积极开展电话购酒、网上购酒、手机短信购酒、电信168平台购酒、电视导购、会议营销、健康咨询讲座等新型营销手段。

9. 研究品牌延伸拓展策略,积极探寻战略合作伙伴,加强与其他行业产品的结盟、联盟,签署永久"捆绑"合作协议,在意识上、行动上领先同行业竞争对手。

(资料来源:中华品牌管理网,丁吉虎)

[简析] 这份市场调查报告,是通过询问调查法,用调查来的翔实的数据反映西安葡萄酒市场消费者情况。标题就是文种,非常醒目。正文采用条文式写法,分为八个方面,重心在分析调查结果和提出建议,对西安葡萄酒市场消费者的特点分析切中要害,提出的建议很有针对性,既富有创见,又切实可行。

2. 调查报告二

独生子女大学生就业的调查报告

在前不久举行的一场毕业生双选会上,某单位的招聘台前一下子挤来了5个人,但其中只有1人是求职者,另外4人都是"参谋"——求职者的爷爷、奶奶和父母。对于类似现象,有社会学家指出,中国的第一批独生子女正大规模地步入社会,他们的就业体现出不同的特点,应该引起高校和社会的重视。

中国实行计划生育政策20多年来,独生子女的数量与日俱增,逐渐成为一个庞大的社会群体。由于他们在成长过程中备受宠爱,心理较脆弱,承受职场挫折与失败压力的能力相对较弱,在初次步入职场时,很多人感到无所适从。

应聘:全家总动员

杨强是南宁某高校2004届毕业生,是家中的独苗。从今年2月开始,为了帮助杨强找工作,他的父亲特地从江西赶到南宁,在学校附近租了一间房子住下,准备打一场"就业持久战"。对于这样做的理由,杨强父亲的解释是"儿子还小,面对五花八门的招聘单位,不懂如何辨别真伪。"

2月下旬,广西人才市场专门举办了一场南博人才交流会。笔者看到,杨强的父亲边看边讲,俨然一位解说员,每走到一个招聘单位前,他都要先对该单位的岗位、薪金水平和发展前景进行一番深入的分析,再决定是否同意杨强投递简历。当看到杨强递过简历后老半天支支吾吾、不善言辞时,杨强的父亲连忙"挺身而出",协助儿子……

在今年广西全区首届人才交流会上,笔者看到这样"动人"的一幕:一名女生的父母分开在房地产公司的招聘台前同时排队,而女儿却悠闲地坐在后面一条长凳上无所事事,待快轮到递送简历时,女儿才有些不耐烦地将其父母替换下来,嘴里还嘟哝着"真麻烦!"

当笔者询问"为什么不让女儿自己排队?"时,女孩的母亲不以为然:"女儿辛辛苦苦读了十几年书,毕业找工作还要饱受折磨之苦,做父母的理所应当替她分担。"

这样的现象在招聘会场上并不鲜见。一家长对记者说,之所以要跟着孩子来招聘会,是因为怕孩子"稀里糊涂,一不小心就明珠暗投",父母亲自上阵"心里会踏实许多"。对于要选择哪一家单位,一般会全家人反复推敲,他们讨论的内容包括单位的工作地点、工作的稳定性、工资待遇及发展空间等。

心态:对未来雾里看花

那么,独生子女的就业心态如何呢?请看广西大学学生会的一项调查:800多名独生子女中,有近七成的人对前途存在不同程度的担忧,普遍认为用人单位对于工作经验、学历的要求过于苛刻,并且薪水达不到自己的预期设想;相当一部分学生希望找一个离家近、工作相对稳定的单位;在调查中,几乎没有独生子女有自己独立创业的想法。

调查显示,独生子女普遍不能准确客观地为自己定位,大多数学生对自己的气质、性格、兴趣以及职业能力并不了解,自我评价偏高。另外,他们对职业和社会的了解存在很大局限性和片面性,把就业前景想象得过于美好或过于艰难,直接导致期望过高或畏缩不前。而且,他们比较注重经济利益,择业时往往把经济收入因素放在首位。

调查还反映出独生子女就业的一些矛盾心理。许多学生对自我缺乏正确的分析,不考虑所选单位是否适合,而是盲目攀比,还有的同学想找一份"比较好听的工作"。不少独生子女寄希望于父母长辈的社会关系,眼高手低,"这山望着那山高"。还有的独生子女因专业技能、专业知识不扎实等种种原因,没有信心向用人单位展现自己。

值得注意的是,在采访中我们发现,即将踏入社会的独生子女普遍有一种危机感,他们认为社会竞争太激烈,人际关系太复杂,自己难以适应。许多人选择读研或出国留学以争取一个缓冲期,有的甚至不愿意卷入激烈的竞争中,宁可选择成为SOHO一族。

针对独生子女群体的职业心态,广西大学招生就业办负责人说,作为大学生的独生子女,一直囿于校园生活,经历简单,没有经受过挫折、考验,所以心理承受能力和自我调节能力较差,一旦遭遇挫折,则感到失落、悲观、失望,对未来失去信心。近年来,学校一直致力于学生的就业指导,从信息来源、联系工作、出面调节到心理辅导等等,方方面面都做了周到、细致的工作,以便独生子女在毕业找工作时即使遇到挫折也一样可以充满自信,甚至越挫越勇。但是面临择业就业,还是有一部分学生有极大的心理压力,表现出茫然、不自信以及很强的依赖性。

竞争:外面的世界很精彩

林明是广西大学计算机专业毕业生,去年通过自己联系实习,最后被北海某公司聘用。如今林明已是公司的技术骨干,他感觉公司员工热情、气氛活跃,工作中学有所用,很满意现在的状态。现在他正准备考托福,出国读硕士,拿到学位再回国发展。

今年23岁的小敏毕业于广西师范大学英语专业,1999年毕业的她虽然只有两年的"工龄",却已经跳了两次槽。令她感到自豪的是两份工作都是她自己找的。"第一份工作很累,老是加班加点,很少有自己的私人空间,而且和我的专业没有一点联系,所以干了一年,我就不干了。刚开始工作时,心理承受能力比较差,被上司批评一两句,心里会难受好几天,还经常落泪。不过,现在已经完全适应和改变了。所以我觉得独生子女的适应能力并不差。"

李彤是1997年湖南大学的毕业生,在人才市场投简历谋得深圳某酒店财务部会计一职。在该酒店工作4年的李彤也有跳槽的打算,她说:"工资不太高,主要是觉得自己没太大的发展空间,所以我想跳槽去外企。我最大的心愿是找份好工作,买套大房子,接父母同住,只要我们一家三口在一起,比什么都快乐。"

择业:扬长避短天地宽

很多家长对子女择业不放心,但是有父母"亲自把关"是不是就能达到预期的效果呢?国凯房地产公司的负责人说,用人单位看重的是求职者的人品、学历和经验。独生子女们连找工作都要父母亲陪同,甚至帮忙查资料、填写表格,这不能不让人怀疑他们的独立能力。

对此,社会心理学专家认为,独生子女有其特定的成长环境和空间,可以说是社会的特殊群体,在他们开始步入社会的时候,需要大家的关注和引导。一般来说,受过高等教育的独生子女经过几年大学集体生活的磨炼,已经具有一定的自理和交际能力。但他们在工作中的刻苦和创新精神相对弱些,需要用人单位的培养,才能更好地发挥出潜能。

正如一位儿童心理、卫生专家提出的那样——"爱比维生素还重要"。由于家庭经济条件相对优越,家长对"独苗"教育比较重视,所以一般而言独生子女智力早熟、兴趣广泛、知识面宽。同时,独生子女享有父母充分的爱,在爱的阳光中成长,个性发展健全,多数独生子女性格活泼、开朗、大方、敢说敢想。可以说,在就业择业的过程中,只要善于扬长避短,独生子女也有自己独特的优势。他们是有独立见解的一代,他们是平等意识、法律意识、环保意识很强的一代,也是市场经济观念很强的一代。

(资料来源:中国教育报)

[简析] 这份市场调查报告,是通过实地观察和询问调查法,用调查来的事实反映当今独生子女大学生就业的状况。正文采用了小标题的形式,小标题的语言概括简洁,富有文学性,耐人寻味。报告从四个方面分析当今独生子女大学生的就业状况,材料充实,客观叙述,未做什么分析与评论。只在最后借"社会心理学专家认为",表达出看法和建议。

二、市场预测报告

(一) 市场预测报告的概念

市场预测报告是根据市场调查资料、产销分析和有关历史统计资料等经济情报,在对经济活动的历史和现状进行调查的基础上,运用科学的方法做出预测,从而反映未来市场发展情况或发展趋势的书面报告。

市场预测报告是为经济决策服务的。它对改进经济计划和经济管理起着非凡的作用。管理的关键是决策,决策的前提是预测。无论对当前问题的决策,还是对未来问题的决策,都需要有正确的预测调查为基础。为了提高决策的正确性,需要预测报告提供有关未来的情报,使决策者增加对未来的了解,减少盲目性,提供多种预测方案,并能从各种方案中做出最佳决策。

(二) 市场预测报告的特点

1. 科学的预见性

市场预测报告不仅说明未来经济发展的轮廓,并且能揭示和描述经济变动趋势,预见经济发展出现的种种情况——有利方面和不利方面,成功的机会和失败的风险,还能对决策和计划所要规定的经济过程进行分析和预见,并能提供与之相关的外部环境的种种变化和该过程远景趋势的资料。

2. 鲜明的时效性

市场情况瞬息万变,反映这种变化的市场预测报告,必须紧紧地把握着时间。所以说,时效性就是市场预测报告的生命。市场预测报告鲜明的时效性,要求我们最迅速、最灵敏地反映市场发展的最新变化和有关方面的最新动态,而且要以最快的速度传递给决策部门和管理部门,以及时实现它的价值。

3. 高度的综合性

市场预测报告是一种综合性很强的文件。首先,它的内容涉及面比较宽,可以是政治、经济、文化、历史等领域各种材料的综合反映,还可以是外部现象与内在原因的综合,历史的连贯性与发展的预见性的综合,微观经济效益与宏观经济效益的综合。其次,它是多种预测方法的综合运用。其三,它是经济学、市场学、社会学等多种理论知识的综合运用。这就要求我们不仅要掌握写作知识,熟悉业务,而且要博学多才,能够掌握与市场有关的一些学科理论知识。

（三）市场预测报告的类别

市场预测报告按不同的标准可分为不同的类别：

按市场预测的范围来分,有宏观市场预测报告和微观市场预测报告；按预测的时间来分,有长期（五年以上）、中期（二至五年）和短期（一年左右）三种；按预测的方法来分,有定量市场预测报告和定性市场预测报告两种。

（四）市场预测报告的格式与写法

1. 标题

市场预测报告的标题常见的写法：

(1)预测时限＋预测范围＋预测目标＋文种,如《2006年全国家用电器市场预测》。

(2)预测目标＋文种,如《高档化妆品市场预测》。

(3)以"趋势"、"展望"等来体现预测,如《国际市场商品包装发展趋势》。

2. 正文

市场经济预测报告的正文一般由概况、预测、建议三个部分组成。

(1)概况。是正文的开头部分。运用具体可靠的材料和数据,对预测对象的历史情况进行必要的回顾,对现实状况进行具体分析,阐明发展的总趋势和影响发展的各种因素,作为预测的基础和根据。

(2)预测。是正文的核心部分。依据典型可靠的资料,准确的数字,运用科学的预测方法、分析方法和计算方法,进行具体的定性或定量分析,预测未来的发展趋势。要做到分析有根有据,判断结论明确。常用的具体写法有两种：一种是平列式,从不同角度不同侧面做出趋势预测；另一种是递进式,从选择预测方法和建立数学模型入手,逐步地推导出预测结果,这种写法适用于统计预测法。

(3)建议。是结尾部分。根据预测结果提出具体切实可行的措施或建议。

3. 结语

说明或强调某个观点,或写些对未来充满信心的话。也可不写结语。

（五）市场预测报告的写作要求

1. 要占有丰富的资料数据

资料数据是预测的基础,如果这个基础不牢固,运用的材料不真实、不充分,那么就会有比较大的预测误差,甚至会犯以偏概全的错误。因此,要深入实践,尽可能多的了解有关情况和第一手材料；要细心查阅书籍报刊,多摘录一些真实可靠的资料数据。

2. 要选择恰当的预测方法

预测方法是否得当,直接影响着预测结果的准确度和可靠性。方法得当,预测结果的精确度就高,可收到事半功倍的效果;方法不当,预测结果的精确度就低,就会事倍功半甚至徒劳无功。

市场预测常用的三种方法为:

(1)定性预测法。即凭借预测者所掌握的科学知识、从事专业工作的实践经验与分析判断能力,在掌握资料的基础上,对预测目标的性质及发展趋势进行直观判断的预测方法,又称经验判断法。

(2)定量预测法。即根据大量的历史数据和资料,用定量的方法来计算、推断预测对象未来的发展趋势。

(3)综合预测法。即将定性、定量两种预测方法加以综合运用的预测方法。定性法缺少量的说明,定量法缺少质的说明,这样把两者结合起来运用,便能互相取长补短,较为准确地推断出预测对象的未来发展结果。

3. 要有科学的预见性

作者要对未来的市场变化、市场趋势、市场形势做出判断,这种判断越接近未来的客观实际,就越准确,该"市场预测报告"越有价值。科学的预见性是其生命力和效用价值所在。

(六)注意市场预测报告和市场调查报告的联系和区别

1. 联系的表现

市场调查是市场预测的手段,是市场预测的基础;市场调查报告和市场预测报告在调查上重合。

2. 区别的表现

(1)对象不同。市场调查的对象是过去和现在已经存在的经济现象;市场预测的对象是尚未形成的经济现象。

(2)目的不同。市场调查在帮助企业进行市场预测时,偏重了解市场的过去和现状,总结经验,发现问题,掌握市场营销的状况及发展变化规律;市场预测则偏重于了解市场的将来走向,预测商品供求的变化趋势;

(3)方法不同。市场调查报告一般通过现场调查或抽样调查获取资料,通过分析整理,得出结论,而市场预测报告主要根据统计资料,通过数学分析,预测市场的走向。

 例文

2006年一季度全国电力供需与经济运行形势分析预测报告

2006年一季度,我国国民经济继续保持平稳较快增长,电力供应能力进一步增强,电力消费保持较快增长,但速度有所回落,电力供需紧张形势继续得到缓解,缺电范围和缺电程度明显减小。

进入二季度,发电机组投产将进入今年的投产高峰期,尽管全国电力供需矛盾在迎峰度夏期间的局部地区会有所紧张,但缺电程度和缺电范围将比2005年有很大缓解。

一、2006年一季度全国电力供需与经济运行形势分析

一季度,全国电力供需形势继续缓解,电力供需特点主要表现为区域性、时段性缺电。由于用电需求增势减缓、发电能力增加较多、主要水库蓄水情况较好等多种因素共同影响,电力供需形势比去年同期明显缓和,缺电范围明显减少,缺电程度也明显减轻,拉限电条同比大幅下降。1月份全国共有9个省级电网拉路限电,2月份拉限电范围缩小5个省级电网,3月份拉路限电范围进一步缩小到2个省级电网。

春节期间,华北、华中、西北部分地区受恶劣天气影响,输电线路发生闪雾、舞动和覆冰跳闸,有关电网企业立即启动应急预案,由于措施得当,供电未受影响,全国基本未发生拉限电情况,保障了春节期间的安全、可靠供电。一季度尖峰负荷最大电力缺口不超过1000万千瓦。

(一)电力供应情况

1. 发电装机稳步增长,供应能力增强。一季度全国新投产机组1198.89万千瓦,其中水电71.11万千瓦,占5.93%;火电1125.20万千瓦,占93.85%。

2. 发电量保持快速增长,但增速有所回落。一季度,全国发电量6068.26亿千瓦时,同比增长11.10%。其中,水电发电量642.26亿千瓦时,同比增长15.7%;火电发电量5269.63亿千瓦时,同比增长10.80%,比去年同期回落了1.4个百分点;核电发电量125.66亿千瓦时,同比减少3.1%。

3. 发电设备利用小时数继续下降。一季度,全国发电设备累计平均利用小时为1251小时,比去年同期降低62小时。其中,水电设备平均利用小时达602小时,比去年同期增加11小时;火电设备平均利用小时为1405小时,比去年同期降低90小时,下降幅度较大。

4. 电煤供应基本正常,但价格压力很大。截止3月底,直供电网累计供煤12532万吨,日均供煤139.25万吨,同比减少0.05万吨,下降0.04%;累计耗煤13000万吨,日均耗煤144.44万吨,同比增加8.56万吨,增幅6.3%;库存1972万吨,同比增

加525万吨,较年初减少409万吨,平均库存为13天。

近期,在曾培炎副总理批示及各相关部门的积极协调下,电力企业和煤炭企业都本着从大局出发,电煤价格僵局打破。据中电联燃料分会初步统计,截至3月底,全国4.9亿吨电煤重点合同中的70%～80%已经签订,共计3亿多吨,而最终价格正在汇总之中。

(二) 电网输送情况

1. 跨区送电量持续增加,区域间电力电量调剂的优势更加突出。一季度,全国跨区域送电量共完成120.43亿千瓦时,同比增加17.77%。对电力形势宽松地区的送电量减少,而对电力相对紧张地区的送电量大幅度增加,很好地体现了全国各大区域间电力量调度支援的优势,缓解了因资源结构性缺电或季节性缺电造成的部分区域电力供需紧张形势。

2. 区域内西电东送电量大幅增加。在华北电网区域内,京津唐电网从山西、内蒙共受进电量36.67亿千瓦时,同比增加48.59%,同时向电力比较紧张的河北输出电量4.43亿千瓦时,同比增加110.44%,电网调度运行更加频繁和灵活。在南方电网区域内,电力电量输送也主要集中在电力比较紧缺的广东、广西和云南。其中,西电送广东完成81.11亿千瓦时,同比增加135.71%;在广西电力紧张的1~2月份,西电送广西完成9.86亿千瓦时,同比增加20%。

3. 进出口电量有所减少。一季度,电力进出口量也有所减少,进出口电量总额34.11亿千瓦时,同比减少10.93%。其中,进口电量12.64亿千瓦时,同比减少12.73%;出口电量21.47亿千瓦时,同比减少9.83%。

(三) 电力消费情况

受国民经济持续快速增长的强劲拉动,一季度全国电力消费继续保持了快速增长的态势,呈现出"十一五"期间电力消费市场继续旺盛的顺利开局。

1. 全社会用电量继续保持快速增长。一季度,全国全社会用电量6249.87亿千瓦时,同比增长11.81%。其中,一、二、三产业和城乡居民生活用电量分别为147.78、4654.04、672.55和775.50亿千瓦时,同比分别增长11.00%、11.31%、12.30%和14.63%。

2. 工业用电仍然是拉动电力增长的最主要动力。一季度,工业用电量为4594.61亿千瓦时,增速虽然有所回落,但仍然是拉动电力增长的最主要动力。其中,轻、重工业用电量分别为901.27亿千瓦时和3693.34亿千瓦时,同比分别增长9.40%和11.79%,重工业用电增长速度继续快于轻工业用电增长速度。与去年同期相比,轻工业用电增速提高0.83个百分点,重工业用电增速回落2.72个百分点,说明全行业经济结构的调整取得了初步的效果。

尽管国家宏观调控措施对重点用电行业用电的抑制作用已经从去年下半年开始有一定的显现,使得重点用电行业用电同比增长率较去年同期有了明显的回落,但是仍处于较高的水平上。一季度,化工、建材、黑色、有色四个重点用电行业用电增长率分别为

14.45%、15.75%、12.47%和23.10%,对工业用电增长的贡献率分别为14.0%、9.37%、15.47%和16.86%,四大行业用电增长对工业用电增长的总贡献率达到56.30%。

3. 各地区用电增长的结构差别较大,各行业用电增长对本地区用电增长的贡献率不同。从各地区的用电量增长情况看,各地区用电增长表现出很大的不均衡性,用电量同比增长超过全国平均水平(11.81%)的省份依次为……

(略)

4. 各区域最高用电负荷同比增长较快,最高用电负荷增长率高于全社会用电量增长率。一季度,全国主要电网统调最高用电负荷合计为31734万千瓦,同比增长16.70%;统调用电量为5281.81亿千瓦时,同比增长12.60%。全国统调最高用电负荷增长率和统调用电量增长率延续了2005年的特点,全国主要电网统调最高用电负荷合计增长率比统调用电量增长率高4.1%。这是全国装机增长速度超过电力需求增长速度的必然结果,是全国总体电力供需形势得到缓解、相当一部分在缺电时期被抑止的负荷需求释放出来的阶段性表现,在这部分负荷需求完全释放后,统调用电负荷增长率必然会恢复到略高或基本等于统调用电量增长率的水平上。

各区域的统调最高用电负荷增长率和统调用电量增长率表现出不同的特性和特点,也反映了不同区域的供需形势的变化……

(四) 电力生产输送环节能源利用效率有所提高

一季度,节能降耗工作取得一定效果,全国供电标准煤耗率为364克/千瓦时,与去年同期持平;全国发电厂用电率6.05%,其中水电0.60%,火电6.66%;线路损失率6.00%,比上年同期下降0.29个百分点。

二、2006年二季度全国电力供需形势预测

综合考虑各方面因素,并参考运用"全国电力供需分析预测软件"的结果判断:2006年上半年全社会用电量增长率将在11.5%左右。

预计今年二季度及下半年的电力供需形势将继续得到缓解,缺电范围继续缩小,缺电程度也将继续减弱,迎峰度夏期间全国最大高峰负荷电力缺口为800万千瓦左右,主要集中在华东和华北地区,气候条件及需求侧管理的效果将最终决定负荷缺口的大小。华北、华东区域的电力供需矛盾仍然存在,华中电网供需基本平衡,东北电网供需平衡,西北电网总体平衡、略有富裕,南方电网缺口逐步减小。

1. 国民经济仍将保持平稳较快发展。2006年是"十一五"规划的开局之年,是国家落实科学发展观、节能降耗、继续实施"适度、稳健"宏观调控政策的关键时期。一季度,国民经济运行情况良好,为全年经济保持平稳较快发展奠定了坚实的基础。但是,当前经济中的主要问题是固定资产投资偏高,投资反弹的压力在加大,部分地区高耗能产业的发展势头依然不减,结构性调整任务艰巨,导致国家的宏观调控政策和措施的出台力度会加大。但是,我国经济平稳较快发展的宏观基本形势不会改变,二季度

及下半年,预计经济增长速度将继续保持在9%以上。

由于受产能过剩、原材料涨价、成品降价、国家宏观调控力度可能加大等诸多因素的影响,二季度黑色、有色、建材、化工等行业的投资会得到有效的控制,产品产量的增长会有一定的下降,由于节能降耗措施的实施,四个重点行业对电力的需求增长会进一步降低,对全社会用电增长的贡献也将逐步降低。

2. 发电装机预计投产规模较大。据初步调查了解,进入二季度,发电设备、发电建设安装工程将进入历史上的交货、验收高峰期,相应地发电装机也将进入一个投产高峰期,预计2006年上半年全国将投产装机容量在3 000万千瓦左右,全年投产规模将在7500万千瓦以上,电力供应能力将得到加强,全国绝大部分地区基本可以满足迎峰度夏期间的电力需求。

3. 电网建设规模将进一步扩大,网络结构将更加合理。今年全国电网投资规模将在2000亿元左右,全国将投产220千伏及以上输电线路30000公里左右,220千伏及以上变电容量15000万千伏安左右,电网输送能力也有一定幅度的提高,上半年投产的输变电工程将使电网结构更加合理,输送能力有所提高,有效保证迎峰度夏高峰期的电力需要。

4. 电煤供应充足,但煤质和煤价仍是影响电力供应的主要因素。在电力、煤炭行业的共同努力下,全国电煤合同大部分已经落实,电煤从数量和库存上基本可以保证迎峰度夏期间的需要。但是,个别省份电煤落实情况不够理想,部分发电企业的缺煤停机现象、到厂煤质情况的不确定性仍然存在,这些对第二季度各地区逐步进入迎峰度夏期间的电力生产安全将造成一定的影响。预计市场电煤价格将继续保持高位震荡运行,部分地区会有下行的可能。

三、对当前电力工业一些问题的认识与建议

(一)贯彻落实科学发展观,加快电源结构调整力度

目前,我国电源结构不尽合理,火电比例偏大,其占装机总量已达75.6%。近几年在建项目主要是火电机组,预计到2007年前后,火电比例还将继续上升达80%以上。在火电机组中,煤耗高、污染高的中小发电机组比例依然居高不下。这种主要依靠消耗一次性化石能源为发电资源的生产方式,不仅将会进一步加剧煤电运的紧张局势,也不利于节能降耗和环境保护,同时使国民经济基础性产业的生产安全风险及其受资源环境制约的风险随着生产发展规模不断扩大而加大。

根据我国资源结构特征,以及近10~20年不可避免的重化工工业特征,建议紧紧抓住构建和谐社会、实现可持续发展这条主线,坚持节能降耗、资源节约的原则,贯彻落实国务院《关于促进产业结构调整的暂行规定》和《关于加快推进产能过剩行业结构调整的通知》精神,认真研究安排好"十一五"以及到2020年的电力超前发展的合理规模、速度和结构,贯彻落实科学发展观,加快电源结构调整力度,使电力结构趋于合理,使电力发展始终处于一个适度超前的位置。

（二）从规划阶段入手，将关停小火电机组的政策落实到位

（略）

政府有关部门可根据各地的不同情况，因地制宜地采取"上大压小"、"以煤代油"的方式，逐步关停小火电机组，建设相应替代电源。从目前看，除部分热电联产以外，小火电机组基本都是国家产业政策要淘汰的机组，而且地方政府国营的小火电企业在容量方面也占较大的比例。建议各级政府要从制度上、法规上，也要从以人为本、社会安定的角度，协调相关发电企业、电网企业和有关政府部门，切实把小机组关停政策落实到位。

（三）加快推进包括煤电价格联动在内的电价改革

2005年5月1日实施的第一次煤电联动从各方面在一定程度上保证了发电企业的生存空间。

（略）

（四）落实迎峰度夏各项准备工作，做好需求侧管理，确保夏季电力供应安全

今年迎峰度夏期间的电力缺口主要表现为高峰负荷电力缺口，电网峰谷差将会继续拉大，电网调度和运行的难度也相应增加，需要厂网企业多加协调，增加旋转备用，优化运行方式。同时要加快修订《电网调度管理条例》，优先安排高效、环保和先进的大型机组多发、满发，限制能耗高、污染严重的机组发电，淘汰落后的发电机组，实施电网节能调度。电网企业应精心组织、周密部署，务必使各项措施逐步落实到位，确保夏季电力供应安全。需求侧管理是近几年被证明了的转移高峰负荷、有效缓解供需紧张形势的调控措施。建议各地政府和电力企业继续高度重视需求侧管理工作，加快建立电力需求侧管理长效机制，加强行业培训和重点技术、示范项目推广工作，抓好需求侧管理工作的措施制定，落实错峰、避峰、限电方案，做好负荷控制工作，实现不同负荷水平下的安全有序供电，千方百计确保居民生活用电和重要用户用电不受影响，减少对其他用户的影响。同时，加大运用经济手段进行需求侧管理的力度，使得部分用户能自觉调整用电时间和用电量，尽最大可能移峰填谷，减小实际发生的电力负荷缺口，做到既能保证国民经济和人民生活用电，又能降低电力企业的投资、运营风险。

（资料来源：中国电力企业联合会网站，中国电力企业联合会统计信息部，略有删改）

[简析] 这是一份关于2006年一季度全国电力供需与经济运行形势的分析预测报告。预测报告以现行数据为依据，采用定量分析方法，指出在"我国国民经济继续保持平稳较快增长"的大背景下我国的电力供需形式。分析了2006年一、二季度全国电力供需与经济运行形势的相互关系，并且在此基础上提出"认识与建议"。该预测报告中，运用了大量准确可靠的数据，提出的建议符合国家的宏观经济发展政策，从"贯彻落实科学发展观"的高度去认识，高屋建瓴，切实可行。且结构完整，语言平实，合乎规范。

第三节　招标书与投标书

一、招标书与投标书的概念

（一）招标书的概念

招标书是招标单位兴建工程或进行大宗商品买卖时，公布标准和条件，提出价格，招人承包或承买时使用的一种文书。

招标书写作招标通知、招标公告、招标启事、招标邀请书、投标邀请书等，是一种告知性文件，它一般通过大众传媒公开，因此也称招标广告。

（二）投标书的概念

投标书是对招标书的回答，是投标人在承包建筑工程或承买大宗商品时，愿意接受招标人在招标书中提出的条件和要求，向招标人申请承买或承包并报出价目时使用的一种文书。

投标书也称标书，可以写作投标函、投标说明书、招标申请书等。

招标、投标是国内外经济活动中经常采用的一种交易形式，是作为按照一定的法律程序进行的竞争性的经济活动，可以增强经济活动的透明度，接受社会监督，减少不正当竞争，促进经济工作健康发展。

二、招标与投标的一般程序

招标与投标的一般程序为：
(1)招标单位确立招标、评标机构，明确专人负责；
(2)制作招标书及相关文件并向主管部门报批；
(3)对外发布招标公告；
(4)投标者报送投标申请书，并取得招标文件；
(5)招标单位对投标者进行资格审查；
(6)招标单位邀请投标者勘察招标项目现场，介绍概况，解答疑难问题；
(7)投标者密封报送投标书；
(8)在预定时间内开标、评标，确定预中标者；
(9)调查核实，确定中标者，并发布中标通知书；

(10)招标单位与中标者洽谈,签订经济合同。

三、招标书与投标书的类别

招标书、投标书根据不同的分类标准有不同的分类,按其内容和性质划分有:生产经营性招标书、投标书,如工程招、投标书,产品销售招、投标书,劳务招、投标书;科学技术性招标书、投标书,如科研课题招、投标书,技术引进招、投标书,技术转让招、投标书。

四、招标书与投标书的格式与写法

（一）招标书的格式与写法

招标书一般由标题、正文、落款三部分组成：
(1)标题。标题常见的写法有以下四种：
①由招标单位名称、招标项目内容和文种组成,如《××大学修建办公楼招标书》。
②由招标项目内容和文种组成,如《××工程招标通告》。
③只写文种名称,如"招标书"、"招标邀请书"、"投标邀请书"等。
④文学性标题的写法,如《谁来管理×××工厂》。
(2)正文。正文由引言、主体两部分组成。
①引言。主要写明招标单位的基本情况和招标目的。
②主体。即招标书的主要内容,要逐条写清文件编号、招标项目名称、招标范围、招标方式（公开招标、内部招标、邀请招标）、招标时限、招标地点、应知事项等内容。
③尾部。主要包括其他事项和招标书的附件。
(3)落款。落款应写明招标单位的名称、地址、电话、传真号码、联系人、邮政编码、电子邮件、发文日期等,以便投标者联系。

（二）投标书的格式与写法

投标书一般由标题、称谓、正文、落款四个部分组成。
(1)标题。标题一般有以下四种写法：
①由投标方和文种组成,如《××公司投标书》、《××工程学院学生公寓用品采购邀请投标书》。
②由投标项目名称和文种三部分组成,如《××工程项目投标书》。
③只有文种的标题,一般只写上"投标书"、"投标申请书"即可。
④新闻式标题,即由主标题和副标题两个部分组成,如"有实力,讲信誉——我的

投标书"。

(2)称谓。即招标单位全称,顶格书写。

(3)正文。投标书的正文内容一般包括前言、主体两个部分。

①前言。主要交代投标的依据和目的,介绍投标单位的基本情况及对该投标项目的态度。

②主体。要写清楚投标报价,工期和进度,具体提出完成该项目所要采取的措施,如专业技术、组织管理及安全生产措施等。有的还要附上对本单位优势的分析,阐明投标单位的指导思想、经营方针等。

(4)落款。落款要写出投标单位名称及法人代表姓名,并加盖印章,同时写明投标日期。

五、招标书与投标书的写作要求

(一)招标书的写作要求

(1)内容明确,表达准确。招标大都是一次性的成交活动,没有磋商的时间和余地,因此,招标的内容要求写得明确、具体,表述要清楚准确,不能使人产生歧义和疑问。

(2)行文不必过于详细。招标的目的在于吸引人们投标,因而,招标文件的行文不必过于详细,只要把招标的主要内容告知社会各方即可,对于具体要求,可另备文件,提供给投标者。

(二)投标书的写作要求

(1)内容紧扣招标书提出的要求。

(2)实事求是说明己方优势、特点,不可弄虚作假、隐瞒事实。

(3)内容合理合法。承诺的内容,须明确、具体、全面、周密,以免中标后发生纠纷。

1. 招标书

招标启事

×××市信息工程招投标中心受×××市政府采购中心委托,就×××市司法局办公信息系统项目进行公开招标,请有关具有同类软件及 GIS 系统开发经验的系统集成商到×××市信息工程招投标中心购买标书并参加投标,具体内容如下:

1. 招标文件编号:hT2104066。
2. 招标内容:×××市司法局办公自动化软件开发,数据入库、托管服务器系统更新,系统所需硬件设备购置。
3. 标书售价:人民币300元;标书售后不退。
4. 购买标书时间:2006年5月20日起,上午8:00(公休节假日除外)。
5. 购买标书地点:×××市××路45号18楼×××市信息工程招投标中心财务室。
6. 招标文件答疑和需求调查时间和地点。

第一次:2006年5月27日(星期五)上午8:30,×××市××路××街34号××市司法局四楼会议室;×××司法局每个处室派员参加。

第二次:2006年6月11日(星期五)上午8:30,×××市××路××街34号××市司法局四楼会议室;×××市司法局每个处室派员参加;其他时间恕不接待。联系人:×××博士、舒××;电话:23331009,23333417。

7. 投标截止时间和地点:2006年5月21日(星期一)上午10:00;×××市××路262号贤达楼6层×××市政府采购中心会议室。

8. 开标时间和地点:2006年5月21日(星期一)上午10:00;×××市××路262号贤达楼6层×××市政府采购中心会议室。

联系人:×××××
联系电话:××××××
传真:××××××

Email:××××××
网址:××××××

×××市信息工程招投标中心
2006年4月18日

[简析] 这是一则就司法局办公信息系统项目进行的公开招标,标题就是文种,非常醒目。从正文看,此招标书格式规范,内容具体明确,表达清晰准确,行文虽简洁但重点突出。

2. 投标邀请书

××大学书刊投标邀请书

按照我校党委的整体部署,为增加书刊采购的透明度,做到公正、公开地采购书刊,保证我校书刊质量,降低采购成本,维护我校的整体利益。我校决定采用邀请招标的方式,对中文图书、外文图书、外文期刊进行集中捆绑式采购。特通知你单位参加本次投标。投标人必须按照招标文件的各项条款编制投标书。投标人递交标书的截止日期为2004年6月22日14时30分。对于在截止时间以后递交的投标书或未按要求密封的投标书,将被视为废标。

请投标人从2006年6月14日起到××大学图书馆领取招标文件。

招标单位:××大学

委托代理人:罗××

地　　址:四川××市建设北路××大学图书馆

邮　　编:××××××

联系人:李××

电　　话:×××××××

日　　期:2006年6月11日

[简析]　这是一则就××大学书刊进行的公开招标,标题写作"投标邀请书",也可写作"招标邀请书"。正文文字简短,只起着告知性的作用,更多的内容,应该写在"招标文件"中,包括有意投标单位需要查询具体的资料。此招标书行文虽简洁,但格式规范。

3. 投标书

培训楼工程施工投标书

根据××学院兴建培训楼工程施工招标书和设计图的要求,作为建筑行业的×级企业,我公司完全具备承包施工的能力与条件,决定对此项工程投标。具体说明如下:

一、综合说明

工程简况(工程名称、面积、结构类型、跨度、高度、层数、设备):培训楼一幢,建筑面积13200m^2,主体10层,局部2层。框架结构:楼全长80m,宽40m,主楼高32m,二层部分高9m。基础系打桩水泥浇注,现浇梁柱板。外粉全部玻璃马赛克贴面,内粉混合砂浆采面涂料,个别房间贴壁纸。全部水磨石地面,教室呈阶梯形,个别房间设空调。

二、标价(略)

三、主要材料耗用指标（略）

四、总标价

总标价5408395.20元，每平方米造价560.23元。

五、工期

开工日期：××××年3月8日；

竣工日期：××××年8月20日；

施工日历天数：514天。

六、工程计划进度（略）

七、质量保证

全面加强质量管理，严格操作规程；加强各分项工程的检查验收，上道工序不验收，下道工序绝不上马；加强现场领导，认真保管各种设计、施工、试验资料，确保工程质量达到全优。

八、主要施工方法和安全措施

安装塔吊一台，机吊一台，解决垂直和水平运输；采取平面流水和立体交叉施工；关键工序采取连班作业，坚持文明施工，保障施工安全。

九、对招标单位的要求

招标单位提供临时设施占地及临时设施40间，我们将合理使用。

十、坚持勤俭节约原则，尽可能杜绝浪费

投标单位：××建筑工程总公司（公章）

负责人：何××（盖章）

电话：××××　　传真：××××

电报：××××

附件：本公司基本情况介绍

[简析]　这是一篇工程建设项目投标书。正文先介绍了工程简况，然后说明了标价、耗材指标、工期、计划进度等，对招标书做出了明确的回答。这可以说是投标单位的正式报价单，是评标决标的依据。本投标书还包括了保证工程质量的措施和达到的等级、主要施工方法、安全措施和对招标单位的要求等。文末附上公司基本情况，让他人对乙方建立信心。是一份写得较完整、较规范的投标书。

第四章 经济文书写作

病文评改

[原文]

聘用合作合同

聘用人：北京××××化工科技有限责任公司（简称甲方）
受聘单位：×××（简称乙方）

双方本着平等、互利、诚信的原则，为在精细化工生产及开发方面进行合作以谋取良好的社会效益与经济效益，甲方特聘请乙方为甲方的技术顾问，约定如下：

1. 乙方负责甲方产品中的技术工作，并不断提高产品科技含量和工艺水平，不断提高产品质量。

2. 负责进一步开发系列化相关产品，如针对大规模机器洗涤、液体喷雾及家庭专用品等。（具体时间要商定）

3. 在为甲方工作期间，乙方为甲方开发的技术成果归甲方所有。

4. 乙方承诺严守甲方的技术秘密，不得以任何形式扩散出去。

5. 经甲、乙双方协商，乙方弹性工作制，并努力按时完成双方拟定的各项工作任务。

6. 乙方在按时完成甲方交付的各项技术工作的情况下，甲方才支付乙方顾问酬金×××元/月（包括所有费用，每月先发××元，余额年底一次付清）。

7. 甲、乙双方认定，在成熟时，共同实施乙方的"新技术成果方案"，届时有关合作事宜另行商议。

本合同未尽事宜在今后具体工作中协商解决。
聘期从2005年×月×日起，至2005年×月×日止。
合同一式两份，双方各执一份，自签订之日起生效。

聘用方：××   受聘方：×
2005年×月×日   2005年×月×日

[评析] 这是企业外聘技术人员时与对方签订的一份经济合同。企业外聘技术人员是指不属于企业正式员工，但一定期限内受制于企业，为企业提供技术服务的人员。当前，我国的许多中小企业在生产经营有一定技术含量的产品时，往往由于自身缺乏相关专业的技术人才，需要寻求外聘技术人员的技术支持。但是，由于企业对外聘技术人员往往缺乏深入了解，一旦聘用又对其缺乏像正式员工那样的内部控制能力，因此中小企业在招用外聘技术人员时，一定要与受聘者签订切实能达到聘用目

的、有较强法律约束力、内容详实周密的聘用合同,否则,不但使企业白付报酬却达不到聘用目的,还可能给企业造成其他经济损失。

这份合同存在着三个方面的毛病:

(一)标题错误,说明拟定者对"原合同"性质认识不清,写法不明。

此合同定名为《聘用合作合同》是把"聘用合同"与"技术合作合同"这两种不同性质的合同混为一谈了。外聘技术人员的聘用合同在性质上属于一般合同的一种,技术合作合同属于技术合同的一种,两者在写作上的区别主要体现在双方称谓、约定事项和报酬支付方式等方面。一般来说,聘用合同的双方分别称为"聘用单位"和"受聘人",合同要明确约定受聘人到聘用单位工作的任务、时间、方式等,其报酬通常按月支付。技术合作合同的双方通常只以甲方、乙方作为代称,其中技术服务及其成果的受用方应为甲方,技术服务及其成果的提供方应为乙方,合同内容通常只约定技术合作的内容、形式、要求和双方的投入以及技术成果的所有权和使用权的归属等,不约定供方按期到需方工作,其报酬通常是按技术成果的研究、交付期限,由技术成果的需方一次或分期支付给对方。从上述分析可以看出,这应属于"聘用合同",而不是"技术合作合同",尽管第7条中有双方将来开展进一步合作的意向性约定,但因无实质性内容,也不属于合同的履约事项。合同的标题是对合同性质、内容的错误概括。

需要指出的是,合同标题应是对合同性质和内容准确、高度的概括,它对合同当事人理解和履行合同有高度的指导性,对合同在履行期间一旦发生纠纷时诉诸仲裁或诉讼的结果也会产生一定的影响。因此在写作任何合同时,都应正确地拟定标题。对现行《合同法》中规定的15种有名合同,应正确选用法定的名称作标题;对其他没有法定名称的合同也要根据其性质和内容,拟定恰当、准确的标题。

(二)标的及其有关内容表述不清,使受聘人应尽的义务形同虚设。

合同的基本内容是对交易双方权利义务的约定。标的是合同双方权利义务所共同指向的对象,在"原合同"中体现为聘用单位要求受聘人在受聘期间完成的各项技术服务及其成果。标的体现着当事人订立合同的目的和要求,是合同的核心,因此订立合同首要的就是明确标的。所谓明确标的,就是要在合同中具体地而不是笼统地表述标的内容,对"原合同"而言,就是应该明确地表述聘用单位要求受聘人在受聘期间完成哪些具体项目的什么技术服务及其成果。然而"原合同"在表述与标的直接相关的各项内容时均不清楚,漏洞百出,从对下列条款的分析中可以看得十分清楚:

1. "原合同"第1条并未约定乙方负责甲方什么产品的哪些技术工作,也未约定提高产品科技含量、工艺水平、质量的具体指标,更未约定该项技术工作及其成果的完成时限和检验方式。

2. "原合同"第2条虽用举例的方式列出要求乙方"负责进一步开发系列化相关

产品",但仍未具体说明到底是什么产品及其要求。至于完成的时限只用括弧标注"具体时间要商定",但如何商定并无下文。

3."原合同"第5条只约定乙方实行弹性工作制,并未约定按单位时限(如每月或每周),乙方应以什么交通方式到甲方的什么地点,工作几次,每次多长时间等。

上述三条正是"原合同"与标的直接相关的数量、质量和乙方履行合同标的的时间、地点、方式等内容的条款。由于这三条应有的各项内容有的表述不清,有的根本未表述,因而使甲方的主要权利,也正是乙方的主要义务形同虚设。合同在这方面没有具体、明确的约定,将直接导致合同无法被切实、完全履行,因此产生纠纷时,表述不清的内容都有可能成为双方争议的焦点,标的需方通常会因此陷入非常被动的境地。

(三)没有违约责任和合同中止条款,使聘用单位很难及时减少损失。

违约责任是指合同的违约方应承担的法律责任,在经济合同中通常主要用规定违约方向对方支付一定数额的违约金或赔偿金的条款来体现。违约责任条款在一定程度上能约束合同当事人双方自觉切实履行合同,也能使因对方违约而受损的一方尽可能挽回或减少自己的损失。现行的《合同法》虽然规定了违约的法律责任,包括违约金和赔偿金的支付原则,但并未界定具体的数额标准。如果具体的合同中没有违约责任条款,未规定违约金和赔偿金的具体数额或计算办法,一旦发生合同纠纷,因对方违约而受损的一方很难通过法律手段挽回或减少自己的损失。因此,规范的经济合同一般都应有违约责任条款,并明确规定违约金或赔偿金的具体数额或计算办法。另外,精明的合同制订者往往还要在合同中加上一方违约另一方可以中止合同的条款,以最大限度地减少自身的损失,保护自身的利益。

"原合同"中因为没有上述两方面的条款,其合同标的和相关事项又约定不明或没有约定,受损的甲方企业在明知对方违约时却束手无策。

以上对"原合同"的剖析,只涉及其实质内容的缺陷。其实,在文字表达上也存在着粗劣、生硬的毛病,应该认真推敲。

[改稿]

聘用合同

聘用单位:北京×××化工科技有限责任公司(以下简称:甲方)

受聘人:×××(以下简称:乙方)

为了对甲方现有除油清洗剂进行技术改造和开发相关技术产品,甲方聘用乙方作为兼职技术顾问。双方本着平等、互利、诚信的原则,经过友好协商特达成如下合同条款:

一、乙方全面负责甲方产品的技术改造、研发和技术培训、指导工作,试聘期六个月,即从2005年×月×日起,至2005年×月×日止。

二、乙方应按期完成下列技术服务工作,并达到下列要求:

1. 2005年×月×日之前完成甲方现有除油清洗剂产品配方及生产工艺的技术改造,使该产品成为专用于机械设备的除油清洗剂,并在现有设备条件下,使材料成本从每吨人民币×元的基础上降低×%。

2. 2005年×月×日之前完成甲方所需产品系列化配方和工艺的研发,开发出分别适用于厨房及其设备、建筑物外墙、宾馆和酒店所用布艺品(含桌布、餐巾、洗浴和床上用品)清洗的三种除油清洗剂。

3. 上述产品及其生产工艺的质量和环保指标要符合国家相关标准,除油清洗效果要达到国产同类产品的领先水平,并能通过国家权威部门检验、同类产品清洗效果对比实验和相关专家评审验收。

4. 乙方应按甲方现有清洗除油剂生产经营及上述产品技术改造和研发的需要,及时对甲方生产和销售人员进行相关技术培训及技术指导,解决相关技术难题,从技术方面保证甲方生产经营顺利进行。

5. 乙方在甲方受聘期间实行弹性工作制,原则上应根据甲方的工作需要每周到甲方生产地工作两个半天;乙方有特殊情况不能按时到甲方时,应事先征得甲方的同意;甲方有应急需要时,乙方应及时赶到甲方。乙方到甲方工作的交通方式和费用自理。

三、乙方为甲方开发的技术成果归甲方所有,未经甲方许可,乙方不得以任何方式对外传播、扩散。乙方对甲方生产经营状况负责保密。

四、在乙方按时完成本合同规定的各项技术工作的情况下,甲方按每月人民币××元的标准支付给乙方包含所有费用的顾问酬金。其中,每月先支付××元,余款在试聘期满,乙方按期完成本协议规定的全部技术工作并验收合格后,一次付清。

五、乙方如违反上述条款应承担下列违约责任:

1. 乙方未按约定时间到甲方工作或未完成第二条第4款规定的任务,甲方有权视乙方违约情节,扣减当月计发给乙方的酬金。

2. 乙方未按期完成第二条第1款约定的任务,或连续××天不到甲方工作,甲方有权中止本合同,并扣除全部尚未计发给乙方的酬金。

3. 乙方未按期完成第二条第2款约定的任务,甲方有权视乙方违约情节,扣除尚未发给乙方的部分或全部酬金。

4. 乙方如违反第三条的约定,应赔偿因此给甲方造成的全部损失。

六、如乙方没有违约行为,甲方未按时足额支付应给乙方的酬金,甲方应承担违约责任,除应立即补发全部拖欠酬金外,还须从拖欠之日起,每日按拖欠额的×%,向乙方支付违约金;乙方有权因此终止本合同。

七、本协议自签订之日起生效,双方都应切实履行本合同,合同未尽事宜由双方在履约过程中协商解决。

聘用单位:　　　　　　　　　　受聘人:
住所:　　　　　　　　　　　　住址:
法定代表人:　　　　　　　　　身份证号:
2005 年　 月　 日　　　　　　2005 年　 月　 日

（资料来源:《应用写作》,2006 年第 4 期）

综合训练

一、名词解释
1. 合同
2. 协议
3. 意向书
4. 市场预测报告
5. 市场调查报告
6. 招标书
7. 投标书

二、实训题

1. 请你以大学环保科学研究所的名义给××化工厂写一份换文式"合作意向书"。

2. 根据下列材料写一篇市场调查报告。

洋快餐流行,肉类消费急升,膳食不均衡问题,突出我国膳食结构谷少、奶少、蔬果少。

膳食不均衡是目前国内居民最突出的问题。日前,中国营养协会称,据最新调查的《居民营养膳食与营养状况变迁报告》显示,我国 66% 的家庭存在营养问题,或者是营养不良,或者是肥胖、超重。专家认为,我国居民出现营养问题多与膳食结构不合理有关。而洋快餐以其"高油、高脂、高热量"更成为人们质疑它膳食结构不合理的代表。

日前,美国快餐巨头肯德基率先在中国大陆发动"新快餐"运动,并宣誓与传统洋快餐决裂,采取多种烹饪方式,增加非油炸类,尤其是烤类产品、蔬果类产品的比例,引导消费者均衡营养,并研发适合中国消费者口味的产品。

目前存在的营养状况:

表现一:进食谷类食物锐减。据中国营养协会介绍,在最新的调查中,我国目前有两亿多人口超重,6000多万人肥胖。这主要是与膳食有关,目前我国的膳食结构中存在动物性食物及脂肪摄入量迅速增加,谷类食物摄入下降的问题。1992年城市居民进食谷类食物为400克,2002年已下降到300克;而肉类食物则上升很快,1992年居民肉类日摄入量为85克,2002年日摄入量已飙升到183克。此外,传统洋快餐以肉类为主要食品原料、煎炸为主要烹饪方式,其油炸食品高热量、高脂肪、高油,长期食用亦致人体肥胖、超重,并引发多种与肥胖相关的慢性病。

▲专家建议:猪肉的脂肪含量很高,远远高于鸡肉、鱼肉、兔肉、牛肉等,人们应减少吃猪肉的比例,增加禽肉类摄入量。

表现二:吃蔬果太少。据了解,目前我国居民水果和蔬菜的日消费量远远低于标准水平。据调查,1992年居民日水果消费量为80.1克,2002年下降到69.3克,现我国居民日消费水果量只有45克,日消费蔬菜则由319.3克下降为251.9克。

▲专家建议:按照"膳食营养金字塔",每人每天应吃100～200克水果,400～500克蔬菜。蔬菜和水果有利于预防肥胖、糖尿病、肿瘤,应每天都吃蔬菜水果,而且还要多样化。

第五章 传媒文书写作

学习目标

通过本章的学习,应该达到以下目标:

知识目标:了解各类传媒文书的概念和特点,理解不同文种的写作要求,重点掌握文书的基本格式和写法。

能力目标:认真学习各文种的例文,领悟"例文简析",模拟写作,初步具备撰写传媒文书的能力。

第一节 广 告

一、广告的概念

所谓广告,从汉语的字面意义理解,就是"广而告之",即向公众告知某一件事,或劝告大众遵守某一规定。这是对广告的一种广义的解释,说明广告是向大众传播信息的一种手段。

广告有广义和狭义之分,它们也就有不同的特点。

广义的广告的内容和对象都比较广泛,包括以盈利为目的的商业广告和非盈利性广告。不以盈利为目的,而是为了达到某种宣传目的的广告,属非盈利性广告。非盈利性广告的例子很多,如西方国家的竞选广告,属政治宣传广告;中央电视台的"广而告之"节目,属于道德教育广告。

狭义广告是指盈利性广告,又称经济广告或商业广告,具体描述为:"广告是广告主以付费的方式,通过公共媒介对其商品或劳务进行宣传,借以向消费者有计划地传

递信息,影响人们对所广告的商品或劳务的态度,进而诱发其行动而使广告主得到利益的活动。"这样的定义,说明了如下问题:

(1)广告是一种有计划、有目的的活动;
(2)广告活动的主体是广告主,而广告活动的对象是广大消费者;
(3)广告活动是通过大众传播媒介来进行的,而不是面对面的传播,如推销员的推销;
(4)广告活动的内容是经过有计划地选择的商品或劳务信息;
(5)广告活动的目的,是为了促进商品或劳务的销售,并使广告主从中获取利益。

二、广告的特点

(一)宣传性

广告就是"广而告之",说明广告是向大众传播信息的一种手段,具有宣传性。它通过文字、语言、图画、影像等手段,把企业的商品及服务等向人们公开宣传介绍。

(二)真实性

真实性是广告的灵魂。《中华人民共和国广告法》规定:"广告应当真实、合法,符合社会主义精神文明建设的要求。"只有真实的广告才能赢得消费者的信任,才能树立良好的企业形象。

(三)效益性

任何一则商业广告的最终目的都是为了赢得一定效益的,企业做广告的目的也正如此。如果一则商业广告失去了赢得效益的目的,也会意味着失去了广告制作的意义。

(四)艺术性

艺术性就是广告通过形象的语言文字、生动的美术、美妙的音乐的综合运用所表现出来的艺术魅力和审美作用。不管是通过哪一种表现方式,广告都会讲究艺术性,这是为了吸引消费者的注意力。它通过运用各种艺术手段来突出商品的特点,通过新颖的广告创意来达到宣传的目的。这使广告不仅传播了经济信息,又使人们在精神上和视觉上得到了艺术的享受。

三、广告的种类

(1)按广告的内容分,有商品广告、企业广告、劳务广告、公关广告、服务广告等。
(2)按媒介分,有电视广告、报纸广告、杂志广告、广播广告、交通工具广告、路牌广告、橱窗广告等。

（3）按广告的作用分，有商品广告、招聘广告、劳务广告、服务广告等。

（4）按广告的表达方式分，有文字广告、图画广告、物像广告、音响广告等。

采用何种广告，要根据宣传目的的需要，根据广告的特点和告知的对象等因素来定，以达到最佳的宣传效果。

四、广告的格式与写法

由于传播媒介不同，广告的结构也各有差异。其中文字广告的结构通常包括标题、正文、附文。

（一）标题

1. 标题的类型

标题是广告的题目，它标明了广告的主旨，又是区分不同广告内容的标志。广告标题具有点明主题、引人注意，从而诱使消费者阅读广告正文、加深印象、促进购买的功能。标题可以分为几种类型：

（1）直接标题。直接以简明的文字表明广告的内容，使人们一看就知道广告的信息内涵。一般以商品、商标和企业名称作为标题来命名。例如：

a. 龙牡壮骨冲剂

b. 郑州宇通汽车厂

（2）间接标题。不直接点明广告的主题和主旨，而是用耐人寻味的词句诱人转读正文和观看广告图片。这类标题富有情趣，以引人注目、诱发兴趣为主要目的，多采用比喻、习惯常用语或富有哲理性的文学语言。例如：

a. 虽为毫发技艺，确是顶上功夫（理发店广告）

b. 万事俱备，只欠东风（东风汽车广告）

（3）复合标题。是由引题、正题、副题等三种标题组成的标题群。引题一般是交代背景，烘托气氛；正题是揭示广告的主题或主要内容；副题的作用是对正题进行补充说明。其中两组标题又可以组合，如正题与副题、引题与正题复合标题。按写作技巧分，又分直接标题与间接标题。此标题多用于内容较多、较复杂的广告。例如：

a. 永远的可口可乐（正题）

　独一无二好味道（副题）

b. 车到山前必有路（引题）

　有路必有丰田车（正题）

2. 标题的形式

标题的表达形式有多种，是写作技巧的变化运用，其目的是使广告的标题"醒目"，

吸引消费者的注意,诱发读正文的兴趣。下面介绍几种常见的写法:

(1) 宣示式标题。是如实地将广告正文的要点简要地摆明,使人一目了然,这是目前采用较多的形式。例如:

a. 新飞广告做得好,不如新飞冰箱好(新飞冰箱)

b. 原来生活可以更美的(美的冰箱)

(2) 新闻式标题。是直截了当地告之消费者新近发生的某些事实。多用于介绍新上市产品或生产企业的新措施,目的在于引起大众关心而转读正文。它也是宣示式的一种。例如:

a. 大胆的选择,意想不到的回报

b. 油漆匠发明自动粉刷机

(3) 诉求式标题。是用劝勉、叮咛、希望等口气写标题,意欲催促消费者采取相应的行动。在写作这类标题时要绝对谨慎,否则,易引起反感。例如:

a. 请不要向本店出来的女子调情,她也许就是你的祖母(美容院广告)

b. 您想上天堂吗?请来这里(旅游广告)

(4) 颂扬式标题。是用正面的方法,积极地称赞广告商品的优点。此类广告标题容易使人产生良好印象,但必须以事实为根据,切忌夸大,否则,易召人反感。例如:

a. 永远的可口可乐,独一无二好味道(可口可乐)

b. 一旦拥有,别无选择(飞亚达)

(5) 号召式标题。是用带有鼓动性的词句作标题,号召人们从速做出购买决定。此类标题多用于鼓吹时尚流行的或即时性的广告,文字要有力量,能起暗示作用,且易于记忆,使消费者易于接受广告宣传的鼓动,产生购买行为。在文学修辞上,文字应力求婉转,以回避一般人都不愿受他人支配的心理特点。例如:

a. 金利来领带,男人的世界(金利来领带)

b. 香格里拉——您平步青云的必然选择(香格里拉大酒店)

(6) 提问式标题。是通过提出问题来引起关注,从而促使消费者发生兴趣,启发他们的思考,产生共鸣,留下印象。例如:

a. 人们失去联想,世界将会怎样(联想电脑集团广告)

b. 胃!你好吗(斯达舒)

(7) 悬念式广告标题。是用令人感到好奇而一时又难以做出反应的话作为标题,使读者由于惊讶、猜想而读正文。此类标题应具趣味性、启发性和制造悬念的特点,并能引发正文作答。例如:

a. 做女人挺好(三源美乳霜)

b. 不闪的、才是最好的(创维)

(8) 对比式标题。是通过对同类商品的对比,突出本产品的独到之处,使消费者

加深对产品的认识。但有关广告条例规定,不能直接指对方名作对比,所以,对比时采用泛比为宜。例如:

　　a. 其实你不用去远方,好"酒店"就在你身旁

　　b. 一旦拥有,别无选择(飞亚达)

　　此外,还有寓意式标题,主要是利用比喻的修辞方法,使标题增加新意,加深人们的印象。这种标题形式上处处为消费者着想,容易引起消费者好感。

3. 注意事项

　　广告标题要增强广告的宣传效果,就必须兼顾读者的利益,使读者产生好奇心或给读者增加知识,使广告标题更具力量。此外,在拟订广告标题时,还应注意以下要点:

　　(1) 主题鲜明。标题是广告内容的高度概括,要使人们看到标题就能理解广告的信息内容是什么。因此,广告标题必须结合主题且要鲜明,而不能故作离奇之笔,与广告内容毫无关联。

　　(2) 简明扼要。从记忆规律来看,广告标题以 7~12 字之间为宜,虽不能做硬性规定,但还是要坚持简洁明快的原则。

　　(3) 内容具体。广告标题的内容应是具体实在的而不能含糊其辞或过于抽象,以免被人忽视,或由于令人费解而激发不起人们的兴趣。

　　(4) 个性独特。标题具有个性,且有独到之处,才有刺激性和吸引力。因此,广告标题要有创意。

　　(5) 引人注目。标题的内容只有与消费者的心理需求联系起来,诱发他们的关心、好奇、喜悦等情绪,才能够充分地发挥广告的宣传效果。因此,标题在字体、字型和位置等各方面,都应考虑视觉化和艺术化,要能引起人的注意。同时,对不同的广告宣传对象,广告标题的拟写也要有针对性,不可离题。这样,可以充分发挥广告的说服力。

　　简而言之,标题写作要求两个重点:第一,用最少的文字,表达出商品的优点、特色;第二,措辞生动,深入浅出,使人易读易记。另外,为了迅速产生好的构思,海外专家研究了七个思考方向,即给消费者以荣誉性、新闻性、优惠性、通俗性、好奇性、单纯性、忠告性。这些都是根据消费者的心理特征研究出来的。

(二) 正文

　　广告文案的中心部分,即除标题随文以外的文字说明,称为广告正文。广告的目标内容主要是通过广告正文来反映的,它起着介绍商品、树立商品的消费形象和推动购买的作用。广告正文在不同的媒介中有不同的形式。在印刷广告中,正文为文字叙述,称作文稿;在广播广告中,正文以语言叙述,叫脚本;在电视广告中,正文以语言结合画面活动来叙述,称为故事版;在实物广告中,以文字结合商品实体来叙述,作为说

明。正文的主要作用是对广告的信息内容进行描述和报道。

1. 正文的写作技巧

广告正文的写作技巧也是多样化的。在写作正文时,除要熟悉所写商品的性能、掌握住消费者的心理需求、了解市场变化动向等外,还要掌握如下要点:

(1) 突出主题。广告应有明确的主题,除了在标题中突出诉求主题之外,还应该在正文中集中地表现主题。主题是一则广告的重点,即中心意思。一则广告只能有一个主题。广告正文要切忌头绪纷繁,杂乱无章,什么都拼摆上去,这样不仅难以突出主题,反而有可能引起别人的反感。当然,如果要反映主题的不同方面,可以采取添写小标题的方式,分段叙述,使文章有条有理,脉络清晰。例如:雪碧饮料的广告——"晶晶亮,透心凉",它的诉求就突出了解渴的效果好这一主题。

(2) 定位新颖。广告在创意中,不仅要做到定位准确,而且要定位新颖。例如:雕牌洗衣粉广告《下岗篇》中就以下岗女工和懂事、体贴的女儿为主人公,真实地再现母女亲情。一句稚嫩的语言:"妈妈说,雕牌洗衣粉,只用一点点就能洗好多多多的衣服"和让人心头一热的留言:"妈妈,我能帮你干活了!"以及母亲对可爱的女儿所留下的疼爱、欣慰的泪水,再配上先哀婉后奔放的音乐,合情合理地浓缩了母女亲情的全部内涵。由此,它突破了洗衣粉生硬地宣传其功效的常规,用亲情将品牌形象植入众多消费的心中。这种广告的市场定位充满人文性、人情味,确实独特新颖。

(3) 简明易懂。广告正文要简明扼要,不说废话。广告文稿的长短虽然是根据内容的需要确定的,但可有可无的文字应一概避免。对写作的要求,在原则上以足以传达广告的全部信息为限,长而不拖沓,短而不晦涩。在语言上尽量口语化,浅显易懂。例如:新上市产品,广告文介绍应详细,而大众化产品则应简短。同时,不同媒介对广告文的要求也是不同的。印刷广告的正文可以写长些,对内容进行详细表述;而电讯广告、路牌、交通广告和橱窗等,则要求简明扼要,让人能在短时间内看明白。

广告正文的内容要具体,应真实地反映广告商品的信息,避免用抽象空洞的词句,如"价廉物美"、"品质优良"等,这也是在拟写广告正文时应注意的。

(4) 有趣、动人。广告文字不仅要有概括性,而且还要有艺术性。广告文字的艺术性,就是在广告正文的写作中,运用文学创作的手法,使广告的文字表达尽量做到生动、别致、贴切和形象,使广告富有趣味性,有人情味,这样才能使消费者感到亲切,乐于欣赏品味,从而增强记忆和联想。

2. 广告正文的形式

广告正文的写法比较灵活,不拘一格。作者可凭借奇特的创意、巧妙的构思,写出风格各异的广告。从表达方式上看,目前使用较普遍的有以下三种:

(1) 独白式。是直接向消费者阐明广告的内容。这种报导可以由第三者来进行,也可以由广告主、社会权威人士或社会知名人士作为企业代表来对产品进行陈述。

(2) 对话式。是广播广告的一种重要的形式,由两个人以上的人物对答,对广告内容进行报导,比独白式活泼生动,比平铺直叙的广告内容更有情趣,更富人情味。特别是对诉求重点能够反复说明强调,加深印象。

(3) 文艺式。是以各种文艺形式来反映广告内容,如戏剧、诗歌、散文、故事和广告歌等。这种形式能使人产生愉悦情绪,吸引消费者的注意力,并带动其思维活动。

(三) 广告口号

广告口号是广告文稿在一定时期内反复使用的并具有一定的稳定性的特定的商业用语。广告口号也叫广告语或广告标语。广告口号有很强的鼓动性和宣传效果,掌握广告口号的拟制方法及技巧是非常重要的。

1. 运用修辞

运用修辞,是为了把广告口号修饰得优美些、生动些、感人些。以生动形象的文字,准确表达广告意图。

(1) 对偶。如:推广普通话宣传广告口号"说地地道道普通话,做堂堂正正中国人";义务献血广告口号"民族在奉献中崛起,生命在热血里绵延"等,这类广告口号有节奏、有韵律,读来琅琅上口,听来和谐悦耳,给人以美感,也便于记忆。

(2) 双关。就是利用双关赋予词句几层不同的意思,从而收到耐人寻味之效。例如:"说好普通话,'知音'遍华夏","知音"二字,一语双关。利用双关创作为广告口号,能增加表现的层次性和丰富性,词浅意深,回味无穷。

(3) 对比。例如:"献出的血有限,献出的爱无限","鲜血诚宝贵,救人品更高","好人献上一滴血,病者除却万分忧",这就是利用对比创作出来的广告口号,通过鲜明的对比,给人以深刻的印象和启示。

(4) 仿拟。就是套用人们熟知的语句,使其产生一种新的意义,从而达到加深印象的效果。如:"鲜血诚可贵,助人价更高"即是化用了裴多菲的名句"生命诚可贵,爱情价更高";"但愿人长久,热血注心田"是化用苏轼的诗句"但愿人长久,千里共婵娟"。这类语句为人熟知,让人感到亲切,有利于赢得人们的好感。

(5) 比喻。例如:"血,生命的源泉,友谊的桥梁","普通话——13亿颗心与心之间的桥梁","普通话——人类沟通的桥梁;普通话——人类智慧的结晶"等,这些广告都形象生动地说明了各自的作用。

(6) 设问。运用设问,以激起人们的思考,增强感染力。如"为何血浓于水?因有爱在其中","你想为社会做点贡献吗?你愿为他人献点爱心吗?请参加无偿献血!"这些广告口号构思新颖,提问巧妙,发人深省。

(7) 回环法。例如:"现代技术,技术现代"(韩国现代集团)。

(8) 对比法。例如:"统一100,满意100"(统一方便面)。

(9) 顶针法。例如:"车到山前必有路,有路必有丰田车!"

总之,通过运用拟人、双关、对比、比喻等修辞格创作出来的广告口号,亲切、形象,富有感染力。

2. 注意押韵

如果在拟制上注意到押韵,可便于读者(观众或听众)记忆。请看以"'生态安徽'建设"为内容的广告口号:"生态安徽大家创,持续发展奔小康"、"打造生态安徽,建设小康社会"、"山川秀美,生态安徽;美好家园,小康社会"等。还有上文举到的"会说普通话,'知音'遍华夏"、"说好普通话,走遍神州都不怕"都琅琅上口,一看(听)就能记住。这些广告虽不是很经典,但在创作中注意了押韵,从而达到了琅琅上口、便于记忆的目的。

3. 利用侧面烘托

有这么一则广告文字:"自12月23日起,大西洋将缩小20%。"乍一看,令人大惑不解:"12月23日"是个什么日子?从这天起,为什么"大西洋将缩小20%"?大西洋乃世界第三大洋,面积有9千多万平方公里,将之缩小岂不是天方夜谭?原来这是美国喷气式飞机投入运营的一则广告。喷气式飞机比过去的老式飞机速度快了,乘客飞过大西洋,比原来节约了大量时间,也就相当于大西洋"缩小了20%"。这则广告不正面说喷气式飞机速度快,而说"大西洋将缩小20%",这种"侧面"说法,使人在扑朔迷离中,经过一番思索,悟出答案。此广告巧设悬念、引人注目、曲径通幽、意味深长,坐不坐飞机的人,都会被吸引,广告效果不言而喻。

再看一例:"本公司在世界各地的维修人员闲得无聊。"这是瑞士钟表公司的一则广告。"维修人员"的职责是维修"本公司"售出的产品;商业部门的售后服务手段,是吸引顾客的好措施。从几天、几月的保修,直至产品终身保修的许诺皆有。而这则广告上说维修人员"闲得无聊"是"正话反说"。"闲得无聊"是产品质量上乘,经久耐用的另一种说法,"世界各地"道出了质量好不是个别的,而是普遍的,十分巧妙。

以上两则广告,都是言在此而意在彼,侧面烘托,令人称奇。

4. 使用幽默风趣的艺术手段

交通安全广告是极常见的宣传形式。它要宣传交通安全法规,要对行人和车辆提出若干限制。通常,这类广告口号多是板起一副面孔发出警告,少不了"严禁"、"不准"等强制性的词语,这种"严肃"也是必要的,但说得幽默一点也是可以的。国外有些广告口号就很值得称道,比如丹麦首都哥本哈根街头的交通安全广告口号是这样的:"你打算怎样?以每小时40公里的速度开车活到80岁,还是相反?"

这则广告口号是针对司机的,广告口号的形式是接连的两个问句,其中提出了两种车速和伴随而来的两种结果让司机(实际也包括乘客)选择:正面的时速是40公里,这是安全的——天天开车都不超过,可活到80岁,80岁不是定数,它代表了长寿。问句中隐含的"反面"意思,那就是以80公里的时速开车,就只能活到40岁。同样,40

岁也非定数,与 80 岁相比,是个"短命"的岁数。问题问得俏皮,数字对比鲜明,司机见了笑过之后,不得不为自己的车速和寿命做出明确的选择。

美国伊利诺州的交通安全广告口号更是别出心裁:"开慢点吧,我们已经忙不过来了!——棺材匠"。广告竟然借用棺材匠的话,呼吁司机"开慢点"。"棺材"二字确实令人不寒而栗,但将署名与广告口号结合起来看,则又使人忍俊不禁。

这两则交通安全广告口号,一改板起面孔训人的架势,语言幽默,妙趣横生,使人捧腹之后,又不能不感受到警告的力量。比之"严禁"一类的话更能过目不忘。

5. 贬词褒用,引人注目

上世纪 30 年代,上海的"梁新记"生产的牙刷,在一百多家同行业厂家中,开始并无显山露水之处。老板印刷了大量的广告说明书作宣传,仍无起色。后遇一文人赠送四个字,老板茅塞顿开,以之做广告(当然还配有图),从此"梁新记"声誉鹊起,生意大发,遂成为上海"刷坛霸主"。为"梁新记"翻身的四个字即是"一毛不拔"。

众所周知,"一毛不拔"是一条贬义成语,用以形容人极端吝啬自私,用之做广告,岂不是老板自己打自己耳光?但是,当一看到宣传的具体商品是牙刷时,则不禁要拍手称绝了:牙刷之所以为牙刷,刷毛是最重要的组成部分;牙刷损坏,除了把子断裂(这是很少的),多是刷毛脱落。衡量一把牙刷质量的好坏,主要是看刷毛耐用的程度,"一毛不拔"则是质量之极至。在这里,"一毛不拔"的贬义已经荡然无存,赋之以无与伦比的褒义。"一毛不拔"的牙刷,有谁不喜爱呢?

无独有偶,北京一家老字号"王致和"是生产臭豆腐的,老板的广告口号别出心裁:"王致和遗臭万年"。这"遗臭万年"也是贬义词,形容人臭名流传,永远受人唾骂,是一句典型的骂人话。但当知道宣传的商品是"臭豆腐"时,"贬"则变成了大大的"褒"了。臭豆腐区别于其他的豆腐乳,靠的就是特殊的"臭"味,如果臭豆腐不臭,还有谁来买呢?

上面两则广告,有着异曲同工之妙,这妙处就在于把握住商品自身的特点,选择好从字面上扣合产品特点的贬义词,这样贬词褒用,既引人注目,又耐人寻味。

(四)附文

广告附文对广告正文的补充,主要是将在广告正文的完整结构中无法进行表现的有关问题做一个必要的交代。这些必要的有关问题包括:特殊的销售信息,如产品在哪里有售、消费奖励是什么内容、销售的时间是从什么时间到什么时间,对产品的背景、特点的有关的交代,需要避免的一些消费问题。常规性的内容:品牌名称、企业名称、企业或品牌的标志、企业地址等。

五、广告的写作要求

（一）真实

广告的语言必须科学、真实，只有对产品做实事求是的介绍，才能赢得顾客的信任。现在不少广告缺乏真实性，为了推销产品，滥用言过其实、哗众取宠的词汇，产品才有了点小名气，就说成是"誉满全国"，才推销一两个国家和地区，就说成是"畅销全球"。

不真实的广告虽可能一时有效，但由于直接损害了消费者的利益，绝对不可能长期赢得用户的信任，到头来，只能是得到"门前冷落车马稀"的结局。

（二）简明

当今社会"信息爆炸"，人们的生活节奏越来越快，广告要想取得最佳的传播效果，就应该在有限的时间和空间内提供准确的信息，所以广告的制作必须简洁明快，重点突出，否则就会失去公众的注意力。

（三）独特

即广告的创意要有独特性、新颖性。创意过程中，从研究产品入手，始终要围绕着产品、市场、目标消费者，有的放矢地进行有效诉求，确定广告诉求主题；广告表现形式也要新颖、别具一格、耐人寻味，创造出与众不同的艺术效果。

（四）高雅

即趣味高雅，是指广告内容的思想性好。好的广告会对受众的价值观念、道德观念、伦理观念、审美观念等产生积极影响。

例文

1. 广告一

柯达胶卷电视广告文稿

越战恐怖的炮火声，已甩在遥远的东方丛林里：吁……归来了，久别的故乡！魂牵梦萦的小镇，景物依然，爸爸妈妈等在风中的小路，喜悦的泪水闪烁在岁月折磨的眼中。玛丽奔来，金发飞舞在熏风里，樱唇绽放在暖阳下，啊！欲拥吻着碧草如茵的家园。乡邻自四方涌来，亲情涌动着山谷……

[简析] 这个电视广告文案与电视画面一起,将一幕生活情景用文学性的语言、文学性的渲染、文学性的笔法,生动而感人地表现了出来。但这种笔法、语言、句式的运用,只是为了让受众在文学的氛围里得到感染,并对能记载这种非常时刻的柯达胶卷产生感激之情和购买欲望。文学的表达,在这里完全只是广告作品实现自身目的的手段。

2. **广告二**

情谊——真的很重要

人间真情,
容不得虚假的存在。
每一次的礼尚往来,
都是情谊的交流。
所以,节日的礼物,
贵在真心内涵。
真心意,真情意,真的费加罗。

[简析] 这是一则费加罗巧克力的广告文。它是以抒情的方式来表达对费加罗巧克力的喜爱之情,赞美之意发自肺腑,溢于言表,诉求主题鲜明,让人读后留下深刻的印象,激起消费的欲望。

3. **广告三**

汾阳杏花酒广告

杏花汾酒远驰名,冽润甘芳品格清。应起太白来一醉,好诗千首唤人醒。

[简析] 这是一则文艺式的诗歌体广告。它利用杏花汾酒本身的历史内涵,营造了一种绵长的韵味,意境深远,使受众产生丰富的联想。杏花汾酒本身所具有的丰富内涵,因这诗的形式得以光大;内容与形式和谐统一、相得益彰,形象的联想展示了家喻户晓的民间传说、历史典故,迎合了人们的怀旧心理和朴素的审美情感,给受众留下了深刻的印象。

第二节 新　　闻

一、新　　闻

（一）新闻的定义

关于新闻的定义，有很多种，而在我国，最具权威性的新闻定义，是陆定一在《我们对于新闻学的基本观点》中提出的："新闻的定义，就是新近发生的事实的报道。"后来经过发展，有人提出："新闻是关于最近发生的新鲜的而有价值的事实的报道。"这都是新闻的定义，它们互为表里，在不同场合有各自不同的内涵和功能。

新闻的本源是先有事实后有新闻，事实是第一性的，新闻是第二性的。

新闻最主要的功能是反映世界的最新变动（变动产生新闻，变动是新闻之母）。记者应从事物的变动去着手寻找新闻，这是新闻记者应具有的"新闻敏感"；要从人们看得见、摸得着的变化中研究它的影响、意义，追究出更大的事件。

（二）新闻的要素

新闻有五要素，俗称五"W"。新闻要素是新闻构成的必需材料：who（何人）——指报道行为主体；what（何事）——就是新闻的事实、新闻的具体内容；when（何时）——产生新闻的时间；where（何地）——产生新闻的地点，即新闻的发生地；why（何因）——即事情是怎么发现或是发生的。

明确新闻五要素对新闻工作有两大作用：一是有助于记者采访时迅速弄清每一个新闻事实的要点，以保证新闻来源不失实；二是有助于记者迅速抓住新闻重点，尤其是在新闻导语写作中。

（三）新闻的特点

1. 真实性

新闻报道必须以事实为基础，如果脱离了事实，或是无中生有，就不成为新闻。新闻中的人物、事情、时间、地点以及数据都要做到准确可靠，这是它区别于"文学"作品的本质。真实是新闻的基础，也是新闻的生命。

2. 新鲜性

新闻是新近发生的事实的报道。包括时间上的"新"和内容上的"新"。时间上的"新"，是指最近发生、人所未知，区别于历史。内容上的"新"，是指新事物、新现象、新认识、新发现或有新的意义等。

3. 重要性

新闻报道的事实是人们需求的,能够满足人们的"新闻欲",有实用价值或消遣价值。

4. 及时性

新闻报道要传播迅速,现代新闻是通过各种新闻媒介传播的,要求在最短的时间内写作出来,并及时传播出去,报道越及时,新闻越有价值。1981年刚上任两个月的美国总统里根遇刺,美国广播公司在事情发生后7分钟就播出了这则消息。

(四)新闻的分类

按新闻内容分:政法新闻、经济新闻(工交新闻、财经新闻)、体育新闻、文教卫新闻、社会新闻;

按新闻发生地点分:国际新闻、全国新闻、地方新闻;

按新闻时间性分:突发性新闻、延缓性新闻;

按新闻与读者关系分:硬新闻、软新闻。

二、消息和通讯

(一)消息

1. 消息的概念

消息是一般只报道事情的概貌而不讲述详细的经过和细节,以简要的语言文字迅速传播新近事实的新闻体裁,也是最广泛、最经常采用的新闻基本体裁。消息虽短但也要具备新闻五要素,即:when(何时)、where(何地)、who(何人)、what(何事)、why(何故)。有的新闻学上补充了一个要素:how(如何)。在五个"W"和一个"H"中,最主要的是 what(何事)、who(何人)。写作时要认真写好这几个方面的内容。

2. 消息的特点

(1)采写发稿迅速、及时,叙事直截了当,语言简洁明快,篇幅短小。

(2)一般地说,消息具备"五要素"。

(3)在结构上,消息一般由标题、导语、主体、背景和结尾五个部分组成,一般有"倒金字塔结构"与"非倒金字塔结构"两大类。

3. 消息的类别

(1)简明消息。简明消息是新闻报道中最简短、迅速的一种体裁,又称简讯、短讯、快讯或一句话新闻。它的特点是篇幅短小,每篇通常十余字到百来字。

(2)综合性消息。综合性消息就是对同类事物的多侧面情况进行归纳综合的新闻报道的统称。它的主要特点是报道面宽,声势浩大。

(3)动态消息。动态消息是迅速及时地反映现实世界最新变动的新闻报道统称。它的特点是内容单一,字数在三五百字左右。

(4)述评性消息。述评性消息是以夹叙夹议方式传播新闻信息的一种新闻体裁,这是介于新闻报道与新闻评论之间的新闻文体。述评根据其报道的内容,还可以分为形势述评、事件述评、经验述评等。

(5)经验性消息。经验性消息是对某一部门或某一单位的成功经验进行报道的新闻形式。它不根据规律,而是用具体的事实反映经验,是对成功的具体做法的介绍。

(6)人物消息。人物消息是突出报道人物的思想、事迹的新闻形式。在这种新闻形式中,人物是消息的中心,但没有过多的细节渲染。

4. 消息的格式与写法

当我们弄清了"我要说些什么",接下来就是"怎么说这些内容",显然这涉及到了如何安排消息的结构。只要我们用心分析一下报刊发表的消息,就会发现,消息的结构比较固定、简单,大多数消息的结构都是"倒金字塔"式的,即:最重要的材料放在开头,次要材料放在后面。消息的结构具体表现为:标题、消息头、导语、主体、结尾,并在文中穿插背景材料。

(1)标题。标题是消息的眼睛,拟写得好,可以吸引读者;拟写得差,一篇好消息也会被埋没。消息的标题必须简明、准确地概括消息内容,帮助读者理解报道的事实。

消息标题的形式有单标题、双层标题和多行标题。

①单标题。即只有一个标题,简明、醒目。例如:

温总理与苏北群众过元旦

(引自 2007 年 1 月 3 日《新安晚报》)

②双层标题。双层标题分为实题和虚题。实题概括与说明主要事实,虚题是对主题、意义的阐发或对背景的交代、气氛的渲染。这种标题又分为三种:

第一种:一行作"引题",另一行作"正题"。例如:

欠债的还不了,要债的锁校门(引题)

千余名小学生"放羊"了(正题)

第二种:一行作"正题",另一行作"副题"或辅题。例如:

联合国进入"潘基文时代"(正题)

上班提前一小时;将多一些亚洲人的视觉(副题)

(引自 2007 年 1 月 3 日《新安晚报》)

第三种:两行都是实写,都为正题。例如:

险! 缆车悬困半空

救! 游客化险为夷

③多行标题。由正题(主题)、引题(眉题)、副题(次题)组成。主题:概括与说明主

要事实和思想内容；引题：揭示消息的思想意义或交代背景，说明原因，烘托气氛；副题：提示报道的事实结果，或作内容提要。例如：

知否？知否？应是贱"肥"贵"瘦"（引题）

爱吃瘦肉者，请您多付钱（正题）

本省十几个县市调整猪肉各种品种之间的差价（副题）

(2) 消息头。消息头是消息来源的一个标志，比如，"本报讯"、"新华社多伦多11月26日电"等字样。

"讯"与"电"的区别，在于前者是以邮件等书面形式传递的消息，后者是通过电报、电话、电子邮件等方式传递的消息。

(3) 导语。导语有着自己的写作规律。规律之一就是："立片言以居要"，"开门见山"，把最重要、最新鲜的事实放在最前头。这就是所谓的消息导语。它通常是消息开头的第一句或第一段。

传统的导语写作要求全面，五个"W"加一个"H"，这样对保证新闻的真实性有好处，但如果成为一条"铁律"，又会使消息头重脚轻。实践中，现在的导语写作已经走出了这个套路。求简明扼要，不能写得冗长；求特点，不能一般化；求多用实词和富有动作色彩的动词，不要用抽象名词和难懂的技术术语；求在交代新闻来源和新闻根据时，不出现长串人名、地名、官衔、机构名称等。现将常见的导语写作形式、特点及需要注意的问题做如下简介：

① 单元素导语。亦称一句话导语，或单因素导语，即在导语中只表现一个新闻事实。理想的单元素导语所表现的这一个新闻事实，应当是新闻中最新鲜、最重要、最有新闻价值的核心事实。如按新闻五要素来区分的，单元素导语具体又可分为：

第一，何人导语。这种导语一般来说，只突出报道显要或影响大的新闻人物时采用。因为这些人从事的活动，比一般人做的事情更能引起读者的关注。

第二，何事导语。一般说来，新闻事实本身的重要性或影响力超过了其他新闻要素，应当用这种导语。

第三，何时导语。读者关心的事情什么时候会发生或进行，可用此种导语。

第四，何地导语。报道一些重要或有特殊意义的地方发生重大变化的消息，常用此种导语。

第五，为什么导语。当报道一个事件的起因，比其后果更能引起人们的关注时，可用这种导语。

例如：

a. 本报讯（记者 李红鹰） 7日，武昌杨先生带着2岁的女儿到市儿童医院看病，没想到看一个"咳嗽"就要花1000多元。因此，他于昨日投诉到本报新闻110。

（第13届中国新闻奖1等奖消息作品《看个"咳嗽"要掏1065元》的导语）

b. 本报讯(记者 高坡) 从昨天起,昆山31万多农民也可以和城里人一样"刷卡"看病了!

(第15届中国新闻奖1等奖消息作品《昆山31万农民刷卡看病》的导语)

②多元素导语。一则导语中,用几个事实组合而成。这是由于客观事物是复杂的,有的新闻导语难以用一个主要事实来表达,因此,导语中需要写三个以上的主要事实时,这就是多元素导语。亦称成套式、多因素(多段落)导语。写这类导语,要防止平铺直叙,罗列事实,而应按照新闻事实之间的内在逻辑联系,有机地组合起来。例如:

a. 一位82岁高龄的离休工人,在大半辈子的伐木生涯中,为国家采伐原木3.6万多棵,成为闻名全国的劳动模范,14次受到毛泽东、周恩来等老一辈革命家的接见。离休后,他带领全家历经20多个春秋的风风雨雨,又在荒坡上种下了3万多棵树木,了却了多年的夙愿,还上了一笔他心中的"欠债"。他,就是黑龙江省伊春市实力林业局的老工人马永顺。

(第5届中国新闻奖2等奖消息作品《昔日伐木建功,今朝栽树"还债"》的导语)

b. 本报讯(记者 张虹红) 在人们印象中,联合国是个开会的地方,很少有人知道,联合国也是个蕴藏巨大商机的市场。联合国及其附属机构近日公布了4月份在全球的采购招标计划,面对一系列科技含量并不高的商品,本市众多企业却无动于衷,任商机从身边溜走。

(第14届中国新闻奖2等奖消息作品《面对商机,为何无动于衷?》的导语)

③概述式导语。这是通过用直接摘要或归纳概括叙述的办法,以一句话概括通篇报道内容或其中的精华,把新闻中最新鲜、最主要的事实,开门见山、简明扼要地写出来,给受众一个总的印象,以便提纲挈领地阅读全文。例如:

a. 本报讯(记者 丰捷) 613万考生迎来了他们人生一搏的时刻——2003年非典时期的正常高考今天静静地拉开帷幕。

(第14届中国新闻奖2等奖消息作品《北京:非常时刻,平常高考》的导语)

b. 新华社2004年3月22日电 巴勒斯坦伊斯兰抵抗运动(哈马斯)精神领袖亚辛22日凌晨在以色列武装直升机的轰炸中身亡。他的两名保镖同时丧生。

(第15届中国新闻奖2等奖消息作品《哈马斯精神领袖亚辛遭袭身亡》的导语)

④评论式导语。从评论入手或把叙事和议论交织在一起,用夹叙夹议的方法对新闻事实进行简要评论的导语,又称评述式或议论式导语,是新闻导语中较常用的一种表述方式。具体表现形式常见的有:或是先叙述事实,然后进行议论;或先作评论,再写出评论的根据,即事实。这些都能有助于突出新闻事实的意义,凝炼和升华新闻主题,从而唤起受众的充分注意,更好地发挥新闻的指导性。新闻要用事实说话,不宜滥发议论,要充分相信受众的理解力和认识水平。只有当一些新闻事实的深刻含义远非广大受众所能一下子领悟时,才有必要采用评论式导语,运用时要尽量避免撰稿人直

接公开地发表议论,而应力求让新闻中的人物出面说话。这样,既可以体现记者的观点或倾向性,其本身又是一种新闻事实,又符合新闻写作的规律。例如:

a. 新华社北京1999年8月18日电 世界各地的天文学家证实,8月18日没有发生特殊的天文现象,更没有发生地球毁灭这样的大劫难。世界各地的人们像往常那样度过了平静的一天,"天体大十字"这一"末世论"预言宣告破产。

(第10届中国新闻奖1等奖消息作品《"天体大十字"预言宣告破产》的导语)

b. 本报讯(记者 钟鞍钢) 记者在工会法执法检查中了解到,部分跨国公司在我国的企业无视我国法律,公开抵制组建工会。

(第15届中国新闻奖2等奖消息作品《部分外企无视中国法律拒建工会》的导语)

⑤对比式导语。俗话说:"不怕不识货,只怕货比货。"事物最怕比较,一比较,问题的本来面目就清楚了。写导语时也可以用对比的方法,就是将今与昔、新与旧、正与误、美与丑、善与恶、忠与奸、兴与衰、老与少、优与劣等两方面的事实情况,进行两相对比,以前者为主,后者为陪衬,形成强烈反差,更鲜明地显现新闻事实的个性特征及其意义。通常可做纵的对比,或做横的对比。由于通过对比能使好坏分明,观点突出,故对受众有吸引力。例如下面两例就是对比式导语:

a. 本报讯 昨天,一场纷纷扬扬的春雨,泪水似地撒落在银河革命公墓公安坟场的烈士墓碑上,令近在咫尺的豪华墓园与黄土一堆的烈士坟形成了强烈的反差,扫墓者不禁为之心碎。

(第8届中国新闻奖2等奖消息作品《寂寂烈士坟,纷纷春雨泪》的导语)

b. 本报讯(记者 石磊) 祖籍沧州的郑先生在沪经商数年,前不久他从上海返乡,连遇两个"没想到"。

(第13届中国新闻奖1等奖消息作品《我省交通图五年七变》的导语)

(4)主体。这是消息的主干部分。它紧接导语之后,对导语做具体全面的阐述,具体展开事实或进一步突出中心,从而写出导语所概括的内容,表现全篇消息的主题思想。应按"时间顺序"或"逻辑顺序"写作,但仍然要先写主要的,再写次要的。

 例文

参观考察似"走马灯" 一年接待费上万元 全国劳模杨洪不堪重负

"今年被评为'全国劳动模范',奖金1万元已经花去了大半,我的接待任务太重了。"6月22日,记者采访镇宁自治县募役乡斗糯村村支书杨洪时,谈起接待"上头来的人"一事,杨洪语气里充满了无奈。

杨洪带领乡亲建集镇,自己又引进新技术栽樱桃,还发动乡亲们利用村里的青山

绿水发展乡村旅游,几年时间让斗糯村发生了翻天覆地的变化,各种荣誉接踵而来。今年"五一"他又被评为"全国劳动模范",在县里市里甚至省里都算得上一个名人。

杨洪出了名,也成了各级各部门参观考察的对象,从1998年开始,他就再没有清闲过。省、市、县、乡都组织人来斗糯"走一走,看一看",杨洪的家经常"宾客盈门"。

"开始还觉得无所谓,不就是吃顿饭吗?可是几年下来一算账,接待费竟然花去了好几万元。"杨洪说,特别是近两年,只要他在家里,几乎隔一两天就有客人来访,有时一天要接待好几拨。客人中有各级政府官员,有涉农部门的干部,也有其他地州市县的慕名者;检查工作的、调研的、取经的,一拨走了另一拨接着来。"来的人多了,影响了我的正常工作,更要命的是作为一个农民,我哪来这么多接待开支?"

"其实,如果吃点家常便饭,人来得再多我也觉得没什么,可部分本地干部带了'上头'的领导来我家,就要我无论如何也得'撑面子',强调一定要'把菜搞好点',酒也要喝高档的,这让我很为难,很多时候是硬着头皮接待的。"杨洪说,有一次省里来了一个领导,陪同有10多人,吃掉他1000多块钱,他很心痛。还有一次,有一个县组队来参观,为了接待这个团队,家里摆了5桌,也花去了好几百块钱。

[简析] 本文主干对导语做具体的、全面的阐述。主要以劳模杨洪的自述的逻辑来说明参观考察的人之多,一年接待费上万元,主人公不堪重负这么一个具体事件,并进一步突出中心,表达主题思想。

(5)背景:

① 背景的含义。消息背景又称新闻背景,就是用来对新闻事实进行解释的所有事实材料。西方一位新闻学者说:"新闻背景就是用来解释新事实的旧事实。"我们知道任何事物(新闻事实)都不是孤立的,它总跟周围的事物有着千丝万缕的联系。为了使受众明了消息中所报道的事实,就必须交代背景;为了使消息深化,就必须交代背景;为了使消息增加信息量,就必须交代背景。会不会使用背景材料,是一名记者够不够格的标志之一,善于不善于使用背景是一名记者成熟不成熟的标志之一。胡乔木说:"你得在你的新闻里,每一次供给他详细的注释,纵断面和横断面的背景,色、香、声、味呼之欲出,人证物证一应俱全。这样你的新闻就叫做'立体化'了,就叫做让人明了了。"

②背景材料的种类及其作用:

第一,对比性背景材料。就是用来跟新闻事实做的事实材料。对比性背景材料的作用在于:可以显露新闻事实的特点和意义,可以阐明新闻的主题,可以表达记者的观点。

第二,说明性背景材料。就是来说明和解释新闻事实产生的原因、条件、环境以及人物的身份、特点的事实材料。它包括新闻中有关的时代背景、历史演变、地理环境、物质条件和人物的身份、资历、性格特征等的事实材料。所以,这类背景材料又分为历史背景材料、地理背景材料、人物背景材料以及事物背景材料。它们的作用在于:可以使新闻更容易理解,更全面深刻,也可以使新闻的意义更突出。

健康的生活需要口腔卫生
卫生部召开世界卫生日座谈会

[本报北京4月7日讯](记者 陈光曼) 今天是世界卫生日,今年的主题是"口腔卫生"。卫生部今天在京组织有领导、专家和世界卫生组织(WHO)代表及联合国开发计划署代表参加的座谈会,围绕"健康的生活需要口腔卫生"这个口号进行了座谈。

据介绍,龋齿被WHO认定为除恶性肿瘤、心脏病以外的第三大疾病。随着人民生活水平的明显改善,我国口腔疾病的发病率呈上升趋势,自然人群口腔疾病患龋率为60%~80%,其中城市儿童患龋率超过80%,农村为50%左右。

全国人大常委会副委员长陈慕华在座谈中说,搞好口腔卫生需要全社会的共同努力,要把口腔卫生纳入初级卫生保健工作之中,把牙防工作提到防病工作的重要议事日程。

[简析] 该消息的第二段,提供的就是说明性背景材料。如果没有这段背景材料,受众就不能深刻理解围绕"健康的生活需要口腔卫生"这个口号座谈的意义,更不能理解陈慕华在座谈会上所说的"要把口腔卫生纳入初级卫生保健工作之中,把牙防工作提到防病工作的重要议事日程"的原因。这条消息也就成了一条非常简单,没有多大意义,不会引起公众关注的一般化的动态消息。

第三,注释性背景材料。注释即注解,用文字去解释字句。注释性背景材料,就是用来帮助人们看懂新闻内容,增长知识和见闻的背景材料。它包括:产品或其他物品性能特点的说明,科技成果的通俗介绍,技术性问题的解释,名词术语的注释,文史知识、风俗人情的介绍等。它可以使新闻的言辞更通俗易懂,可以使受众增加知识和见闻。

例如:1987年,里根任美国总统期间,曾提出了一项超过1万亿美元的预算。美联社记者为了加强公众对这个数字的理解和印象,在一条简短的消息中就专对1万亿美元做了形象化的注释。

[美联社1月6日华盛顿电] 里根总统昨天向国会提出的预算,被新闻界称作美国的第一个万亿预算。

实际上这个预算是 1.0240 万亿美元。

1 万亿实际上就是 1000 个十亿，或者 100 万个百万。月亮离地球 25 万英里远，从月亮到地球 200 万个来回才能达到 1 万亿英里这个数目。1 万亿英里还意味着从地球到太阳 5376 个来回。

如果这 1 万亿难以用美元来表述的话，听听里根总统是怎么解释的。他在 1981 年 2 月 18 日向国会发表的演讲中说，1 万亿美元意味着用一千美元面值的钞票垒 109 公里那么高。

1 万亿美元足以使全世界每个人分得 250 美元。

它还意味着占美国国民生产总值的四分之一。

（6）结尾。所谓消息的结尾，就是消息的主体部分已经将新闻事实的来龙去脉交代清，作者从新闻事实的整体和阐明主题的需要做一个"结"的工作，即从全盘考虑做出进一步的总结、概括、说明或补充。它有时作为消息的最后一段，有时是消息的最后一两句话。例如：

马寅初错案彻底平反

[新华社北京 7 月 25 日电]（新华社记者杨建业报道） 7 月中旬的一个上午，往日静悄悄的北京总布胡同 32 号宅院顿时热闹起来：中共中央统战部副部长李贵专程来到这里，拜访了 98 岁的著名经济学家马寅初先生。

……

20 多年的是非终于澄清，冤案终于平反。实践宣布了公允的裁判：真理在他一边。

消息的结尾一般要做到紧扣主题，不能画蛇添足；要力求精炼，切忌空谈阔论，力避重复、啰嗦；要自然，忌生硬。有些消息并无结尾，事实说完了，也就结束了。

海拔 4161 米：总理跟我们合影

[本报格尔木玉珠峰 5 月 1 日 17 时电]（记者毕锋 李晓华） 今天 16 时 30 分，共和国总理温家宝专程乘坐火车，来到海拔 4161 米的玉珠峰站工地，与工人们共度劳动者自己的节日。

今天是第 116 个五一国际劳动节。14 时 30 分，温总理来到青海格尔木市郊 30 公里的青藏铁路南山口铺架基地。他健步走下汽车，直奔工人中间，与大家热情握手交谈。工地上，欢呼声、掌声响成一片。

"来,我们一起合个影。"总理的提议让早已激动的工人师傅们更加欣喜若狂。青工小夏非常兴奋地说:"真没想到,总理会主动同我们照相,跟做梦一样。"

"和大家在工地上过节,心里感到非常高兴。"总理对这些长年累月工作在"生命禁区"的辛勤劳动者深情地说,"建设这条世界上海拔最高、难度最大的铁路,非常不容易。""我向大家表示致敬和感谢!"

轨排成品区旁,温总理与70多名劳模合影。站在前排中间的罗发兵、李金城、马新安、程红彬最令人羡慕。他们昨天与总理同在北京人民大会堂出席全国劳动模范和先进工作者表彰大会,今天又和总理在青藏高原相聚。

15时,总理登上一列由两台东风4型高原机车牵引的铁路工作车,沿着尚未运行而被称为"幸福路"的青藏铁路新线,以70公里的时速,穿越戈壁荒滩。90分钟后,列车徐徐停靠在玉珠峰站。

玉珠峰站在全路首次采用数字无线通信网络,是全线25个无人值守车站之一,离格尔木站110公里。

天公作美,这里虽然不像南山口那样阳光明媚,但飘飘洒洒的雪花突然消失了。温总理身穿橘红色羽绒服,和蔼的笑容让大家无拘无束。职工们围在总理身边,用照相机将历史定格在"玉珠峰"站牌前。站台上100多名职工几乎人人都与总理合了影。

(资料来源:人民铁道报,2005年5月3日)

[简析] 这是一篇中国新闻奖的获奖作品。记者跟随温家宝总理的专程乘坐火车,记录下了温总理来到海拔4161米的玉珠峰站工地,与工人们共度劳动者自己的节日,并且100多名职工几乎人人都与总理合了影的新闻事实。记者鲜活地描写了当时温家宝总理与工人们共乐的情景,是一篇非常成功的消息报道。

(二)通讯

1. 通讯的概念

通讯,是运用叙述、描写、抒情、议论等多种手法,具体、生动、形象地反映新闻事件或典型人物的一种新闻报道形式。它是记叙文的一种,是报纸、广播电台、通讯社常用的文体。

2. 通讯的特点

一般来说,通讯有三大特点:

(1)现实性。通讯要求报道新近发生的有意义的事实,新时代涌现出来的新人、新事、新经验,紧密配合当前形势,为实现中心工作服务。

(2)形象性。通讯常采用叙述、描写、抒情、议论相结合的手法,要求对人对事进行较为具体形象的描写,人物要具有音容笑貌,事情要有始末情节,以此来感染读者。

(3)评论性。通讯一般采取夹叙夹议的手法,直接揭示事件的思想意义,并评说是非，议论色彩较浓，常常表现出强烈的政治倾向和流露出作者的爱憎感情。

3. 通讯的类别

（1）按内容分，通讯一般分为人物通讯、事件通讯、概貌通讯、工作通讯。

（2）按形式分，通讯分为一般记事通讯、访问记（专访、人物专访）、小故事、集纳、巡礼、纪实、见闻、特写、速写、侧记、散记、采访札记。

4. 通讯的格式及写法

通讯一般由标题、开头、主体和结尾组成。

（1）标题。通讯的标题不像消息的标题有单标题、双标题的多行标题，它一般为单标题，有的有副标题也是为了交代报道的对象和新闻的来源。例如：

a. 让和谐创业的主旋律更雄浑更响亮

b. 历史性的握手

c. 英雄携手飞天——神舟六号航天员费俊龙、聂海胜出征记

d. 索玛花儿为什么这样红——记优秀共产党员、木里县马班邮路乡邮员王顺友

（2）开头。通讯的开头不拘一格，多种多样，一般是直起式，也就是开门见山式，另一种是侧起式，也就是利用铺垫的方法，娓娓道来，再进入正题。例如：

①直起式：

这一幕发生在今年8月28日下午2时35分。湘潭新天地导游文花枝和26位游客乘坐的旅游车，行进在陕西省延安市洛川县境内210国道上。一辆牌照为豫A51659的运煤大货车，由于天雨路滑，超速超车，突然改道，占用对面车道，与湘潭市新天地旅行社团队乘坐的牌照为陕A34256的旅游车迎面相撞。顿时，旅游车被撞得严重变形，煤灰和玻璃碎渣像暴雨样袭击过来，游客一片血肉模糊。

据车祸受伤者回忆说：文花枝坐在前排，她当场晕死过去，腰以下部位被卡在座位里动弹不得，但她很快就醒过来了，便立即用手机先拨通了求救电话，然后向湘潭新天地旅行社负责人报告此事，并大声地对车内受伤者喊道："大家一定要挺住，救援人员很快就要到了，加油呀！"

②侧起式：

温家宝总理在3月5日的政府工作报告中提出，从今年起贫困地区孩子上学将免去书本费、杂费，并对寄宿学生实行补贴（俗称"两免一补"），国家将给贫困学生提供免费课本。记者昨天从全国人大代表、重庆市教委主任欧可平处得到证实，国家的课本费是按照黑白版本的价格标准拨付的。

这就意味着，贫困地区学生的课本将与城里学生所用课本颜色不同：课本分两种，一种彩版，一种黑白，城里学生用彩版，而贫困地区学生用黑白版。

昨天，在十届人大三次会议重庆代表团全体会议上，课本颜色问题在代表中间引起热烈讨论。代表们有两种观点，一种认为这是一种对贫困学生的"课本歧视"，让贫

困学生在起跑线上就感到身份不同,显失教育公平。另一种观点则认为,现在最大的问题是解决贫困孩子有书可读的问题,边远地区农村部分学生因为交不起几十元钱书费而辍学,争论课本的颜色显得较为次要,缓一步等待经济富足后再共用彩版。

据介绍,一个学生的书本费,如果是彩版,一套书将需要70多元,而如果是黑白版,则只需要35元左右。

(3)主体。主体是通讯的主干部分,是对事件进行核心报道的部分。从通讯的内容来看,结构方式主要有:

①纵式结构。按事件发展的时间顺序来安排材料或按作者对事物发展的认识顺序来安排材料。这种写法逻辑性比较强,有利于受众清晰地了解事件的始末。

②横式结构。以空间的交换安排材料的以事物的性质特征来安排材料的方法。

③纵横交错式结构。同时穿插时间和空间,两者在写作中不断地交替、渗透,这种方式在写作时给了作者更大的写作回旋余地,使作品更加显示出开放自由的形态。

(4)结尾。通讯稿一般采取自然结尾、首尾呼应、卒章显志的方式结尾。

①自然结尾。就是在作者叙述事件的最后自然结束,这种结尾通常干净利落。

②首尾呼应。在结尾段对开头提出的问题或事件的叙述的回答与照应,这种方式有利于增强对作品主旨的说明,更加鲜明地表达作者的报道思想。

③卒章显志。在结尾处点明主题或写作目的,更加直接地表达作者的看法和思想,对文章有总结作用,对受众有提示的作用。

(5)通讯举例:

①人物通讯。所谓人物通讯,就是以报道各条战线上的先进人物为主的通讯。它着重揭示先进人物的精神境界,通过写人物的先进事迹,反映出人物的先进思想,使之成为社会的共同财富。同时,也报道转变中的人物和某些有争议的人物。"金无足赤,人无完人",在写作时切不可把先进人物写成从来没有过的大智大勇、十全十美,写人叙事力求言真意切、恰如其分。

索玛花儿为什么这样红
——记优秀共产党员、木里县马班邮路乡邮员王顺友(下篇)

如果说马班邮路是一个人的长征,这条长征路上凝结着他全家人崇高的奉献。

一提到家,王顺友总是说:"我有三个家,一个在山上,一个在路上,一个在江边。"江边的家是他住在雅砻江边白碉乡老家的父母的家。这个家厚载着对他的养育之恩,他本当在父母的膝前尽忠尽孝,然而,老父亲在把马缰绳交给他的那一天告诉他:"你只有为政府和乡亲们把这件事做好了,做到底,才是我的好儿子!"一句话,交给了他如山的使命,也让他永远地负了一份做儿子的心债:是他的弟弟们在替他这个长子孝敬着老人,最疼他的老母亲活着没有得到他一天的照料,临病逝前,喊着他的名字,见不到他的身影。那一刻,他正在邮路上翻越雪山。从此,顶着蓝天的雪山,成为他心中永远的痛!山上的家是他和妻子儿女在木里城外一个叫绿音塘的山腰间建起的清贫小窝。他和妻子韩萨结婚那年,也正是他从父亲的手里接过马缰绳的那年。他们结婚20年,他在邮路上跑了20年,20年算下来在家的日子不到两年。三亩地,三头牛,十几只羊,四间土坯房,一双儿女——这个家全部是由妻子一个人苦苦撑起来的。韩萨说她自己是"进门门里没人,出门门外没人",想得太苦了就拿出丈夫的照片看看。由于操劳过度,她的身体很坏,长年生病。而这样的时刻,王顺友总是在路上。

有一次,韩萨病了,因为没有钱,去不了医院。当时儿子在学校,女儿去了亲戚家,她只好一个人躺在家里苦熬着。不知道熬了几天几夜,当王顺友从邮路上回来时,她已经说不出话来,望着丈夫,只有眼泪一股股地往下流。王顺友向单位的工会借了1000元钱,把妻子送进了医院,服侍了她3天。3天后,妻子出院,他又要上路了。握着韩萨的手,他心头流泪,轻轻说:"人家还等我送信呢!"善良的女人点点头。

这样的记忆,又何止一次两次。那一次,是邻居发现了几天不吃不喝、已经病得奄奄一息的韩萨,撒腿跑了两个多小时,赶到县邮政局报信,才保住了她一条命。而那时,王顺友离家还有3天的路程。

有人曾问韩萨,想不想让王顺友继续跑邮路?她的眼泪一下子出来了,"只要他天天在家,哪怕什么活也不干,我也高兴。可他送信送了20年,你要让他不送,他会受不了的。邮路是他的命,家是他的心哪!"

韩萨真的是最懂得王顺友的女人,这个家的确是他放不下的心。他有一本发了黄的皱巴巴的学生作业本,每一页上面都记满了他在邮路上唱的山歌,其中很大一部分是相思相盼的情歌。他说:"那是唱给韩萨的。"说这话时,他眼里有泪。

　　　　高山起云遮住山,马尾缠住钓鱼竿,
　　　　藤儿缠住青岗树,哥心缠住你心肝。
　　　　獐子下山山重山,岩间烧火不见烟,
　　　　三天不见你的面,当得不见几十天。

优美哀婉的歌词里,蕴满了多少离别之苦。

幸福因为稀少而珍贵。王顺友对家人的每一点细微处,都流淌着这个情重意重的苗族汉子的挚爱。邮路上乡亲们塞给他的好吃的东西,哪怕是一个果子,一颗糖,他从来舍不得吃一口,总是带回家,让妻子儿女品尝;每一趟出门,他总是把家里的事一件件安排好,把妻子要吃的药一片一片地数好、包好,千叮咛,万嘱咐。他对记者说:"每次从邮路上回来,当老远能看见半山腰的家时,心里就开始慌得不得了啦,巴不得一纵身就跳到家里,剩下的两小时的路,几乎是一路小跑……"

扁担挑水两头搁,顾得了一头,顾不了另一头。王顺友对家人的愧疚或许是他一辈子都无法释怀的。他说:"马班邮路总得有人去走,就像当年为了革命胜利总得有人去牺牲。为了能传达党和政府的声音,为了能让更多的乡亲们高兴,我这个小家舍了!"小家舍了,路上的家却让他付出了几乎生命的全部。在这个家,马是他的最爱。他说:"这么多年,跟我度过最苦、最难、最多的日子都是马,我跟我妻子儿女在一起的日子还没有跟马在一起的多,我心里所有的话都跟马说过!"

20年里,王顺友先后有过30多匹马,他能说得出每一匹马的脾气性格,还都给他们起了好听的名字。其中有一匹叫青龙的马,一身雪白,跟上他的时候只有5岁,一直伴他走了13年。这匹特别有灵气的马,能记得王顺友在邮路上每一处习惯休息的地方,每当天色渐晚,看到主人因疲倦而放慢了脚步时,它就会用嘴咬咬他的肩头,意思是说快点走。然后,便会独自快步向前走去,等王顺友赶到休息的地方时,它早已安静地等候在那里了。

让王顺友最为刻骨铭心的是,这匹马救过他的命。

2005年1月6日,王顺友在俘波乡送完邮件后往回返,当他牵着马走到雅砻江边直奔吊桥时,不知怎的,青龙四个蹄子蹬地不肯走了。仅差十几米远,王顺友看到一队马帮上了吊桥,他想同他们搭个伴,便大声喊:"等一等……"可他的青龙一步不动。正当他急得又拉又扯时,一个景象让他惊呆了:吊桥一侧手臂粗的钢缆突然断裂,桥身瞬间翻成九十度,走在桥上的3个人、6匹马全部掉到江中,转眼间就被打着漩涡的江水吞没了。半天,他才回过神来,抱住他的青龙哭了。

这匹马现在已经18岁,他把它寄养在了一个农户家,隔上一些日子就会去看看。他说,平原上的马一般寿命30年,而天天走山路的马只能活20年。像青龙这样的好马,他还有过几匹,但有的老了,有的伤了,也有的已经死了。县上和省里的电视台拍了不少他和马在邮路上的片子,他从来不看。因为一看到他的那些马,心头就会流泪。20年里,他给了马太多的爱。

在他每个月拿到手的800多元工资中,光买马料就要贴上200元。尽管单位每月发的70元马料费够吃草,可他还要给马吃很多包谷。他常说,马只有吃得好,身上才有力气,走路才走得"凶"。

邮路上,即使走得再苦,他从来舍不得骑马,甚至当看到马太累时,他会把邮包从马背上卸下来,扛在自己身上。

马给了王顺友太多的安慰。

他最愿看的电视节目是赛马;他最愿去的地方是马市;他最感激的人是北京密云邮政局职工哈东梅和凉山州委书记吴靖平,还有几位他叫不出名字的捐赠者,他现在的两匹马就是他们送的。记得他第一次接过吴书记送的那匹马时,来不及说一句感谢的话,一把拉过马头,双手扳开马嘴看牙口,连声道:"好马!好马!"说完就流泪了。因为他没有想到,20年,他只是干了自己应该干的事,却得到了这样贴心的鼓励。他说:"只要能走得动,我就一直走下去!"

真的无法想象没有马的日子王顺友该怎么过。前不久,他作为全国劳模去北京开会的那几天,每天晚上躺在宾馆松软的床上,就是睡不好。他说,和马在一起睡惯了,有马在,心头就安稳,没马在,心头空落落的,即使眯一会儿,又梦见自己牵着马走邮路。

三个家,三种情,三份爱。王顺友因它们而流泪,也因它们而歌唱;因它们而痛苦,也因它们而幸福。有人问,这三个家哪个最重要?他说:"哪个都放不下。"放不下,是因为连得紧。三个家,家家都连着同一颗心,一颗为了马班邮路而燃烧的心!

如果说马班邮路是高原上的彩虹,他就是绘织成这彩虹的索玛。

王顺友牵着马一步一步专注地走着,从后面望过去,他的背驼得很厉害。

在一般的工作岗位上,40岁正是一个黄金年龄,但对马班邮路上的乡邮员来说,40岁已经老了。和其他的乡邮员一样,王顺友患有风湿、头痛、胃痛等各种病症,另外,他还患有癫痫病,现在每天要靠吃药控制病情。

这位在木里的马班邮路上走得年头最长的人还能走多远呢?

他说:"走到走不动为止。"

记者问:"如果让你重新做一次选择,还会走马班邮路吗?"

"那不会变。"

"为什么?"

"马班邮路把我这一辈子的心打开了,为党和政府做事,为乡亲们做事,让我活得舒坦,敞亮!也让我觉得,自己在这个大山里是个少不得的人呢!"

"在一般人看来,一个牵着马送信的人能有多重要?"

"我们木里山太大、太穷,没有邮路,乡亲们就会觉得心头孤独了。现在我们有十几条马班邮路,十几个乡邮员,每个人跑一条路,不起眼,可所有这些路加起来,就把乡亲们和山外面的世界连在一起了,就把党与政府和木里连在一起了!"

记者的心被一种热辣辣的东西涨得满满的。

5月的凉山,漫山遍野盛开着一片一片火红的花儿,如彩虹洒落在高原,恣意烂漫。同行的一位藏族朋友告诉记者,这种花儿叫索玛,它只生长在海拔3800米以上的高原,矮小,根深,生命力极强,即使到了冬天,花儿没了,它紫红的枝干在太阳的照耀下,依然会像炭火一样通红。

噢,索玛花儿……

(资料来源:新华社建社75周年纪念文丛)

[简析] 本文就是以报道优秀共产党员、木里县马班邮路乡邮员王顺友的一篇人物通讯。它着重揭示先进人物王顺友的精神境界,通过写人物的先进事迹,反映出人物的先进思想。本文在写作时并没有把王顺友写成大智大勇、十全十美的形象,而是写人叙事言真意切、恰如其分。

②概貌通讯。概貌通讯又称风貌通讯。它是以反映社会生活、风土人情、自然风光和日新月异的建设成就为主的报道。尤其是改革、开放、搞活所带来的变化,又为这类通讯增加了新的内容。概貌通讯与事件通讯不同,它不是围绕一个人物或一个中心事件来写,也不要求写一件事发生、发展的完整过程,而是围绕主题集中各方面的风貌和特色。在表达方式上,往往运用点上具体事例来叙述和描写一个地区、一条战线、一个单位、一个点、一个方面的风貌变化,展现时代的步伐和人的思想境界的变化。一般采取"巡礼"、"纪行"、"散记"、"侧记"等形式,向读者介绍。

"太旧精神"耀三晋

山西,曾被唐代文学家柳宗元称作"表里山河",它内凹外凸,四周被群山环抱,自古多以栈隘与域外相通。

"八五"期间,国家重点建设项目、全封闭、全立交的太旧高速公路的兴起,不但揭开了山西公路建设乃至山西经济建设史上的崭新一页,同时,工程建设者们在实践中,也为世人创造了一笔宝贵的精神财富——"太旧精神"。

新春佳节前夕,中共山西省委、山西省人民政府做出决定,在全省干部、群众当中,开展学习"太旧精神"活动。"自力更生、艰苦奋斗、不屈不挠、无私奉献"。中共山西省委总结的"太旧精神",体现出改革开放的90年代山西人民开拓进取的精神风貌,反映了物质文明和精神文明建设的辉煌业绩。

知难而上太旧高速公路西起太原,东止晋冀交界处的旧关,全程144千米。路虽不算长,但沿线地貌变化大,地质情况复杂,80%的路段都蜿蜒在太行山的崇山峻岭之中,给施工增加了极大的难度。

工期短,要求高,投资少,速度快,质量上必须创全国一流水平。面对这样的条件,这样的要求,络绎不绝的外国投资者们虽屡经辗转、考察、概算,但最终都一个个地退缩了。他们啃不下这硬骨头,也不敢冒这天大的风险!怎么办?靠我们自己干!山西省委、省政府下了这决心,全省人民下了这决心!省委、省政府明确提出"修建太旧高速公路,不仅是一项重要的经济任务,更是一项重大的政治任务!"

工程于1993年5月动工。高速公路建设初期,遇到建设资金严重短缺的困难。面对这种情况,是坚定信心、迎难而上,还是优柔寡断、知难而退?在这重大抉择关头,胡富国同志带领省"五大班子"的领导赴太旧路现场办公,调查研究,统一了思想,坚定了自力更生、咬紧牙关、勒紧裤带、知难而进的决心。全省人民心系"太旧",以不同的方式大力支持太旧路的建设,踊跃捐资捐物,在很短的时间里捐资达2.3亿元,缓解了资金困难。公路沿线群众识大体、顾大局,像革命战争年代支前一样支援太旧高速公路建设,他们拆新房、迁祖坟、砍果园、献良田,做出了巨大的牺牲和贡献。

顾全大局征地拆迁,常常是施工前的一大难题。但太旧路工程却是一个例外。在不到3个月的时间里,隶属于3地(市)10个乡(镇)的18个村庄的成千上万个拆迁户,便拆迁完毕。他们就像战争年代支援前线那样全力以赴地支援太旧高速公路建设。只要筑路需要,他们拆新房不犹豫,迁祖坟不忌讳,献良田不心痛,砍果树不留恋。他们说:"太旧高速公路是咱省的经济大命脉,小道理服从大道理,小复兴服从大复兴,舍小家为大家嘛!"太旧路工程共征地1.39万亩,拆迁房屋1058户,总面积10.8万平方米,砍掉果树12万株,迁坟4240座。拆迁户们谁也不现难色,谁也没有怨言,谁也不计得失,表现出了识大体、顾大局的崇高精神!无私奉献。

太旧路工地,就像一座大熔炉,任何人,只要一投入这太旧路工地,其灵魂就会得到铸冶,其精神就会得到升华,其世界观、人生观和价值观就会得到深刻而巨大的变化与飞跃。讲政治、讲志气、讲拼搏、讲奉献,已经成为太旧人民心中的火炬和追求的目标。工地上,时时都有捷报频传,时时都有动人的事迹出现。施工项目负责人庞成,为了抢时间浇筑桥桩,竟冒着大雪在工地上坚守了三天两夜。高级工程师高德生除完成监理任务外,还分外为一项设计修改图纸,节约工程费用100余万元。

为了给太旧高速公路做奉献,长期病体的司机开起了砼灌车,新婚燕尔的夫妇把家安在工地的窝棚里,患病的操作手一边输液一边坚持施工,已经退休的老工程师重新走上了施工第一线。即使在病榻上即将告别人世之际,他还要给工程指挥部写信表述自己的心迹:建设好太旧高速公路是我的最大心愿,但是不能自始至终地参加太旧高速公路建设又是我一生中最大的遗憾!

在太旧路建设中,副总指挥刘俊谦被省委树为全省领导干部的楷模,8位党员受到省委组织部的表彰,8支突击队被评为"三项建设"优秀青年突击队,100名优秀干部、工人被火速吸收加入中国共产党,许多奋战在第一线的干部被提拔。

"太旧精神"正在三晋大地发扬光大。

(资料来源:中华新闻传媒网)

[简析] 本文是以反映三晋大地的社会生活、风土人情和日新月异的建设成就为主的报道。在表达方式上,本文运用点上具体事例来叙述和描写三晋大地的风貌变化,展现时代的步伐和人的思想境界的变化。

③小故事(小通讯)。反映现实生活中的一个片断,通常表现一人一事,线索单一而有故事情节,短小精悍,生动活泼。不能写得人物繁多、场面太大、枝节横生,否则就失去"小"的特点。

温馨留蓝天 爱心在人间
——陈太菊家人向西南航空公司致谢

3月22日下午,因丢失一年血汗钱受到西航乘务员帮助的打工妹陈太菊的两位姐姐陈太凤和陈太翠,从广汉市专程赶到成都双流机场,亲手将书有"温馨留蓝天,爱心在人间"的一面锦旗赠送给西航总经理王如岑,以表达全家人的诚挚谢意。

去年12月30日,在广东中山一童装厂打工一年的陈太菊从珠海机场乘机到成都,过安检时忙乱中不慎将12900元血汗钱丢失了。当她痛不欲生之际,西航乘务员带头为其捐款,从而感动了全机123位旅客纷纷为其解囊相助。当晚23点过,同机旅客古和强、张其君夫妇在回家整理行李时意外发现了陈太菊的钱盒,于是连夜驱车冒着浓雾赶到双流机场,将钱盒交给西航乘务部值班领导。元月一日,西航派人到广汉寻找到陈太菊后及时归还了钱盒。陈太菊得到失款后,感动不已,当场将在飞机上所得的6000元捐款委托给西航的同志,请转捐给"希望工程"。四川省青少年发展基金会接到这笔捐款后,打破常规,速将该款划拨给朱德同志的故乡仪陇县,从而使15名失学儿童得助重返校园。

"这一串串动人的真实故事,就像是导演编的,简直令人不敢相信,然而它却实实在在发生在我们自家人的身上"。陈太凤噙着泪水,满怀感慨地握着王如岑的手说:"你们培养了这么好的乘务员,我们全家人永远都会感激。"

作为全国人大代表,3天前才从北京开完人大会议归来的王如岑托着锦旗说:"推进社会主义精神文明建设,是我们共同的大事,刚召开的全国人大会议把它放在了很重要的位置。陈太菊把款转捐给'希望工程'的举动,做得很好,它对我们继续抓好安全服务工作,也是一种激励。"

据悉,陈太菊已于3月13日重返广东求职打工去了。

(资料来源:雅宾新闻网)

[简析] 本文反映现实生活中的陈太菊家人向西南航空公司致谢的这么一个片断,故事短小精悍、生动活泼,没有繁多的人物,没有太大的场面,完全在"小"的特点,却又把事件完整地叙述了。

5. 通讯的写作要求

(1)主题要明确。有了明确的主题,取舍材料才有标准,起笔、过渡、高潮、结尾才有依据。

（2）材料要精当。按照主题思想的要求,去掂量材料、选取材料;把最能反映事物本质的、具有典型意义的和最有吸引力的材料写进去。

（3）写人离不开事,写事为了写人。写人物通讯固然要写人,就是写事件通讯、概貌通讯、工作通讯,也不能忘记写人。当然,写人离不开写事,离开事例、细节、情节去写人,势必写得空洞。

（4）角度要新颖。写作方法要灵活多样,除叙述外,可以描写、议论,也可以穿插人物对话、自叙和作者的体会、感受,既可以用第三人称的报道形式,也可以写成第一人称的访问记、印象记或书信体、日记体等。通讯所报道的新闻事实,可以从各个不同的角度去观察、去反映,诸如正面、反面、侧面、鸟瞰、平视、仰望、远眺、近看、俯首、细察……角度不同,印象各异。若能精心选取最佳角度去写,往往能使稿件陡然增添新意,写得别具一格,引人入胜。

病文评改

1. 广告

[原文]

红牛广告语:"渴了,喝红牛;困了,累了,更要喝红牛。"

[评析] "红牛"这则广告几年前是家喻户晓的,它给消费者下了三个"鱼饵":"渴了,喝红牛;困了,累了,更要喝红牛。"它一下子包揽了消费者最常遇到的"渴"、"困"、"累"三大需求,并坚信,只要这样不停地诱导下去,每当消费者遇到这三方面的问题,就会条件反射式地、不假思索地想到"红牛"。

然而这可能吗?消费者说渴了,我首先想到的是矿泉水、纯净水;困了,要么睡觉,要么喝点可乐、咖啡或浓茶提提神儿;累了,赶紧休息,同时可以来点营养品、保健品之类,以免体力不支。这里哪有"红牛"的份儿!如果消费者又渴又困又累呢?可能吗?这不成了野外生存训练了。

在当今市场环境下,消费者的每一个显而易见的需求都早已被众多产品品种和品牌所占据和满足。"红牛"以为自己多功能就一定能讨消费者的喜欢,没想到消费者却不买账,其根本原因是没有搞清红牛最具价值的地方在哪里。也就是说,"红牛"没有找准消费者尚未被满足的、而"红牛"又最擅长满足的需求。

这可能就是广告主担心目标少了,市场小了,获利可能就差多了,恨不能人人成为自己的目标消费者,时时处处都喝"红牛",这是许多广告主和营销者的通病。从广告创意和写作角度讲,此广告定位不准,诉求重点不突出。

2. 新闻

[原文]

本报讯 我国外交部今天就阿联驻中国大使馆5月7日交来阿拉伯联合共和国外交部4月25日关于答复英国外交部4月台票4日声明和阿联驻中国大使馆卡里·阿利德·伊玛姆5月7日同中国外交部副部长×××的谈话照会阿联驻中国大使馆。

[评析] 这一条导语就一句话,长达106个字,而且中间不带任何标点符号。这句话到底是什么意思?在节奏有些快的现代社会里,读者在匆忙阅读之时,恐怕一下子难以理解清楚。这样的开头,不能引导读者把握这条消息的主旨,完全失去了导语的作用,是一条失败的导语。

这条导语啰嗦半天,无非是说:中国外交部今天给阿联驻中国大使馆一个照会。而照会的内容导语里又没有讲,其实应该把照会的内容中的关键性话说出来,写成导语,这样读者也就很鲜明地知道中国政府的态度了。至于这照会的产生背景和过程,完全可以在后文中展开叙述,在消息的导语中,要做到一导一个主题和形象。

综合训练

一、名词解释
1. 广告
2. 广告文案
3. 广告创意
4. 新闻
5. 消息
6. 通讯

二、简答题
1. 广告的特点是什么?
2. 举例说明广告在实际生活中的作用。
3. 常见的消息有哪些类型?在报纸上各找出两个例子。
4. 消息和通讯有什么异同?
5. 常见的通讯有哪些类型?在报纸上各找出两个例子。

三、实训题
1. 抄录你所喜欢的十则广告语,并指出它们的表现手法,评价其优劣。
2. 为学校书店写一份文字广告。
3. 为学院文秘培训中心写一份文字广告。

4. 就学校举行的新年文艺汇演写一则消息。

5. 就近期在你身边产生的有新闻价值的人或事,写一篇通讯。

6. 运用所学的消息知识,为下面的消息写一个复合式的标题。

  本报讯 前日 19 时许,在长沙湘雅医院,当白血病患者彭敦辉送走病友欧阳志成回到病房后,看到了欧阳志成留给他的 3.5 万元现金和两封信。读罢信件,捧着救命钱,彭敦辉顿时泪雨滂沱。

  家住浏阳市文家市镇伍神岭村的彭敦辉,1999 年高中毕业后苦学食品加工技术,2000 年在老家开办了食品加工厂,直到今年 1 月生意才稍有起色。去年底,他感觉到身体有些不舒服,经医生仔细检查,被确诊为白血病。今年 3 月,他来到湘雅医院住院治疗。不到半年时间,家里便负债 20 多万元。而接下来的干细胞移植手术,还需要数十万元费用。

  现年 29 岁,在隆回县山区当中学教师的欧阳志成,前年下半年也不幸患了白血病。今年 8 月 9 日,他再次来到湘雅医院治疗,恰好住在彭敦辉邻床。欧阳志成和彭敦辉的身材、脸型非常相像,而且两人都戴着帽子和眼镜。医护人员和病友都说他俩酷似亲兄弟。由于相同的命运和际遇,他俩成了一对无所不谈的好朋友,经常来到楼下散步,相约共同战胜病魔。

  前不久,欧阳志成和彭敦辉的骨髓都配上了型,只待完成干细胞移植手术,便有望完全康复。为了筹集这笔手术费用,欧阳志成和年仅 23 岁的妻子四处奔走,尽管有关部门向他伸出了援助之手,但仍有 10 多万元不能到位。在这种情况下,欧阳志成决定放弃治疗。而彭敦辉的手术费用也差一大截,由于一时借不到这么多钱,他和家人同样心急如焚。

  前日傍晚,欧阳志成不顾医护人员和彭敦辉的强烈反对,执意办理了出院手续。彭敦辉将欧阳志成送到楼梯口后,欧阳志成马上催他回去,说给他留下了一件礼物放在病床旁的抽屉里面。彭敦辉打开抽屉一看,里面是码放得整整齐齐的 3.5 万元现金,以及分别写给他和医院院长的两封信。在写给院长的信中,欧阳志成表示,他已留下遗嘱,让家人在其去世后将遗体捐赠给医院作解剖研究之用,为攻克白血病尽自己最后的微薄之力。

  彭敦辉立即跑下楼,但早已不见了欧阳志成的身影。他马上拨通了欧阳志成的手机。欧阳志成说完"我走了,兄弟保重"几个字后,便匆匆挂断了电话。(陈国忠)

欧阳志成给彭敦辉留下的信

亲爱的敦辉老弟:

  当你看到这封信的时候,我已经回家了。带着遗憾,我离开了这家挽留了我近两年生命的医院。也许这就是我们最后的诀别吧!……

几次的交往中,你的坚强与执著,你对生命的向往与热爱,让我感动不已。你在生意场上严重受挫又罹患绝症,然后还得自己独挡一方。你的人格与魅力让我钦佩。

我们虽同样有着新婚的妻子与年迈的父母,虽同样配上了型且在同胞中找到了可供移植的供者,虽同样都为昂贵的移植手术费用而绞尽脑汁,但你还有一个才出生几个月的活泼可爱的小孩,还有一大笔债务等着你去偿还……

你必须坚强地活着,为了自己,更为了别人:父母、兄弟、朋友、爱人、孩子……

这次我俩因准备做移植手术而同住一室。当我万事俱备时,却因10多万元的费用不能到位而不得不放弃。你还记得我为了经费而辗转反侧夜不能寐吗?你还记得我因功败垂成而抑郁彷徨吗?……

我现在已经彻底放弃了,尽管我是最有希望康复的!尽管我也同样的坚强!既然做不了移植手术,我就是一个垂死之人。我害怕死亡,因为我还有深爱我的年轻的妻子、白发的双亲,还有那么多帮助过我的众多的好心人。

每当我看到你为那笔数十万元的巨额移植费用而唉声叹气的样子时,我想到了身处同种处境的自己。于是,我决定在自己生命走到最后的时候帮帮你!在临走之前,我决定将自己还债后所剩的3.5万元无偿地捐赠给你用于手术。

或许这点钱可以作为我父母的一笔养老金,给他们颐养天年;或许这点钱可以给我兄弟改造那破旧低矮的木房;或许这点钱可以让我在生命的尽头得到尽情的享受……但我思索了很久之后都放弃了。

我宁愿把遗憾与痛苦留给自己,把希望与机会留给你。我这样做的唯一目的,就是希望你能用铁的事实去证明:白血病并不等于死亡!白血病并非不治之症!

敦辉老弟,在我走后,希望你能一如既往地坚强走下去,力争为白血病人做出自己的一点点努力。祝好运!

(资料来源:长沙晚报,陈国忠)

第六章 社交常用文书写作

> **学习目标**
>
> 通过本章的学习,应该达到以下目标:
>
> 知识目标:了解各类社交常用文书的概念和特点,理解不同文种的写作要求,重点掌握社交常用文书的基本格式和写法。
>
> 能力目标:认真学习各文种的例文,领悟"例文简析",模拟写作,初步具备撰写社交常用文书的能力。

第一节 启事类文书

一、启 事

(一)启事的概念

启事是机关团体、企事业单位、个人需要向公众说明某事,或者请求有关单位或广大群众帮助时所使用的一种说明事项的实用文书。启事的原意是将事情公开陈述,"启"为陈述之意,"事"即事情。这里将启事引申为说明某事或寻求帮助的一种文书。在现实生活中,常常有人将"启事"误写成"启示"。"启示"是"启发提示,使有所领悟"之意(《现代汉语词典》第五版),不是一种独立的文体,而启事则是"启告事情"的意思。所以"启事"与"启示"不能混用。

启事有的具有广告性质,可代替广告用,但二者并不能完全互相替代。如"寻人启事"不能写成"寻人广告"。启事可张贴、散发、登报、广播,也可以通过电视、网络传播。

（二）启事的特点

(1)鲜明的目的性。
(2)注重宣传效果。
(3)语言简明朴素。

（三）启事的类别

启事的种类很多，不同的角度有不同的类别。

从所涉及的内容看，可分为寻人启事、寻物启事、招领启事、招聘启事、征文启事、征订启事、征婚启事、开业启事等。

从传播的形式看，可分为报刊启事、广播启事、电视启事、网络启事、张贴启事等。

（四）启事的格式与写法

由于启事是面向公众告知有关事宜，其告知的内容要简单明确，文字简洁明了，篇幅不宜过长。启事通常由标题、正文、落款三项组成。

1. 标题

启事的标题有多种构成方式：

(1)由内容直接构成。如《征文》、《招工》等。
(2)由文种名称直接构成。如有的标题直接写《启事》二字。
(3)由内容和文种名称共同构成。如《征文启事》、《招领启事》、《"爱我中华绿化城市"征文启事》等。
(4)由主办单位、内容、文种名称共同构成。如《××学院教师节有奖征文启事》。

2. 正文

启事的正文可有多种表现形式，常见的有一段式、分段式、条款式、综合式，可根据启事需要表达的内容选择表现形式。

启事的正文在标题下一行空两格处写起。正文因启事所说明的事项不同而异。要求内容简明扼要，语言简洁，表达准确、有条理。正文后可写上"此启"或"特此启事"的结束语。

3. 落款

在正文后右下方，写上启事单位或者签署启事者名称。题目或正文中已有单位名称的可不再重复，只需写清楚联系地址、电话号码、邮政编码、联系人、年月日即可。

（五）启事的写作要求

(1)启事的目的很明确，就是为说明某个具体事项，达到告知的目的。因此语言要简明扼要，条理清楚明白，使人一目了然。

(2)启事往往有寻求的具体事项，要求常常具有针对性。因此，联系方式、地址、联系人或单位一定要写清楚，以免误事。

1. 启事一

教师节有奖征文启事

九月,收获的季节,辛勤的园丁们将要迎来第22个教师节。为展现人民教师教书育人、为人师表的职业精神和崇高责任感,表达我们对教育工作者的诚挚敬意,从8月1日到9月10日,人民网教育频道特举办教师节有奖征文活动。

征文主题:"我为人师"或"感念师恩"。

征文体裁:通讯。要求内容真实,主题突出,叙述生动,文笔清新。字数在2000字以内,可配1~3张图片。

征文时间:2006年8月1日~9月10日。我们每天将从来稿中择优发表网友的征文,在教育频道内特别推出。投稿截止日期为9月10日。

投稿要求:

1. 投稿采用电子邮件方式,发送到 jypd@peopledaily.com.cn 邮箱,来稿请注明为"征文"。稿件最好不要采用附件方式发送。

2. 为保证证书和奖品准确送到您的手中,请在来稿中写清您的姓名、身份证号、邮编、地址。

3. 人民网有权对来稿进行必要的修改或删减,如不同意请在来稿中注明。

4. 所投稿件须为原创稿件,严禁一稿多投。请自留底稿,恕不退稿。如有版权问题,作者自负。

征文评选:

本次征文设:一等奖2名,二等奖4名,三等奖10名。

活动结束后,人民网将组成评委会,从发表的征文中评出获奖作品。每位获奖者将获得证书及奖品。

欢迎广大网友积极投稿,我们感谢您的参与。

人民网教育频道
2006年8月1日
(资料来源:人民网)

[简析] 这是一篇征求稿件的启事,属于征文启事。在正文中,首先要写明征文的原由、目的、征文单位,把征文的意图交待清楚。征文的具体要求视征文的情况而定,通常包括以下一些内容:作者的条件、征文的主题、范围、体裁、字数、征文的时间、投稿方法及要求等。最后介绍征文的评选办法,要在这部分具体说明评选的时间、评委的组成、评选的各种奖项情况等。

2. 启事二

××律师事务所招聘启事

北京市××律师事务所是一所经政府司法机关批准成立的合作制律师事务所,主要从事房地产、知识产权、金融、证券、商事、劳动等方面的法律业务。因业务发展需要,经北京市人才服务中心批准,现诚聘下列人员:

一、专职律师2名。条件:(1)已具有律师资格;(2)大学本科以上学历、掌握一门外语;(3)身体健康;(4)档案存在人才交流中心。

二、文秘1名。条件:(1)女性,年龄在22岁以下;(2)能熟练使用现代办公设备;(3)身体健康;(4)高中以上学历。

我所对专职律师设有灵活的取酬方式,专职律师可以根据自己的能力做出选择。

有意者请将本人简历(附照片)寄至北京市海淀区××大街36号××宾馆619或622房间。

邮编:100080

电话:2545522-622 或 619

谢绝来访,来信必复。

[简析] 这则招聘启事简明得体,叙述严谨。简洁的言辞足以看出该律师事务所招贤纳能的诚意,所需职位分项列出。就每项而言又提出具体要求,如:年龄、性别、身体状况、学历、资格证书、特长等;接着说明招募人员受聘后的待遇;最后提出应聘者须交验的材料、寄往何处、邮编等,可谓是详而有致。启事的落款要求在正文右下角署上发表启事的单位名称和启事的发文时间。题目或正文中已有单位名称的可不再重复。

3. 启事三

寻物启事

本人不慎于八月二日下午5:00左右在乘126路公共汽车时将一公文包遗失,内有身份证、工作证及他物,有拾到者请交××市审计局×××收,定有酬谢。联系电话:139××××1258。

启事人:×××

2006年8月3日

[简析] 这是一则公开登在报缝中的寻物启事。标题"寻物启事"以较大的黑体字显示以加强明显性,引起别人注意。失主在正文中交待出失物的时间、具体地点、遗失物品以及为感谢送还者的酬谢许诺。并留下了联系人、联系电话。这则寻物启事虽然篇幅短小,但详尽具体地介绍了丢失物品的情况。一方面透露出失主的焦急之情,另一方面也体现出失主找回失物的诚意。

4. 启事四

寻人启事

张彪,男,66岁,身高1.78米,身材魁梧,脸上有明显老人斑。讲普通话。外出时,头戴浅灰色旅行帽,戴金属框茶色眼镜;着浅豆沙色夹克衫,浅蓝格绒布衬衫;外穿米色风衣,下穿旧石磨蓝牛仔裤,脚穿白色低帮旅游鞋。于2005年11月10日外出,至今未归。家人万分着急,盼早日归来。本人若见到此启事,请尽快同家人联系。有知其下落者,请与××市×××公司张骏联系,联系电话:133××××1326。定重金酬谢。

[简析] 这则寻人启事语言精炼、篇幅短小精悍、格式规范。它首先交待走失者的身份特征,如姓名、性别、年龄、外貌、衣着装束、说话口音等,这一项需要介绍得非常详细、具体,体貌上有明显特征的要特别指出,便于知情者据此进行判断以便及时联系其家人;其次是交待走失者于何时何地走失或出走的,有的还需注明走失的具体原因;最后详细交待寻找人的通讯地址或联系方式以备发现人及时联系,最终找到走失者。另外还有酬谢之类的话语,寻找人的急切焦虑之情溢于言表。

5. 启事五

招领启事

本人于三月八日下午在校园体育馆前门拾得钱包一个,内有人民币若干元,电话磁卡一张,上挂钥匙一串。望失主前来认领。

05级广电专业3班:谢超凡
2006年3月9日

[简析] 招领启事的写作要写明拾到的钱、物的时间、地点联系人以及联系方式。但注意不要写钱、物的数量和特征,以防止他人冒领。

二、海　报

（一）海报的概念

海报是主办单位向公众介绍有关电影、电视作品内容，发布比赛、演出、报告会、展览会等活动消息的招贴，是广告的一种。

海报一般张贴在公共场所，一些比较重要的宣传海报往往通过报纸、电视、广播、网络等大众媒体进行传播。

（二）海报的特点

(1) 内容真实准确，图案新颖。
(2) 语言生动精炼，篇幅短小。
(3) 制作精致美观，传播迅速。

（三）海报的类别

海报的种类很多，不同的角度有不同的类别。

从传播的内容看，可分为演出海报、讲演海报、比赛海报、展览海报等。

从传播的形式看，可分为报刊海报、广播海报、电视海报、网络海报、张贴海报等。

（四）海报的格式与写法

海报的宣传号召性很强，其宣传的目的是希望人们参与活动，但没有约束性，所以用语既要实事求是，又要有鼓动性。形式上要尽量活泼些，还可配与活动内容有关的宣传画、漫画等，突出视觉效果。

1. 标　题

海报标题的写法多种多样，标题的位置也可根据排版设计任意摆放。常见的有以下两种形式：

(1) 用文种名称作标题。有的海报标题只写"海报"两字。
(2) 用内容作标题。如宣传《谭木匠》画册的一则海报标题是"梳子：指齿间的幸福"。

2. 正文

宣传、娱乐性的海报正文往往是文图相配，增强宣传效果。一些会议、比赛的海报说清了活动内容、地址、时间、参加的具体方法及一些必要的注意事项即可。结尾处表明主办方的欢迎态度，如"欢迎大家准时参加"。

3. 落款

在正文下方，写上活动主办单位名称。题目或正文中已有单位名称的可不再重复。

（五）海报的写作要求

(1)海报强调广告宣传效果,如在正文首或正文末加上排列整齐的标语,起渲染吸引作用。但宣传鼓动不能损害海报的真实性。

(2)为便于阅读,篇幅要尽量短小。

(3)海报有很强的商业目的,渲染的气氛要尽量热烈,达到最充分的商业效果。

1. 海报一

海　报

特邀××学院××教授主讲××××学术论题。

××讲座形式:视频为主,辅以讲解。

发送时间:××××年×月×日至×日,每晚×时至×时。

地点:××学院报告厅。

入场办法:×月×日起在本馆门口售票处售票,每票××元。

2. 海报二

学术报告会海报

为纪念五四运动八十周年,特邀校友××博士来校作学术报告。

题目:知识经济时代的学习和工作

时间:5月4日14点

地点:校礼堂

欢迎全校师生踊跃参加!

校学生会

1999年5月2日

[简析]　这是两张张贴于学校宣传栏的有关学术讲座的海报,是高校比较常见的信息传播形式。其内容言简意赅,其形式简单明了,其制作简易快捷,是应用普遍的海报表现形式。

3. 海报三

一元钱存款

　　用手掬一捧水，水会从手指间流走。很想存一些钱，但是在目前这种糊口都难的日子里，是做梦也不敢想的。先生们、女士们，如果你们有这种想法的话，那么请您持一本存款簿吧。它就像是一个水桶，有了它，从手指间流走的零钱就会一滴一滴、一点一点地存起来，您就会在不知不觉中，有一笔可观的大钱了。我们千代田银行是一块钱也可以存的。有了一本千代田存款簿，您的胸膛就会因充满希望而满足，您的心就能在天空中飘然翱翔。

（资料来源：www.oa77.com）

　　[简析]　这是一则银行的海报。二战后，日本经济很不景气，享有盛誉的三菱银行，也更名为千代田银行。名字的陌生，带来的是生意的冷清，银行终于在一天想出了"一块钱存款"的策略。但一块钱实在太少了，顾客们未上门存款，在此情况下，千代田银行发出了这份海报。"一元钱存款"这则海报历经50年而流传下来，被人们称颂。

　　这则海报具有强烈的广告宣传性、商业性。海报形象地把存款簿比作水桶，把零钱比作点滴水珠，积少成多便成为可观的大钱，小小存款会使人们拥有希望与满足。比喻形象生动，语言热情诚恳，文字简洁明了。全篇海报充满了自信、乐观的情绪，使顾客在不知不觉中受到感染，达到这则海报的商业宣传效果。

第二节　礼仪类文书

一、请柬、邀请书

（一）请柬

1. 请柬的概念

　　请柬是机关团体、企事业单位、个人为邀请宾客参加某种活动时所使用的一种书面形式的通知，是书信的一种。一般用于邀请开展某项工作、举行重要会议或参加各种表示吉庆的纪念活动，如婚宴、诞辰等。发送请柬是为了表示对客人的尊重和所举行活动的隆重。请柬通常又称作请帖。

2. 请柬的特点

（1）外观制作精美，装帖讲究。请柬一般用于邀请客人参加某项重要活动或喜庆仪式，因此请柬的外观制作要求美观、大方、精致，与活动或仪式的气氛相吻合。

（2）文字表达流畅，雅俗共赏。作为礼仪交往的媒介，请柬的文字表达既要通晓明白，又要优雅大方。

（3）内容准确概括，事由明确。请柬要将活动或仪式的时间、地点、事由交代清楚，使被邀请的人及时做出决定，准时赴会。

3. 请柬的类别

请柬从不同的角度划分有不同的类别。从请柬的用途分，可分为会议请柬、活动请柬、工作请柬等。从请柬的形式上看，又分为横式写法和竖式写法两种。竖式写法是从右边向左边写。

4. 请柬的格式与写法

请柬是邀请宾客参加某种活动，要告知参加活动的内容、宾客需要注意的事项，内容简单明了，措辞热情大方，篇幅短小精悍。请柬通常由标题、称呼、正文、落款四部分组成。

（1）标题。封面上"请柬"（请帖）二字就是标题。一般情况下，请柬的封面已直接印上"请柬"或"请帖"的字样。文字常用美术体，文字的色彩可以烫金，常用图案装饰等。

（2）称呼。标题下顶格写出被邀请者（单位或个人）的名称，称呼后加冒号。顶格书写名称，表示对被邀请者的尊重。如果是写给个人的，称呼前可加上恰当的修饰语，如"尊敬的"之类；称呼后可加上适当的职衔或尊称，如"局长"、"老师"、"先生"、"女士"等。

（3）正文。请柬的正文要写清活动的名称、时间、地点、方式及相关的要求。如请人表演或参加晚会要注明"请准备节目"、"请穿晚礼服"。注意用词的诚恳、得体。

正文的结尾是另起一行空两格写上礼节性的问候语或恭候语，如"此致、敬礼""敬请光临"等。

（4）落款。在结尾后右下方，署上邀请者（单位或个人）的名称和发柬日期。

5. 请柬的写作要求

（1）请柬是用来邀请宾客的，在款式设计上，要注意艺术性，与活动的格调要一致。装帖精美的请柬往往使人心情愉快。

（2）请柬的内容要简洁明确，使人一目了然；措辞要热情诚恳、庄重得体，使人乐于接受。

第六章 社交常用文书写作

 例文

1. 请柬一

请　　柬

×××先生：

　　兹订于 2006 年 8 月 10 日至 8 月 18 日，在××大厦召开××家电展销会。并于 8 月 10 日中午 11 时 30 分在华侨大酒家举行开幕典礼，敬备酒宴恭候。届时敬请光临。

××电器有限公司敬约
2006 年 8 月 1 日

2. 请柬二

请　　柬

×××女士：

　　兹定于 9 月 12 日晚 7：00～9：00 在市政协礼堂举行中秋茶话会，届时敬请光临。

此致

　　敬礼！

××市政治协商会
2006 年 9 月 10 日

[简析]　以上两篇请柬语言精炼，语气诚恳，时间、地点、事由交代清楚，显示出举办方的诚意和对客人的尊敬。均为内容完备、简洁明确、格式规范的请柬。

3. 请柬三

××电视台：

兹定于五月四日晚八时整，在××学院大礼堂举行【五四】青年诗歌朗诵会，届时恭请贵台记者光临。

××学院团委

二〇〇一年五月二日

[简析]　这是一个竖排形式的请柬。竖排是最为常用的形式，它符合中国人阅读、书写的文化传统。当然，在购买已印制好的请柬时，可根据对方的实际情况选择合适的请柬版式。另外在书写请柬时，先选好字体，同时应注意字体的大小疏密、排列等问题，务必做到美观大方。

（二）邀请书

1. 邀请书的概念

邀请书是机关团体、企事业单位、个人为邀请有关人士参加某种活动所使用的专用书信。邀请书又称邀请信。

2. 邀请书的特点

邀请书同请柬相比，既有相似之处，又有一定区别。

（1）内容长短不一。邀请书有比较详细的邀约内容，篇幅较长；请柬内容单一，篇幅较短。

（2）礼仪性质有差别。邀请书具有邀请的功能，有礼仪色彩，但缺乏请柬的庄重严肃性。

（3）制发者有区别。邀请书的制发者一般是机关、团体、单位；请柬的制发者既可以是机关、团体、单位，也可以是个人，如结婚请柬。

3. 邀请书的类别

邀请书同请柬一样，从它的用途分，一般可分为以下三类：

（1）会议邀请书。为举行某种会议而发出的邀请书。

（2）活动邀请书。为开展某种活动如开业典礼、校庆等活动而发出的邀请书。

（3）工作邀请书。为进行某种工作如评审、鉴定、论证等工作而发出的邀请书。

4. 邀请书的格式与写法

邀请书属于书信一种，其格式与书信的格式基本一致。通常由标题、称呼、正文、落款四部分组成。

（1）标题。邀请书的标题一般有两种形式：一是单独以文种名称组成，如"邀请书"、"邀请信"；二是由事由和文种名称共同组成，如"关于出席××经济论坛的邀请书"。

（2）称呼。标题下顶格写出被邀请者（单位或个人）的名称，称呼后加冒号。如果是写给个人的，称呼前可加上恰当的修饰语，如"尊敬的"之类；称呼后可根据需要加上适当的职衔或尊称，如"局长"、"老师"、"先生"、"女士"等。

（3）正文。邀请书的正文要写清活动的名称、时间、地点、方式及注意事项。活动的具体事宜和要求务必在邀请书中写清楚。若附有票、券等物，应同邀请书一起送给被邀请的对象。注意用词的准确、周详。

正文下空两格写上礼节性的问候语或恭候语，如"此致，敬礼"、"恭候，莅临"等。

（4）落款。在结尾后右下方，署上邀请者（单位或个人）的名称。另起一行注上发信日期。

5. 邀请书的写作要求

（1）邀请书内容比请柬详细。为使被邀请对象有备而来，邀请书要尽可能地写出各种事项,使活动主办的单位或个人减少一些意想不到的麻烦。

(2)邀请书的语言要简洁明快,措辞要礼貌恭敬,显出邀请者的诚意。

(3)邀请书要提前送达,以使被邀请者有所准备。

1. 邀请书一

邀 请 书

尊敬的×××教授:

我学院决定于2006年8月10日在省城××宾馆举办中国文学文艺理论报告会。恭请您就有关中国文学的现状与发展发表高见。务请拨冗出席。

顺祝

健康!

联系人:×××

××省文学研究会

二〇〇六年八月二日

[简析] 这是一则为举行会议而发出的邀请函。语言精炼概括,很短的篇幅,举行会议的时间、地点、主题都介绍得清清楚楚;用词恭敬得体,处处显示出主办方对被邀请者的尊重。

2. 邀请书二

庆"元旦"亲子文娱活动邀请函

家长朋友们:

新年好!

新年的钟声即将敲响,它震撼着我们每个人的心灵! 新年的歌声即将唱起,它播撒着我们灿烂的笑容! 在这举国欢庆的日子里,请接受我们——幼儿园孩子王的深深祝福:祝福你健康、快乐! 祝福你好运连连!

欢乐的日子里少不了孩子们的身影,他们为了"元旦"的到来,认真地排练各种文娱活动:有的参加大合唱,有的参加歌舞表演,有的参加竞猜游戏……总之,他们用自己独有的方式在迎接新年的到来! 你想看到他们翩翩起舞的身影吗? 你想听到他们清脆响亮的歌声吗? 你想与自己的宝宝一起参加游戏吗? 你想与宝宝一起为曾经的"2005"喝彩,为即将到来的"2006"憧憬吗? ……这么多的"你想吗"在诱惑着你,那就请你暂且放下手头的工作,以愉快的心情接受我们真诚地邀请——邀请你在本周星期四(12月29日)的下午两点二十分,准时来园参加我们中(1)班"你来·我来·大家来;欢天·喜地·迎新年"的文娱汇演吧!千万不要迟到噢!你会在演出中感受宝宝的成长与快乐,健康与聪明!你的到来一定会让宝宝开怀大笑的!

请你来参加节目的同时,还要请你配合我们做好以下几项工作:

1. 文娱汇演中有很多亲子竞争游戏,有的还涉及体力、智力,因此最好有孩子的爸爸、妈妈参加。

2. 请各位家长帮助孩子穿好统一服装:女小朋友一律穿红色毛衣、黑色裤子;男小朋友一律穿黑色毛衣、牛仔裤;所有小朋友外面罩上一件最漂亮的大衣,为模特表演做好准备。相信经过你的巧手打扮,你的宝宝将是最出色、最漂亮的!

3. 演出的最后一个活动为《水果拼盘》大制作,所有的家长都要参与,可以先在家里练习一下,以便在比赛中能取得好成绩。周四下午来园时,请带好所有的制作材料:各种水果(品种尽量多一些,如:香蕉、苹果、柚子、甘蔗、桔子、黄瓜、小番茄等),一把水果刀、一只大盘子等。相信你会为孩子带来惊喜与笑声!

4. 记住:一定要准时!

家长朋友们!来吧!让我们一起在欢声笑语中迎接新年的到来!一起在新年的脚步声中默默祈祷!你的祈祷就是我们的祝福,我们期盼着你的到来!

××幼儿园中(1)班

二〇〇五年十二月二十七日

(资料来源:大秘书网)

[简析] 这篇活动邀请信写得热情洋溢、明朗欢快,使被邀请对象提前感受了即将举行的亲子娱乐活动的喜庆气氛。除了具备邀请信所必须的基本要素,如活动的时间、地点、内容等,这封邀请信还将家长所要做的准备、注意事项一一列出,事无巨细,显示出主办者心思细致、考虑周详。发自肺腑的祝福的话语、具有鼓动性的语言,不仅符合主办者的身份,更是具有文学感染的魅力。相信家长看了这样的邀请信一定会跃跃欲试的。

3. 邀请书三

新春晚会邀请信

××先生:

仰首是春、俯首成秋,××公司又迎来了她的第九个新年。我们深知在发展的道路上离不开您的合作与支持,我们取得的成绩中有您的辛勤工作。久久联合、岁岁相长。作为一家成熟、专业的公司,我们珍惜您的选择,我们愿意与您一起分享对新年的喜悦与期盼。故在此邀请您参加××公司举办的新年酒会,与您共话友情,展望将来。如蒙应允,不胜欣喜。

　　地点:××宾馆

　　时间:××××年×月×日

　　备注:期间抽奖,请随赐名片

××公司

×月×日

(资料来源:中国范例网)

> [简析]　这是一篇谨严有序、措辞恳切的邀请信。于简洁、概括的语言中,包含着所有邀约的元素。行文流畅,用语得体,无赘语晦言,十分好读。

二、介绍信、证明信、推荐信

(一)介绍信

1. 介绍信的概念

介绍信是行政机关、社会团体、企事业单位派遣人员前往有关单位洽谈事项、处理公务或参加各种社会活动时所使用的一种专用书信。

2. 介绍信的特点

(1)具有证明的作用。介绍信是机关团体必备的具有介绍、证明作用的书信,它是有关单位与对方单位联系的凭证,其目的在于证明被介绍人的身份、说明其来意。

(2)具有证明的时效性。介绍信通常都列出一定的时间期限,是一种在一定期限内才具有实用性的专用文书。

3. 介绍信的类别

介绍信一般可以分为手写式介绍信和印刷式介绍信两种。

(1)手写式介绍信一般用单位的公文纸或单位自制的信笺书写,最后加盖公章。

(2)印刷式介绍信常由两部分构成,右边(或下边)是介绍信文本,左边(或上边)是存根,中间以间缝虚线隔开。介绍信的内容格式等已事先印刷出来,使用者只需填写姓名、单位加盖公章即可。

4. 介绍信的格式与写法

介绍信一般由标题、称呼、正文、落款四部分组成。不同形式的介绍信的写法,其格式内容也略有差异。

(1)标题。首行正中写上或印好"介绍信"三字,字号较大。标题下方一般有编号,既便于查核,也增加严肃性。

(2)称呼。标题下左侧顶格写明所联系的单位或部门,称呼后面用冒号。

(3)正文。介绍信的正文要另起一行,空两格写介绍信的内容。介绍信内容包括以下几点:首先要说明被介绍者的姓名、年龄、政治面貌、职务等。如果被介绍者不是一人还需注明人数。政治面貌和被介绍者的年龄有时可以省略。其次要写明接洽或联系的事项以及向接洽单位或个人所提出的希望和要求等。在正文的最后注明本介绍信的使用期限。

正文下空两格写上"此致,敬礼"等表示祝愿和敬意的话。

(4)落款。在正文后右下方,写上本单位名称及年、月、日,并加盖单位公章。

5. 介绍信的写作要求

(1)要填写被介绍人的真实姓名、身份,不得编造或冒名顶替。

(2)介绍信中需办理的事项要写清楚,与此无关的不要写。要简明扼要,不可太长。

(3)介绍信一定要加盖公章。

(4)有存根的介绍信,存根联和正式联要内容完全一致。留有存根的介绍信中间有间缝虚线,虚线部分有编号(数字要大写),此处编号应与标题下方的编号一致。虚线与编号之间也要加盖公章。

(5)介绍信书写要工整、清楚,不得任意涂改。如有涂改的,必须在涂改处加盖公章。

(6)一份介绍信只能填写一个单位。

1. 介绍信

介绍信

××报社:

　　兹介绍我单位××同志等×人(均系我单位工作人员),前往贵处联系06级学生实习事宜,望接洽为盼。

　　此致

敬礼!

×××学院(章)
二〇〇六年三月八日

2. 介绍信存根

××字第××号

　　兹介绍×××等同志×人前往×××联系×××。

××××年×月×日

第..............号..............

介绍信

××××：
  兹介绍×××等同志×人，前往你处联系××××，敬请接洽并予以协助。
  此致
敬礼！

                     ×××××（公章）
（有效期×天）   ××××年×月×日

[简析] 例文一是不带存根的手写式介绍信，语言简明扼要，内容一目了然。例文二是一式两联的带有存根的印刷式介绍信，存根联与正式联由间缝上下隔开。在存根部分，有标题"介绍信(存根)"，第二行需要填写编号，正文处依次填上姓名、人数、相关身份内容及前往何处需办理什么事等，结尾注明日期即可。正式联与存根内容大体一致，不再详述，但在结尾处要写些祝愿或敬意的话，还要写上介绍信有效期限，署上单位全名并加盖公章，注明日期。

（二）证明信

1. 证明信的概念

  证明信是以行政机关、社会团体、企事业单位或个人的名义实事求是地证明某人身份、职务、经历或有关事情的真实情况时所使用的一种专用书信。

2. 证明信的特点

（1）凭证的特点。证明信是持有者用以证明自己的身份、经历或某个事件的真实性，具有凭证的作用。证明信强调的是证据确凿，确有其事。出具证明信的单位或个人一定要严肃认真，提供事实情况，对所证明的人或事负责。

（2）采用书信体。证明信是一种专用书信，和书信的写法基本一致。

3. 证明信的类别

  证明信的类别，从开具证明者角度分，可分为以下两类：

（1）组织证明信。这一类证明信多是证明某人曾在或正在该单位工作。它可以证明此人的身份、职务、经历以及与单位相关的真实信息。有关材料一般来自该单位的档案，或经过调查研究取得。

  以组织名义所发的证明信可采用普通书信形式，也可用留有存根的印刷式。

（2）个人证明信。这类证明信由个人依据事实书写。证明信的内容完全由个人负责。

4. 证明信的格式与写法

  不论哪种形式的证明信，其结构都大致相同，一般都由标题、称呼、正文、落款等组成。

（1）标题。通常有以下两种写法：一种是在第一行中间写上"证明信"、"证明"；另一种由事由和文种名共同构成，也写在第一行中间，如"关于×××同志××情况（问题)的证明"。

(2)称呼。标题下左侧顶格写明收信单位名称或个人姓名,称呼后面用冒号。

(3)正文。证明信的正文要另起一行,空两格书写。证明信内容要根据事实,写清楚被证明的情况。正文最后通常写上"特此证明"。常用的敬语则可写可不写。

(4)落款。在正文的右下方,写上证明单位或个人的姓名称呼,成文日期写在署名下方,并加盖公章、私章。

5. 证明信的写作要求

(1)证明信的内容务必实事求是、严肃认真,要言之有据。

(2)证明信的语言要十分准确、措辞肯定,不能含糊其辞。证明信不能用铅笔、红色笔书写,若有涂改,必须在涂改处加盖印章或按手印。

(3)任何类型的证明信都要加盖公章、私章,或按手印,否则无效。

1. 证明信一

证明信

××厅××处:

　　××同志,女,现年35岁,二〇〇三年九月考入我校学习,系×××教授的研究生,现已完成全部课程的学习。已顺利通过学校公示,即将颁发研究生毕业证书。特此证明。

　　此致

敬礼!

××大学校长×××(签名)
××××年×月×日

2. 证明信二

证明信

××学院:

　　×××同志在我厅工作期间,政治上积极要求进步,工作上兢兢业业,业务能力突出,与同事关系融洽。曾于2005年被评为厅先进工作者。

　　特此证明

××厅政治部(公章)
××××年×月×日

[简析] 以上两篇例文都属于组织证明信。语言简洁、准确,事实确切,格式规范。均在证明人或证明单位处加盖公章、签名,增强了证明的可靠性。

3. 证明信三

证明信

××日报社:

贵报1998年8月9日第一版《寻访"8.7"交通肇事目击者》一文我看到了,我就是当时目睹大卡车肇事和赵琴女士(此前我并不知道她的名字叫赵琴)热心救人的"绿衣人",现将我当时目睹的情况证明如下:

1998年8月7日晚11时,天正下雨,我披一件绿色雨衣(该雨衣是一位外国朋友送的,国内没有生产,所以特别醒目)从朋友处回家,我当时由南向北在福安路上走,行至××银行门口,一个中年妇女(即赵琴女士)站在屋檐下向我招呼,并用东北口音问我附近有没有柜员机。我俩正说话,一辆大卡车从北向南飞快地开过来,随后只听到一声怪异的急刹车声音,我们回过身,发现那辆车在离我们大约20米处撞倒了什么东西,在我们急忙赶过去的时候,那辆大卡车已经匆匆发动起来开走了(我留意到车牌号码的尾数好像是"37")。我们过去一看,路上躺着一个老人,身边一辆手推车被汽车轧烂了(这条路我刚刚步行走过来时,路上未见这位老人和轧烂的手推车),此时正好有一辆出租车过来,赵琴女士就招呼我一起将老人扶到车上,我因为要赶回家准备第二天一早飞往加拿大出差,心里很急,又看看老人不至于有什么生命危险,就拿出100元钱交给赵琴女士,随后就自己回家了,万没料到赵琴女士因此而蒙冤含屈。

××日报社,我因业务忙碌,近期又将飞往加拿大,谨以此信证明:

一、"8.7"交通肇事案的肇事者是某大卡车司机,车号尾数大约是"37"。

二、在此案件中,赵琴女士是一个热心救人的好人。

请贵报代我向赵琴女士致以崇高的敬意,如有必要,我愿出庭作证。

特此证明

刘××(盖章)

一九九八年八月二十三日

(资料来源:中国公文网)

[简析] 这是一篇以个人名义所发的证明信。首先用语严谨,对某些不太确定的事不是含糊其辞而是经过自己仔细回忆后,以严肃慎重、实事求是的态度写出自己的亲眼所见,写清了人物、事件的本来面目。其次,目击者刘××还写出虽然自己因业务忙碌,近期将飞往加拿大,但若有必要愿意出庭作证等来增强所写的证明材料的真实性与可靠性。从整体来看,这则证明信内容具体,语言准确,言之有据,行文之中透出作

者高度负责的精神以及实事求是、严肃认真的处世原则。另外这则证明信书写规范、一气呵成。正文结束后写上"特此证明"四个字,并在署名处加盖私人印章。这些都使证明信成为有效的凭证,起到证明事实真相的作用。

(三)推荐信

1. 推荐信的概念

推荐信是一种向用人单位或别人推荐某个人去做某事,以便别人采纳的专用书信。

2. 推荐信的特点

(1)实事求是地荐贤举能。写推荐信,是推荐者向用人单位或他人推荐自己了解的优秀人才,被推荐人要能够为用人单位所用。要实事求是地写清楚被推荐人的基本情况和值得推荐的理由。

(2)实事求是地自我介绍。写推荐信,通常推荐人应在书信的前面做自我介绍,然后再介绍被推荐人的有关情况。

3. 推荐信的类别

推荐信的类别,从推荐者角度分,可分为以下两类:

(1)自荐信。所谓自荐信是指写信人为了在某单位谋求一份工作或在本单位谋求更好的职位而写的一种推荐自己的信件。

(2)推举信。这类书信是由推荐人向单位或个人推荐别人。

4. 推荐信的格式与写法

不论哪种形式的推荐信,其结构都相同,一般由标题、称呼、正文、落款等组成。

(1)标题。推荐信的标题就是在第一行正中写上"推荐信"三个字。如果写与收推荐信的双方是较熟的朋友关系,可以不写标题。

(2)称呼。标题下方左侧顶格写明收信单位名称或个人姓名。若是个人,常在姓名后加上其职务或"同志"、"先生"等敬称。称呼后面用冒号。

(3)正文。写给单位的推荐信,一般是开门见山直说其事,直接写明被推荐人的有关情况及推荐的理由。写给个人的推荐信,通常在开头问候对方,写几句客套话,介绍自己的身份以及与被推荐人的关系;接着详细介绍被推荐人的有关情况,如学历学位、专业特长、外语水平、业务能力等;最后提出请求,表达自己促成此事的愿望,并向对方致以感激和祝福之情。

(4)落款。在正文的右下方,署上推荐者的姓名以及成文日期。

5. 推荐信的写作要求

(1)推荐信一般是受人之托,写信时要实事求是。推荐人要本着对自己、对用人单位、对被推荐人负责的态度,客观、公正地向用人单位提供被推荐人的真实情况。

(2)推荐信的表达要抓住要领、简明扼要,写清推荐的理由即可。

(3)推荐信里通常包含了请求的意思,所以用语要客气有礼,注意礼节的周全。

 例文

1. 推荐信一

推荐信

×××先生:

××先生1984年毕业于××大学中文系汉语言文学专业。在校学习期间各科成绩优良,曾先后发表过小说《××××》、剧本《××××》等十多部作品,发表了文学理论研究论文××篇。

××先生有较强的科研能力,社会知识比较丰富,富有创新精神。近闻贵台想请他参加《×××》系列片的编写工作,我深信他是可以胜任的。

顺颂

近安!

××大学中文系教授×××
××××年×月×日

[简析] 这封推荐信是一位教授为推荐××先生参加某电视台系列片的编写工作而写。信中概括地介绍了××先生在学校的基本情况以及所取得的成绩,突出强调了××先生的创作能力和研究能力,以此证明××先生的工作实力。言词凿凿,令人信服。

2. 推荐信二

普旺卡莱和居里夫人致苏黎世技术联合学院的推荐信

爱因斯坦先生是我们有生以来所认识的人之中最具有独创性的才子之一。尽管他年纪尚轻,却已在当代最杰出的学者之间占有一席显耀的地位。尤其令我们惊叹的是,他非常容易适应新的概念,并从中得出各种可能的推论。当他遇到一个物理学问题时,他不拘泥于权威的原理,却能看到一切可以想象的可能性。这一点在他的头脑中融会贯通,使他预见到许多有朝一日终将在实际生活中获得证实的新现象……爱因斯坦先生的才华将来一定能得到愈来愈多的证明。凡是罗致这位青年学者的大学,必将获得附骥之荣。

亨利·普旺卡莱
玛丽·居里

一九一一年

[简析] 浓郁的感情色彩、典雅的语言风格、两位享誉世界的科学家发自内心的赞誉之词,这一切都足以证明被推荐者卓越的学术才华和科研能力。后来的事实也证明,面对这些溢美之词,爱因斯坦当之无愧。这封推荐信言简意赅,掷地有声。今天读来,依然是一篇优秀的推荐信。

三、感谢信、慰问信

(一) 感谢信

1. 感谢信的概念

感谢信是对支持、帮助、关心过自己的机关企事业单位、社会团体或个人表示感谢的专用书信。

2. 感谢信的特点

感谢信的特点是感谢和表扬。感谢信是以书信的形式表达一个人或集体在接受别人或集体的帮助后的感激之情,因此,感谢与表扬是分不开的。

3. 感谢信的类别

感谢信从不同的角度看有不同的类别。

(1)从感谢的对象看,可分为给集体的感谢信和给个人的感谢信。

(2)从感谢信的表现形式看,可分为公开张贴或传播的感谢信和寄往单位或个人的感谢信。

4. 感谢信的格式与写法

感谢信通常由标题、称呼、正文、落款四部分组成。

(1)标题。感谢信的标题有多种构成方式:

①由文种名称直接构成。如有的标题直接写《感谢信》。

②由感谢对象和文种名称共同组成。如《致××的感谢信》。

③由感谢双方和文种名称共同组成。如《××学院致××的感谢信》等。

(2)称呼。标题下左侧顶格写明被感谢对象的单位名称或个人姓名,个人姓名后常常加上尊称,称呼后面用冒号。

(3)正文。感谢信的正文要另起一行空两格再写。主要包括感谢的事由、事件的意义、感激的心情、表达敬意和感谢的习惯用语等。先要概括地叙述事情的前因后果,交代人物、事件、时间、地点、结果等情况,重点写明对方给予的支持、帮助。在叙事的基础上指出对方给予的支持和帮助的意义以及体现出的可贵精神,同时表达向对方学习的态度和决心。之后,要真诚表达自己的感激之情。结尾常用上"此致,敬礼"、"致以诚挚的谢意"等习惯用语。

(4)落款。在结尾后右下方,署上发文单位名称或个人姓名,并另起一行署上成文日期。

5. 感谢信的写作要求

(1)写清感谢的事由,叙述准确、明白。

(2)感情真挚热烈,表达真诚得体。

(3)语言精炼简洁,篇幅不宜过长。

1. 感谢信一

中国首飞航天员杨利伟致香港市民的感谢信

亲爱的香港同胞们:

大家好!

虽然离开香港已经10多天了,但"东方之珠"的美丽风采至今令我难以忘怀。在此,请允许我再次对行政长官董建华先生和特区政府的热情邀请,对香港同胞的盛情款待,表示由衷的感谢!

从抵达香港的那一刻起,我和我们代表团的全体成员,就一直沉浸在欢乐的海洋之中。香港同胞对中华民族千年飞天梦圆的喜悦之情,对伟大祖国日益强盛的自豪之情,对国家航天事业的关爱之情,每时每刻都在深深地感染我,鼓舞我。从十几万观众不分昼夜,扶老携幼,争睹载人航天展览,到音乐厅和体育馆,与专家学者、老师、大中小学生们就航天科技展开的对话,尤其是4万名同胞在大球场手舞国旗区旗、共唱《国歌》的感人场景,将永远珍藏在我的记忆之中,激励我和我的战友们继续攀登载人航天事业的新高峰,为祖国再立新功。

在短短6天的访问时间里,我和我们代表团的全体成员有幸领略了香港荟萃东西文化的独特魅力,感受了香港作为国际金融、贸易、航运中心的勃勃生机。我深深地为香港同胞用自己的勤劳和智慧创造出来的成就感到骄傲。也使我们进一步体会到:"特别能吃苦,特别能战斗,特别能攻关,特别能奉献"这四句话绝不仅是航天精神,而且是我们这个伟大民族的精华所在。我深信,同样拥有这种精神的香港同胞,一定能够在董先生和特区政府的领导下,发挥自己的聪明才智,通过不懈的努力,把未来的香港建设得更加美好。

在香港大球场的庆祝活动上,我和成龙先生合唱了一首歌《男儿当自强》。歌中唱到，做个好汉子每天要自强，去开辟天地为我理想去闯。让我们共同以自强不息的精神，以开拓创新的勇气，去为中华民族的伟大复兴闯出一片光明吧！

最后，我衷心祝愿香港同胞身体健康、阖家幸福！无论是我，还是我的战友，都期待在未来执行太空飞行任务回望地球时，看到香港这颗祖国的东方之珠的亮丽风采！

杨利伟
2003年11月20日
（资料来源：人民网）

[简析] 中国首次载人航天飞行代表团于2003年11月初访港受到盛大欢迎，首飞航天员杨利伟返回内地后仍收到不少香港市民的祝贺信。这篇范文就是在他离开香港后有感而发所写。对于香港行政长官董建华先生和特区政府的热情邀请、香港同胞的盛情款待，杨利伟在信中表示了由衷的感谢和美好的祝愿。语言自然得体，感情热烈真诚，表达恰到好处，体现出作者发自内心的真诚的感激之情。

2. 感谢信二

感谢信

××大学领导：

我公司员工10月25日在心苑公寓的××菜馆里就餐时，不慎将手提包遗落在饭桌上，包内有近万元现金、钱包、信用卡、公司印章、材料等。事后我们很焦急，往返几次，都未寻到。下午4点左右，在准备将公司印章挂失并进行作废说明时，公司接到电话，得知手提包被贵校的一名学生捡到，并通过公司材料中的电话号码告知公司。我公司员工和该同学取得联系并拿回失物，经核实，包内的东西一样不少。为表谢意，公司拿出1000元钱表示感谢，但被这名同学拒绝了，说这是应该做的。在我们再三追问下，才得知这名同学叫××，是贵校设计艺术学院大一的学生。在此，我公司对××同学急人所急、拾金不昧的高尚品质深表敬意和感谢。

在公司例会上，我们号召全体员工向××同学学习。同时，我们对贵校表示真心感谢，感谢贵校对学生综合素质的培养，相信贵校培养出来的学生一定德才兼备，必将成为国家的栋梁之材。

最后，我公司全体员工对贵校和××同学表示最真挚的感谢！

北京××××发展有限公司
2005年11月25日

[简析] 该感谢信清楚地交待了感谢的原因及事件发生的前前后后，充分表达了自己的感激之情，并表示了向对方学习的态度和决心，完全符合感谢信的一般写法。该感谢信语言朴实自然，措辞亲切中肯，是真情实感的自然流露。

(二) 慰问信

1. 慰问信的概念

慰问信是单位或个人向有关集体、个人表示安慰、问候、鼓励和致意的专用书信。

2. 慰问信的特点

(1) 表现的形式具有公开性。慰问信是公开的,它通常是以张贴、登报或在电台、电视上播放的形式出现,也可直接寄给本人、集体或单位。

(2) 慰问的内容具有鼓励性。慰问信的目的是慰问,但常常和鼓励的内容结合在一起。

3. 慰问信的类别

慰问信主要有三种:

(1) 对做出贡献的个人或集体表示慰问,鼓励他们戒骄戒躁,继续进步。

(2) 对遭受灾难或遇到困难的个人或集体表示同情和安慰,鼓励他们克服暂时的困难,加倍努力,改变当前的困境。

(3) 节日慰问。这是对有关人员在节日里的问候。通常对他们以前的工作进行肯定和赞扬,并祝福他们在今后的工作、学习、生活中做出更大的成绩。

4. 慰问信的格式与写法

不论哪一类慰问信,其结构都大致相同,一般都由标题、称呼、正文、落款等组成。

(1) 标题。慰问信的标题通常有以下三种写法:

①由文种名称直接构成。如有的标题直接写《慰问信》。

②由慰问对象和文种名称共同组成。如《给××抗洪部队的慰问信》。

③由慰问双方和文种名称共同组成。如《朱德致抗美援朝将士的慰问信》。

(2) 称呼。标题下左侧顶格写明被慰问的单位或个人名称。写给个人的一般可加上"敬爱的"等敬词,在姓名后再加上"同志"、"先生"等字样。写给集体的应写全称,称呼后面用冒号。

(3) 正文。慰问信的正文要另起一行,空两格书写。慰问信的正文一般由发文目的、慰问缘由、慰问的具体事项、慰问者的愿望和决心等几个部分组成。

正文最后常常另起一行空两格写上表示祝愿的惯用礼仪用语。"此致,敬礼"、"节日愉快"、"祝愿取得更大成绩"等。

(4) 落款。在正文的右下方,写上证明单位或个人的姓名称呼,成文日期写在署名下方,并加盖公章或私章。

5. 慰问信的写作要求

(1) 慰问信的语气要真挚、诚恳,要让对方感受到亲切、温暖的关怀之情。

(2) 慰问信的措辞要恰当,根据不同的慰问对象,确定慰问信的内容、语气、篇幅,要有针对性。

(3)慰问信向慰问对象提出希望,勉励他们继续努力。但用语要真诚、朴实,少说套话。

1. 慰问信一

路甬祥院长给北京基因组研究所赴灾区救援人员的慰问信

中国科学院北京基因组研究所:

  2004年12月26日,一场强烈的地震在印度洋上引发了巨大的海啸,给南亚和东南亚国家带来了巨大的人员伤亡和经济损失。这场海啸浩劫,震撼了全世界民众的心,也让全人类的命运紧密相连。中国政府立即派出了国际救援队,全国人民踊跃捐款,中国成为世界上做出救援行动最迅速的国家之一。

  北京基因组研究所的领导和科技工作者在灾难发生的第一时间,以高度的责任感和人道主义精神,主动请缨,成立了由5位科学家组成的DNA鉴定专家组,经批准加入中国国际救援队,于2004年12月31日到达泰国并迅速参与搜救和辨认遗体的工作。在此,我代表中国科学院对你们的高尚行为表示最崇高的敬意,并通过你们向所有专家组成员致以最亲切的问候和衷心感谢!

  印度洋海啸是人类的悲剧。继续搜救受灾者和辨认遗体是目前救灾工作面临的主要任务。特别是遗体辨认和DNA鉴定工作充满艰辛、责任重大、技术要求严格。你们肩负的责任既光荣又神圣。请你们在中国国家救援队的统一领导下,努力工作、克服困难、注意安全,与受灾国家的救援人员一道完成好这一神圣的使命,为国争光。

  中国科学院积极支持你们的国际救援行动。过去的实践证明,你们是一支具有高度责任感、反应敏锐和敢打硬仗的队伍。希望你们圆满地完成国际救援任务,不辱使命、胜利归来。

中国科学院院长 路甬祥
2005年1月2日

(资料来源:http://th.china-embassy.org)

[简析] 这是一篇慰问参加印度洋海啸救援活动的科技工作者的书信。在肯定了这些救援人员所做的工作后,作者代表单位对参加救援的科技工作者表达了敬意和最亲切的问候,赞扬之情溢于言表。勉励他们完成任务,"不辱使命、胜利归来"。

2. 慰问信二

致邹韬奋夫人沈粹缜的慰问信

粹缜先生：

　　在抗战胜利的欢呼声中，想起毕生为民族的自由解放而奋斗的韬奋先生已经不能和我们同享欢喜，我们不能不感到无限的痛苦，您所感到的痛苦自然是更加深切的了。我们知道，韬奋先生生前尽瘁国事，不治生产，由于您的协助和鼓励，才使他能够无所顾虑地为他的事业而努力。现在，他一生光辉的努力已经开始获得报偿了。在他的笔底，培育了中国人民的觉醒和团结，促成了现在中国人民的胜利。中国人民一定要继续努力，为实现韬奋先生全心向往的和平、团结、民主的新中国而奋斗不懈。韬奋先生的功业在中国人民心目中永垂不朽，他的名字将永远是引导中国人民前进的旗帜。想到这些，您，最亲切地了解韬奋先生的人，一定也会在苦痛中感到安慰的吧！您的孩子——嘉骝，在延安过得很好，他的品格和勤学，都使他能无负于他的父亲，这也一定是可以使您欣慰的事吧！谨向您致衷心的慰问。

　　并祝

　　您和您的孩子们健康！

周恩来　启
1945 年 9 月 12 日
（资料来源：南方网）

[简析]　这篇慰问信情真意切，表达了周恩来同志对逝者的敬慕和对逝者妻儿的关怀。抚慰生者是该慰问信的最大特点。作者除了歌颂逝者的事迹外，没有忽略生者的贡献和生者的情感需要。他赞扬了沈粹缜女士的功绩，同时没有忘记告之她孩子的生活和学习情况。这封慰问信没有套话和官话，感情真挚，用语精当，脉络清晰，紧扣"慰问"这一中心不蔓不枝，一气呵成。今天读来，仍能感受到周恩来同志那对逝者的思念和对生者的关怀之情。

3. 慰问信三

中国记者节致全国体育新闻工作者的慰问信

全国体育新闻工作者：

　　金色的秋天，是收获的季节，也是播种的季节。在这充满喜悦日子里，我们迎来了第六个中国记者节，这是广大新闻工作者收获荣誉和播种希望的日子。在这样的日子里，我们向辛勤工作的广大体育新闻工作者致以节日的祝贺，向为体育新闻事业繁荣发展做出贡献的体育新闻工作者表示崇高的敬意。

体育离不开宣传。我国体育事业的发展,汇聚着广大新闻单位和体育新闻工作者的心血和汗水。值此中国记者节之际,我们荣幸地受国家体育总局刘鹏局长的委托,转达对广大体育新闻工作者的衷心问候和感谢。

体育新闻事业是我国社会主义新闻事业的重要组成部分。在体育事业为构建社会主义和谐社会服务的过程中,体育新闻工作为体育事业的发展提供了强大的舆论支持、精神动力,同时也为体育事业的发展创造了良好的舆论氛围。特别是在刚刚结束的第十届全运会的宣传报道中,广大新闻单位和体育新闻工作者不辞劳苦、勤恳敬业,圆满地完成了报道任务,全面、突出地宣传了"体育的盛会,人民的节日"这一十运会宗旨,为推动我国体育事业全面协调可持续发展做出了新的贡献。

当前,我国体育事业即将迎来2008年奥运会这一百年不遇的机遇。而北京奥运会也是我国体育新闻工作者展现实力和水平的舞台。希望广大体育新闻工作者承担起新的时代、新的征程、新的任务赋予我们的新的使命,为我国体育事业的发展、为我国体育新闻事业的发展创造出更加辉煌的业绩。

祝广大体育新闻工作者节日愉快!

中国体育新闻工作者协会

2005年11月8日

(资料来源:中国体育报)

[简析] 这是一篇节日慰问信。这一类慰问信常常是上级对下级、单位对个人进行的节日问候。一般先肯定和赞扬有关人员的工作,接着鼓励做出更大的成绩,最后是真诚的祝福。全信格式规范,行文水到渠成。

四、祝词、贺信

(一)祝词

1. 祝词的概念

祝词是指在喜庆场合对某人或某项即将开始的工作、事业表示祝福或庆贺的一种致辞。祝词又称贺词,一般是在事情开始时表示的一种祝福和希望。

2. 祝词的特点

(1)喜庆性。祝词是在喜庆的场合对祝贺对象的一种真诚的祝福,因此在措辞用语上要体现出一种喜悦、美好之情。

(2)多样性。祝词可以根据祝贺对象的具体情况采用合适贴切的文章体裁。可以是随意式,也可以是规范式。

(3)简短性。祝词篇幅不宜过长,语言简明精炼。

3. 祝词的类别

祝词根据内容和作用可分为以下几类:

(1)寿诞祝词。这种祝词的主要对象是老年人。在祝贺中,既要赞颂其已取得的成就,又要祝福其健康长寿。

(2)事业祝词。事业成功的祝词涉及范围极广。如公司开业、银行开张、社团成立的祝词,贺金榜题名祝其鹏程万里的祝词、祝工作顺利事业有成的祝词等。

(3)会议祝词。祝贺会议召开并对会议寄予希望的祝词。

(4)庆功祝词。祝贺立功者建立功勋的祝词。

(5)新婚祝词。既要贺新婚,又要祝新人今后婚姻幸福美满。

祝词还有一种特殊的表现形式,就是专用于宴会上举酒祝愿的祝酒词。

4. 祝词的格式与写法

祝词在写法上很灵活,既可以是随意写来,或只言片语、或诗词、或对联的随意式,也可以是采用应用文体的规范式。规范式祝词通常由标题、称呼、正文、落款四部分组成。

(1)标题。祝词的标题主要有以下几种方式:

①由文种名称直接构成。如《祝词》。

②由祝词对象和祝词内容共同组成。如《在××先生和×××小姐婚礼上的祝词》。

③由祝词者、祝词对象和祝词内容共同组成。如《周恩来总理为庆贺朱总司令六十大寿的祝词》。

(2)称呼。标题下左侧顶格写明祝词对象的姓名。姓名前根据需要加上修饰语,如"尊敬的"之类;姓名后常常加上尊称或相关的职衔,如"先生"、"女士"、"老师"等;称呼后加冒号。

(3)正文。正文一般由三部分组成:一是向祝词对象致意;二是概括评价祝词对象已取得的成就;三是展望未来的美好前景,再次向祝词对象表示衷心的祝贺。

(4)落款。在结尾后右下方,署上致祝词的单位名称或个人姓名,并另起一行署上成文日期。

5. 祝词的写作要求

(1)祝词的语言要求热情洋溢,充满喜庆;多用褒扬但不可滥用美辞。

(2)篇幅不宜过长。

1. 祝词一

为庆贺朱总司令六十大寿的祝词

周恩来

（1946年11月30日）

亲爱的总司令朱德同志：

你的六十大寿，是全党的喜事，是中国人民的光荣！

我能回到延安亲自向你祝寿，使我万分高兴。我愿代表那反动统治区千千万万见不到你的同志、朋友和人民向你祝寿，这对我更是无上荣幸。

亲爱的总司令，你几十年的奋斗，已使举世人民公认你是中华民族的救星，劳动群众的先驱，人民军队的创造者和领导者。

亲爱的总司令，你为党为人民真是忠贞不贰，你在革命过程中，经历了艰难曲折，千辛万苦，但你永远高举革命的火炬，照耀着光明的前途，使千千万万的人民，能够跟随着你充满信心向前迈进！

在我们相识的二十五年当中，你是那样平易近人，但又永远坚定不移，这正是你的伟大！对人民你是那样亲切关怀，对敌人你又是那样憎恶仇恨，这更是你的伟大。

全党中你首先和毛泽东同志合作，创造了中国人民的军队，建立了人民革命根据地，为中国革命写下了新的纪录。在毛泽东同志旗帜之下，你不愧为他的亲密战友，你称得起人民领袖之一！

亲爱的总司令，你的革命历史，已成为二十世纪中国革命的里程碑。辛亥革命、云南起义、北伐战争、南昌起义、土地革命、抗日战争、生产运动，一直到现在的自卫战争，你是无役不与。你现在六十岁了，仍然这样健壮，相信你会领导中国人民达到民主解放的最后胜利，亲眼看到独裁者的失败、反动力量的灭亡！

你的强健身体，你的快乐精神，象征着中国人民的必然兴旺。

人民祝你长寿！

全党祝你永康！

（资料来源：大众写作网）

[简析] 这是一篇经典的祝寿词。在写明了祝寿对象的寿诞岁数后，祝词者表达了自己的祝贺心情。接着突出赞扬祝词对象的贡献、成就、品德。结尾再次表达自己的祝福。格式规范，用语简洁，感情热烈而且真诚。

2. 祝词二

同学聚会的祝词

各位老师、同学们：

大家好！

走过了多年的风风雨雨，今天，在这里，我们又一次相聚！

谨向在座的老师和同学，表示亲切的问候！向那些因事耽搁没能到场的同学，表达美好的祝愿！

芳草青青，杨柳依依，青山不老，绿水长流。曾经，我们这一群懵懂少年，在这所有着悠久历史的学校中相扶相携，把知识和友情，一点点积累；也把自己的青涩的果实，挂满枝头。

如今没有了。没有了校园里单纯得像一首小诗的共读，没有了绿茵场上鼓噪的呐喊，没有了复习考试的匆忙，没有了空闲时同学的长谈。我们早就打起装满梦想的背包，真实地走进了生活。

那时候没有网络，没有短信，我们的友情却真诚而热烈；那时候没有情人节，没有玫瑰，但彼此间真挚的关怀，却每每让自己感动。

不管是苦是笑，都是我们的收获。而今，我们都有不同程度的沧桑感，而今天所取得的所有成就，都得益于那时候留下的坚实脚印，那段季节将是我们一生中最美好、最真实的回忆！

今天，我们又一次相聚，面对当年熟悉的面容，依稀可辨当年的欢声笑语，让我们把回忆珍藏在心灵深处，不管走过的路有多么坎坷，久久地注视你的，依然是彼此真诚的目光；让我们把友情串成珠链挂在自己的胸膛，因为有了彼此的祝福，我们的笑容，会越来越灿烂！

把祝福留给大家，愿大家身体健康，家庭和睦，事业成功！愿母校更加美丽，愿我们友情长存！

（资料来源：范文网）

[简析]　这是一篇关于同学聚会的祝词。既有往昔岁月的追忆，又有对未来的美好祝愿。全篇祝词写得情真意切，语言形象生动，是一篇具有很强的文学感染力的祝词。

（二）贺信

1. 贺信的概念

贺信是单位或个人向有关集体、个人表示祝贺的专用书信。

2. 贺信的特点

（1）贺信是以祝贺为主，兼有热烈的赞美之词。

(2)贺信的内容真实,评价恰当。

3. 贺信的类别

贺信从不同的角度有不同的类别:

(1)从内容上看,可以分为庆功类贺信和礼仪类贺信。

(2)从贺信的行文对象上看,可分为:

①上级单位或个人对下级单位或个人所发的贺信。这类贺信在表示祝贺的同时,往往还提出希望和要求。

②同级单位之间发出的贺信。同级单位之间在节日来临时,或在对方因取得重大成绩受到表彰时,发来贺信,既表示祝贺,又给予鼓励。

③下级单位给领导机关的贺信。这类贺信除了表示祝贺,还表示下级单位对完成某项任务的决心。

④给著名人物的贺信。这类贺信一般表达发信人或发信单位真诚的祝愿、美好的祝福。

4. 贺信的格式与写法

贺信一般都由标题、称呼、正文、落款等组成。

(1)标题。贺信的标题通常有以下三种写法:

①由文种名称直接构成。如有的标题直接写《贺信》。

②由祝贺对象和文种名称共同组成。如《致××的贺信》。

③由祝贺者和文种名称共同组成。如《××市政府的贺信》。

(2)称呼。标题下左侧顶格写明被祝贺的单位或个人名称。写给个人的一般可根据需要加上"敬爱的"、"尊敬的"等敬词;在称呼后根据需要加上职务或尊称,如"局长"、"教授"、"同志"或"先生"等字样;称呼后面用冒号。

(3)正文。贺信的正文写作比较灵活,正文内容因人因事而异,但其基本结构是固定的,先交代被祝贺的单位或个人取得的成绩或喜庆之事,分析其取得成绩的主、客观原因,最后表示热烈的祝贺、提出殷切的希望。

在正文的结尾要写上祝愿的词语,如"此致,敬礼"、"祝取得更大的成绩"、"祝您健康长寿"等。

(4)落款。在正文的右下方写上致贺信的单位或个人的称呼,并署上成文时间。

5. 贺信的写作要求

(1)贺信体现的是真诚的祝福,所以语言要热情、真切,同时要注意自己的身份。

(2)贺信的内容要真实,评价要恰如其分。

(3)贺信篇幅要短小精悍,不宜过长。

 例文

1. 贺信一

国家教育部的贺信

中山大学：

值此你校建校80周年之际，谨向学校全体师生和广大校友致以热烈的祝贺！

中山大学具有光荣的革命传统。八十年来，学校秉承孙中山先生制定的"博学、审问、慎思、明辨、笃行"校训，继承和发扬以国家兴亡和民族振兴为己任的优秀传统，培养造就了一大批优秀人才。新中国成立后，学校认真贯彻党的教育方针，坚持社会主义办学方向，锐意进取，深化改革，教学科研实力明显增强，学术水平不断提高，各项事业蓬勃发展，为我国社会主义现代化建设做出了重要贡献。

希望你们继续高举邓小平理论和"三个代表"重要思想伟大旗帜，树立和落实以人为本的科学发展观，进一步深化教育教学改革，不断推进教育创新，为实施科教兴国战略和人才强国战略做出新的更大的重要贡献。

中华人民共和国教育部
2004年11月1日
（资料来源：南方网）

[简析] 这是一篇祝贺中山大学建校80周年的书信。教育部在表达了自己的祝贺后，接着肯定了中山大学建校80周年来所取得的成就。最后，教育部对中山大学提出殷切的希望。全文格式规范，语言精炼得体，感情的表达热烈而恰如其分。

2. 贺信二

致惠特曼书

亲爱的先生：

《草叶集》这份珍异礼物的价值，我岂能视而不见。我觉得诗集睿智横溢，乃是美国有史以来最杰出的作品。拜读之际，喜不自胜，正如大才子都使人喜悦一样。它满足了我对大自然时常抱有的要求（大自然显得贫瘠而吝啬），仿佛过分矫揉造作或是生性疏懒正在使我们西方的才子们变得肥胖又平庸似的。我喜欢你自由而勇敢的思想。我喜欢极了。我发现有些无与伦比的事情，说得无与伦比地好（本来理应如此）。我还发现一些大胆的处理手法，真令人心花怒放。这只有远见卓识才能激发出来。

在你的伟大事业伊始之际,我谨向你致以祝贺。你如此一鸣惊人,必然会鹏程万里。我以手揉眼,想看清楚这道阳光究竟是真是幻;不过,手捧大作,实有其物,何容置疑。诗集有个最大的优点,那就是,既给人勇气,又加强了勇气。

昨天晚上在报上见到此书的广告,才相信你的名字是真姓实名,可以给你写信。我盼望和你这位良师益友能有一面之缘,很想撇下工作到纽约来拜访你。

R.W. 爱默生
1855年7月21日
于马萨诸塞州康科特市

[简析] 1855年,美国诗人惠特曼(1819~1892)的诗集《草叶集》初出版时,并未受人注意。《纽约论坛报》刊出爱默生写给惠特曼的贺信后,《草叶集》销路大增,并广受谈论。在这封贺信里,同为文学大家的爱默生对惠特曼(当时惠特曼尚未成名)不吝赞美之词,对惠特曼的《草叶集》给予了很高的评价。欣喜、欣赏之情溢于言表,体现了一位文学前辈的大家风范。

五、欢迎词、欢送词、答谢词

(一) 欢迎词

1. 欢迎词的概念

欢迎词是主人对宾客的到来表示热情欢迎的致词。主要用于宴会、集会、迎宾仪式上。

2. 欢迎词的特点

(1)感情上热情欢愉。中国有句古话,"有朋自远方来,不亦乐乎"。所以,致欢迎词要有愉快的心情,言词用语一定要有热情方能表现出致词者的真诚。

(2)语言上简洁生动。欢迎词一般是当面向宾客口头表达的,所以欢迎词要口语化,要用既简洁又富有生活情趣的语言,拉近主人与来宾的关系。

(3)态度上不卑不亢。欢迎词是一种礼节性的外交或公关辞令,表达原则立场巧妙。尤其是在代表自己的国家欢迎其他国家的贵宾来访的场合,既要表示友好,又不能丧失自己的原则立场。

3. 欢迎词的类别

欢迎词就其内容和欢迎范围来看,可以分为三类:

(1)致来访外宾的欢迎词。这种欢迎词是为了迎接外国友人、发展国际间的友好往来、促进国际间的友好合作。

(2)致来访内宾的欢迎词。这种欢迎词的目的是为了迎接国内客人,促进国内的交往。

(3)致新同事、新同学、新战友等的欢迎词。

4. 欢迎词的格式与写法

欢迎词一般由标题、称呼、正文、落款四部分组成。

(1)标题。欢迎词的标题一般有两种方式：

①由文种名称直接构成。如《欢迎词》。

②由活动内容加文种共同构成。如《在校庆××周年纪念会上的欢迎词》。

(2)称呼。标题下左侧顶格写明来宾的姓名称呼。称呼要用尊称或敬语。如"尊敬的"、"敬爱的"之类；称呼后加冒号。欢迎词的称呼要根据来宾的具体情况来定，同时要注意符合社交礼仪的习惯。

(3)正文。欢迎词正文一般由三部分组成：一是代表主方向来宾表示热烈的欢迎或衷心的感谢；二是说明来宾来访的目的，概括评价来宾来访的意义，述说宾主交往的历史和现状；三是展望未来的美好前景，再次向宾客表达热烈的欢迎或衷心的感谢，并表达自己良好的祝愿。

(4)落款。欢迎词的落款要署上致词单位名称或致词者的姓名，并另起一行署上成文日期。但如果是用于讲话的欢迎词则无需署名。

5. 欢迎词的写作要求

(1)欢迎词要注重礼仪，热情友好而又有分寸，要比较得体地表达自己的原则立场。

(2)措辞要慎重，要尊重对方的风俗习惯、宗教信仰等，避开对方的忌讳，以免发生误会。

(3)篇幅短小，言简意赅。紧扣一个"迎"字，表达主人对宾客的友好之情。

周恩来总理在欢迎尼克松总统宴会上的讲话

总统先生、尼克松夫人：
女士们、先生们：
同志们、朋友们：

首先，我高兴地代表毛泽东主席和中国政府向尼克松总统和夫人，以及其他的客人们表示欢迎。

同时，我也想利用这个机会代表中国人民向远在太平洋彼岸的美国人民致以亲切的问候。

尼克松总统应中国政府的邀请，前来我国访问，使两国领导人有机会直接会晤，谋求两国关系正常化,并对共同关心的问题交换意见,这是符合中美两国人民愿望的积极行动,这在中美两国关系史上是一个创举。

美国人民是伟大的人民。中国人民是伟大的人民。我们两国人民一向是友好的。由于大家都知道的原因,两国人民之间往来中断了二十多年。现在,经过中美双方共同努力,友好往来的大门终于打开了。目前,促使两国关系正常化,争取和缓紧张局势,已经成为中美两国人民强烈的愿望。人民,只有人民,才是创造世界历史的动力。我们相信,我们两国人民这种共同愿望,总有一天要实现的。

中美两国的社会制度根本不同,在中美两国政府之间存在巨大分歧。但是,这种分歧不应当妨碍中美两国在相互尊重主权和领土完整、互不侵犯、互不干涉内政、平等互利和和平共处五项原则的基础上建立正常的国家关系,更不应该导致战争。中国政府早在1955年就公开声明,中国人民不想同美国打仗,中国政府愿意坐下来同美国政府谈判,这是我们一贯奉行的方针。我们注意到尼克松总统在来华前的讲话中也说到:"我们必须做的事情是寻找某种办法使我们可以有分歧而又不成为战争中的敌人。"我们希望,通过双方坦率地交换意见,弄清彼此之间的分歧,努力寻找共同点,使我们两国的关系能够有一个新的开始。

最后我建议,

为尼克松总统和夫人的健康,

为其他美国客人们的健康,

为在座的所有朋友和同志们的健康,

为中美两国之间的友谊,

干杯!

(资料来源:中国范文网)

[简析] 这是一篇经典的欢迎词。在主人向来宾表示热烈的欢迎后,说明了来宾来访的目的,评价了来宾来访的意义,展望未来合作的前景,并表达自己良好的祝愿。全篇行文既热情礼貌,又委婉含蓄地表达了自己的原则立场。在坚持自己原则的立场上,显示了主人欢迎客人来访的诚意。这是一篇显示了高超的外交技巧的欢迎词。

(二) 欢送词

1. 欢送词的概念

欢送词是主人对宾客的离去表示友情欢送或送别亲朋出行、客人离去的致词。

2. 欢送词的特点

(1)感情上依依惜别。欢送词表达的是客人离去、亲朋远行时的感受,感情上体现的是惜别留念。但格调不能过于低沉,尤其是公共事务的交往更应注意分寸。

(2)语言上简洁生动。欢送词遣词造句也要注意使用简洁又生活化的语言,使送别既有情趣又自然得体。

3. 欢送词的类别

欢送词就其内容和欢送范围来看,也可以分为三类:

(1)对外宾的欢送词。致这种欢送词是为了欢送外国友人、发展国际间的友好往来、促进国际间的友好合作以及祝贺访问成功。

(2)对来访内宾的欢送词。这种欢送词的目的是为了欢送国内客人,促进国内的交流。

(3)对新同事、新同学、新战友等的欢送词。是为了欢送他们而致的欢送词。

4. 欢送词的格式与写法

欢送词一般也是由标题、称呼、正文、落款四部分组成。

(1)标题。欢送词的标题一般有两种方式:

①由文种名称直接构成。如《欢送词》。

②由活动内容加文种共同构成。如《在××研讨会结束典礼上的讲话》。

(2)称呼。标题下左侧顶格写明来宾的姓名称呼。称呼要用尊称或敬语,如"尊敬的"、"敬爱的"、"尊敬的各位同仁"之类;称呼后加冒号。欢送词的称呼同样要根据来宾的具体情况来定,同样要注意符合社交礼仪的习惯。

(3)正文。欢送词正文一般由三部分组成:一是向即将离别的宾客或亲朋致以亲切的问候;二是写欢送的具体内容,阐述主客双方交流的历史意义;三是叙写继续交往的意愿,再次向宾客表示真挚的欢送之情,并表达自己良好的祝愿。

(4)落款。欢送词的落款要署上致词单位名称或致词者的姓名,并另起一行署上成文日期。同样,如果是用于讲话的欢送词则无需署名。

5. 欢送词的写作要求

欢送词的要求与欢迎词一样,但要特别注意两点:

(1)感情表达要适当,致词的情感把握要恰到好处。

(2)紧扣一个"送"字,表达出送别的依依惜别之情,篇幅要简短适宜。

资源环境学院03级学生致学长毕业离校欢送词

亲爱的大三学长:

你们好!

明天,你们就要离开母校了。情感有时无需即时表达,只有用心体会才会意味隽永。你们就要离开这培育了你们三年的母校,虽然我们没有什么礼物送给你们,但我们内心有着由衷的感激和敬仰。

曾经,我们带着最纯真的梦想,进入大学校园。一进入花坞校区,你们就给了我们一份特别的礼物——一本小册子,册名为《献给你们》。在这本小册子中,你们告诉了我们很多学习的心得、生活的经验和做人的道理。相逢是首悠扬的歌,相知是那古老的藤。岁月如梭,时光飞逝,如白驹过隙,如今却要将你们送走了!甚至来不及去想一想,我们就将依依惜别。这样匆匆,真不知该说些什么!

我想我们是幸运的。因为求知求学,追求大学的梦想,和你们走到了一起。在各类交流会上,你们教我们如何适应大学生活;校园文化舞台上,我们一起尽情挥洒青春;在运动场上,我们张扬活力,一起尽情驰骋着。特别值得一提的是我们见义勇为的学长徐建平,他为我们资环人,为我们的母校,为整个社会树立了一个声张正义的先进青年的榜样。

正因为有你们的绚丽风采,才让我们受益匪浅,才使我们的大学生活更加灿烂多姿,在校园里我们正追随着优秀学长们的足迹,继往开来。

然而,天下没有不散的筵席。今天,你们带着记忆,带着理想,走向生活,走向祖国四面八方。明天,我们也将学成毕业,走向社会,走向生活。祝你们拥有更加美好的未来!

有人说:"人人都可以成为自己幸运的建筑师。"愿你们在走向生活的道路上,用自己的双手建造幸运的人生大厦。昨天,你们为求知而来,今天你们满载而去。今日,你以母校为荣,明天,母校将以你们为荣!

最后,祝学长们一路顺风,祝愿你们的人生长河,绽放出无限光彩!

2005 年 6 月 24 日
(资料来源:资源环境学院团委)

[简析] 这则欢送词感情表达适度,紧紧抓住一个"送"字,措辞既热烈又饱含依依惜别之情。致词者既回顾了与学长曾经共同学习、共同成长的日子,表达了自己对学长即将离去依依不舍的真情实意。但同时,致词者更多的是对未来的展望和美好的祝愿。是送别之情,但并不伤感。贯穿全文的感情显得真挚而自然。

(三) 答谢词

1. 答谢词的概念

答谢词是指在公共的礼仪场合,客人或受赠人对主人的热情招待和关照表示感谢的致词。

2. 答谢词的特点

(1)突出针对性。答谢词就是针对被感谢者而发的。

(2)突出感谢性。通篇都是感谢的词语,表达的是感谢的情感。

(3)突出简洁性。答谢词的篇幅简短,语言精炼。

3. 答谢词的类别

(1)在欢迎仪式上的答谢词。这种答谢词是客人对主人的热情欢迎表示由衷感谢的致词。

(2)在欢送仪式上的答谢词。这种答谢词是客人对主人的热情招待和欢送表示感激的致词。

(3)在授奖仪式上的答谢词。这种答谢词是获奖者对授奖者和广大的支持者表达谢意的致词。

4. 答谢词的格式与写法

答谢词一般由标题、称呼、正文、落款四部分组成。

(1)标题。答谢词的标题一般有两种方式:

①由文种名称直接构成。如《答谢词》。

②由活动内容加文种共同构成。如《在××宴会上的答谢词》。

在仪式上宣读的答谢词一般是不拟标题的。

(2)称呼。即答谢的对象。如果有多名被答谢的人,突出被答谢的主要人物,然后用泛称列出被答谢的对象。

标题下左侧顶格写明姓名称呼。称呼要用尊称或敬语,如"尊敬的"、"敬爱的"之类;称呼后加冒号。

(3)正文。答谢词的正文一般包括开头、主体、结尾三部分组成。

①答谢词的开头。向主人或授赠人致以谢意,并表示诚挚的问候和良好的祝愿。

②答谢词的主体。用具体的事例,高度评价主人的精心安排,衷心感谢主人的盛情款待,充分肯定访问所取得的收获。进而,谈自己的感想和心情。如:赞扬主人的成绩和贡献,阐发访问成功的意义。

③答谢词的结尾。再次表示感谢,并对双方关系的进一步发展表达良好的祝愿。

(4)落款。答谢词的落款是在正文右下方署上答谢单位或答谢者名称,并标明日期。但如果是用于讲话的答谢词则无需署名。

5. 答谢词的写作要求

(1)答谢词的表达要体现出真情实感,显出真诚的谢意。

(2)既要巧妙地表达自己的原则立场,又要尊重对方的风俗习惯、宗教信仰等,不讲对方忌讳的内容,以免发生误会。

(3)语言精炼,篇幅简短。

例文

1. 答谢词一

连战主席致胡锦涛总书记的答谢词

胡总书记、各位女士、先生：

今天本人跟内人以及中国国民党三位副主席，率同很多的朋友，大家一起应胡总书记的邀请能够来访问大陆，访问北京、南京、西安、上海，我要在这里首先表示最由衷的感谢。

过去这几天，所有的工作的同仁们，大家都尽心尽力，让我们旅程非常顺利，非常的愉快，也特别的感谢他们。诚如总书记刚才所讲，今天的聚会是国民党和共产党六十年来的头一次，也是在两岸的情况之下56年来党和党见面交换意见最高层次的一次，难能可贵。我也很坦诚地来跟各位提到，那就是这一趟来的并不容易。我一再讲台北、北京，台北、南京距离不远，但是因为历史的辛酸，让我们曲曲折折，一直到今天才能够见面。所以我说，有点相见恨晚的感觉。

当然，中国国民党、中国共产党，我们过去曾经有过冲突，我们都知道这些历史的过程。但是历史毕竟已经是过去的事情，我们没有办法在此时此刻再来改变历史，但是未来却是掌握在我们的手里。当然，历史的进程不会是很平坦的，但是这个不确定的时代、不确定的未来，尤其给我们提供了很多很多的机会，假如我们都能够以正面的态度勇敢地来面对，以迎接未来这种主导的理念，来追求未来，我相信"逝者已矣，来者可追"。这是今天我们怀抱着非常殷切的期望，能够来到这个地方，亲自跟总书记，跟各位女士、先生交换意见。

我个人觉得，两岸今天形势的发展，实在是让我们非常的遗憾，因为在1992年，各位都知道，经过双方的努力，不眠不休、日以继夜的努力，当时参与的很多位都在场，我们终于能够建立一个基本的共识。在那个基础之上，我们在1993年进行了辜振甫先生和汪道涵先生的会谈，打破了40多年来的一个僵局。两岸的人民同声叫好，对未来充满了希望。我那个时候主持行政的工作，也是全力地在配合，表达我个人以及国民党坚定的一个意向，辜、汪两位先生会谈之后，事实上带来两岸大概有八年之久的非常稳定的、发展的、密切交流的时间，非常正面的发展。

但是遗憾的是，过去这十多年来所发生的事情，大家都很了解。离开我们这样一个共同塑造愿景的进程受到了很大的挫折。

但是，我也感到一个非常令我们欣慰的事情，那就是胡总书记在一两个月前所提到的对和平的一个呼吁，和平的一个愿景，可以说给我们一个很大的正面的思考方向。

今天，我个人虽然是国民党的主席，也是带着一份人文的情怀，一种和平的期盼，同时也是身为民族的一份子，来到这个地方。我觉得我们来到这里，有几项意义，可以跟各位做一个报告：

第一，今天有人还只在从50年前甚至于60年前国共之间的关系、思维、格局来思考这个问题，来评断我们的访问，但是我觉得，我们已经远远超越了那个时代，已经远远超越了那个格局。

今天诚如刚才总书记讲的，我们是以善意为出发，以信任为基础，以两岸人民的福祉做依归，以民族长远的利益做目标。我相信，我们在这样的基础之上，绝对应该避免继续对峙、对抗，甚至于对撞，要的是和解，要的是对话。所以，我们也相信，这样的做法有民意的基础，有民意的力量，我在这里不必再麻烦大家举很多的数据。

第二，和平都是大家所希望的，但是和平必须要沟通，沟通必须要有架构。什么是架构？国民党跟中国共产党，我们在1992年是经过了非常辛苦的一个沟通的过程，提到了"一中各表"的基础，当然不幸的是这几年来这样的一个基础被曲解、被扭曲，成为其他的意义，这个我们大家也都很了解。

但是我们本身国民党从来就没有任何的改变，我们也希望能够继续在这样的基础之上建构两岸共同亮丽的未来和远景。

第三，我想借这个机会特别指出，我们很希望，这次国民党可以说是来得不易，既然有这样良好的契机，现在是我们可以总结过去历史的一个契机，让我们把握当前，让我们共同来开创未来。所以，在这样的一个理念之下，我非常盼望，过去那种恶性的循环不要让它再出现，我们尽我们的力量能够建立一个良性的循环，从点到面，累积善意，累积互信，我相信这种面的扩充会建立一个非常坚实的基础，而不是像这种恶性的循环，冤冤相报，由点而线而面，其结果互信完全崩盘，善意不在，结果是我们大家都受到损害。

所以，今天我以这些心情很坦诚地跟总书记和各位女士先生提到我个人亲历的一个历程。这次56年以来头一次国民党主席和副主席，党的干部能够到南京紫金山中山陵向中山先生致敬，心情感伤、复杂，但是我们也非常的感谢。中山先生弥留的时候一再要大家和平奋斗来救中国，和平奋斗事实上不是那个时候的一个专利，而是大家要共同努力，一直到今天，我都信奉不渝。

秉持这样的精神，我都相信双方假如继续加强我们相互的理解和信任，我相信一定会给我们两岸所有的人民带来更好的、更多的安定，更好的、更多的繁荣，同时更重要的是给两岸带来亮丽光明的希望和未来，这是我今天在这里首先跟总书记和各位表达的一些意见。

谢谢。

（资料来源：CCTV—新闻频道）

[简析] 这一篇答谢词给人整体的感觉是措辞谨慎、礼貌得体。在向主人表达了诚挚的谢意后,致词者回顾了海峡两岸交流的历史,肯定了此次交流的意义,更多的是对未来美好的期待。言辞恳切,感情真挚,体现出致词者的善意和诚意。

2. 答谢词二

在诺贝尔文学奖金授奖仪式上的答谢词

海明威

我不善辞令,缺乏演说的才能,只想感谢阿佛雷德·诺贝尔评委会的委员们慷慨授予我这份奖金。没有一个作家,当他知道在他以前不少伟大的作家并没有获得此项奖金时,能够心安理得领奖而不受之有愧。这里无须一一列出这些作家的名字。在座的每个人都可以根据他的学识和良心提出自己的名单来。

要求我国的大使在这儿宣读一篇演说,把一个作家心中所感受到的一切都说尽是不可能的。一个人作品中的一些东西可能不会马上被人理解,在这点上,他有时是幸运的;但是他们终究会十分清晰起来,根据它们以及作家所具有的点石成金的本领之大小,他将青史留名或被人遗忘。

写作,在最成功的时候,是一种孤寂的生涯。作家的组织固然可以排遣他们的孤独,但是我怀疑它们未必能够促进作家的创作。一个在稠人广众中成长起来的作家,自然可以免除孤苦寂寞之虑,但他的作品往往流于平庸。而一个在岑寂中独立工作的作家,假若他确实不同凡响,就必须天天面对永恒的东西,或者面对缺乏永恒的状况。

对于一个真正的作家来说,每一本书都应该成为他继续探索那些尚未到达的领域的一个新起点。他应该永远尝试去做那些从来没有人做过或者他人没有做成的事。这样他就会有幸获得成功。

如果将已经写好的作品仅仅换一种方法又重新写出来,那么文学创作就显得太轻而易举了。我们的前辈大师们留下了伟大的业绩,正因为如此,一个普通作家常被他们逼人的光辉驱赶到远离他可能到达的地方,陷入孤立无援的境地。

作为一个作家,我讲的已经太多了。作家应当把自己要说的话写下来,而不是说出来。再一次谢谢大家。

(资料来源:中教网)

[简析] 语言概括贴切、态度谦恭得体、感情诚挚自然,是这篇答谢词突出的特点,同时也显示出海明威作为文学大师谦逊高远的风范。

第三节 谋职类文书

一、简 历

(一) 简历的概念

简历是个人向有关单位或部门负责人有选择、有重点地介绍自己的生活经历、学历、工作经历时所使用的一种专用文体。

简历可以体现一个人的综合实力和整体水平,是目前毕业生求职择业的比较常用的手段。求职者往往通过求职简历展示真实的自我,以使用人单位在很短的时间了解自己的全部,并进一步得到被录用或面试的机会。一份出色的求职简历往往是开启事业之门的钥匙。因此,写好个人的求职简历十分重要。

(二) 简历的特点

1. 内容重要点突出

不同用人单位、不同职位有不同要求,求职者应事先进行针对性地分析,突出自己的优势,表现自己的个性。

2. 语言重简明扼要

求职简历应该言简意赅,让人一目了然。

3. 形式重版面设计

求职简历的版面设计应美观大方、整洁清晰,便于阅读。

(三) 简历的类别

简历从其表现的形式上看,可以分为表格式简历和行文式简历两种。

(四) 简历的格式与写法

表格式个人简历,只需按表格中所要求的各项内容逐一填写即可。

行文式个人简历,通常情况下应由标题、正文、落款三部分组成。

无论是哪一种形式,写法都不必千篇一律。

1. 标题

标题一般直接由文种名或"姓名+文种名"构成,如"个人简历"或"×××个人简历"。

2. 正文

正文一般包括以下几项内容:

(1)个人资料。主要包括姓名、性别、年龄、学历、身体素质、联系地址等内容。个人资料不一定全列出来,可以针对所需的职位列出有关信息。

(2)求职目标。写明应聘的具体部门和岗位,有针对性地在求职简历中突出自己的知识与专长。对于"求职目标",要结合自己的实际情况去选择,并要考虑目标单位及职位的需求情况。

(3)教育背景及社会实践经历。主要包括就读的学校、专业、学位、所学课程、理论修养以及相关的表彰奖励、资格证书等。社会实践方面要强调出你适合这个职位的成功经验和经历。

(4)兴趣爱好与特长。兴趣爱好不能随便写,否则容易在面试时出现差错。如果有特别突出的个人特长,可强调写出。

3. 落款

落款一般署上成文的时间即可,若是作为附页的简历,还需在简历上署上个人的姓名。

(五)简历的写作要求

(1)要突出过去取得的成绩和奖励。成绩和奖励是能力的证明,对应聘有很强的说服力。

(2)要真实可靠,不能虚构,也不能隐瞒,经得起调查核实。

(3)要简洁明了、格式规范,切忌篇幅过长。

(4)要客观质朴,用词不可带过多的感情色彩,感情的表达要适度。

1. 简历一

×××的简历

性　　别:男　　　　　　　　公司电话:2565478
出生日期:19××年9月6日　　家庭电话:2121256
地　　址:×省××市××公司　手机:139××××789
邮　　编:110001
求职意向:销售部主管
教育背景:
1996年9月～1999年7月　某省科技职业学院国际经济与贸易专业大专学历。在校一直担任学生干部,工作认真负责,学习成绩优秀,多次被学院评为优秀学生干部、优秀团干等。

专业技能：
2000年7月～2000年9月　通过外销员考试。
2001年3月～2001年6月　通过报关员考试。
可与外商进行英语日常用语交流,能阅读业务范围内英语常用术语。
通过国家计算机二级等级考试,熟悉网络和电子商务。
所获奖励：
1997年10月　获某某学院"优秀学生干部"称号。
1998年10月　获某某学院"优秀团干"称号,获得一等奖学金。
工作经历：
2000年5月至今　担任某瓷器公司的市场部业务主管。
主要负责与经销商签订经销合同、办理产品的包装、运输、保险、货款结算、售后产品跟踪、市场反馈以及开拓新的销售渠道等。多次受到公司的表扬。
兴趣特长：
长笛、篮球、排球。
性格特点：
为人诚实,善于合作,作风严谨,责任心强。

[简析]　这篇简历采用了文字表述的形式。简历中陈述了求职者的学习经历、实践经历,并对自己在校期间所取得的奖励、获得的专业技能做了重点说明。语言简洁,内容全面,一目了然。

2. 简历二

个人求职简历

个人信息	姓　名	郑××	性　别	女	年　龄	21	[照片]
	民　族	汉	政治面貌	中共党员	健康状况	良好	
	毕业院校	××大学	专　业	公关文秘	第二专业	行政管理	
	求职意向	办公室秘书					
联系方式	电话	139×××1257	E-mail		12345678@sohu.com		
	地址	北京市东城区××大街10号					
教育背景	1995—2001	北京大学附属中学					
	2001—2005	××大学					

个人能力	所学专业	秘书学、文秘写作、公关实务、谈判学、人际心理学、公共关系、公关语言、应用写作、政治经济学、哲学、外国文化史、档案管理学、中国文化史等
	专业技能	熟练掌握公关文秘的相关技能,熟练使用常用办公软件编辑业务文档
	英语能力	英语 CET4,口语流利
	计算机能力	能够熟练的运用 Microsoft Office,五笔字型的中文录入速度每分钟 100 字以上
	其他特长	①有驾驶执照 ②创作 ③小提琴(专业水平) ④排球
实践经验		2004 年 7 月至 2004 年 9 月在××公司负责前台接待。在此期间工作认真负责,深受领导和同事的好评
		2005 年 9 月至今在×××公司任办公室秘书。负责文档管理工作;文书写作、文件打印等工作;机票、酒店预订及其他外联工作;协助负责人进行重要日程安排;协调同其他各部门的关系,做好沟通工作;收发来往信件、订购办公用品及其他办公事务
获奖情况		2002 年 9 月获二等奖学金
		2003 年 9 月获"优秀学生干部"称号
		2004 年北京市××区高校女子排球比赛第一名
		(后附三张有关获奖证书)
自我评价		为人:温和、谦虚、自律、自信;有进取心、有毅力 工作:踏实肯干,工作认真,责任心极强,有较强的适应能力和自学能力,有较强的管理、组织能力

最后,感谢您在百忙之中阅读我的简历,诚挚地希望能加入贵公司。祝您工作顺利!谢谢!

[简析] 这是一份表格式个人简历。表格内容完备,格式规范,文字简洁,条理清晰。

二、求职信、辞职信

（一）求职信

1. 求职信的概念

求职信又称自荐信，是个人向有关单位或领导全面而概括地介绍自己，从而获得某项工作或职位的专用书信。

2. 求职信的特点

与其他书信相比，求职信有以下特点：

（1）充分的介绍性。求职信在介绍求职者的情况时，尽可能全面完整，以使用人单位尽可能全面了解求职者。

（2）突出的目的性。求职信的目的就是推销求职者。在全面介绍求职者个人情况同时，要突出求职者的求职目标，有针对性地突出求职者的专长和优势，以引起用人单位的注意和好感。

（3）高度的概括性。求职信的语言要精炼准确，通俗易懂。既要考虑读者对象的知识背景，使人容易领会求职者的意图，同时又要表达准确流畅，显示出求职者一定的文字功底和文化素养。

（4）多变的灵活性。求职是一个复杂而动态的变化过程。求职者往往要根据现实情况，审时度势，根据求职目标的实际要求，以自身为"蓝本"，写出不同风格的求职信。既要充分地表现自己的精神面貌，又要灵活应对，"投其所好"，增加胜数。

3. 求职信的类别

求职信根据不同的角度有不同的类别：

（1）根据求职者的不同身份可分为毕业生求职信、待业人员求职信、在岗人员求职信。

（2）根据自荐角度的不同可分为自荐信和应聘信。自荐信是主动推荐自己的求职信。应聘信是有目的地根据用人单位的招聘条件准备参加应聘的求职信。

（3）根据发文对象范围的不同可分为有明确目标的专发性求职信和发往多个单位的多发性求职信。

4. 求职信的写法

求职信是一种书信文体，所以同其他书信的写作格式基本是一致的。求职信一般包括标题、称呼、正文、落款、附件五个部分。

（1）标题。通常在第一行中间写上"求职信"三个字。

（2）称呼。求职信的称呼书写要正式规范，应根据收信者的身份、地位选择恰当的敬语或尊称，如"尊敬的×××局长"、"尊敬的×××教授"等，称呼后面用冒号。

（3）正文。求职信的正文包括开头、中间、结尾三部分。

开头主要交代清楚自己的一些基本信息，如年龄、性别、学历、政治面貌及其他与求职目标有关的情况。

中间部分主要是针对用人单位的征召信息或用人单位的具体要求，重点介绍自己的主要成绩和优势，介绍自己的专业技能和特长，突出自己所具备的求职所需的条件，并表明自己具有胜任这项工作的信心和能力。此外，还可根据需要谈谈自己对求职单位的了解和认识，表明自己的工作态度及就职后的打算。这一部分是求职的关键，所以要多了解用人信息，针对求职目标推荐和介绍自己。

结尾部分要再次强调自己的求职愿望。并用上"此致，敬礼"、"致以诚挚的敬意"等结语。

（4）落款。落款要写明求职者的姓名和写信的日期，写出求职者详细的联系方式、联系地址、联系电话和 E-mail 等内容。

（5）附件。有的求职信把简历作为"附件"附在后面，有的则会根据用人单位的需要，把相关的证明资料作为"附件"附在后面，如学历证明、职称证明、奖励证明、科研学术成果的证明、各种资格考试的证明等各项的复印件。

5. 求职信的写作要求

（1）实事求是，客观地评价自己。求职信是以自我的方式向用人单位推荐自己，要根据自己的基本情况，根据用人单位的需求介绍自己，如实、客观地叙述自己的能力、特长，是对自己负责，也是对用人单位负责。

（2）态度谦虚诚恳，语言礼貌得体。态度谦虚诚恳能表现出求职者的诚意和对用人单位的尊重；语言礼貌得体，则显示出求职者的文化素养以及求职者不卑不亢的态度和自信。

（3）文字简洁，突出重点。这里的突出重点指两方面，一是根据用人单位的需求决定求职信的重点；二是将自己的能力和特长作为陈述的重点，有的放矢，展示自己的实力。

1. 求职信

求职信

尊敬的××先生：

您好！

我是××大学计算机系计算机开发及应用专业学生，将于今年七月毕业。据悉贵公司网站将招聘网络维护工程师,我非常希望获得这个职位,故冒昧地给您写信。

在校期间,我充分利用学校优越的学习条件和浓郁的学术氛围,认真学习了计算机应用与开发专业教学计划所规定的课程,并进行了深入的研究,取得了优异的成绩。我的毕业论文内容是研究 Linux 系统在网络服务器上的应用。这不仅使我系统地掌握了网络设计及维护方面的技术,同时又使我对当今网络的发展有了深刻的认识。

在大学期间,我多次获得各项奖学金,而且发表过多篇论文。我还担任过班长、团支书,具有很强的组织和协调能力。较强的事业心和责任感使我能够面对任何困难和挑战。

互联网促进了整个世界的发展,我愿为中国互联网和贵公司的发展做出自己的贡献。

随信附有我的简历。如还需要其他的证明材料,请您赐告,自当迅速奉寄。

如有机会与您面谈,我将十分感谢。

此致

敬礼!

通讯地址:北京市××区××路××号

邮编:100×××

手机:1395678××××

××大学计算机系××
2006年3月12日
(资料来源:中国范例网)

[简析] 这是一封应届大学毕业生的求职信。信中针对用人单位的需求,求职者陈述了自己的专业、学习情况、个人能力和获奖情况,以便对方对自己有较为全面的了解。言辞恳切,态度谦虚,充分显示了求职者的诚意。

2. 自荐信

自荐信

尊敬的领导:

您好!

首先感谢您在百忙之中抽时间来阅读这封自荐信。

我是××大学冶金科学与工程学院2002级轻金属冶金专业应届毕业生,中共党员。临近毕业之际,我希望能得到贵公司的赏识与栽培。为了发挥自己的才能,特向贵单位毛遂自荐。

我校师生中一直流传着这样一句话,"今天你以母校为荣,明天母校以你为荣",从入学以来,我一直把它铭记在心,立志要在大学四年里全面发展自己,从适应社会发展的角度提高个人素质,使将来真正能在本职工作上做出成绩,为母校争光。

我以"严"字当头,在学习上勤奋严谨,对课堂知识不懂就问,力求深刻理解。在掌握了轻金属冶金专业知识的基础上,不忘拓展自己的知识面,特别是在计算机应用方面,及时阅读相关书籍,并购置了个人电脑,掌握了 Visual Basic 程序设计方法和 PHP&MYSQL、JavaScript 等动态网站建设技术。我很重视英语的学习,不断努力扩大词汇量,英语交际能力也有了长足的进步。同时,为了全面提升个人素质,我积极参加学校组织的各种活动,加入了大学射击队,经过长期刻苦的训练,多次在全国以及省级比赛中取得优异的成绩。这个经历使我认识到团队精神在现代生活中的重要,同时也锻炼了社交的技能,增加了阅历,相信这对我今后进入社会将起到重要作用。

希望贵公司能给我一个发展的平台,我会好好珍惜它,并全力以赴,为实现自己的人生价值而奋斗,为贵公司的发展贡献力量!

最后,再次感谢您阅读这份自荐信!

祝贵公司事业欣欣向荣,业绩蒸蒸日上,也祝您身体健康,万事如意!

自荐人:×××
××××年×月×日

附个人简历一份(略)

(资料来源:中国范文网)

[简析] 这封自荐信言辞恳切,表达简明扼要。求职者详细介绍了求职者的学习情况和工作能力,突出自己的专业技能的延伸,表达了自己真诚的求职愿望。

(二)辞职信

1. 辞职信的概念

辞职信是个人向自己所供职的单位辞去工作或职务时所写的专用书信。

我国的《劳动法》规定,劳动者和用人单位解除劳动合同时,应提前 30 天以书面形式通知用人单位。辞职时写一封辞职信,既表明你的理由,也表现你良好的修养。

2. 辞职信的特点

(1)表意明确,理由充足。辞职信的目的非常明确,就是告知用人单位自己要辞职,因而要有充分的理由,让对方能够接受。

(2)语气郑重,委婉得体。辞职信就是要达到辞职的目的,因此,语气要郑重。但同时辞职信是辞职者对就职单位的拒绝,无论是因为何种原因辞职,行文语气都应委婉,注意礼貌得体。

3. 辞职信的类别

(1)从辞职人的意愿上分,辞职信可分为主动辞职信和被动引咎辞职信。

(2)从发信人的性质上分,可分为个人辞职信和集体辞职信。

4. 辞职信的写法

辞职信一般由标题、称呼、正文、落款等四部分组成。

(1)标题。辞职信的标题就是在第一行正中写上"辞职信"、"辞职书"、"辞职函"、"辞呈"或"辞职申请"。

(2)称呼。标题下方左侧顶格写明称呼对象。称呼前可根据需要加上恰当的修饰语。

(3)正文。辞职信没有固定的写法,正文一般包括以下几个方面:

首先,辞职信应开门见山,明确地表明自己的辞职意愿、辞职时间。

其次,辞职信应充分地声明辞职的理由。

最后,辞职信可根据工作实际表达对现任领导和工作岗位的感激或怀念之情。

尽管是辞职,也要不忘在结尾部分写上表示敬意或祝愿的结语。如"此致,敬礼"、"致以诚挚的敬意"等结语。

(4)落款。在正文的右下方,署上辞职人的姓名以及成文日期。

5. 辞职信的写作要求

(1)辞职的理由要充分,抓住辞职的关键点进行简要地说明。

(2)辞职信的措辞要友善、得体,并适当地提出感谢。这也体现出辞职者一定的素质修养。

(3)辞职信要说明辞职的具体时间。

1. 辞职信一

梁锦松的辞职信

香港中环下亚厘毕道中座五楼行政长官
董建华先生:

我现以书面形式向您提出即时辞去香港特别行政区财政司司长一职。

正如我曾在另一份报告中向您解释,我在二〇〇三年一月购买汽车,而给人有利益冲突的感觉一事,已引起广泛的公众关注。我在二〇〇三年三月五日公布增加汽车首次登记税前购入汽车,虽然我并无任何意图藉此减少税务开支,我亦不应做出该项购买,以避免任何利益冲突的嫌疑。我承认我并未能完全符合《问责制主要官员守则》,尤其是第5.1条有关主要官员须避免令人怀疑他们不诚实、不公正或有利益冲突。我就事件对政府带来负面形象深表歉意。我愿意为我的过失负上责任,而我相信在现时的情况之下,辞职是我应当采取的行动。

我感谢中央人民政府和您给我机会,出任财政司司长一职,为香港市民服务。我亦感谢您和其他在政府工作的同事,在过去两年来对我的支持和指导。我有信心在您的领导之下,香港定能早日克服目前的经济困难,以及恢复活力。

梁锦松
二〇〇三年三月十日
(资料来源:中国范文网)

[简析] 这是一封引咎辞职的辞职信。辞职者充分地阐述了辞职的前因后果,详细地叙述了引起自己不得不主动辞职的事由。同时,辞职者对领导者和曾经共事的同仁也表明了感激之情。其词之恳切,其情之深切,读之令人动容。

2. 辞职信二

辞职书

××研究所人事处:

我于1969年从某化工学院毕业后分配到本所,现在第五研究室工作。因家中父亲年老多病需人照料,又因我与爱人长期两地生活等实际困难,现向领导提出辞去现职,调回家乡工作的请求。

我的家乡在××省××县。父亲现年73岁,于1979年患半身不遂病,衣食不能自理。我于1990年结婚,爱人在家务农,现有个儿子,由于我在外地工作,家中照顾老人、教养子女和其他轻重家务劳动都由爱人一人担负,她长期操劳,累得难以支持了。

这些年以来,祖国的经济建设风风火火、蒸蒸日上,作为一名党培养出来的科技人员理应在这一宏伟事业中多做贡献,但由于家庭实际困难的羁绊,不免时时分散精力。为了妥善安排生活,解决困难,全力以赴地投入经济建设之中,我特请求领导批准我的辞职,能就近安排我的工作。

此致

敬礼!

申请人 赵梦亮
××××年×月×日
(资料来源:www.clickz.com)

[简析] 这一则辞职信语言简洁朴实,理由充分。辞职人详细陈述了请求辞职的具体原因,有条有理,使领导能够透彻了解到其要求和苦衷,及时就辞职请求给予批复。辞职申请人在详细申述自己辞职理由的同时,也提出自己申请辞职的决心和个人的具体要求,希望得到领导批准。所言合情合理,毫无虚夸之词。

第四节　条据类文书

一、请假条

（一）请假条的概念

请假条是人们在日常生活中，用于请求准假不参加某项工作、学习、活动的便条，是书信的一种。

（二）请假条的特点

(1)开门见山，直接说明请求的事项。

(2)内容简短，一般是一事一文。

(3)用词通俗易懂，一目了然。

（三）请假条的类别

请假条从其内容上看，可以分为病假条和事假条两种。

（四）请假条的写法

请假条是一种简单的书信文体。一般写在纸上，不用信封。其书写格式与书信有很多相似之处，是书信的大大简化形式。它通常由标题、称呼、正文、落款四部分组成。

1. 标题

在正文上方中间直接写上"请假条"。

2. 称呼

标题下顶格写上称呼对象的名称，称呼前可依据实际情况用尊称或敬语，如"尊敬的"、"敬爱的"之类；称呼后加冒号。

3. 正文

在正文部分写清楚请假原因和请假的起止时间。结尾写上敬语或其他礼貌性的话语，如"此致，敬礼"等。

4. 落款

落款一般署上请假人姓名、成文的时间。

（五）请假条的写作要求

(1)请假条是书信的一种，但内容比较简短，仅仅突出请求的事项，说清楚请假的原因即可。

(2)语言简单直接,使他人一看便知。

1. 请假条一

请假条

××培训中心:
　　因我局于1月10日晚举行全局工作人员大会,任何人不得缺席,所以本人1月10日晚不能回中心参加培训。特此请假,恳请批准!
　　此致
敬礼!

××局××处:谢小平
1月9日

2. 请假条二

请假条

李老师:
　　我昨晚睡觉着了凉,早上起来头疼,还有点发烧。上午我打算去校医院看病,请假半天,请批准。
　　此致
敬礼!

你的学生:吴言
11月2日

[简析]　这两则请假条,一则是请事假,一则是请病假。都是一事一文,开门见山交代请假原因、时间。文字简洁,叙述清楚,不拖泥带水,使人一目了然。

二、留言条

(一)留言条的概念

　　留言条是人们在日常生活中,告知他人具体事项,或委托他人办事时,在不能面谈的情况下所使用的便条。

(二)留言条的特点

留言条和请假条一样,都属于便条,其特点和请假条类似,只是语气上不像请假条那样客气。

(三)留言条的类别

留言条从其内容上看,可以分为约会、通知、请求等留言条。

(四)留言条的格式与写法

留言条也是一种简单的书信文体,也通常由标题、称呼、正文、落款四部分组成。

1. 标题

在正文上方中间直接写上"留言条"。

2. 称呼

标题下顶格写上称呼对象的名称,称呼后加冒号。

3. 正文

在正文部分写清楚留言的原因、委托或告知的具体事项。结尾根据实际情况写上礼貌性的话语,也可不写。

4. 落款

落款一般署上留言人姓名、成文的时间。

(五)留言条的写作要求

(1)留言条一般是将简单的事项告知或委托别人,语言要通俗、简单、直接,方便他人领会。

(2)留言条一般用于亲友、同事之间,语气上较为随意。

 例文

1. 留言条一

留言条

小张:

我有急事外出一会儿,约二十分钟左右回来,你来后请稍候,我去去便回。

李阳
即日

2. 留言条二

留言条

费××：

　　下午我来找你,你不在。明天下午两点半,我想请你和我一起去欢乐岛游玩。如果你同意,请打电话给我。

你的朋友:吴匡政
×月×日

　　[简析]　这两则留言条,干净利落。由于是同事、朋友之间的留言,用语就更为简洁,一些简单的客套用语都被免去,直述其事,一目了然。

 病文评改

1. 请柬
[原文]

请　　柬

×××同学：

　　兹定于2001年4月5日上午9时到××宾馆212室看望来××大学参加学术会议的××老师,请准时莅临指导。

×××同学
2001年4月2日

　　[简析]　请柬是机关团体、企事业单位、个人为邀请宾客参加某种活动时所使用的一种书面形式的通知,是书信的一种。一般用于邀请开展某项工作、举行重要会议或参加各种表示吉庆的纪念活动,如婚宴、诞辰等。发送请柬是为了表示对客人的尊重和所举行活动的隆重。它多用于比较正式隆重的场合。

　　本请柬有以下比较明显的错误：
　　(1)参加人不为客人,不用发请柬。
　　(2)到宾馆去看望昔日的老师,非隆重喜庆之事,不需要发请柬。
　　(3)有些措辞不妥。如"兹"、"莅临指导"这些书面习惯用语,用在原文中不适合。

2. 感谢信

[原文]

感谢信

×××学院：

　　我的孩子今年3月患了严重的心肌炎，不得不住院治疗。在住院期间，你校领导、老师和学生多次来医院探望、慰问。校团委与学生会还发动全校师生为我的孩子捐款，帮助我们解决困难。你们的大恩大德，我们全家人永远不会忘记。

　　最后，祝你们工作顺利，学习进步，万事如意！

学生家长　赵××
×月×日

[简析] 感谢信是某个单位或个人为感谢对方的帮助、关心、支持而写的书信。感谢信除了有感谢的意思外，还有表扬之意。感谢信的基本结构包括标题、称呼、正文、落款四部分。

这篇感谢信有以下几个方面的不足：

(1)被感谢对象没有顶格书写，对象称呼不够准确。感谢信要在标题下面一行顶格写被感谢对象的单位名称或个人姓名。如果是单位给予的帮助，则被感谢对象写单位名称；如果是个人给予的帮助，则写个人姓名。从原文可看出，×××学院的领导、老师、同学给与生病学生很大的帮助，因而被感谢对象应写为"×××学院的领导和全体师生"。

(2)正文内容不全面，关键内容没有写清楚。感谢信的正文主要包括感谢的事由、事件的意义、感激的心情、表达敬意和感谢的习惯用语等。先要概括地叙述事情的前因后果，交代人物、事件、时间、地点、结果等情况，重点写明对方给予的支持、帮助。在叙事的基础上指出对方给予的支持和帮助的意义以及体现出的可贵精神，同时表达向对方学习的态度和决心。之后，要真诚表达自己的感激之情。结尾常用上"此致，敬礼"、"致以诚挚的谢意"等习惯用语。原文只简单交代了事情的前因后果，写明了对方给予的支持、帮助，但缺少可贵精神的赞颂和向对方学习的态度和决心。事迹不突出，材料不吸引人。

(3)就这篇感谢信的目的而言，在正文结尾应突出强调表示敬意和感谢的话。如"此致，敬礼"、"致以诚挚的谢意"等习惯用语。

(4)署名之前不应写"学生家长"，而应写上自己的单位和自己的姓名，这样可以为核实和询问带来方便。写信日期应写全年、月、日。

(5)个别地方用语不准确。如"大恩大德"表示的是一种恩赐，用于文中人们无私帮助的精神不适合，应改为"高尚行为"。"不会忘记"应改为"铭记"，"你校"改为"贵校"，不仅用语更书面化，而且更显得尊重。

[改稿]

感谢信

×××学院领导与全体师生：

　　我是贵校××班学生赵××的家长。我的孩子今年3月不幸患了严重的心肌炎，不得不住院治疗。在孩子住院期间，贵校吴校长、班主任王老师与××班的同学曾多次到医院探望、慰问，给她送来了许多营养品和鲜花。特别使我们感动的是，校团委与学生会得知我孩子没有医疗保险，医药费和住院费开支大，而我家经济收入又很低的情况后，立即在全校师生中开展了"献上一片爱心"活动，筹款肆仟伍佰陆拾元，送到我孩子的病床前，帮助我们解决困难，温暖了我们一家人的心，增强了孩子战胜疾病的信心和勇气。

　　为此，我们全家对贵校师生这种高尚的爱心、无私的精神表示由衷的感谢！

　　现在，赵××的身体已基本痊愈了，不久她就能回校继续念书。她表示：一定要把大家的关怀和爱心化作力量，克服困难，刻苦努力，迎头赶上，争取以优良的成绩来报答大家给予她的春天般的温暖。我们做家长的决心更加努力工作，以实际行动来感谢你们。你们的高尚行为我们将永远铭记在心。

　　此致

敬礼！

××市××厂职工　赵××
××××年×月×日

（资料来源：《应用写作》，2005年第5期）

3. 请假条

[原文]

请假条

敬爱的××老师：

　　"寻寻觅觅，冷冷清清，凄凄惨惨戚戚。"我于九月十日来到贵校，已三月有余。天已转凉，衣衫单薄，孤苦伶仃，倍感凄凉。特向您请假三天，回家取冬衣。恳请批准，不胜感激。

　　此致

敬礼！

你的学生：××
×月×日

[简析] 这是一则请事假的请假条。请假条的特点是开门见山,直接说明请求的事项;用词通俗易懂,一目了然。而这则请假条语言"煽情"有余,直白不够。正文部分又未说清请假的起止时间。署名中,又将敬称"您"写成了"你",称呼与语气不一致。

[改稿]

请假条

敬爱的××老师:

最近天气转凉,我欲回家拿取冬衣。因路途比较遥远,特请假三天(×月×日至×日),请予批准。

此致

敬礼!

请假人:××

×月×日

综合训练

一、填空

1. 启事的写作特点有_____、_____、_____。
2. 海报的写作要求是强调_____;篇幅要_____;有很强的_____。
3. 从请柬的形式看,请柬分为_____、_____两种。
4. 感谢信的特点是_____、_____。
5. 祝词主要分为以下几类:_____、_____、_____、_____、_____。
6. 从内容上看,贺信可以分为_____贺信和_____贺信。
7. 欢迎词、欢送词、答谢词一般由_____、_____、_____、_____四部分组成。
8. 欢迎词、欢送词都要措辞慎重,要尊重对方的_____、_____等,避开对方的忌讳,以免发生误会。
9. 求职信又称_____,是个人向有关单位或领导全面而概括地介绍自己,从而获得某项工作或职位的专用书信。
10. 辞职信除特殊情况外,无需得到对方的批准,因此行文不宜过长。虽然今后不再与原用人单位保持宾主关系,但语气应_____,注意_____。

二、简答

1. 简述简历正文的写作内容。
2. 介绍信的写作要求有哪些?
3. 什么是推荐信?简述推荐信的类别。
4. 简述邀请书与请柬的区别。
5. 留言条和请假条共同的特点是什么?

三、实训题

1. 评析

(1)评析下面这则欢迎词。

胡锦涛副主席陪同布什总统
到清华大学发表演讲时致欢迎词

(2002年2月22日)

尊敬的布什总统和夫人、王大中校长、各位校友、女士们、先生们、朋友们:

今天,我很高兴回到母校,和清华大学的师生们一起欢迎来自大洋彼岸的贵宾——布什总统和夫人。

清华大学是一所历史悠久、享誉中外的高等学府,"自强不息,厚德载物"的清华校训激励着一代又一代清华学子,为中华民族的振兴和人民的进步奋斗不止。

总统先生,你的这次来访,恰逢尼克松总统访华和《中美上海公报》发表30周年。30年在人类的历史上只是短暂的一瞬,但它给中美关系带来的巨大变化将永远载入史册。昨天,江泽民主席和您就中美关系和国际局势深入交换了意见,达成了许多重要共识,取得了多方面的积极成果。两国元首的成功会晤必将对中美建设性合作关系的进一步发展产生深远影响。

女士们、先生们、朋友们,中美两国都是伟大的国家,中美两国人民都是伟大的人民,国际形势的发展一再表明,中美两国在维护亚太和世界的和平稳定,促进地区和全球经济的增长与繁荣,打击恐怖主义和其他跨国犯罪,以及解决环境恶化等全球性问题上,都肩负有重要的责任,也都拥有广泛的共同利益。中美友好符合两国人民的心愿,顺应历史发展的潮流,我相信,只要双方相互尊重、平等相待、求同存异,中美关系就一定能够健康、顺利地向前发展。青年是国家的希望,是世界的未来,也是推动中美关系友好的生力军。希望两国青年加强交流,增进友谊,互相学习,共同致力于世界的和平、进步与发展。

再一次欢迎布什总统和夫人的到来!谢谢各位!Thank you very much!

(2)根据下面这篇范文,评析启事的写法及写作要求。

北京奥运会志愿者口号征集评选活动启事

为了更好地体现北京奥运会"绿色奥运、科技奥运、人文奥运"的理念,落实北京奥运会志愿者坚持以人为本、服务奥运、贡献奥运的工作要求,更好地配合奥运会志愿者各项工作的开展,凝聚和号召广大志愿者,以饱满的热情、良好的状态投身到奥运会的各项服务中去,北京奥组委、北京奥运会志愿者工作协调小组成立了"北京奥运会志愿者口号征集活动办公室",并从即日起面向全社会开展北京奥运会志愿者口号征集评选活动。现将有关事项公告如下:

一、征集起止时间

本次公开征集活动于2006年3月31日开始,至2006年8月31日截止。

二、应征口号应符合的要求

1. 高度概括北京奥运会志愿者"服务至上、和谐至上"的工作理念,突出强调北京奥运会鲜明的时代特征和中国文化的特点。

2. 集中体现"志愿者的微笑就是北京最好的名片"的要求。

3. 体现国际化,面向世界,使不同国家和地区、不同文化背景的人都能理解接受。中、英文应同样精彩。

4. 简洁明快,便于记忆,琅琅上口,富有感染力和号召力,能够打动人心。

三、评选方式

2006年9月至10月,北京奥运会志愿者口号征集活动办公室(以下简称"口号征集办公室")将组织有关专家对应征稿件进行研究评选,评出10条中英文口号送北京奥组委审定,并由北京奥组委执委会确定出北京奥运会志愿者口号中英文各一条。

四、稿件提交方式

1. 应征人在填写完整本启事后附的参选表格后,并于活动期间将经有效签署的参选表格同应征口号一同提交至口号征集办公室。

2. 通过邮寄方式提交应征稿件的应征人,可从北京奥组委官方网站(www.beijing2008.com)下载打印《北京奥运会志愿者口号征集评选活动参选表格》,按有关说明进行填写后邮寄至:北京奥运会志愿者口号征集活动办公室/北京市海淀区北四环中路267号北京奥运大厦,邮政编码100083。

3. 通过电子邮件提交应征稿件的应征人,除按有关说明将填写完毕的《北京奥运会志愿者口号征集评选活动参选表格》以附件形式发至zyzkh@bjyouth.net(北京志愿者协会电子邮箱)或volunteers@beijing-olympic.org.cn(北京奥组委志愿者工作电子邮箱),同时均应按照口号征集办公室的后续指导完成应征程序。

五、荣誉奖励

北京奥组委、北京奥运会志愿者工作协调小组将向获选口号作者颁发荣誉证书。

六、其他事宜

与本次活动所有有关的一切争议均应适用中华人民共和国法律,并在北京市解决。北京奥组委对本次活动具有最终解释权。

北京奥运会志愿者口号征集活动办公室
2006年3月31日
(资料来源:www.sohu.com)

(3)评析下面这则病文。

辞职信

亲爱的老板:

　　昨天外面下了一场雨,这让我想起我国著名诗人汪国真的诗句:"总有些这样的时候,正是为了爱,才悄悄躲开,躲开的是身影,躲不开的,却是那份,默默的情怀。……"

　　领导你看,他写得多好啊,我一边读他的诗,一边吃冷面,结果醋都没放就吃完了,领导你说,要是我们也能一直这么好上,该多好啊。

　　可是天有不测风云呀,我要走啦,我要挥挥手地走,不带走一片云彩,领导你看这是不是也很有诗意呢。回想当初,当我第一眼看到你时,我就被你吸引了,你坐在老板桌后,像一台英国产的大本钟般庞大结实,你说要来工作就要先爱这个公司,因为爱了公司才会爱工作,我也没怎么明白,反正爱不爱的都是要嘴皮子扯淡,你能给我多少钱才是正经,你说是吧。

　　你报了个天杀的低价,按照这个工资数,我能在一月内把它均匀地花在每天的三包康师傅方便面上,还能多出一元钱,买个鸡蛋什么的滋补滋补。你见我不乐意,就说爱字当头,工资无价。我呢当时也正缺钱,想爱就爱吧,反正爱上你这个台湾人开的公司,也算是给海峡两岸的安定团结做出一份九十年代酷一族应有的贡献。

　　在你的公司里每天早上不但要打卡,还要排好队听你训话。我最爱听你训话了,就像我从小爱听我姥姥吃豆打屁一样,但见你在队伍前面唾沫四溅,很快地板就湿了一层,拖地板的阿姨回回都高兴地说,有你在,她能活到九十九。

　　我们都要在你伟大的光辉的正确的领导下,每天加班加点到很晚。像我吧,是负责公司粮草运营的,听上去这官很大,其实就是管订盒饭,你说加班是给公司做贡献,所以公司为了报答员工,就要免费给每位加班的员工订盒饭,盒饭标准是一盒两元,当时那做盒饭的店家很不开心,说除非全盛着饭才这个价。

　　没想到你听了很高兴,说:"对呀对呀就光订饭嘛,人是铁来饭是钢,钢铁以外废菜包。"你还说,"员工应当滴水之恩涌泉相报",吃了你的盒饭(还真是没菜,盒里全是个饭),所以加班费就不必发了。我们当时大家都很感动,有些女员工当场就流下了激动的眼泪,大家都说:"在社会主义的大家庭里,能碰上你这么一个老板,真是我们的福气啊。"

但我真的要走了,唉,其实不想走,其实还想留,想留下来好好揍你一顿,真的,打是疼来骂是爱,我对你疼得要死,爱得要命,所以要是能揍你一顿,该多好啊。

噢,对了,除了这份辞职信以外,桌子上还有张我给劳动仲裁委员会寄去的状纸复印件,你看看,顺便帮我挑挑错别字,别到时法院的人来找你时,人家会因你手下的人文化水平低而看不起你。

2. 写作

(1)某校团委组织"纪念长征七十周年"征文比赛,根据这一题目,自定主题和题材,写一篇征文启事。

(2)某大学要举行一场大型的庆祝"教师节"的晚会。请你以学校的名义写一则请柬,邀请省教育厅领导参加晚会。

(3)"神舟六号"载人飞行圆满成功,请你代全班同学写一封贺信表示祝贺。

(4)请你作为教师代表为大一新生入学的开学典礼和大四学生的毕业典礼各拟写一份欢迎词和欢送词。

(5)某学生即将毕业于某政法学院法律系。该学生在校期间,获得了"二本"学历,且通过了全国的司法资格考试。该同学拟进某市某律师事务所。请代该同学拟一份求职信。

第七章 科研文书写作

学习目标

通过本章的学习,应该达到以下目标:

知识目标:了解科研文书的概念,理解其写作特点、写作要求,重点掌握毕业论文的结构和写法。

能力目标:掌握搜集资料、分析资料的方法,模拟写作,初步具备撰写科研文书的能力。

第一节 学术论文、毕业论文

一、学 术 论 文

（一）学术论文的概念

《中华人民共和国国家标准科学技术报告、学位论文和学术论文的编写格式》规定:"学术论文是某一学术课题在实验性、理论性或观测性上具有新的科学研究成果或创新见解和知识的科学记录;或是某种已知原理应用于实际中取得新进展的科学总结,用以提供学术会议上宣读、交流或讨论;或在学术刊物上发表;或做其他用途的书面文件。"并规定:"学术论文应提供新的科技信息,其内容应有所发现、有所发明、有所创造、有所前进,而不是重复、模仿、抄袭前人的工作。"

从写作角度来定义,论文是学术论文或科学论文的简称,是用来进行科学研究、描述科研成果的文章样式。它既是探讨学术问题,进行科学研究的一种手段,又是描述科研成果,阐明学术观点,进行学术交流的一种工具。我们进行科学研究,既要动脑又要动笔,在思考过程中不断进行记录、整理、推敲和修改,以使自己的创造性思维一步步展开,臻于完善,最后达到课题的解决。同样,只有通过学术论文的样式作载体,将科研成果发表和交流,才能最终产生社会效果。

理解学术论文的概念,要把握以下两层含义:

(1)学术论文的范围仅限于科学领域,不是科学领域的文章不能算学术论文,如新闻、报告文学、散文、杂文、计划、总结等。

(2)不是所有涉及科学领域的文章都是学术论文,如科普小品。

因此,学术论文的灵魂是科学研究的成果。

从学术论文的概念中,我们可以悟出写作学术论文必须具备的两个基础:一个是研究基础,一个是表述基础。

(二)学术论文的特点

1. 揭示规律的客观性

科学研究的目的决定了论文研究须揭示自然界和人类社会生活中的客观规律,这是一篇论文的价值所在。因此,论文写作中必须充分认识到客观规律的客观性,表述时充分显示客观规律的必然性。

2. 研究结果的独创性

任何科学研究虽然都是在学习和借鉴前人取得的有关成就和成果的基础上发展起来的,但其根本任务是依据现实的需要和认识的深入,提出新见解,拿出新方法,探索新领域,发表新成果。所以论文写作不能受前人结论和经验的束缚,应在综合别人的认识的基础上,依据新的社会实践和科学实践有所创新,不要耗费过多精力去重复对已有定论问题的认识与研究。

3. 研究领域的专业性

人类须探究、探讨的领域十分广泛,但每个人一生的精力十分有限,需要确定一个专业领域,持之以恒,才能使研究不断深入。同时,每一项研究只能分属某一专业领域,作为一个问题或课题只能在某一专业领域或范围内探讨,如果分属于两个领域去探讨那就成了两个问题或课题,是两篇论文解决的问题。在一个专业领域内探讨某一课题,才能更好地使用该专业的科学术语,也才能明确使用该科学范围内的概念、假设前提、公理、原理、定律等。因此,较强的专业性是论文区别于其他文章的显著特征。

4. 表达方式的论述与说明性

由于论文描述的是科学研究的抽象思维的结论或科学实验的客观结果,目的是让读者理解并接受这个结论或结果。因此,论文表达的内容特点及目的决定了它采用议论和说明为主的表达方式。哲学人文社会科学类论文中,通过提出问题、分析问题、解决问题的思维过程,运用立论、驳论的各种论证方法,通过逻辑推理,揭示客观规律,达到以理服人的目的。在自然科学论文中,既可用逻辑推理阐释科学规律,亦可将科学实践的过程或科学推理的过程通过说明方式表达出来,让人们明白或接受科学规律。

因此,学术论文大量运用论述与说明为主的表达方式,是区别于其他文章的又一特征。

(三)学术论文的种类

依据不同的标准,可以对学术论文进行不同的分类。

1. 根据内容和论证方法分

学术论文可以分为思辨论文和实证论文。思辨论文是指对某一学科领域的问题进行分析研究,以演绎推理的方法为主要论证方法而写成的理论性论文,又称纯学术论文;实证论文是指对某一学科领域的问题进行调查研究,以归纳推理的方法为主要论证方法而写成的表述性论文,又称纯报告类论文,一般指带有学术性的实验报告、调查报告、考察报告、研究报告、专题报告等。没有学术性的公文调查报告和新闻调查报告不属于学术论文。

2. 根据需要和制作者的情况分

可以分为学年论文、毕业论文、学位论文。学年论文是指在籍大学生每年按教学计划规定撰写的论文;毕业论文是指毕业大学生在即将毕业时按教学计划规定撰写的论文;学位论文是表明作者从事科学研究取得创造性的结果或有了新的见解,并以此为内容撰写而成作为提出申请授予相应的学位时评审用的学术论文。如学士论文、硕士论文和博士论文等。《中华人民共和国国家标准科学技术报告、学位论文和学术论文的编写格式》规定:学士论文应能表明作者确已较好地掌握了本门学科的基础理论、专门知识及基本技能,并具有从事科学研究工作或担负专门技术工作的初步能力。硕士论文应能表明作者确已在本门学科上掌握了坚实的基础理论和系统的专门知识,并对所研究课题有新的见解,有从事科学研究工作或独立担负专门技术工作的能力。博士论文应能表明作者确已在本门学科上掌握了坚实、宽广的基础理论和系统深入的专门知识,并具有独立从事科学研究工作的能力,在科学或专门技术上做出了创造性的成果。

3. 根据属性和学科分

可以分为自然科学论文和哲学社会科学论文;还可以分为文科论文、理科论文、工科论文、农科论文、医学论文;又可分为语言学论文、数学论文、法学论文和经济学论文等。

(四)学术论文的格式与写法

1. 一般论文的组成部分

论文一般应依次包括:封面、目录、摘要、关键词、正文、注释、参考文献等七部分。

(1)封面。大多数相关机构和学校都有固定的封面格式要求。一般包括论文的标题,作者的姓名、班级、学号,指导教师姓名、职称、单位,论文写作的时间等内容。一般要做到整洁、醒目、格式统一。

(2)目录。较长的论文须按符号层次顺序写清各部分的小标题并标明页码,以方便阅读。较短的论文在目录中可以不标页码,按符号层次写清全文的大纲即可。

(3)内容摘要。目录后、正文前须写出300字左右的论文内容摘要,把论文的主要观点和基本内容用精炼的语言概括出来,以便读者或编辑一看就基本掌握论文的要点。一般来说,论文摘要要单独占一页,页面天头两行写"论文摘要"四个字作为标题,然后再空一行写摘要内容。论文的摘要一般都是在文章的其他部分完成后提炼出来的。

(4)关键词。关键词又称主题词,是指用来反映论文观点或主要内容的词语或术语,其目的是为文献检索提供方便。主题词一般为3~5个。

(5)正文。正文就是全部的论文正文内容。在书写上,首页的顶端空两行,然后写标题,字体可比正文字体大一至二号并用黑体,标题下空一行然后写作者的姓名、单位,姓名下空两行写正文,以突出标题,做到眉目清楚。

论文正文的二级小标题可顶格或空两格写,字体可用比正文大一号或同号黑体字。三四级小标题一般不用黑体字,字体与正文字体大小一样,开头空两格,只用数字序号标识清楚即可。

(6)注释。注释是对论文正文某些问题的解释。

(7)参考文献。在正文后的卷末须以阿拉伯数字加方括号逐一列出主要参考文献,以尊重参考文献的著作权。一般情况下,作者要在正文中所用引文的后面加注码,在正文之后按注码依次注明作者、书名、出版社名称、出版年月、版次、页码;如果引文出自学术论文,应注明作者、论文题目、期刊名称、年份和期号、页码。对论文有参考价值的其他主要参考文献也应一一注明。

2. 一般论文中的引文和加注

(1)使用引文注意事项。论文写作中,由于论证上的需要,常常要使用引文。同时,为了便于读者理解又常常需要注释,在这里简单谈谈论文中的引文和加注。

①要尽量少用。引用过多,会削弱自己的观点,甚至丧失文章的主体性。

②切勿断章取义。只截取与自己的观点吻合的部分而不顾及原义的做法是万万不可取的。

③要帮助读者理解。有时引文是从长文章中抽取的一小部分,读者未见文章全貌,可能对所截取的部分感到难以理解,这就需要对全文要点做一定概括,或在引文前后做一些解说。

④核对准确,不要引错,更不要盲目抄引,把互相矛盾的东西纠缠到一起。另外没有正式公布的文献,一般情况下不得引用。

⑤界限要分明,即引文观点和作者对引文的解说,二者要明确区分开来,哪些是人家的观点,哪些是自己的见解,行文中应有所显示。

(2)引文的书写格式。引文有段中引文和提行引文两种。凡是比较重要的,作者想强调的引文,一般采用提行引文,提行引文的文字自成一段,不加引号,第一行开头空四格;以后每行前后均空两格。一般性的引文采用段中引文,所引文字写在段中,若引用的是原话,加引号;若在所引文字上有所变动,只加冒号不加引号。

(3)论文中的注释。说明引文出处或注释文中的难点都要加注。加注的方法有四种:

①段中注。又叫夹注。写在正文里,一律用括号标出。段中注宜少量使用,过多不便于正文的阅读。

②脚注。又叫页中附注,写在本页页末,最便于阅读,论著多采用脚注。

③章节附注。即把注释全部附在一章或一节之后。

④尾注。把注释附在全文或全书的末尾。论文大多采用尾注。

加注时,正文的注码一般用圈码①、②、③、④……标出,写在所注对象右上角。注释出处的排列顺序一般是:作者、书名或篇名、出版者、出版年份、页码。

现行劳动争议处理体制的评析

[摘要]随着改革开放的深入发展,我国的劳动纠纷日益增多,也日趋复杂,在解决劳动纠纷的过程中,暴露出现行劳动争议处理体制的种种问题。本文通过对现行劳动争议处理体制的介绍,依次分析了四种处理方式中存在的弊端,并从法学理论和司法实践的角度出发,结合我国国情,提出了限制和解,改善和加强劳动调解制度,规范、健全仲裁制度实行"裁审分轨",以及建立劳动诉讼制度建议,以待我国劳动争议处理制度的进一步完善。

[关键词]劳动争议处理体制　调解　仲裁　裁审分轨

劳动争议,又称劳动纠纷,是劳动关系双方当事人之间关于劳动权利和劳动义务的争议。它在某些情况下带有对抗性,容易激化,处理不当或不及时,会给经济和社会造成破坏性后果。一套良好的劳动争议处理机制的高效运行,对化解劳资矛盾、维护劳资双方合法权益、维持社会稳定具有重要意义。随着改革开放的深入发展和市场经济的建立、发展,我国的劳动纠纷日益增多,也日趋复杂。现行的劳动争议体制经过20多年的实践论证,弊端日渐突现,改革势在必行。

一、我国现行劳动争议处理体制简述

劳动争议处理体制,又称劳动争议处理体系,是指由劳动争议处理的各种机构和方式在劳动争议处理过程中的各自地位和相互关系所构成的有机整体,它表明劳动争

议发生后应当通过哪些途径、由哪些机构、哪些方式处理。根据《劳动法》和《企业劳动争议处理条例》的规定,我国劳动争议处理体制应为"一协一调一裁二审"制,四种处理方式连成一个依次顺序进行的整体。

1. 协商方式(又称为和解方式)。劳动争议发生后,当事人应当协商解决,即双方当事人在没有第三人的参与下平等对话、互谅互让达成和解。

2. 调解方式。根据法律规定,劳动争议双方当事人不愿协商或协商不成的可以向本企业的劳动调解委员会申请调解。调解委员会由职工代表、用人单位代表和工会代表组成,由工会代表担任主任。是否通过调解解决劳动争议,取决于当事人的申请。

3. 仲裁方式。调解不成的可以向劳动争议仲裁委员会申请仲裁,一方也可以不经调解而直接申请仲裁。劳动争议仲裁委员会由劳动行政部门代表、同级工会代表、用人单位方面的代表组成,由劳动行政部门代表担任主任。劳动争议仲裁实行一次裁决制度,即裁决做出后,仲裁程序即告终结,一般不会对同一案件进行复议或再行仲裁。它是劳动诉讼的前置程序。

4. 诉讼方式。对仲裁裁决不服的,可以向人民法院起诉。劳动争议的诉讼解决是劳动争议处理的最后程序。人民法院审理劳动争议案件,由民事审判庭受理,适用民事诉讼程序,实行两审终审制。

在上述四种劳动争议处理方式中,协商和调解不是仲裁和诉讼的必经程序,而仲裁是诉讼的必经程序。一个劳动争议可以通过协商、调解和仲裁中的任何一种方式、两种方式或者三种方式予以解决,但如果通过诉讼方式解决劳动争议,则必须经过仲裁程序。

二、现行劳动争议处理体制中存在的问题

现行劳动争议处理体制形成于20世纪80年代,当时正处于改革开放初期,计划经济体制和"单位社会"的社会机构和秩序决定了劳动者对单位的高度依附程度,劳动关系上的利益分歧很小,劳动纠纷数量少,关系也相对简单[1]。随着市场经济的发展和各项改革的深入,人们之间的利益分歧日益明显,劳动争议的数量持续上涨,对抗性加强,更加复杂,在解决劳动纠纷的过程中,现行劳动争议处理体制的问题逐渐暴露出来。

(一)现有国情使得和解方式的公正性较低

我国《劳动法》规定,发生劳动争议当事人可以协商解决。即可以在无第三人的情况下通过和解来解决劳动纠纷。和解是当事人自治权行使的体现,既节省时间、金钱,又不伤害感情并有助于协议的履行,具有灵活、便利、低廉、非对抗性的优点。但是和解毕竟是纠纷主体之间纯粹的私力救济方式,缺乏必要的程序规范和实体规范的制约,当事人的法律意识和素质的高低以及地位的强弱,都会影响和解的公正性。目前我国劳动者受教育的程度并不是太高,法律意识及素质尚未能达到在合法合理的情况

下完全自治解决问题的程度;另一方面,劳动力供大于求劳动者就业形势严峻的国情,使得劳动者在权益受到侵害时,出于"饭碗"问题的考虑,往往能忍则忍,在协商时做出让步。这些直接影响了协商结果的公正度,使得和解方式的公正性大大降低。

(二)工会力量的薄弱影响了调解机制作用的发挥

用人单位与劳动者发生劳动争议,当事人可依法向劳动争议调解委员会申请调解。根据《劳动法》第80条的规定:"在用人单位内可以设立劳动争议调解委员会。劳动争议调解委员会由职工代表、用人单位代表和工会代表组成。劳动争议调解委员会主任由工会代表担任。"调解程序简单、方便易行,能够在宽松的环境中及时解决劳动争议。由于是双方自愿调解达成协议,这种机制更加利于协议的自觉执行和遵守。但是,正是由于调解机构中重要组成部分工会力量的薄弱,使得这一机制的优点、作用无法真正体现。从目前情况来看,我国工会虽已形成了一套比较完整、覆盖各个地方和产业的既定的组织体系,但仍有大量的用人单位尤其是非国有企业没有建立企业工会,这使得企业内部的劳动争议调解委员会根本无法建立,基层的调解制度成为空谈;此外,由于工会浓厚的官办色彩和对企业的依附性,工会并未能成为一种独立的力量,一些企业工会干部常以企业方面的代表自居,在解决劳动争议处理过程中无法摆正角色,难以真正代表劳动者的利益;再者,大多数企业工会多以年龄较大的职工构成,缺乏劳动法的相关知识及调解技巧手段,在处理劳动争议的过程中,很难将工会居中劝导的作用发挥出来,进而影响整个调解工作。总之,目前中国工会的建制及状况造成了劳动争议调解机制在某些方面的有名无实,无法真正发挥其作用。

(三)现行劳动仲裁制度中的不足之处

1. 劳动争议仲裁机构行政性色彩浓重,缺乏独立性。劳动争议的仲裁是指由依法设立的劳动争议仲裁委员会按照法定程序对劳动争议所进行的仲裁活动。我国现有的劳动仲裁机构(即劳动争议仲裁委员会)是在劳动行政部门的主持下由劳动行政部门、同级工会、用人单位方面各自选派的代表组成的劳动争议处理机构,劳动行政部门代表担任主任。劳动争议仲裁委员会以劳动行政部门的劳动争议处理机构(通常称仲裁办公室)作为其办事机构,负责办理其日常事务。实际上各级劳动仲裁委员会的办事机构与劳动行政主管部门的相应机构是"一套人马、两块牌子",行政力量在仲裁机构中占着主导地位②,这使得劳动争议仲裁委员会实际上隶属于地方政府,劳动仲裁成为一种行政仲裁。劳动仲裁机构的行政性色彩浓重,独立性不够,行使劳动仲裁权时容易受到行政干预。一些地方,政府为了投资往往偏袒投资方,忽视对劳动者权益的保护,或者对劳动争议仲裁委员会施加压力,使劳动争议仲裁委员会难以依法仲裁。

2. 劳动仲裁人员专业化、职业化程度低、整体素质不高。仲裁员素质的高低对仲裁的质量具有直接影响。在我国劳动仲裁人员由专职、兼职仲裁员组成。相比律师、法官的要求，劳动仲裁人员的资格要求要低得多，它的条件是"具有一定的法律知识、劳动业务知识及分析、解决问题和独立办案能力；从事劳动争议处理工作3年以上或从事与劳动争议处理工作有关的（劳动、人事、工会法律等）工作5年以上并经专业培训，具有高中以上文化程度。"现有劳动争议仲裁员中，法律专业毕业的人员较少，而且流动性大，难以保持仲裁员队伍的稳定。这导致劳动仲裁人员整体专业化、职业化程度较低，难以做好新时期的劳动争议处理工作；加之部分劳动争议仲裁员责任心不强，在审理案件时敷衍了事，草率裁决，容易造成错裁、漏裁等，既不利于公正，也影响效率。

  3."仲裁前置"的规定不符合相关法治原则，不利于保护当事人的合法权益。首先，"仲裁前置"导致现行劳动争议解决过程周期长、成本高，有悖效率原则。所谓"迟来的正义非正义"，在纠纷解决机制中，及时、便利应是一个必要的衡量因素。按现行体制，劳动仲裁的时限一般是60天，民事诉讼的时限一审6个月，二审3个月，在特殊情况下还可以适当延长，这样，一个劳动争议案件可能历时一年以上才能得到具有终局效力的裁决。在仲裁中，当事人要交纳仲裁费和办案费，支付律师费、交通通讯费等费用。在一审中，当事人要交纳诉讼费和办案费。如果上诉，一审中的各项费用还得再次支付一遍。这些重复支出的费用对当事人尤其是劳动者一方来说是一笔异常沉重的负担③。许多权益受到侵害的劳动者因为没有足够的时间、精力和财力而不得不放弃了维权。其次，"仲裁前置"的规定不符合司法最终原则。现行体制把劳动仲裁强制性规定为劳动诉讼的必经程序，剥夺了当事人将争议直接诉讼法院的权利。司法是公正的守护者，是正义的最后一道防线，任何人在自己的合法权益受到侵犯时，都有权获得司法救济，除非双方当事人有协议明确应该将争议提交仲裁，否则，法院应当受理争议案件④。但是在"先裁后审"的模式下，由于劳动仲裁机构受理劳动争议案件范围的限制，司法实践中出现了一些劳动争议因不属于劳动仲裁机构受理范围，或者因劳动仲裁机构错误地不予受理，使当事人无法诉讼法院，最终导致当事人诉权无法实现。

  （四）现行劳动审判制度中存在的问题

  劳动争议当事人对仲裁裁决不服的，可自收到仲裁裁决书之日起15日内向人民法院提起诉讼。劳动诉讼是解决劳动争议的最后一种方式。在我国，劳动诉讼由法院的民事审判庭负责，以民事诉讼的方式来审理和解决劳动争议案件，实体上适用劳动法，程序上适用民事诉讼法。众所周知，劳动争议案件并不同于民事案件，它是一个独立的案件类型，有其自身的特点。劳动争议案件的主体是具有相对固定的劳动关系的用人单位和劳动者，在劳动关系存续期间，双方存在着管理与被管理、支配与被支配的关系，从而导致属于劳动争议内容的劳动权利和劳动义务兼有人身性和财产性，有别于民事案件所反映的人身关系和财产关系。因此，忽视劳动争议的特点，单纯地套用民事审判的思维方式、审判方式，会产生种种不适应。例如管辖上的"原告就被告"原则在劳动者为被告的情况下难以实行;举证责任上"谁主张谁举证"的一般原则不符合保护劳动者权益的要求;审判组织方式未能体现"三方原则"等。从另一角度来看,民法是私法,民事诉讼实质上是私法诉讼;而劳动法是公法和私法兼容的法律部门,按照《民事诉讼法》来适用劳动法,难免产生程序法与实体法的冲突[5]。

三、完善我国劳动争议体制的几点建议

（一）限制和解

目前许多国家采取鼓励劳资双方自行协商解决劳动争议的办法。但是正如前文所分析,基于现阶段我国的国情,在社会主体的自治和自律程度较低,双方地位悬殊较大的时候,不宜过分强调自治的作用和突进式扩大自治的范围,即使进行和解,也难以形成合理的妥协意识,使结果显失公正。因此现阶段不宜过分强调和解的方式,应加以限制。

（二）改善和加强劳动调解制度

用调解的方式解决劳动争议可以将矛盾化解于内部,有利于纠纷的及时解决,现代各国在处理劳动争议时都很重视发挥这一制度的功效。鉴于我国劳动调解委员会的现状,首先,应该在调解组织上,构建多元化、多层次的调解机构体系,充分发挥企业的调解委员会、社区的人民调解员、劳动行政部门等的作用,在仲裁、审判过程中广泛应用调解方式;其次,应在劳动法知识、调解技巧手段上加强对调解人员培养,提高整体素质,建立专业化、高素质、独立的调解队伍;最后,还应加强程序性建设,用科学、规范的程序来保障调解的公正性。通过改革一定能把劳动争议处理体制中调解制度的功效最大限度地发挥出来。

（三）理顺仲裁和审判的关系,规范、健全劳动仲裁制度

笔者已在前文中阐述了"仲裁前置"模式的弊端,面对现行体制的缺陷,大多数学者提出了建立劳动争议处理体制上的"双轨制"的构想。劳动争议处理的双轨制,即"裁审分轨,各自终局"的体制,是指未能和解的当事人不愿或调解机构调解不成的劳动争议案件,可以由当事人在申请仲裁和提起诉讼之间自由选择;申请仲裁的不得再提起诉讼,且仲裁裁决为终局裁决;已提起诉讼的就不得再申请仲裁,诉讼实行两审终审制[6]。笔者赞同这一观点。通过双轨制将仲裁和诉讼两种途径合理分开,同时赋予当事人以自由选择权,一方面可以缩短争议处理时间,提高争议处理效率,减少争议处理成本;其次对于不属于劳动仲裁受理范围的劳动争议,当事人可以直接向法院寻求及时的救济,保障其诉权的实现;再次,可以分流劳动争议案件,减轻劳动仲裁机构和法院各自的工作压力。为使这一体制的作用得到发挥,我们还应规范、健全劳动仲裁制度,加强仲裁机构建设和工作建设等,逐步淡化仲裁的行政色彩,改变现在这种性质不明、定位不清的局面;加强人员建设,抬高仲裁员门槛,建立具有较高专业技能的职业化仲裁队伍,摆脱仲裁错误率高、工作效率低的尴尬现状。这样才是真正地理顺了

仲裁和审判的关系。

（四）尽快建立劳动诉讼制度，进行劳动审判体制改革

首先在立法上，应解决民事诉讼法与劳动法的实体法上的适用困难，对民事诉讼法上不适应的地方做出协调、梳理、补充。其次在审判组织上，考虑劳动争议案件的特点以及劳动争议处理机制中三方原则的要求，可建立独立的审判机构或审判组织专门处理劳动争议案件。由于民事法官在司法理念、遵循原则、办案习惯上与劳动争议案件的审理不相适应，往往造成仲裁与诉讼在处理上出现偏差。建立专门的审判机构或审判组织，有利于审判和法官的专业化建设，也有利于避免民事审判的影响，更加妥善地处理劳动争议[7]。结合我国实情，可设立专门合议庭审理劳动争议案件，案件较多的地方也可设立专门的劳动审判庭。

现阶段劳动争议案件频繁出现、数量激增，我们在加强劳动法律知识普及、加大劳动监督力度之外，也应从劳动争议处理体制上入手，围绕保护劳动者权益，促进企业和经济发展这一核心，从中国的实际出发，借鉴国外科学的做法，结合司法实践，改革现行体制，完善劳动争议处理制度。

[参考文献]

[1][2][4]秦旭东. 浅议我国劳动争议处理体制改革问题，http://www.udoc.cn/Html/2006/011/showInfo_1332_3.html。

[3]操旭辉. 试论我国劳动争议处理机制 从纠纷解决方式的视角考察，2005-8-29，http://www.cel.cn/show.asp?c_id=134&c_upid=9&c_grade=2&a_id=4885。

[5]王全兴. 劳动法，法律出版社，2004:399。

[6]王杰. 论劳动争议处理制度和体制的完善与创新，http://www.dtlawyers.cn/detail.asp?Unid=85&article=article_12。

[7]李久详. 完善我国劳动争议处理机制的建议，2002-12-13，http://www.chinacourt.org。

（资料来源：安徽警官职业学院学报，2006年第3期）

[简析] 本文主要阐述了劳动法中关于劳动争议处理机制的问题，介绍每个机制的特点，重点分析各自存在的问题，提出完善这些机制的建议。文章结构清晰，层次分明，脉络清楚，逻辑性强。按照"是什么"、"为什么"、"怎么办"的逻辑顺序来谋篇布局，先"提出问题"，然后"分析问题"，最后"解决问题"，布局清楚、章法有效，使人看后一目了然。

二、毕业论文

(一) 毕业论文的概念

毕业论文是高等院校的应届毕业生,针对本学科领域内的某一具体问题综合运用自己所学专业的基础理论知识和基本技能,阐述解决这一个问题的见解或表述研究结果的文章。

撰写毕业论文是大学生大学阶段全部学习成果的总结,是高等院校教学过程的一个重要环节。

(二) 毕业论文的特点

毕业论文在高等教育体系中已成为一门必修课,无论是重点高等院校、普通高等院校还是各种高等职业院校,均把培养学生撰写毕业论文的能力放在极其重要的地位。各级各种各类学历教育院校都要求大专、本科毕业生必须撰写毕业论文,只有撰写合格并答辩通过方可毕业。毕业论文写作既是学生所学知识的一次综合性的高标准测验,又是一次对研究问题、解决问题的能力的理论联系实际能力的系统性的训练。毕业论文作为学术论文的一种,除具有学术论文的共性外还有以下特点。

1. 毕业论文具有学习成果的总结性

毕业论文写作,作为毕业时必修的一门课程,是对学生几年来专业课知识学习的一次总结和升华。因此,通过毕业论文写作应尽可能总结几年来自己的学习成果,展示自己掌握理论知识的情况和研究问题的水平与能力。

2. 撰写毕业论文的过程具有进一步的学习性

毕业论文是毕业生毕业前用所学知识和理论分析问题、解决问题的一次强化训练,旨在培养其科研能力和解决实际问题的能力。因此,毕业论文的写作是在专门教师的指导帮助下完成的,所以,写作时要尽可能多听取指导教师的指点。通过指导教师在选题、收集材料、初稿、修改到定稿的每个环节的指导交流,使写作者受到较好的科研写作训练,为以后独立从事科学研究工作奠定基础。

3. 撰写毕业论文的专业范围具有限定性

高等学历教育是专业性教育,作为毕业论文在选题上必须与所学专业相吻合,这样才能达到撰写的目的和效果。所以,选题一定要结合所学专业对专业领域内的理论热点和现实社会中的实践热点予以专业化地分析研究。一般不容许跨越专业范围或模糊专业界限撰写毕业论文。

4. 撰写毕业论文目的的明确性

撰写毕业论文是一次重要的学习过程和学习机会,最终目的是在答辩中获得通过,进而顺利毕业。因此,在选题、收集材料和论证中,一定要对所选范围中的相关问题、相关材料、相关观点有所涉猎,以备答辩中使用,以免对所谈问题相关的常识性知识一知半解。对自己所使用的材料、自己观点的逻辑性联系、自己论文的选题价值及意义要了然于胸,这样才能使答辩顺利通过。

(三) 毕业论文的功能

1. 通过毕业论文的写作,可以系统训练学生分析和解决问题的能力

通过撰写毕业论文,使写作者运用所学的专业理论知识,对现实中急需解决的问题,用科学的思维方式和专业的理论工具予以分析研究和解决,从而系统地培养起较强的分析和解决问题的能力。

2. 通过毕业论文的写作与答辩,可以全面测验学生的专业知识水平和专业研究能力

通过毕业论文的写作和答辩,对写作者几年来专业知识、理论知识的学习情况予以全面测评,从而对学生得出一个较客观和较全面的评价。

3. 通过毕业论文的写作与答辩,可以养成学生理论联系实际的良好学风

高等学历教育在目前虽还重在使求学者掌握相关的专业基础知识和专业理论,但学习专业理论和知识的目的是用来解决实际问题的。通过毕业论文的写作和答辩,使学习者学会掌握理论与实际的结合点,培养学生用专业理论知识在现实中发现问题、分析问题并解决问题的能力,养成理论联系实际、一切从实际出发的良好学风。

4. 通过毕业论文的写作与答辩,可以初步确定学生毕业后从事理论研究的范围

通过毕业论文的写作与答辩,可以使写作者进一步系统、深入地掌握与所选课题有关的专业理论知识,并通过最新现实材料和理论研究材料的收集,对所选课题范围内的研究动态有了较全面的了解。这为学生毕业后从事该专业范围的研究工作打下了基础,间接的初步确定了未来专业研究的取向。

5. 通过毕业论文的写作与答辩,可以强化学生的写作能力和口头表达能力

通过毕业论文的写作,进一步强化了写作者的文字表达水平,使写作者了解论文写作的相关知识,养成较好的写作习惯。同样,通过毕业论文的答辩可以强化写作者阐述自己观点的口头表达能力和应变能力。

(四) 毕业论文的写作过程

任何事物的产生和发展都有一个过程,毕业论文的撰写也是如此。同时,任何事物的产生和发展都有它的规律性,毕业论文的写作过程也是有其规律可循的。写作的过程,就是毕业论文这种精神研究成果的产生过程。大凡毕业论文的写作,均有一个选题、收集材料、整理研究、构思提纲、起草、修改、定稿的过程。

1. 毕业论文的选题和开题论证

学生写作毕业论文,首先要解决"研究什么"的问题,其次是"怎样研究"的问题,最后才是"如何表达"的问题。选题就是解决"研究什么"的问题,如果没有明确的研究对象,就无从研究。选择一个好的课题,毕业论文就成功了一半,所以选题是毕业论文研究成功的关键。爱因斯坦说过:"提出一个问题往往比解决一个问题更重要。因为解决一个问题也许仅仅是一个数学上或试验上的技能而已。而提出新的问题、新的可能性,从新的角度去看旧问题,却需要创造性的想象力,而且标志着科学的真正进步。"爱因斯坦虽是针对自然科学讲的,但对哲学人文社会科学来说也是同样的道理。因此,选题本身就是一种创造,是学生创造性的发挥。

(1)毕业论文在选题的过程中需要注意以下几点:

①毕业论文选题要符合所学专业学科范围的要求。毕业论文的选题是在指导教师的指导下,参照不同的重点高等院校、普通高等院校和各种高等职业技术院校给各专业指定的范围或参考题目进行确定或选择的。学生也可以在指导教师同意后,选择既有现实意义又与自己学习的专业紧密结合的课题。但研究的角度、方法,使用的理论知识,最终的落脚点都要与在校学习期间的专业学科相关。

②毕业论文选题要选择具有研究价值的课题。毕业论文选题应注意时代性和应用性,只有选择了现实生活中被普遍关注的重要问题和热点问题,运用所学的理论,从理论与实际的结合上予以分析说明和研究,才能体现出论文的社会效益和社会价值。

③毕业论文的选题要选择有能力解决的课题。毕业论文的选题必须从自己的专业知识结构、研究能力、材料收集的难易程度等方面通盘考虑。不能选择自己不感兴趣、与自己知识储备无关、无法全面获取资料的课题。

④毕业论文所选择的课题要难易适当、大小适中。毕业论文所选择的课题要难易适当,如果选择的题目难度过大,即使勉强定题,也不知从何下手,往往会举步维艰,久攻不下,只能半途而废。初写论文者在选题上最容易犯的毛病是贪大求全,以为题目越大就越有分量。追求大题目必然要求全面论述一个问题,但往往由于知识和能力的不足,无法深入,很容易蜻蜓点水,浮光掠影,道理也论述不深,问题也解决不了。相反,若能抓住本学科领域中的一个关键问题,即使是小问题,深入展开,从各方面把它说深说透,有独到见解,把问题解决了,那么这篇论文就是很有分量的。所以,我们选择毕业论文课题,应当尽量具体一些、范围小一些,而对问题的分析,则要力求深透,富于远见卓识。在选题上宁可"小题大做",不可"大题小作"。

(2)毕业论文的选题范围。确定毕业论文选题范围的前提是确定研究的学科方向,核心是结合现实从学科角度出发选择能够满足某种社会需要的课题——即有价值的课题。概括起来,有价值的社会需要的选题应该从以下几个角度去寻找:

①社会和学科亟待解决的课题。

②综合性、交叉性课题。

③填补理论与实践空白的课题。

④纠正通说和补充前说的课题。由于现有理论和实践方面的重大课题已有了不少研究成果,有些已成为通说,即流行的看法,这时就要善于从已有研究成果中发现它的不足或失误,从而找到纠正或补充它的新课题。

(3)毕业论文的开题论证。毕业论文选定课题后,一般需要撰写简短的开题论证,以清理选题过程的逻辑思路,重新理性审查选定课题的价值及解决的可能性。同时,通过开题论证可以向指导教师汇报选题工作的过程和下一步深入研究的初步打算和计划,可以得到指导教师的指点和帮助。在研究生毕业论文的撰写中,还要举行开题论证导师听证会,当获得通过后,方可进入研究撰写工作,以避免走弯路。大专、本科阶段的毕业生虽然不搞听证会,但一般需要写出书面的开题论证报告。开题论证报告由以下内容组成:

①选定对本课题进行研究的原因、目的、意义及价值;
②前期选题工作中材料收集的基本情况;
③下一步进行研究和撰写毕业论文的基本思路和研究方式;
④下一步材料收集的方向和范围;
⑤目前和预想到的研究中的困难;
⑥希望得到指导教师帮助的具体问题;
⑦研究成果的最终情况预计;
⑧毕业后急需深入研究的初步打算。

以上八个方面要求大专、本科学生一般须写出 500~1000 字的书面报告,在正式撰写毕业论文前须经指导教师通过,方可进入研究撰写阶段。

2. 搜集、整理资料

(1)搜集资料。确定了论文的选题后,就应着手大量搜集查找资料。毕业论文的材料,是指作者为了完成毕业论文,收集到的或写入毕业论文之中的理论依据和事实依据。"理论依据"指前人总结出来并经实践证明是正确无误的道理、定理、原理等;"事实根据"就是来自于古今中外社会生活中的各种事实和科学实践的结果。

毕业论文的材料对于毕业论文来说,既是形成观点的基础,又是证明论点的论据。虽然在选定课题过程中已掌握了一定的材料,但距离写出毕业论文还相差甚远,所以在确定了论文的选题之后要立即着手广泛地收集材料。

收集材料的范围应当是与选定毕业论文课题有关的各类间接的文字资料和实践中调查而得出的直接的第一手现实资料,包括与课题有关的以下方面的资料:

①经典著作中的有关的论述;
②有关的理论专著和学术论文;
③各种工具书中的有关条目;
④有关的党政文件;

⑤实践中的有关情况和问题；
⑥有关的统计数据和典型事例；
⑦在阅读和评价资料过程中产生出来的体会、想法和心得。

搜集资料的方法很多，可以用直接调查的方法获得，也可以通过图书馆或档案馆查阅获得，还可以通过互联网获得。

要写出高质量的毕业论文，就必须大量、详细地占有资料。资料在哪里？应该说，绝大多数的资料都存放在图书馆，因此必须学会好好利用图书馆资源，掌握一定的图书分类法，善于利用书目和索引，还要学会使用各种工具书，尤其是专业工具书。工具书包括字典、辞典、百科全书、年鉴、手册、文摘、年表、便览、统计资料等。

但是在我们进行毕业论文课题研究的过程中光靠图书馆和各类资料室还是不够的，有时还要到实践中调查，以获得第一手资料。进行调查研究必须注意以下问题：
①要确定调查目的，并根据调查目的确定调查对象；
②要讲求调查方法，确定用抽样调查，还是随机调查，是跟踪采访，还是问卷调查等；
③要详细列出调查的具体内容；
④要做好对获得材料进行详细的鉴别真伪、判断价值及意义的工作。

对使用图书馆不便利的论文写作者来说，使用计算机通过互联网络搜索资料也不失为一种便利、快捷的方式。在网上通过各门户网站的搜索引擎可以很快地寻找到与自己主题有关的新近资料。许多重要资料在许多网站上已整理归类，供上网者下载或浏览。使用网络的前提是要会使用网上搜寻的方法，最好有一定的英文水平，这样不仅可看到有限的中文资料，还可以找到国外众多的最新资料。

（2）整理资料。在收集材料的过程中我们还应该对资料进行进一步整理，充分选取与自己研究相关的材料，一般来说应该从以下几个方面来考虑：

①选取毕业论文材料的种类。就材料的内容而言，既要占有实践的材料，又要占有理论的材料；就材料的关系而言，既要占有核心的材料，又要占有相关的材料；就材料的性质而言，既要占有正面的材料，又要占有反面的材料；就材料的时间而言，既要占有现实的材料，又要占有历史的材料；就材料的深度和广度而言，既要占有具体的材料，又要占有概括的材料；就材料的范围而言，既要占有点上的材料，又要占有面上的材料；就材料的区域和专业而言，既要占有本地区、本部门和本专业的材料，又要占有其他地区、其他部门和相关专业的材料；就材料的国别和民族而言，既要占有本国本民族的材料，又要占有异国异民族的材料。

只有从以上多方面、多角度、多层次地选取和占有资料，才有利于创造性地思维研究，才能通过分析比较提出新观点。

②选取毕业论文材料的数量。与毕业论文课题相关的资料是很多的。我们要最

大限度地广泛收集,通过随时判断与论文课题研究的相关程度,选择有价值的材料。同时,由于时间、精力有限,我们还要最小限度地寻找与研究有关的充分的资料,以避免被材料淹没,做到博与精的统一。

③选取毕业论文材料的标准:

必要性。与论文课题有关的,再长也要取;与论文课题无关的,再短也要舍;介于两者之间的,要留下,可能会用得上。

真实性。真实是材料的生命。材料要符合实际,有根据,有出处;要把事实和推论区别开来;选取第二手材料时,要与原始资料核对。

新颖性。新资料之中容易发现新问题和新线索,进而得出新结论。因为新颖的论文不外乎是以下三种情况:资料是常见的,研究方法是新的;研究方法是传统的,资料是新的;资料和研究方法都是新的。好的论文应求最后一种,所以应求新资料。

充分性。材料的充分不仅指数量,而且指质量。数量不够,不足以说明问题;质量不高,不能有效地引发创造性思维。

有了充分的资料,还要进行整理、分析、比较。首先是"去伪存真、去粗存精"的过程。然后要对资料进行归类,即按照材料的性质不同进行分类。分类之后要对材料进行简单的概括,以便找出资料与观点见解、资料与资料之间的关系,为编写提纲做好准备。在整理材料的过程中我们有时会自然产生与论文课题密切相关的新观点和新见解,这些想法我们一定要用笔记本、活页纸或卡片进行及时记录。

3. 编写提纲

编写提纲的目的一方面在于构思、设计论文的写作框架,疏通思路,全面安排,把材料组织成一个完整的理论体系;另一方面能尽早同指导老师沟通,便于指导老师进行较具体的指导,保证论文写作的顺利进行,以免耽误时间,浪费精力。

有些学生不大愿意写提纲,喜欢直接写初稿。如果不是在头脑中已把全文的提纲想好,如果心中对于全文的论点、论据和论证步骤还是混乱的,那么编写一个提纲是十分必要的,是大有好处的,其好处至少有如下三个方面:

第一,可以体现作者的总体思路。提纲是由序码和文字组成的一种逻辑图表,是帮助作者考虑文章全篇逻辑构成的写作设计图。其优点在于,使作者易于掌握论文结构的全局,层次清楚,重点明确,简明扼要,一目了然。

第二,有利于论文前后呼应。有一个提纲,可以帮助我们树立全局观念,从整体出发,检验每一个部分所占的地位、所起的作用,相互间是否有逻辑联系,每部分所占的篇幅与其在全局中的地位和作用是否相称,各个部分之间的比例是否恰当和谐,每一字、每一句、每一段、每一部分是否都为全局所需要,是否都丝丝入扣、相互配合,成为整体的有机组成部分,都能为展开论题服务。

第三,有利于及时调整,避免大返工。在毕业论文的研究和写作过程中,作者的思维活动是非常活跃的,一些不起眼的材料,从表面看来不相关的材料,经过熟悉和深思,常常会产生新的联想或新的观点,如果不认真编写提纲,动起笔来就会被这种现象所干扰,不得不停下笔来重新思考,甚至推翻已写的从头来做;这样,不仅增加了工作量,也会极大地影响写作情绪。

编写提纲的步骤:

①确定论文提要,再加进材料,形成全文的概要。论文提要是内容提纲的雏形。一般书、教学参考书都有反映全书内容的提要,以便读者一翻提要就知道书的大概内容。我们写论文也需要先写出论文提要。在执笔前把论文的题目和大标题、小标题列出来,再把选用的材料插进去,就形成了论文内容的提要。

②原稿纸页数的分配。写好毕业论文的提要之后,要根据论文的内容考虑篇幅的长短,文章的各个部分,大体上要写多少字。如计划写 20 页原稿纸(每页 300 字)的论文,考虑绪论用 1 页,本论用 17 页,结论用 1~2 页。本论部分再进行分配,如本论共有四项,可以第一项 3~4 页,第二项用 4~5 页,第三项 3~4 页,第四项 6~7 页。有这样的分配,便于资料的配备和安排,写作能更有计划。毕业论文的长短一般规定为 5000~6000 字,因为过短,问题很难讲透,而作为毕业论文也不宜过长,这是由一般大专、本科学生的理论基础、实践经验所决定的。

③编写提纲。论文提纲可分为简单提纲和详细提纲两种。简单提纲是高度概括的,只提示论文的要点,如何展开则不涉及。这种提纲虽然简单,但由于它是经过深思熟虑构成的,写作时能顺利进行。没有这种准备,边想边写很难顺利地写下去。以《关于培育和完善建筑劳动力市场的思考》为例,简单提纲可以写成下面这样:

一、绪论

二、本论

(一)培育建筑劳动力市场的前提条件

(二)目前建筑劳动力市场的基本现状

(三)培育和完善建筑劳动力市场的对策

三、结论

详细提纲,是把论文的主要论点和展开部分较为详细地列出来。如果在写作之前准备了详细提纲,那么,执笔时就能更顺利。下面仍以《关于培育和完善建筑劳动力市场的思考》为例,介绍详细提纲的写法。

一、绪论

1. 提出中心论题;

2. 说明写作意图。

二、本论

(一)培育建筑劳动力市场的前提条件

1. 市场经济体制的确立,为建筑劳动力市场的产生创造了宏观环境;
2. 建筑产品市场的形成,对建筑劳动力市场的培育提出了现实的要求;
3. 城乡体制改革的深化,为建筑劳动力市场的形成提供了可靠的保证;
4. 建筑劳动力市场的建立,是建筑行业用工特殊性的内在要求。

(二)目前建筑劳动力市场的基本现状
1. 供大于求的买方市场;
2. 有市无场的隐形市场;
3. 易进难出的畸形市场;
4. 交易无序的自发市场。

(三)培育和完善建筑劳动力市场的对策
1. 统一思想认识,变自发交易为自觉调控;
2. 加快建章立制,变无序交易为规范交易;
3. 健全市场网络,变隐形交易为有形交易;
4. 调整经营结构,变个别流动为队伍流动;
5. 深化用工改革,变单向流动为双向流动。

三、结论
1. 概述当前的建筑劳动力市场形势和我们的任务;
2. 呼应开头的序言。

上面所说的简单提纲和详细提纲都是论文的骨架和要点,选择哪一种,要根据作者的需要。如果考虑周到,调查详细,用简单提纲问题不是很大;但如果考虑粗疏,调查不周,则必须用详细提纲,否则,很难写出合格的毕业论文。总之,在动手撰写毕业论文之前拟好提纲,写起来就会方便得多。

4. 撰写初稿

根据指导教师的意见和自己拟定的写作提纲撰写论文的初稿,是论文写作过程中最重要的一个环节。起草初稿时,应该先在总体框架结构的基础上打好腹稿,这样一旦发现问题可以及时修改。

初稿的撰写有两种方法:一是从绪论(引言)写起,按照提纲的自然顺序写作,即提出问题→明确中心论点进行论述论证→归纳总结,这种写法自然、顺畅,容易整体把握;二是从本论写起,先写正文、结论,然后再写引言。这种写法比较容易起笔,因为万事开头难。正文写好了,心中已有大局,回过头来写引言,减少了心理压力,可以做到专心致志。

5. 论文的修改

初稿完成后,作者还要对初稿做进一步的修改,精益求精,力争写出佳作。论文修改有广义和狭义两种理解。广义的理解包括写作过程中每一个环节的修改;狭义的理解，则专指草稿完成之后的加工修改。不管是狭义的理解还是广义的理解，论文修改的内容和范围一般都包括：思想观点包括主题的修改、材料使用的修改、结构的修改、语言的修改等，下面分别谈谈各项修改的范围及其要求。

（1）思想观点的修改。写文章的主要目的是为了表达自己的思想，宣传自己的主张，如果自己的认识不深刻，甚至有错误，就不可能使别人得到教益，甚至会给人以坏的影响。所以，修改论文，首先要考虑论文的主题和观点是否正确，认识是否深刻，文章是否有新意。

第一，要综观全局，立足全篇，审视文章的中心论点是否正确、集中、鲜明、深刻，是否具有创新性，文题是否相符，若干从属论点与中心论点是否一致，某些提法是否全面、准确。

第二，对于论文中出现的主观、片面、空泛的地方，要进行强化、增补等改写工作，使偏颇的改中肯，片面的改全面，模糊的改鲜明，粗浅的改深刻，松散的改集中，有失分寸的改恰当，陈旧的改新颖，立意太低的加以升华。

第三，修改论文的标题。对初稿的题目进行斟酌、推敲和改动，是非常重要的。文要切题，题要配文，如果文不对题，题目过长或太笼统，都必须修改。

（2）修改材料，主要指对论文引用的材料增加、删节或调整。对选用材料的基本要求是：一是必要，即选用说明观点的材料；二是真实，即所用的材料必须符合实际，准确可靠；三是合适，即材料引用要恰当，不多不少，恰到好处。

修改材料一般分两步进行：

第一步是查核校正，即先不考虑观点、结构、语言，只查核材料本身是否真实、可信、准确，包括对初稿中的定律、论断、数据、典型材料、引文出处等进行核对，发现疑点和前后矛盾的地方，一定要搞清楚、弄明白，如果引用了经典作家的话，如有条件最好核对原文，把一切失误、失实和有出入的材料给予删除或改写准确，保证论文建立在坚实可靠的基础之上。

第二步，根据论证中心论点和各分论点的要求，对材料进行增、删、调。对于缺少材料或材料单薄、不足以说明论点的，就要增补有代表性、有典型性的新材料，使论据更加充实，使论证变得更充分有力。对材料杂乱、重复，或材料与观点不一致的，则要删减，以突出观点，不能以材料多而取胜，应以适度为佳。对于陈旧、平淡、一般化的材料，则要进行调换，换上更合适的材料。

（3）修改结构。结构的调整和校正，关系着全文的布局和安排。调整结构，要求理顺思想，检查论文中心是否突出，层次是否清楚，段落划分是否合适，开头、结尾、过渡照应如何，全文是否构成一个完整的严密的整体。调整的原则和要求，是要有利于突出中心论点，服务于表现中心论点。

修改结构，应主要抓好以下三个方面：

第一,层次是否清楚,思路是否通畅。一般可以先从大小标题之间的关系来看文章的思路和层次。

第二,结构是否完整。论文要有一个完整的结构。一篇论文要有绪论、本论、结论三大部分协调一致,即要有引人入胜的开头,有材料有分析的论证,有鲜明、正确的观点和深刻有力的结尾。同时还要审视各个部分的主次、详略是否得当。

第三,结构是否严密。一篇论文必须是论点与论据,大论点与小论点之间有严密的逻辑性。如果论文结构松散,要加以紧缩,删去那些多余的材料,删去添枝加叶、离题太远或无关紧要的句段。为使结构严谨和谐,对全文各部分的过渡和照应、结构的衔接、语气的连贯等方面,也要认真地考虑和修改。

(4)修改语言和标点。语言是表达思想的工具,要使论文写得准确、简洁、生动,就不能不在语言运用上反复推敲修改。论文的语言修改,主要是在三方面下工夫:

一是表达清楚而简练,用最少的文字说明尽可能多的问题,是一篇高质量论文必不可少的条件。为了使文章精炼,必须把啰嗦、重复的地方改为精炼、简洁的文字;

二是文字表达的准确性。为了语言的准确性,就要把似是而非的话改为准确的文字;

三是语言的可读性,为了语言的可读性,要把平淡的改为鲜明的,把拗口的改为流畅的,把刻板的改为生动的,把隐晦的改为明快的,把含混、笼统的改为清晰、具体的。

在修改中要注意以下四个方面:

第一,要尽可能利用准确生动、简洁的语言,对生造词语、词类误用、词义混乱等用词不当,词不达意的毛病,要坚决改掉,坚决消灭错别字和不规范的简化字、自造词。

第二,对结构残缺、结构混乱、搭配不当等不合语法的句子,要注意改正,使之合乎语言规范。

第三,要注意句子之间的逻辑联系,力求上下贯通,语气一致,通顺流畅。

第四,检查标点、规范书写。检查标点符号,主要是看标点符号的用法是否正确以及调整点错位置的标点符号。还有,在修改中,对论文中的图表、符号、公式要检查,要合乎规范。

6. 准备论文答辩

论文答辩是一种有组织、有准备、有计划、有鉴定的比较正规的审查论文的重要形式,也是毕业论文这一实践教学过程的最后一个重要环节,它的目的是审查文章的真伪,审查学生知识掌握的深度。学生通过答辩,使教师、专家进一步了解了文章立论的依据,了解自己处理课题的实际能力。毕业生应该认真对待毕业论文的答辩,因为毕业论文的成绩是由文章成绩和答辩成绩两部分组成的。

答辩前的准备,是最重要的。

首先,要写好毕业论文的简介,主要内容应包括论文的题目,指导教师姓名,选择该题目的动机，论文的主要论点、论据和写作体会以及本议题的理论意义和实践意义。

其次，要熟悉自己所写论文的全文，尤其是要熟悉主体部分和结论部分的内容，明确论文的基本观点和主论的基本依据。

第三，要了解和掌握与自己所写论文相关联的知识和材料。

第四，对于优秀论文的作者来说，还要搞清楚哪些观点是继承或借鉴了他人的研究成果，哪些是自己的创新观点，这些新观点、新见解是怎么形成的等。

对上述内容，作者在答辩前都要很好地准备，经过思考、整理，写成提纲，记在脑中，这样在答辩时就可以做到心中有数，从容作答。

答辩时应该注意：

(1)正确、准确。正面回答问题，不转换论题，更不要答非所问。

(2)重点突出。抓住主题、要领，抓住关键词语，言简意赅。

(3)清晰明白。开门见山，直入主题，不绕圈子。

(4)有辩有答。要有坚持真理、修正错误的勇气，既敢于阐明自己独到的新观点和真知灼见，维护自己的正确观点，反驳错误的观点，又敢于承认自己的不足，虚心接受意见，积极修正错误之处。

(5)讲究技巧。要讲普通话，用词要准确，声音要洪亮，吐字要清楚，语调要抑扬顿挫，可辅以手势说明问题；用词力求深刻生动，要有说服力、感染力，力争给教师和听众留下良好的印象。

(五) 毕业论文的写作格式

定稿后的毕业论文应依次包括：封面、中文摘要及关键词、英文摘要及关键词、目录、文献综述(前置部分)；引言、本论、结论(正文部分)；参考文献、致谢、英文资料、英文译文(附录部分)，共三个部分十八个方面的内容。而每一部分、每一方面都有特定的要求(注：有些院校不要求学生写英文摘要及关键词、文献综述、致谢、英文资料和英文译文)。

毕业论文的基本格式：

前置部分 { 封面 / 中文摘要及关键词 / 英文摘要及关键词 / 目录 / 文献综述 }

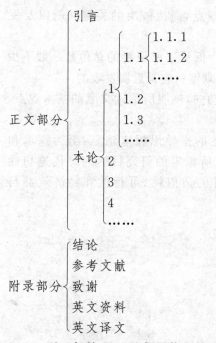

（注：专科生不要求写英文摘要及关键词、文献综述、致谢、英文资料和英文译文）

1. 毕业论文的前置部分

(1)毕业论文的封面。毕业论文的封面信息含有所在学校的学校名称及系名、文章名、班级、学生姓名、指导教师姓名、日期等内容。具体可参照各学校有关部门提供的样本。

(2)毕业论文的摘要。摘要是对毕业论文内容不加注释和评论的概括叙述。摘要应具有独立性和自明性，即不阅读论文全文就能对论文内容有一定的综合了解。摘要内容应尽可能包含与论文同等性的信息，应说明研究的目的、方法和所得结论等，而且重点侧重于结论方面。

中文摘要一般应在 200～300 字范围内，外文摘要不宜超过 250 字。

(3)毕业论文的关键词。关键词是为了文献索引工作从论文中选取出来以表示全文主题内容款目的单词或术语。每篇论文一般应选取 3～5 个词作为关键词，以显著字符另起一行，由摘要左下方排起，应尽量采用《汉语主题词表》等词表提供的规范词作关键词。为了进行国际交流应同时标注与中文对应的英文词语。

(4)毕业论文的文献综述：

①毕业论文文献阅读的目的。文献阅读与撰写文献综述是为了培养毕业生阅读文献、收集资料并对其加以整理研究、分析综合、批判评价的能力而进行的。同时，可以为论文研究工作做准备，使学生明确研究方向，掌握课题领域国内外的

发展状况，了解前人已取得的成就，不同派别的观点，尚待解决的关键问题以及发展前景。

②毕业论文文献阅读与文献综述的基本要求。阅读文献资料的总份数一般不少于 10 篇，其中外文文献不少于两篇，而且多数的文献资料应是近期发表的。

文献综述应概括本课题在国内外近期的基本动向，阐明所阅读文献的基本观点，并提出自己的见解。

③毕业论文文献综述的撰写。撰写文献综述的指导思想应该是：努力探求和论证那些理论和技术对本课题是前沿性的；论证所拟定的研究目标的时代迫切性和发展前景；分析所研究的课题对当前我国条件的适应性、可行性和经济效益与社会效益。

文献综述一般应包括如下内容：

本课题国内外发展的历史和现状；

本课题现阶段主要的理论观点和技术；

本课题的主攻方向；

本课题亟待解决的主要问题和发展趋向。

2. 毕业论文的正文

毕业论文的正文是论文的核心部分。正文基本要求就是能够明确系统地表达论文工作情况和作者的见解。毕业论文属于议论文体。一般来说，一篇议论文，不论具体写法如何，它的布局总离不开这样的逻辑结构：提出问题—分析问题—解决问题。这种三段式的逻辑结构也就是毕业论文的基本构成原则。

①毕业论文的基本型。为了说明中心论点的需要，议论文的结构形式有所谓"总分式"、"并列式"、"递进式"之分，但不论哪种结构形式，从文章的表现形式来看，不外乎绪论—本论—结论三部分。因此绪论—本论—结论是毕业论文构成的基本型。

②毕业论文正文撰写应注意下列问题：

第一，叙述要实事求是、客观地反映存在的事实和规律，绝不容许夸张或缩小，论点要鲜明，结论应确切。

第二，要合理取舍材料，一篇优秀科学论文所得的结论，要有充分的材料作依据，而且这些材料应该是准确的、关键的、具有代表性的。

第三，要讲究论文的布局。整个章、节、段的布局都有严格的逻辑性、系统性，结构严谨、浑然一体。段落划分要清楚，每一段文字只阐明一个问题，表达一个完整意思。在多数场合下，可以采用先摆事实，然后综合分析，最后做出结论的方法。

第四，论文内容要精选，文字要认真修饰，简练可读，读之有物，合乎语法。文中所用的文字、术语、单位、代号要符合国家标准，全文一致。标点符号必须用得正确，写得清楚。图表要工整、清洁。

3. 毕业论文的附录部分

(1)毕业论文的致谢部分。致谢是对毕业论文撰写、修改工作中给予指导、提出建议、提供便利条件和进行帮助的组织和个人表示谢意的简要文字说明。

(2)毕业论文的参考文献部分。毕业论文末尾部分应附参考文献目录。它不仅可以说明作者观点所依据的资料,还有助于读者了解有关论题的前人研究成果。在正文后有引证的地方,都应注明参考文献序号相应的号数。文献标注按"顺序编码"体系进行,即按论文引用的先后顺序依次列出,不分文种。

参考文献著录格式要符合国家标准规定,举例如下:

专著;著者,书名,版次(第一版可以不标注),出版社,出版年,页码。

期刊;著者,题名,期刊名称(外文刊名可缩写,并省略缩写点),出版年,卷号(期号),页码。

(六)撰写毕业论文的写作要求

对于毕业论文的撰写,不同的高等院校和各种高等职业技术院校各有不同要求,但基本要求都是相同的,一般有专业要求、撰写过程要求、时间要求、论文字数要求和质量要求等。

(1)毕业论文的选题必须与写作者所学专业相吻合。选题必须属于所学专业范围之内,并能够运用所学专业的理论和知识对当前急需解决的现实问题和理论问题予以研究。

(2)毕业论文的撰写要在教师的指导下独立完成写作的全过程。毕业论文一般不容许合作研究,如果确实需要合作,则必须作为一个大课题中的子课题(项目),并独立成篇。

(3)大专、本科学历段的论文写作时间一般要求在3~4个月时间内完成。写作准备可以提前进行,但从选定问题到完成定稿须在规定时间中进行,并需要按要求编辑、打印和装订。

(4)论文须做到问题(课题)集中,主题明确、集中,材料翔实,结构完整,语句通顺,符合论文格式和字数要求。

(5)在内容上,大专毕业论文须较好地综合运用所学的理论与本专业有关的知识解决现实问题,分析问题要做到正确、全面、条理清楚、有逻辑性;本科毕业论文除要做到大专的要求外还要求对问题的分析有一定的深度或有创见,有很强的逻辑性,论题的结论对现实有一定的指导意义。

综合训练

一、阅读所给论文,完成下面的问题:
1. 找出本文的关键词。
2. 归纳出本文的摘要。
3. 列出本文的提纲。

我国婚姻法中的夫妻财产关系

夫妻财产关系是指由夫妻人身关系所引起的直接体现一定经济内容的财产方面的权利义务关系。主要包括夫妻财产制、夫妻间相互抚养的权利及义务、夫妻遗产继承权。

一、夫妻财产制

夫妻财产指的是婚姻关系存续期间夫妻婚前财产和婚后所得财产的所有权制度。包括财产的归属、使用、收益、处分以及债务的清偿,离婚时财产的分割制度及内容。我国现行夫妻财产制是法定财产制与约定财产制相结合。

1. 夫妻法定财产制

我国现行《婚姻法》第十七条规定:"夫妻在婚姻关系存续期间所得的下列财产,归夫妻共同所有:(一)工资、奖金;(二)生产经营的收益;(三)知识产权的收益;(四)继承或赠与所得的财产,但本法第十八条第3项规定的除外;(五)其他应当归共同所有的财产。夫妻对共同所有的财产,有平等的处理权。"可见,我国的法定财产制是婚后所得共同制,它是指夫妻双方在婚姻关系存续期间所得的、依法归夫妻共同所有的财产。它具有的特征:①夫妻共同财产的所有权必须是具有合法婚姻关系的夫妻双方。无效婚姻、非法同居或通奸的男女不能作为夫妻共同财产的所有权人。②夫妻共同财产必须为夫妻关系存续期间一方或双方所得的合法财产。夫妻的共同财产所有权开始于婚姻关系成立之日,消灭于夫妻关系终止之时。所以,除双方另有约定或法律另有规定属于个人特有财产以外,任何一方的合法所得均属于夫妻共同财产的范围。有一案例:张某与杨某结婚已11年,11年来,张某任劳任怨,将家务事全部揽到自己身上,一心帮扶丈夫的小说创作事业,故杨某在小说创作方面小有成就,曾先后出版过三部长篇小说。不料,时至今日,杨某却以性格不合为由起诉与张某离婚。对于离婚,张某也表示同意。但杨某又有一篇长篇小说已完稿,且正在与出版部门洽谈出版事宜。张某认为其中同样凝聚着她的心血,其著作权张某也应该分享。张某能否分享丈夫的著作权? 笔者认为:"著作权"是指文学、艺术和科学作品的作者对作品所依法享有的专有权,包括署名权等人身方面的权利和取得稿酬等财产方面的权利。人身方面的权利只能由作者专有,妻子不能分享。但是根据我国婚姻法第十七条的规定,夫妻在婚姻关系存续期间所得的知识产权收益,归夫妻共同所有。妻子完全可以分享丈夫著作权中的财产权利。但是,由于该小说现在尚未出版,稿酬收益尚不确定,依据最高人民法院《关于人民法院审理离婚案件处理财产分割问题若干具体意见》第十五条的规定:"离婚时一方尚未取得经济利益的知识产权,归一方所有。在分割夫妻共同财产时,可根据具体情况,对另一方适当照顾。"据此,张某同样无权分享其财产权益,但在分割夫妻共同财产时,张某有权要求法院给予适当照顾。

  夫妻对共同财产权的行使。夫妻共同财产的性质是共同共有,就是说夫妻双方对共同财产平等地享有占有、使用、收益、处分的权利,任何一方不得以对方没有收入或收入少等为借口妨碍甚至剥夺他方对共同财产享有的权利。这其中处分权是所有权中最重要的职能。如2001年《婚姻法》第十七条第二款规定:"夫妻对共同所有的财产,有平等的处理权"。对共享财产的处分双方应当相互协商,意见统一后再进行,未经双方同意,任何一方不得擅自处理。有一案例:张男与李女1995年结婚,1997年生一女孩取名张静(化名)。1999年男方在个体经营中认识了赵女后很快发展为情人关系。2000年张男为赵女花30万元购一房产,房产证办在赵女名下,2001年张男与赵女生一女取名张丽(化名)。2003年张男患病身亡,留下遗书表示将个人财产30万元赠与赵女。李女清查其与张男的共同财产为150万,在清查中发现了张男为赵女花30万买的房产,李女于是起诉赵女要求其交出房产。而赵女和张丽起诉李女和张静要求分割张男的遗产。笔者认为:首先,夫妻在处理共同财产方面的权利是平等的,其权利的行使应采用协商一致的原则,每个人在共有关系存续期间擅自处分共有财产是无效的。所以,张男与李女在婚姻存续期间的财产为夫妻共同财产,张男擅自为赵女购房系无效民事行为。这样,两人的共同财产为180万元。但张男的死亡导致夫妻共同财产的解体分化,也就是说,这180万元财产中有一半即90万元是张男的,张男有权利遗嘱处分个人财产,其意思表示真实且不损害任何人的利益,所以遗嘱赠赵女30万元合法有效。另外,张丽作为非婚生女应与婚生女一样受法律保护,所以李女、张静和张丽系同一顺序的继承人。

  夫妻个人特有财产是指夫妻婚前个人享有的财产和婚姻关系存续期间所得的并依法应归夫妻一方所有的财产。我国2001年婚姻法第一次明确规定夫妻个人特有财产制度,具有重要意义。这主要是随着改革开放的深入,社会经济的发展,家庭财产日益丰富,家庭财产关系和人们的价值观念发生了很大的变化,因此夫妻财产关系出现多元化的趋势,这与个人身份、生活、劳动不可分割的财产内容收益增多有一定的影响。设立夫妻个人特有财产制度,有利于维护夫妻合法的财产收益,进一步完善我国的家庭财产法律制度,另外,规定夫妻个人财产制,有利于在审判实践中明确共同财产和个人财产的界限,在处理夫妻对财产权益争议时,有法可依,提高审判质量和效益。

根据 2001 年《婚姻法》第十八条的规定,有下列情形之一的为夫妻一方的财产:(一)一方婚姻前财产。它是指夫妻一方在婚姻关系成立之前已经享有所有权的财产。即包括一方享有单独所有权的财产,也包括与他人共同享有所有权的财产。(二)一方因身体受到伤害获得的医疗费、残疾人和生活补助费等费用;这里面指的是夫妻一方依据《民法通则》第一百一十九条的规定,当身体受到伤害时,侵害人应当赔偿的医疗费、残废者生活补助费,这些费用与个人的人身密不可分,应当归受到侵害的个人享有。(三)遗嘱或赠与合同中确定只归夫或妻一方所有,应当严格执行遗嘱,认定财产归一方所有。如果赠与人在赠与合同中指明将财产赠与夫或妻一方,则所赠与的财产就应当属于夫或妻一方所有。据资料载:2000 年 12 月郑某(男)与秦某结婚。婚后郑某的姑姑送给郑某一架钢琴。但郑某不喜欢音乐,从来未动过钢琴。秦某经常弹奏钢琴。秦某认为丈夫缺少情趣、不懂得生活。而郑某认为秦某太现代,不是理想中的妻子。双方最终协议离婚。对离婚及其他财产的处理均无争议,但双方对结婚之后郑某姑姑送给郑某的价值一万元的钢琴归属产生分歧。秦某认为这架钢琴尽管是郑某姑姑给郑某的,但是在婚后给的,所以应视为夫妻共同财产平等分割。郑某认为尽管钢琴是在婚后取得的,但是钢琴是姑姑赠与自己的,所以应属个人财产,秦某无权分割。笔者认为:根据《婚姻法》的规定,夫妻在婚姻关系存续期间所得的财产归夫妻共同所有,并界定了共同财产的范畴,包括一方或双方在婚姻关系存续期间接受赠与的财产。当然如果赠与人在赠与合同中明确表示只归夫或妻一方所有的财产,就应归一方所有。本案郑某的姑姑未明确将钢琴只是赠与郑某,所以钢琴应视为夫妻共同财产。根据《婚姻法》规定,在分割财产时,应根据财产的具体情况和有利于生产及生活的原则,钢琴归秦某所有较为妥当。当然秦某应给予郑某一定价值的补偿。(四)一方专用的生活用品,如衣物、帽、化妆品等,但贵重金银首饰不属于生活用品,不是一方特有的财产。(五)其他应当归一方的财产是指比如一方获得的有纪念意义的奖章、奖品等。

2. 夫妻约定财产制

夫妻约定财产制是指法律允许双方以协议之方式,对夫妻在婚姻关系存续期间所得的财产所有权的归属、使用、收益和处分的事项做出的约定,以排除法定共同财产制适用的制度。随着我国改革开放及社会的发展,人们物质文化生活水平日趋提高,公民财产日益丰富,夫妻要求用文件形式处理双方财产是很正常的,另一方面,随着婚姻问题上的封建观念不断破除,离婚不再是悲剧,也不是丑事,离婚案逐渐增多,再婚夫妻特别是老年人再婚也随之增加。据资料提供:再婚夫妻进行财产约定的约占现有约定财产制夫妻比例的 29%,涉外婚姻和港澳台婚姻也不断增多,法律允许夫妻对财产问题进行约定,可以照顾到这方面的各种复杂情况。有利于保护这部分婚姻当事人的合法权益。根据我国 2001 年《婚姻法》第十九条规定:"夫妻可以约定婚姻关系存续期间所得的财产以及婚前财产归各自所有、共同所有或部分各自所有、部分共同所有。"

案例：毕某（男）与刘某婚后第三年下岗。毕某向朋友杨某借款三万元开始做服装生意。由于不了解市场行情，毕某的生意难有进展。2001年10月之后，毕某的经营处于亏损状态。刘某开始担心风险太大，遂于2002年1月与丈夫约定，毕某的生意与家庭无关。家庭的共同存款6万元全由刘某掌握。之后，毕某的服装全部积压，资金难以回收。杨某多次上门催毕某还款，但毕某都说无力偿还。后杨某听说刘某有6万元存款，因此再度提出还款一事。但毕某告知杨某自己与妻子有约定，自己的经营与妻子无关。杨某在协议无望的情况下，诉至法院要求毕某夫妻以共同财产承担还款责任。笔者认为：只要夫妻双方的约定符合我国法律规定就具有法律效力。但《婚姻法》第十九条同时规定：夫妻对婚姻关系存续期间所得的财产约定归各自所有的，夫或妻一方对外所负的债务，第三人知道该约定的，以夫或妻一方所有的财产清偿。夫妻就财产关系进行约定后，即对双方当事人及第三人发生法律约束力。首先，对夫妻双方发生法律约束力，这是对内效力。其次，根据公平原则，为保护第三人的利益和维护交易安全，夫妻财产约定须为第三人所明知或经公证的，才能发生对外效力。也即第三人知道夫妻财产各自所有的约定，该约定对第三人具有法律效力。如果第三人对夫妻财产的约定不知情，该约定的效力不能及于第三人。也即债务不能由夫妻一方承担，而是由双方承担。本案中毕某与刘某的财产约定从表面上符合法律规定，但为规避经营中的风险，进行了财产约定，显然对第三人即债权人杨某是极不公平的。因此这一财产约定对杨某不具有法律效力。根据《民法通则》及《婚姻法》的有关规定，毕某所欠债务，应以其家庭财产承担清偿责任。

二、夫妻间相互扶养的权利和义务

我国2001年《婚姻法》第二十条规定：夫妻有互相扶养的义务。一方不履行扶养义务时，需要扶养的一方，有要求对方付给扶养费的权利。夫妻相互扶养义务是法定的，具有法律强制性，无论就财产的归属做出怎样的规定，都不能免除扶养义务。夫妻之间的扶养义务是相互的，一方不履行扶养义务时，需要扶养的另一方，有权经过调解或诉讼程序，要求对方履行义务。对拒绝履行扶养义务情节恶劣的，应依法追究刑事责任。各国法律均明确规定夫妻有相互扶养的义务。1900年《德国民法典》规定：夫应依其社会地位、财产及收益能力扶养其妻。如夫不能扶养自己者，妻应依夫妻负有相互扶养的义务，按其财产及收益能力给予夫社会地位相当的扶养。《瑞士民法典》第一百五十九条规定：两配偶须相互协力，保持共同生活之幸福……并为扶助之义务。东欧国家的婚姻家庭法典，除规定夫妻之间有相互扶养的义务外，还规定夫妻一方不履行其义务时，他方有要求对方给付扶养费的权利，以保证夫妻扶养义务的实现。可见，在配偶相互扶养上，各国的立法都是一致的。

三、夫妻遗产继承权

夫妻相互享有继承权是以夫妻身份关系为前提的，一种财产权利，是夫妻双方在婚姻关系、家庭关系中地位平等的一个重要标志。在我国封建社会,长期以来实行"父死子继"的继承制度,妻在继承问题上处于无权地位。明、清律条规定:妇人之无子守志者,合承夫份。须凭族长择昭穆相当之人继嗣。其改嫁者,夫家财产及原有妆奁,并以前夫之家为主。新中国成立后,1950年《婚姻法》确立了男女平等原则,在继承问题上,彻底改变了以男子为中心的宗法继承制度,在法律上赋予女子与男子同等顺序继承权。1985年通过继承法将配偶与子女,罗列为第一顺序继承人。1984年婚姻法和2001年修改后的继承法均明确规定,夫妻有相互继承遗产的权利。法定继承人的范围,受到严格的法律限制。其立法的依据是血缘关系、婚姻关系、扶养关系。世界各国对法定继承范围的界定均是建立在血缘关系与婚姻关系基础上的。现代世界的立法趋势开始突破完全以血缘关系与婚姻关系作为确定法定继承人范围的传统框架,开始将扶养作为确定继承人范围的重要依据之一。我国《继承法》第三十条规定:夫妻一方死亡后,另一方再婚的,有权处分所继承的财产,任何人不得干涉。根据该规定,离婚妇女有带产再嫁的权利。"倒插门"的女婿在妻子死亡后有带产再婚的权利。据资料提供:王某(女)再婚老伴去世不久就因继承问题和继子女闹矛盾。老伴和她再婚后从单位购得一套房改房,继子女以有父亲的遗嘱赠与他们为由,要求她退出房子。老人说,自己十年前和一位姓张的老人再婚。她有一个儿子,张老头有一子一女,在他们再婚时都成年了。再婚后,她一直尽心照顾老伴,两人的晚年生活有滋有味;她和继子女们的关系也一直很好。在此期间,她老伴的单位房改,他们购买了一套90平方米的房子。老伴退休后,每月的退休金可观,生活很富足。但不久前,老伴因病不治,由此引发了房产纠纷。老人的继子女找到老人,说他们的父亲留有遗嘱,父亲死后,单位房改的房子归他们所有。继子女还以此为由,要求老人搬出现在住的房子到她自己的儿子处居住,房子由他们继承。笔者观点:如果按照法定继承,对于死者的遗产,老人将先分得一半,然后再和其他继承人分剩余的一半,这显然对老人是有利的。但如果死者生前有遗嘱,并将房产全部赠与他人,这份遗嘱也是部分有效的。因为,这份房产是夫妻共同财产,死者只能处分他所有的部分,而不能将老人拥有的部分赠与他人。因此,老人的继子女要求老人的搬出房子于法无据。

近代资本主义国家在夫妻遗产继承权上丈夫优于妻子。现代资本主义国家大多承认了夫妻平等的继承权。以配偶是否有继承权为标准可以分为两种立法主义:一是将配偶作为独立顺序的法定继承人;二是将配偶作为随从继承人,与法定继承人共同参与继承,按法定比例分配遗产。以配偶继承权的内容为标准可以分为两种立法主义:一是配偶享有遗产的所有权;二是享有遗产的用益物权或债权,以满足生存方的生活需要。依据我国婚姻法和继承法的有关规定,我国夫妻遗产继承权采取了独立顺序的立法主义和取得遗产所有权主义。

(本文选自网络)

二、根据下面的材料,寻找一个恰当的切入点,确定论题,尝试写作一篇小论文。

大学生是人们心目中的天之骄子,然而自1999年起大学生犯罪案件数量及犯罪人数开始呈明显的上升趋势。2001年比1999年增加了54.5%,2002年较之2001年又增加了97.1%。在前几年,犯罪大学生多出自民办大专院校,而现在来自重点大专院校甚至名牌院校的犯罪大学生较往年明显增多。据上海一项关于"校园犯罪"的调查,在犯罪的51名大学生中有16人来自重点院校,占了总数的31%。在大学生犯罪中,其中不乏博士生和硕士生,例如在2001年大学生犯罪案件抽样调查28件34人中,就有硕士研究生2件2人。而大学生犯罪的手段比一般犯罪表现出高智能、高技术性以及高隐蔽、高危害性。比如大学生卢某就利用"黑客"软件,盗取某公司上网账号和密码,不仅自己使用,而且还向好友传播,给该公司造成经济损失达几万元;还有某些博士硕士利用所学科学知识研制冰毒,从事毒品交易活动等。法官在调查中还发现,女大学生犯罪也在增加,在2002年67名犯罪大学生中,女大学生有11人,其中盗窃10人。

第八章 申 论

> **学习目标**
> 通过本章的学习,应该达到以下目标:
> 知识目标:了解申论的含义和特点,熟悉申论的写作环节和方法。
> 能力目标:重点训练阅读理解能力、综合分析能力、提出问题和解决问题的能力、高度的语言表达能力,初步具备撰写申论的能力。

第一节 申论概述

一、申论的含义和特点

(一)申论的含义

"申论"一词,语出《论语》的"申而论之"。从字面上理解,"申"字有说明、申述、申辩之意,"论"则是议论、论说、论证。所谓申论也就是对某个问题阐述观点、论述理由,合理地推论材料与材料以及观点与材料之间的逻辑关系。

自20世纪90年代以来,申论作为专门用于选拔录用国家公务员的一种应试文体,适当地借鉴了我国古代科举应试中"策论"的一些经验与做法。"策论"和"申论"都是选拔人才的一种方法,都要求考生表现出较强的文字表达能力、分析判断能力,提出的对策(方案)都要有可行性。但"申论"在内容上比"策论"更具有现实针对性,在形式上比"策论"更加灵活多变。"策论"大多要求考生就一些重大问题展开论述,即论证某项国家政策或对策的可行性与合理性,侧重于考查考生解决问题的能力。申论则要求考生从大量反映实际问题的现实材料中去发现问题并解决问题,全面考查考生搜集和处理各类日常信息的素质与潜能,充分体现了信息时代的特征,也适应当今国家公务员实际工作的需要。

（二）申论的特点

"申论"有着明显区别于其他诸论的特点。如"政论"、"史论"、"概论"、"评论"等。它不是那种凭主观好恶选材、尽情张扬个性的放言宏论，而是要求准确把握住一定的客观事实，做出必要的说明、申述，然后在此基础上发表见解，提出方略，进行论证。它的功能，与社会交际中广泛使用的议论文完全不同。

申论与作文有些类似，但又与传统的作文不同，从一定程度上来说，它应比作文难度更大一些。但申论的载体还是文字，考生在反复阅读试卷上所给出的材料和提出的有关问题后，应对此用心分析，然后根据涉及的主要线索、主要问题进行阐述和论证。相对于传统作文来说，申论要求考生摒弃那些套话、闲话，分析、解决问题要更加透彻、全面、清晰，因此也更利于考生发挥自己的潜能。

从考试大纲规定及历年实际出题情况来看，申论考试为考生提供了一系列反映特定实际问题的文字材料，要求考生仔细阅读这些材料，概括出它们反映的主要问题，并提出解决此问题的实际方案，最后再对自己的观点进行较详细的阐述和论证。"申论"的写作，避开了传统"作文"中那些未必适合于考查公务员的因素，使必须考查的能力得到了突出。

二、申论考试的目的和特征

（一）申论考试的目的

增加申论部分，是公务员考试所做的一种尝试，是模拟公务员处理日常工作性质的能力测试。主要目的是考查考生的实际能力。

这种考试是根据目前机关工作的需要，对考生实际分析、解决问题能力的一种考查方法。在市场经济条件下，机关工作人员更需要具备搜集、分析、概括、解决问题的能力，而通常的写作考试基本上已形成固定的模式，难以真实地表现出考生的实际能力。

由于申论主要考查考生的实际能力，因此从某种意义上说，考生做申论时不用做更多的复习准备，不需要死记硬背，工夫在平时的积累和训练。

下面我们来举几个有关公务员职位要求的例子：

国务院法制办公室法制司的一个职位要求："起草、审核、修改法规草案、行政法规草案及其他政府的法规。"

农业部办公厅信访处的一个职位要求："负责分管地区农民群众及农业系统职工来信来访工作、重要案件的调查研究；建立、整理保管分管地区来信来访档案及本处行政后勤工作。"

中共中央宣传部的一个职位的资格条件:"中共党员,硕士研究生以上学历,熟悉党的基本理论,有独立研究能力和较强的文字能力,能熟练操作微机。"

全国总工会的一个职位的资格条件:"本科以上学历,综合分析能力和文字能力强。"

从以上所列举的职位要求来看,熟悉党的基本理论、起草、审核、修改法规、调查研究、收集信息、独立研究和较强的文字能力等,均是对考生的普遍要求。因此我们可以看出,申论考试总目的自然是为国家选拔人才,而具体落实到对人的素质的审评,则是检测考生的分析、概括、提炼、加工能力;检测其运用马克思主义哲学、邓小平理论、法律、行政管理等理论知识解决实际问题的能力,以及检测其阅读理解、综合分析、提出问题和文字表达的能力。

(二)申论考试的特征

申论考试对考生提出的要求通常包括三个方面:一是对所提供的材料进行阅读、理解、分析、归纳,用简短文字概括出材料的主题或主要事实;二是对主题或主要事实进行思考,提出自己的对策、方案或见解;三是对自己提出的对策、方案或见解进行论证。

申论中,"申"是"论"的前提和基础,"论"是"申"的目的和归结。先有"申"后有"论","申"不清则"论"不明,"申"不足则"论"无立。"申"字当头,"论"字为纲。在论说过程中,"申"与"论"应该相互映照,"论"从"申"出发,"申"为"论"保驾护航。

从这几年来中央、国家机关公务员录用考试《申论》试题和之后人事部对这几次考试的总结来看,申论这种考试形式主要有以下几个特点:

1. 考试内容的广泛性

申论测试的目的是为了选拔国家公务员,因此十分注重对考生的分析、判断、解决问题的能力等综合素质的测评。为反映这一要求,申论所给定背景材料涵盖了政治、经济、法律、教育等诸多方面的内容,涉及范围极其广泛,且表述比较准确,一般不会出现偏差。

申论测试所提供的背景材料范围广,内容多为人们所熟知,所反映的问题大部分已有定论;也有一些问题尚无定论或存在争议,需要考生自己去理解、分析和判断,并做出结论。例如目前人们关注的网络、保护环境与经济发展的关系、老百姓买房难、上学难、看病难等多种问题,都可以作为申论考试试题的选题范围。一般说来,选择"中观"的而不选用"宏观"和"微观"的材料。

2. 测试具有较强针对性

虽然申论测试具有相对的不确定性,但测试考查的目标是明确的,针对性很强,即主要考查考生阅读、分析、概括、解决问题的能力。这些能力主要通过对背景材料的分析、概括、论述体现出来,从所提出的方案对策是否具有针对性和可行性体现出来。因此,考生应认真地阅读给定资料,仔细梳理出材料中预设的环境和条件,在充分把握资料本质内容的基础上,抓住重点,条分缕析,才能有针对性地、有的放矢地回答和论证问题。

3. 测试答案的不确定性

从材料背景来看,申论材料都是有关当前政治、经济、法律、教育等的社会问题,所以无论是提出对策或是对对策进行论证,都不会有一个确切、固定、唯一的标准答案。如提出对策部分,这部分是要提出解决问题的办法,这个办法要具有针对性和可行性。但是针对性和可行性是相对的,在不同地区以及发展中的不同阶段,解决问题的办法就可能不一样,更何况有的目前还没有一个确切的、合理的方案,因此哪一种更为合理、针对性与可行性更强,要对若干方案比较论证后方能确定。又比如论证部分,抓住什么问题、从什么角度论证、采取什么方法与结构,要适合自己的特长,因而也绝不会有一个具体唯一的标准。因此论证(作文)部分的评定,也只能是综合的、全面的、等级式的,不可能有确切的、唯一的标准。

必须指出的是,在应考申论时,考生不要把申论要求的三个部分割裂开来、分别作答,而应当统筹考虑、前后衔接。概括的过程既是熟悉材料的过程,也是分析判断的过程;提出方案的过程,既是解决问题的过程,也是进行思辨的过程。三个部分要协调一致,相互配合和印证。

4. 内容的非专业性

申论考试是一种素质测试,要求考生具有比较丰富的常识,这些常识来源于考生日常的积累,不是突击性地死记硬背某一专业知识就可以圆满完成试卷的。除按类别进行申论考试的情况之外,申论考试试题不会向某种专业性知识特别倾斜。因为考生来自各个方面,所学专业或所从事工作的内容和特点有很大差异,所以要求考生处理加工的材料必须具有普遍性、非专业性。比如 2000 年试卷,粗看所给材料,可能以为学法律专业的考生会占便宜,从法律角度去讨论应如何去打这场官司,这就与测试目标相差甚远,其实红星新村居民状告印刷总公司的事并不是从法律角度就能解决的问题;2001 年的试卷,看似医药卫生问题,其实问题的解答与医药卫生专业知识水平高低并无关系。可见,申论考试的试题一般涉及的内容和观点都不会有所偏颇或有太大争议,这样对学不同专业或从事不同工作的考生才是公平的。

三、申论考试的内容及重点

(一) 申论的试卷构成

申论测试的结构比较规范,总体上分为三大部分:首先是注意事项,在这一部分给出了答卷的要求、时间,提出指导性建议;接着是申论写作的背景资料;最后提出申论要求,要求考生在弄清背景资料的基础上完成题目。

背景资料一般为 1500~5000 字。根据考试对象和所给时间的不同,资料字数会有所变化。2006 年背景资料增加到 9000 字,而且内容更复杂,如表 8.1 所示。

表 8.1　历年申论背景材料字数比较

年份	背景材料字数	以 2000 年为基准的百分比	备注
2000	1600	100%	
2001	1500	94%	
2002	2500	157%	
2003	5100	319%	另附有一个比例图
2004	4200	263%	
2005	3800	238%	
2006	9000	562%	
2007	6700	402%	
2008	11000	608%	
2009	7500	407%	

申论要求部分有三个方面的内容:

第一,对给定材料的理解、分析、整理、归纳、概括、综合,用 200 字的篇幅,概括出所给定背景材料的主题或主要内容。

第二,对主要问题提出见解,提出对策,提出具有可操作性的解决方案,体现针对性与可行性;字数一般在 300~400 字之间。

第三,对见解、方案的论证。这部分内容要用 800~1200 字左右,标题自拟,中心明确,论述深刻,有说服力。

这三方面的要求,一般是通过三四个题目来体现的。具体到层次较高的考试,题目数量也可能更灵活,可以是三个题,也可以是四个题;题目的样式也许要求概述事件,也许要求概括主要问题,也许会在不同层面上对解决什么问题或怎样解决问题提出不同要求。

(二) 申论的考查重点

申论考查的重点是测试四种能力:

1. 阅读理解能力

阅读理解能力是指分析事物和概括问题的敏捷性和准确度。阅读理解能力强,就是善于把握事物的本质,而不是简单地就事论事,善于从各类材料中把握事物之间的联系,区分问题的类别、性质、主次、轻重、缓急,发现同中之异,捕捉异中之同,分析问题、研究问题并恰当地解决问题。

阅读理解能力是对应试者首要的考核。应试者首先要读懂所给材料的意义,这是回答后面题目的基础。由于试卷中提供的材料在排列顺序和内容上往往是杂乱的,没有清晰的逻辑线条,所以要求应试者能够通过阅读理解概括提炼出材料背后所反映的主旨。

如何才能提高阅读理解能力呢?工夫在于平时的训练,平时就要养成多读书看报的好习惯,注意阅读技巧,如泛读和精读相结合,粗读和细读相结合;注意阅读速度,培养快速阅读的能力;还要学会边读边思,提炼出重点和要点。

2. 综合分析能力

在正确理解给定材料的基础之上,运用概念、判断、推理、分析、综合等逻辑思维的方法进行分门别类的筛选、加工,理出逻辑思路,提炼材料所反映的主题思想。这种能力是公务员完成日常管理工作所必备的。通过试卷第一、第二部分设置的问题可以比较成功地测试出应试者的这种能力。

3. 提出和解决问题的能力

针对问题能够提出行之有效的措施、方法和方案,这是测试应试者能力的关键环节。公务员在管理活动中总会遇到各种各样的问题,而许多问题是没有现成的解决方法的,必须由管理人员针对随机出现的现实问题,及时地解决问题。因此,在申论考试中测试应试者提出问题和解决问题的能力就成为其核心的目标。通常在回答试卷第二部分提出对策和第三部分进行论证的过程中,这种能力将得到集中全面的体现。

4. 语言表达能力

借助于语言文字将应试者的思想、意见和看法等表达出来。语言表达能力是阅读理解能力、综合分析能力、提出问题能力和解决问题能力的综合表现。没有语言表达能力,即使前面几种能力再强,也无法让阅卷者了解和知晓。所以,良好的语言表达能力能够将应试者的思维活动过程再现出来,使之逻辑清楚、层次分明、用语准确、结构严谨,并能够深入浅出说明问题,及时、中肯地提出问题和解决问题。这种能力始终贯穿在对整个申论试卷的回答过程中。

第二节 申论的写作

一、申论的写作环节和方法

(一)申论的写作环节

申论的全部过程,可归纳为阅读材料、概括要点、提出对策、进行论证四个主要环节。

1. 阅读材料

第一个环节是阅读理解给定背景材料,这是申论考试的基础性环节。这个环节虽然不用文字在答卷上直接反映,却是完成其他三个环节的前提条件,而且在时序上居于首位。因为只有认真地读懂读通全部给定材料,才能把握材料所反映事件的性质,才能准确地概括出给定材料所反映的主要问题,完成第二个环节的要求;也才能针对主要问题,就给定材料所涉及的范围和条件,提出切实可行的解决问题的对策和方案,完成第三个环节的要求。最后,还要充分利用给定材料,抓住主要问题,全面阐明、论述应试者本人对给定材料所反映的主要问题的看法,以及解决问题的方案,完成第四个环节的要求。

阅读给定背景材料一定要给予充分的时间。如果考试时间为150分钟,在合理分配时间的前提下,阅读的时间一般不要少于40分钟。多用点时间阅读,对着手三大项的题目作答只有好处,没有害处。因为细读了给定材料,真正掌握了材料内容,才能保证以下三个环节的答题质量。

2. 概括要点

第二个环节是概括要点,这是承上启下的重要环节。一方面,它是阅读环节的小结;另一方面,又影响提出的对策是否更具有针对性,影响论证是否有扎实的立论基础。

概括内容的关键,在于准确把握给定材料。有的材料较为复杂,问题纷呈,彼此交错;有的材料问题比较集中。前者,要分析出主要症结所在;后者,要具体问题具体分析。但不管哪一类材料,都要进行归纳、整理、分析及比较,阐明给定材料反映的主题或者主要观点、主要内容等,否则,解决问题就难以把握适当的分寸、尺度。

3. 提出对策(方案)

第三个环节是提出对策,这是申论的关键环节,它是针对前面概括出的问题而言的。前面概括出几个方面或几个层次的问题,本部分就提出几个方面或几个层次的对策方案。

这部分重点考查应试者思维的开阔程度、探索创新意识、应变能力和解决问题的能力。它给应试者提供了充分发挥主观能动性的空间,应试者可根据各自的知识阅历,对同一问题各抒己见、见仁见智。需要注意的是,对策部分必须结合给定材料所涉及的范围和条件,才可能提出有针对性的切实可行的方案。

4. 进行论证

申论考试的最后一个环节是进行论证,它检测应试者"理论思维"的能力。这部分内容要求应试者充分利用给定材料,紧扣主要问题,全面阐明、论证自己的见解和观点。

从申论写作的全过程来看,论证是前三个环节的理论升华,前面三个环节则是论证的铺垫。论证环节，需要浓墨重彩，一是因为它所占字数最多、分值相对较高，二是这一环节能更全面、充分地展示考生的知识基础、理论水准、思维及文字表达等诸方面的能力。

现摘录《2002年中央、国家机关公务员录用考试〈申论〉试题（卷）》申论要求如下：

1. 给定资料反映了网络给社会生活带来的种种影响，用不超过200字对这些影响进行概括。要求：全面，有条理，有层次。（20分）

2. 从政府制定政策的角度，就如何克服资料所反映的种种弊端，提出对策建议。要求：有针对性，有条理，切实可行。字数400左右。（40分）

3. 就所提出的对策建议进行论证，既可全面论证，也可就某一方面重点论证。要求：自拟标题，字数800左右。（40分）

（二）申论的写作方法及注意事项

为了更好地答题，需注意以下几点：

1. 认真审题

考试时要注意答题技巧，合理分配时间，不要盲目求快。申论所给的背景材料不是原始的信息，而是经过加工的半成品材料。这些半成品的背景材料，头绪不很清楚，条理也较为混乱，究竟反映了什么问题，需要考生研究、梳理。必须仔细阅读，认真审题，找出资料中反映出来的主要问题以及相应的背景、环境、条件等，然后深入思考，分析归纳，理清思路。否则，下面的写作就有可能是南辕北辙。

2. 紧扣材料

申论考试中，无论是概括主题，陈述看法，提出对策，还是最后的论述，都要紧扣给定的资料，切忌脱离给定资料，任意联想和发挥。这一点，也区别与一般作文，作文可以引经据典，旁征博引。

3. 注意限制要求

概括给定资料所反映的主要问题和提出解决问题的对策及可行性方案时，注意限制字数，超过或不足的字数一般不超过要求字数的10%，否则要扣分。另外回答问题时要力求文字简洁，切中要点，要言不烦。

4. 考前模练

临考前做适量的模拟题，其目的有两点：一是为了掌握各类题型的答题角度与答题技巧；二是为了找到实战的感觉，如考试试题的总体设计、考试时间的安排、做题速度的掌握等，以免上考场后会手忙脚乱，这一点对于首次参加公务员录用考试的考生来说显得尤为重要。

二、概括部分的写作

申论测试中,要求考生对给定的材料的主要内容、主要问题或主题、观点或结果等,用简短的文字进行概括。从多年来中央、国家公务员考试《申论》试卷看,大多有此类型:如 2000 年的"概括出给定资料所反映的问题"。2002 年的试卷概括"网络对社会生活带来的种种影响",它实际是对事物后果的概括。

概括的作用在于准确地把握给定的材料,以便进一步提出对策,着手解决问题。

这部分的写作要求文字精练,简明扼要。必须在仔细阅读,进行整理、归纳及分析比较的基础上,准确表述。能够充分考查考生的阅读理解能力,分析材料的能力以及文字概括能力。

如 2000 年考试中,优秀的答卷都能抓住给定资料所反映的关键问题——城市布局不合理、城市规划不能适应各方面发展的需要。给定资料中的基本事件是噪声污染带来的矛盾,即红星新村居民与××印刷总公司之间令法院难以判决的官司。可见,矛盾十分尖锐。这其中还牵扯到环保部门与印刷总公司的纠葛。而这些矛盾的根源,则是城市规划与生产发展不相适应。优秀的答卷能在复杂的矛盾中发现病根所在,透过现象抓住本质,清楚地"概括出给定资料所反映的主要问题",实在难能可贵;而且在文字表达上简明扼要,因而获得高分。

以 2002 年中央国家公务员考试《申论》试卷第一题的部分答卷为例(题中要求"给定资料反映了网络给社会生活带来的种种影响,用不超过 200 字对这些影响进行概括")。

答卷一:

以先进科技为内核的网络发展就像一柄"双刃剑",给社会生活带来了正面有利效应和负面不利影响。就其正面和有利之处看,网络以便捷迅速的信息交流与沟通实现了经济、政治(政务与政府工作)、教育等方面的快速发展,加快了社会生活的节奏和人们休闲娱乐多样化的发展,给社会生活提供了便利。与此同时,网络又干扰了人们既有既定的社会生活模式,并在一定程度上造成社会犯罪上升和多发,从而影响了个体生活的安全与整体社会的稳定。

答卷二:

该材料反映了网络建设的问题。互联网是 20 世纪后半期新科技革命的产物。它的出现和迅速拓展带来了人类信息传播领域的一次革命性飞跃,深深影响着人类生活的各个层面,包括精神层面。互联网作为信息技术革命的产物,具有两重性。对我国社会主义精神文明建设来说,它是一把双刃剑。一方面,互联网的发展和普及有助于我国社会主义精神文明水平的提高;另一方面,由于网络信息传播的全球性、交往行为的虚拟性等特征,它也会给我国社会主义精神文明建设带来巨大的挑战。

答卷三:

随着信息网络技术的迅猛发展,信息网络化正逐渐向社会各个领域延伸渗透,影响着人们生活的各个方面。它不仅为我国经济增长提供了新的动力和支撑点,而且为丰富群众文化生活、为党和国家机关改进工作,提供了新的途径和手段。然而,信息网络技术在迅猛发展的同时,也给社会带来了不容忽视的负面影响,给我们政策管理和社会管理提出了新的问题。随着计算机网络技术的飞速发展,网络应用成为中国现代化建设的重要内容,互联网逐步渗透到人们的工作、学习和生活中。但必须看到,网络在改变人们生活方式的同时,也引发了精神文化和道德理念的深层嬗变。面对这种嬗变,如何认识网络道德问题,如何加强网络道德建设,已成为网络建设值得重视的一个问题。

答卷四:

一、网民诞生,有越来越多的人使用互联网,将网络融入生活;二、电子商务和电子政务应运而生。为商务和政务提供了更快捷有效的途径;三、网络成为基础设施,远程教育、远程医疗、远程工作等成为可能,人们的生活空间扩大,不再受地域所限;四、成为人们交流和传递信息的重要手段,并以更快捷、更方便的方式服务于人民;五、网络经济初露锋芒,网络在人们心目中和生活中的份额增大,网络经济也逐渐成为重要经济来源;六、伴随网络出现的网络侵权、网络犯罪成为新的犯罪方式。

[简析] ①答卷一对网络的影响概括得比较全面准确,是一份比较优秀的答卷。
②答卷二的概括比较清晰,文章抓住了给定资料的关键问题,并通过现象看到了事物的本质,即网络早已出现在西方发达国家,但在我国则是近些年才出现的具有双重性的新事物,对我国精神文明建设来说是既有正面作用,又有负面影响的一把"双刃剑"。概括有一定高度,兼顾了正反两个方面,逻辑也比较清晰,应该算一篇比较好的概括文章。但如果从语言角度来看,文章的标点符号使用有些不当,如"互联网是20世纪后半期新科技革命的产物"后的句号改为逗号较好。"它是把双刃剑"后的句号改为冒号较好。有些地方含义不明,如"互联网作为信息技术革命的产物,具有两重性","两重性"具体所指不明确。"另一方面,由于网络信息传播的全球性、交往行为的虚拟性等特征,它也会给我国社会主义精神文明建设带来巨大的挑战。"这句话内在的因果逻辑关系也值得商榷。

这份试卷可评为二类卷。因此,如果满分为20分,这份答卷的得分大致在15分上下。

③答卷三的文字通畅,说理清楚,可惜的是剑走偏锋,全然没说到点子上,而是自作主张说到网络建设上去了,虽然网络道德也是一个重要问题,然而从给定材料来看,是很难顺理成章地概括出网络道德问题的。因此,如果满分为20分,这份答卷的得分不会超过10分,大致在5分上下。

④答卷四的文字流畅、精炼,显示出文字概括能力很强。"网络给社会生活带来的种种影响",实际是对事物后果的概括。后果的概括一般要求,应对正负两方面都进行概括。但这篇文章只侧重反映了资料一个方面的问题,即网络的正面影响,而对网络的负面影响,概括不全,特别是对精神文明建设带来的负面影响没有深入提及,这是一个明显的不足之处。

综上所述,仔细分析给定的材料不难发现,网络给社会生活造成的影响,从正负两方面总结:其中正面影响有:(1)快捷获取和传递信息;(2)资源共享;(3)远程教育;(4)远程医疗;(5)电子政务;(6)休闲娱乐等。负面影响有:(1)干扰正常生活;(2)大量广告充斥;(3)侵犯个人隐私;(4)网络黑客;(5)不良内容对青少年的影响;(6)网络犯罪等。

三、提出方案部分的写作

提出方案是申论的关键环节,是在前面对准确地把握材料、概括所反映的主要问题的基础上,针对前面的主要问题——提出相应的解决问题的方案。

这部分的重点是考查考生思维的开阔程度、应变能力和解决问题的能力。写作这部分应注意一定的方法和技巧。

(一)紧扣问题,分清主次,突出重点

针对存在的问题,首先必须找出产生问题的原因,包括直接原因、间接原因,表面原因和根本原因,然后是针对每一个原因"对症下药",提出良策,形成方案。同时,还要分清主次,突出重点,不可面面俱到。

(二)对策方案要合情、合理、合法

即是指解决问题的方案必须符合社会伦理道德规范,符合国家的法律法规以及党和国家的路线、方针、政策等。

(三)对策方案要具有针对性和可操作性

对策方案要有合理性,还要具有针对性和可操作性。首先,要明确应该由哪个政府部门或职能机构负责处理、落实,不能只是口头呼吁;其次,一定要有解决问题的具体方法和步骤;最后,要顾及到问题解决的必备条件和时效性。

第八章 申论

例文

下面还是以2002年中央国家公务员考试《申论》试卷第二题("从政府制定政策的角度,就如何克服资料所反映的种种弊端,提出对策")考生回答的部分答卷为例:

答卷一:

针对网络发展所带来的用户信息安全、不良广告及因网络而诱发的社会犯罪等问题,从政府政策制定的角度出发,有如下建议:

(1)加快涉及网络安全的法规与规章的制度性建设,对可能造成和产生的网络用户信息交流与沟通方面的安全隐患,应该采用立法、建制的手段,从制度与办法上进行积极预防和全面治理。

(2)清理不健康和诱发并产生负面的恶劣社会行为的网络信息。网络所提供的公共信息应是健康、积极、向上的内容。

(3)对网上影响恶劣和干扰公民正常生产生活秩序的不良商用广告宣传进行限期整治与删除。

(4)对网络与网站建设进行监管、约束与控制,防止网络乱用、网站滥建现象的发生。对已经建立的网络机构与网站进行信息内容等方面积极、合理、有效的规范与管理,从而降低与扼制因网络使用而导致的社会违法犯罪的发生,保障网络对社会生活的有利影响。

(5)不断完善网络建设的程序与体系。

答卷二:

关于加强我国网络建设的问题,提出如下三个方案:

(1)建设网上的马克思主义阵地。鉴于网上是欧美的"信息霸权",国内政治与国际政治的界线趋于模糊,国家政治安全特别是意识形态的安全在很大程度上受到西方国家敌对势力通过网络对我国意识形态渗透。因此,建设马克思主义的网络阵地就很有必要了。

(2)发挥网络的舆论宣传与引导作用。政府可以利用网络对外宣传自己的意识形态,对内起社会舆论的监督和引导作用,以加大对人民群众的思想政治道德教育,提高其识辨能力,抵制西方网络对我国的消极影响。

(3)加强网络法规建设。我国是后起的网络用户大国,近几年已初步建立了我国的网络法规,但还很不完善。应加大网络立法的力度。一是应加快立法速度,以对政府、企业和个人信息数据实行保护;二是应强调采用法制手段制裁处罚网络犯罪;三是应大力培养网络执法人员,及时发现与打击网络犯罪;四是应通过技术手段提高人民群众利用信息的能力,包括技术加密防范措施,信息获取方式技术和抵御信息防御能力等。

答卷三：

关于我国网站建设的问题，提出如下方案：

（1）要把互联网作为一项公共基础设施来管理，不能简单地禁止和限制，加强网络文明建设关键在于对上网者进行正确的引导和规范，对经营者建立相应的长效管理机制和切实可行的管理制度。

（2）加快立法，强化管理。禁止未成年人非法定节假日到营业性网吧上网活动。

（3）加强网络道德教育，提高网民道德水准。

（4）软硬兼施。"软"就是对网民加强思想道德教育，增强其网上自律意识。"硬"就是通信、文化、公安、工商等部门要进一步理顺关系、各司其职、通力协作，建立联合执法队伍，将"网吧"市场管理纳入法制化、制度化轨道。

（5）实行行业自律。成立网吧从业者协会，制定行业自律规定，出台从业人员自律守则，加强行业管理，自觉维护网络的纯洁性。

[简析]　①答卷一提出解决问题的五个措施，是针对网络发展带来的一些负面影响提出来的。对问题考虑得较全面，法规建设、监督管理、技术手段、清理整顿几个方面都说到了。解决措施较为具体，也有可操作性。基本符合对策要抓主要矛盾，要有针对性、可行性的要求。

②答卷二提出了三个加强我国网络建设的方案。其中，第一个方案与第二个方案比较抽象，可操作性差，从而影响了总体得分；且第一个方案的提法："建设网上的马克思主义阵地"令人费解，有些牵强附会；后面的表述，语言上也存在杂糅的毛病，语意不清，应做适当修改。第三个方案中提到了四个措施，比较具体，也切实可行。但总体上看，本答卷得分不会高。

③实事求是地讲，答卷三考虑较为全面，既熟悉有关情况，也了解其中问题，还清楚解决问题的对策，按理可得较高分数。但这位考生犯了一个常见的低级错误，就是眉毛胡子一把抓，把与给定材料相关与不相关的对策都写出来了，这实际上是分散了得分点，重点不突出，难以给人好印象，而且有些地方还有卖弄之嫌。因此，自然也就难以得到好的成绩了。如果总分为40分，这份答卷得分在25分上下。

四、申　论　作　文

这是申论的论述部分，是申论的最后一个环节。一般要求写作一篇800～1200字的文章，我们简称为申论作文。要求写作的文体一般为议论文，也有一部分为公文性文章。从2000年到2006年中央、国家机关公务员录用考试《申论》试卷来看，仅2003

年要求写"讲话稿",2004年写一份"报告"(写不多于1500字的"关于我市交通拥堵情况报告"),其余都是写议论文。即使是写讲话稿、报告,同样要求分析原因,提出全面、明确、可行的对策,文章的主要表达方式还是议论。

申论作文写作的步骤大致如下:审题立意、确立论点、拟定文题、列出提纲、写作正文、修改润色。

申论作文要求观点明确,论证材料充实具体,论述深刻,论证结构严谨,有说服力,语言表述准确、流畅,格式、文字书写规范。如2005年题中要求:请以"评解决我国农村农民问题的两种思路"为题,写一篇800~1000字的文章。要求观点明确,分析具体,条理清楚,语言流畅。

1. 申论作文一

建设稳定安全正常的网络社会

计算机与网络在当今已经成为大众并不陌生的字眼与概念。据有关方面的说法,在21世纪不懂计算机与网络运用的人就是新型的文盲。适应时代与社会发展要求,人们纷纷坐在计算机前,点击鼠标,进行信息交流与沟通,为我们进入一个网络社会开启了大门。

就目前网络发展给人们带来的社会问题而言,主要是涉及人们社会生活秩序与安全的一系列问题。网络在给人们的社会生活提供了极大便利的同时,也在一定程度上干扰和影响了人们原本无此烦恼的正常生活:网上不良广告,个人隐私泄露。更有因网络犯罪带来的伤害与损失。因此,人们在充分享受网络"甜果"的同时,也明显体会到建设一个稳定、安全、正常、有序的网络社会的必要。

政府在推进建设稳定、安全而正常的网络社会中负有必要而又必然的责任。从扮演决策者与实施者的政府职能上看,要建设安全稳定、有条不紊的网络社会,政府应当首先着眼于网络社会中关于网络信息安全的规范"规则"建设。没有规矩,不成方圆。网络社会的正常有序运行,除配套建设自不待言外,仅就网络本身而言,涉及网络信息安全的规章法规就如拳坛上的围栏一样不可或缺。网络用户上网浏览信息,抑或是进行外向交流,如果有"黑客"挡道,那这种交流是不会成功的。

影响和破坏网络社会安全和稳定的另一隐患是网络诱发的社会违法犯罪行为。网络型犯罪具有不同于一般社会犯罪的特点与社会危害性。据调查,网上黄色不健康信息以及暴露的隐蔽资讯为有犯罪动机甚至是原无犯罪动机的人提供了诱因。鉴于此,政府不可忽视对网络信息、网站建设的管理与监督,而应当采取法制手段与行政手段从立法到执法、从监督到约束与控制,进行全面深入的规范与管理。针对社会主义市场经济条件下网络的社会经济效用,不少商家与网站建设者滥发网上广告,或利用网络便利干扰他人正常生活秩序。这种谋私的做法事件虽不具严重的社会危害,但如果不予制止,那么部分网民的利益必然得不到保障,整个网络社会的正常秩序也就必然不稳,建设理想的网络社会的责任也就必然存在。

[简析] 这是2002年一考生的申论作文答卷,本答卷立意显明,文章题目就揭示了中心论点,贴切、鲜明、精炼,论证较有力,逻辑严密,层次条理清楚,且文字表达流畅,字数为860多字,符合要求。

2. 申论作文二

政府与企业合作建设网络

网络建设中的问题不是某个人或某个单位造成的,它是整个社会的问题,它的解决有待整个社会的努力,需要政府和企业的通力合作。

一般而论,政府在网络建设和管理中占主导地位,起着主导作用,离开了政府的参与、组织、管理,任何一个国家都不可能实现网络化和信息化。就网络道德建设而言,政府的作用至少在以下方面明显地显现出来:一是教育功能。教育是提高社会道德水平的重要手段。网络之所以能造成人们特别是青少年道德失控,一个重要原因是人们的道德自律不够。减少青少年的网络不道德行为应该主要依靠教育。而政府可以动员社会的宣传资源、教育资源,从而在道德教育中发挥重要作用。二是法制、规范功能。在目前社会信息化、网络技术迅速发展的形势下,网络道德、犯罪问题日益严重,而现行的法律、道德规范不能适应新形势的需要。而很多新的问题如个人隐私的侵犯、网络诈骗、网上侵权行为、黑客行为等道德和法律问题,都亟待解决。因此需要政府在网络道德规范的确立、网络立法和执法方面发挥作用。三是监督功能。为了防止垃圾文化信息的出现和泛滥,需要政府出面对信息供应商进行监督。总的说来,政府在网络道德建设中是起主导作用的,离开了政府的管理,网络道德建设就无从谈起。

网络不仅是技术的产物,也是市场的产物,网络信息的提供者主要是企业。因此,企业可以在网络道德建设中发挥重大作用。著名网站×××有关网络道德的建设就是很好的例证。×××在建网之初,就参照现实生活设置了"信息海关",统一管理互联网的进出,禁止有害信息的传播;建立网络清查小组,由专人负责清理"网上论坛",订出明确的"清理原则";同时加强保密技术的实施,保护用户的隐私;进行网上教育等。通过努力,×××不但克服了初期的困难并迅速发展,而且为我国网络文明建设提供了范例。

[简析] 这也是2002年一考生的申论作文答卷,这份答卷约750字,符合要求。文章题目醒目、具体,语言高度概括、简明。着重论述了我国在网络道德建设的管理方面,应实行政府管理与企业管理相结合的模式,立意是好的。其中,有关政府管理方面写得比较清楚,而企业管理方面只举了×××的例子,而且对该企业的经验也未归纳全。如该企业制定了"网络文明公约",用以规范用户的网上行为:用户入网时与之签订"责任保证书",明确规定用户网上行为应承担的责任等都没有阐述和展开,使企业管理方面的论述显得很单薄了。另外,文章的立意是在网络道德管理上实行政府与企业相结合,但在如何结合方面却未深入论述。二者应是怎样的关系,应如何互动,都没有说清楚。因此,这份答卷应评为一般成绩。

3. 申论作文三

刹住高校毕业生就业率造假歪风

就业率是一所高校毕业生就业状况的直接反映,真实性是它的生命。只有真实可靠的数据,才有利于教育主管部门宏观调控高校教育资源,并据此出台相关政策。如果用造假的方式"提高"就业率,则不仅提高不了学校声誉,而且将影响到教育资源的合理配置。

据《燕赵都市报》7月7日报道,河北省内部分高校为谋求高就业率,竟然说服学生与就业单位签订假就业合同。日前,石家庄某高校两名应届大学毕业生到该报披露了所在学校让毕业生签订假就业合同的内幕。据说,他们班有10多人因为没有找到工作无法签订就业合同,系里老师"积极"为他们奔走,最后都"成功"地与一些单位签订了就业合同。虽然就业合同是签了,但同学们却不能到这些单位就业,而且这些单位也不对同学们承担任何责任。没有找到工作,却签订了就业合同,这当然是假合同。而据该报记者调查,签订假就业合同的学生为数不少,普遍存在于该校的大部分院系。

尽管从报道中我们无法判断这类行为在该省的高校中占有多大比例,但可以预料,这样的现象绝对不是个别现象。老师帮助学生联系工作单位本是好事,但如果让学生签订没有任何保障的假就业合同,就实在说不过去了。因为,这不仅有违师德,而且还是名副其实的造假行为。因此,这一现象必须引起我们的足够重视,必须想办法坚决刹住这股歪风。

就业率是一所高校毕业生就业状况的直接反映,真实性是它的生命。只有真实可靠的数据,才有利于教育主管部门宏观调控高校教育资源,并据此出台相关政策。如果用造假的方式"提高"就业率,则不仅提高不了学校声誉,而且将影响到教育资源的合理配置。尽管短期内可能带来一定的效果,但这绝不是长期吸引生源的办法。同时,不准确的就业率将可能误导学生填写报考志愿,虚假信息甚至还可能影响教育主管部门。更重要的是,大学教育本来应该是一方"净土",如此造假却是对社会诚信的"釜底抽薪"。

　　危害是显而易见的,但是,一些人为什么还乐此不疲呢?据悉,原因就出在就业率这个指标上。报道说,今年,河北省教育部门出台了一份对高校评估的文件,应届毕业生就业率是其中一个重要的评估项目,与明年招生计划直接挂钩。为了吸引更多的生源,校方把提升就业率的意图向各院系布置,院系又通过老师向毕业生做工作。同时,假就业合同"提高"了学校的就业率,却对学生找工作没有什么直接影响,加上签订假就业合同可以使学生档案在学校保留半年,不被打回原籍,对于已就业和未就业的学生都是一个比较好的缓冲,很多未就业的学生和未取得单位证明的就业学生,都在老师的帮助下违心地签订了假就业合同。

　　由于就业压力加大,近来各高校毕业生一次就业没有到位的人数有所增加,这给学校和学生造成了一定的压力。应当说,这是客观事实,同时也是高校毕业生就业制度改革后的必然结果。学生的就业难主要是一个市场问题,市场发生的问题就应该通过市场来解决。提高学校学生的就业率,应该通过密切与人才市场的关系,提高专业的市场吸引度来逐步加以解决。只要学生转变就业观念,政府加大服务力度,学校根据市场需求设置专业和提高教学质量,这样的问题会逐步得到缓解。而那种"安排"学生签订假就业合同,造成学生一次就业率高假象的行为,不仅背离教育规律、违反教育法,而且严重损害社会诚信,可以说是害莫大焉!对此,我们不可不察。

　　[简析]　这是一篇摘自网络的述评文章。这种文章是近些年,有些省、市招考公务员申论考试中要求写作的作文。多半是根据有关媒体报道的事实,做出自己的分析和评价。述评又称记者述评或新闻述评,是新闻领域中的一种边缘体裁,其特点是融新闻和评论于一体。它有述有评,述评结合,表明作者的立场和主张。从它们的内容和反映的社会生活性质,大致可分为工作述评、形势述评、事迹述评。本文就部分高校毕业生就业率造假的事实进行述评,从具体的事件联系到它产生的原因和背景,探索其性质,指出其危害,发人深思,很有说服力。

附:2000年中央、国家机关公务员录用考试《申论》试卷

一、注意事项

1. 申论考试,与传统作文考试不同,是对分析驾驭材料的能力与对表达能力并重的考试。

2. 作答参考时限:阅读资料40分钟,作答110分钟。

3. 仔细阅读给定的资料,按照后面提出的"申论要求"依次作答。

二、资料

某省某市红星新村5号楼居民H状告××印刷公司的事情,历时一年多,始终难以妥善解决,人们议论纷纷。这件事,关系到居民切身利益,涉及到方方面面,引起人们广泛关注。

省政府调研室经反复调查,全面了解了各方面情况,整理出如下材料。

(1)1998年10月17日,50多岁的H,在家中突发脑溢血,虽经抢救,还是留下了严重后遗症。市医学院法医学系鉴定:H的后遗症达一级伤残,超标噪音是导致其脑溢血的诱因之一。于是,与"红星新村"大门距离不远的××印刷总公司,便更成了众矢之的,红星新村居民原有的不满越来越强烈。

(2)红星新村,位于该市的城乡接合部。近十年来,这里日益成为人口密集的繁华地区。新村院内的5号楼,与××印刷总公司的车间大楼平行,相距仅1.8米,而且只隔一道砖墙。

1997年2月,车间引进安装了四台最新设备,投产后,经济效益大幅度提高;但从那以后,沉重、刺耳的机器轰鸣声便令小区居民不堪忍受。

(3)在机器开动时,居民们多次向110报警。干警对居民们的烦恼非常同情,多次制止车间夜间作业。但干警们也表示,对此类纠纷,实在爱莫能助。一些住户,纷纷想办法搬走。其中有的还是××印刷总公司的职工家属。

(4)大多数搬不走的居民,只好求助环保部门,不断向区环保局反映情况。区环保局在1997年6月和1998年9月两次实地勘测,都表明噪音严重超标。于是正式向××印刷总公司发出限期整改的通知,并限定夜22时至晨6时不得进行作业。

(5)××公司很快将车间临近新村的窗户全部砌砖封闭,并提交了一份设置隔音墙的设想,但居民并不满意。他们反映噪音没有减少,车间生产还常持续到凌晨两三点,也一点没见过建什么隔音墙,噪音仍是每夜的噩梦之源。

(6)1998年12月,H经抢救终于脱险,便与其爱人,向市环保局提交了《环境污染损害赔偿处理申请书》,提出要求印刷公司依照环保法赔偿其各项损失12万元的申请。环保局做出处理决定,认定印刷公司应承担部分责任,赔偿H夫妇直接经济损失的30%,即21500元。但H夫妇迄今未拿到任何赔偿。

(7)由于不服环保局的决定,印刷公司于1999年6月首先诉诸该区法院,认为环保局的决定无事实依据,应予撤销。紧接着H夫妇也将诉讼状递到区法院,要求印刷公司赔偿各种经济损失74000元。

(8)经过四个月的调查,区法院于1999年10月对H一案做出一审判决:印刷公司的噪音影响周边住户是客观事实,但被告已经有所整改,而噪音也只是原告生病的诱因之一,两者没有直接因果关系,故决定驳回诉讼请求。

(9)H夫妇不服,立即上诉。他们的律师认为,区法院的判决是错误的。因为一个结果可能由多种原因造成,H的脑溢血就属这种情况,所以环保局的决定是合乎情理的;而区法院的判决存在矛盾,不能体现法律对公民的保护。

(10)印刷公司请的律师认为,红星新村地处市区,抛开印刷公司来说,其他噪音有的也已超标。没有直接证据可以证明印刷公司的噪音与H的疾病有直接因果关系。要严格按照法律办事,就不能让居民只从印刷公司一方找原因。该公司是国有大型企业,是经济改革的重中之重,需要全社会的关心和支持。

(11)H案判决时,合议庭考虑到,如果H胜诉,住在××印刷公司附近的住户会纷纷效仿,雪片般的经济赔偿要求可能会把该公司逼上绝路。该法院正受理一起小区住户状告小区内建停车场、影响他们生活的案子,H案如胜诉,市区汽车停到哪里的问题可能立即会带来更大麻烦。

(12)自1999年10月H夫妇向市中级法院提出上诉以来,又过去了三个多月。市中级法院感到此案难度很大,至今没有开庭审理。

三、申论要求

1. 请用不超过150字的篇幅,概括出给定资料所反映的主要问题。(满分20分)

2. 以省政府调研室工作人员的身份,用不超过350字的篇幅,提出解决给定资料所反映问题的方案。要有条理地说明,要体现针对性和可操作性。(满分30分)

3. 就给定资料所反映的主要问题,用1200字左右的篇幅,自拟标题进行论述。要求中心明确,内容充实,论述深刻,有说服力。(满分50分)

 综合训练

一、什么是申论?申论与传统作文有何不同?

二、完成一份模拟试卷

(一)注意事项

(1)申论考试,是对分析驾驭资料的能力、解决问题的能力、言语表达能力的测试。

(2)作答参考时限:阅读资料40分钟,作答110分钟。

(3)仔细阅读给定的资料,按照后面提出的"申论要求"依次作答。

(二)资料

(1)各地房价"涨"声一片　百姓期盼回归理性

(浙江在线新闻网站,2006年5月18日)

自去年采取宏观调控措施以来,全国房价上涨势头得到一定的抑制。但是,目前房地产市场一些深层次的问题尚未得到解决,少数城市的房价仍然上涨过快,住房供应结构不合理,市场秩序还比较混乱。人民日报报道,该报驻各地记者及时发回关于当地房地产市场的最新报道,采访中,群众纷纷呼吁有关部门采取措施,稳定房价,让楼市回归理性。

国务院5月17日召开常务会议,研究促进房地产业健康发展的措施,要求认真落实去年以来中央关于促进房地产市场健康发展的部署,根据当前存在的问题,进一步采取有针对性的措施。希望各地各部门切实贯彻中央精神,促使房地产市场健康发展。

北京一季度商品房预售均价达6885元

据北京市建委网站公布的材料显示,今年1至3月,北京市商品住宅期房预售均价为每平方米6885元,同比增长14.8%,涨幅比2005年的19.2%低4.4个百分点,比今年1至2月的17.3%低2.5个百分点。价格增幅呈现回落趋势。

这份来自市建委城建研究中心的材料说,根据北京市房地产交易管理网统计数据,今年1至3月,北京市商品住宅期房单月均价分别为每平方米6687元、6957元和7046元。

上海楼市开始回暖

去年宏观调控之后,上海楼市出现了成交量萎缩的现象,月成交量最低曾跌入百万平方米以内,市场气氛冷清。然而,进入今年3月份以来,成交量有了比较明显的回升。上海市房屋土地资源管理局有关人士告诉记者,"1月和2月全市商品住宅的成交量均为109万平方米,3月份则一下子蹿到了220万平方米左右,翻了一番。"

楼市的回暖,在房价的走向上也体现了出来。上海市统计局的统计数据显示,进入今年4月份以后,"不仅房价下挫势头停止了,而且出现了微升迹象。"专家认为,"虽然市场有所回暖,但各方都更理性,不会出现突然飙升的过热迹象。"

广州楼市出现量价背离

最新数据表明,4月份广州老城区房屋成交均价超过7610元/平方米,越秀区等老城区频频传出楼价过万元大关的惊人消息,珠江新城一些高档住宅每平方米1.5万元~2万元,但2004年上半年这里的楼价才7000元/平方米上下,两年之内楼价如此飙升令人咋舌。

但在楼价飙升的同时,广州房地产交易量锐减。广州6个老城区在传统热销期的4月份,成交套数不足3000套,面积比去年同期减少了25.65%。

广州大学教授潘蜀说,目前广州楼价逐渐超出了老百姓的购买能力,这必然导致老百姓观望。

深圳特区内住宅均价"破万"

"如今,关内的房子都是天价,关外的房子遭疯抢……"租住在招商城市主场的郝姓夫妇,对目前深圳的楼市不无抱怨。深圳市国土资源房产管理局日前公布的数字显示,今年一季度深圳特区内住宅均价首次突破万元大关,多数市民表示将推迟购房计划。

深圳市国土房管局今年以来连续推出新措施抑制楼价,一定程度上对房价有所遏制,但深圳房价仍呈上涨趋势。深圳市房产部门公布的数字表明:今年一季度,特区内住宅价格平均为10313.89元/平方米,同比上涨35.46%;特区外住宅价格平均为6170.29元/平方米,同比上涨27.54%。

沈阳一季度房价上涨6.6%

沈阳市统计局有关人士表示,预计2006年的沈阳市房地产价格仍将保持稳中有升的态势,涨幅估计会在8%左右。

大连房价同比增长14.9%

青岛一季度房价较去年同期上涨7.8%

在全国35个大中城市房价涨幅的排位,也由去年总排位的第二,下降到今年1月份的第五位和2月份的第六位。

杭州房价出现回落迹象

杭州市建委提供的房地产市场形势分析显示,今年前4个月,杭州房地产市场的各项指标均有不同程度回落。

今年第一季度,杭州商品住宅成交均价保持平稳,全市6个主城区(不包括萧山、余杭)一手房成交均价8694元/平方米。4月份,6个主城区一手房成交均价略有下降,为8252元/平方米。

宁波黄金地段均价逼近万元

宁波房地产部门官方网站的最新数据表明,今年3月份,市六区商品住宅销售量为1922套,比上月增加1016套,商品住房每平方米平均售价为5753.23元,比上月下降223.57元,主要原因是江北区均价为4370元的某楼盘大量成交,从而拉低了3月份商品住房均价。

市城市社会经济调查队周处长告诉记者,今年3月房屋均价同比增长3.2%。目前,宁波一类地区(中心地段)楼盘,去年均价为9260元左右,今年均价为9946元左右。

南宁高档住宅涨得快

据国家统计局广西调查总队对广西五个城市的调查数据显示,今年2月份,广西房地产价格保持坚挺态势,房屋销售价格同比上涨7.2%,环比上涨1.6%。在调查的5个城市中,房屋销售价格上涨幅度最大的是南宁市,同比上涨8.1%。

2月份,广西新建商品房中,高档住宅平均价格为4068.7元/平方米,同比上涨14.4%。

成都住房升级换代需求旺盛

今年1~4月,成都市房地产市场继续保持稳定的增长势头,五城区商品房成交均价4291元/平方米,同比上涨6.9%,但涨幅比1~3月回落了0.6个百分点。据分析,今年1~4月的购房者中,首次置业的人数占比约为85%,反映了购房者逐渐理性,购房需求以自住为主,住房的升级换代需求也较旺盛。

呼和浩特房价持续走高

3月份呼和浩特市商品房买卖均价为2008元/平方米,每平方米同比上涨了538元,上涨22.9%。其中商品住房现房买卖均价为2490元/平方米,每平方米同比上涨了296元,涨幅为13.5%。据国家发展改革委、国家统计局统计显示,呼和浩特房价涨幅位居全国70个城市前列。

(2)"北京速度"

4月15日,位于北苑地区立水桥附近的"明天第一城"五期开始认购,均价超过7000元/平方米。就在一个月前,该项目的四期售价还只是5980元/平方米。而在去年10月份该项目刚开盘的时候,其均价也不过是5200多元/平方米。

短短的半年时间之内,"明天第一城"的房价就上涨了近2000元/平方米。而这还是个以打造京城低价房著称的地产项目。

4月9日,为期4天的北京春季房展在国贸落幕,每天平均5万人的参观人次,意向成交房源近2000套,意向成交额突破14亿元。即便挤掉开发商在展会期间"蓄水积流"的水分,这个成交金额仍比去年同期的春季房展要多出许多。

对于京城众多有购买能力的买房人而言,买房也已经成为一大难事。一些热销的项目连夜排队也未必能买上,还有不少项目想挑个好点的户型都要托熟人找关系。

北京统计数据显示:今年一季度北京住宅均价7168元/平方米,去年同期均价6235元/平方米,同比上涨约15%,比去年全年均价上涨448元/平方米。而此前北京市建委等四部门发布的1~2月份北京房市运行情况统计也显示:1月到2月北京商品期房均价上涨了17.3%。

北京四环以外及郊区房价的涨幅最为明显。在通州区,很多楼盘的均价都已经突破5000元/平方米的关口。而临近通州的管庄地区,"东一时区"二期开盘价格已经由一期时的4800元/平方米涨到了6000元/平方米;双桥温泉东里小区的二手房都从去年的3500元/平方米,上涨到现今的4800元/平方米。这种上涨的大幅度,被一些业内人士称为房价上涨的"北京速度"。

对于今春北京房价的上涨,SOHO中国联席总裁潘石屹难掩惊讶的表情:"从目前来看,北京住宅价格上涨速度有点太快了,有出现泡沫的可能性。"

就连"开发商的忠实代言人"华远集团董事长任志强,也忍不住发话:"这一轮的房价上涨是个危险的信号,但愿房价的增幅不要太快了。"因为他认为,最大的危险在于,当这些市场中的波动与政府提出的目标相背时,则可能迫使政府采取更加严厉的措施来调控市场。而起于2004年的地产宏观调控,初衷正是为了抑制不断上涨的房价。

更多的人在担心,北京是否会步上海的后尘?

显然,更严厉的调控措施并不是地产商们愿意看到的结果。那么,今春的北京房价飞涨,其真正原因是什么?意味着地产宏观调控的失败吗?到底是谁制造了房价上涨的"北京速度"呢?

(3)住房改革后从房奴到负翁 谁能拦截国内超前消费

(经济观察报,2006年6月4日)

一套房子"消灭"一个百万富翁,在今日楼市,已经是太平凡的事情了。而这么多的百万富翁大部分都是从银行系统里提前透支的。

自90年代住房改革后,一则中美老太太购房对比煽动了国内保守的消费观,大街上随处可见的"要买房,到建行"的标语,以及关于"房租抵月供"的大量宣传报导,点燃了国民的购房热情。

"人均35平方米的小康标准超出了国情许可。"北京师范大学房地产研究中心主任董潘在世联日前举行的"2006年地产高峰论坛"上说。

但是,除了政策面引导上的客观原因外,房价问题购房者自身也难辞其咎。"原本我想买二房的,毕竟工作才两年积蓄不多。"李小姐说,可看了三房样板房的布局和赠送的入户花园,李小姐冲动之下选购了三房。新房装修亦是如此,"最初设想用最便宜的材料,但实际过程中,各项开支都屡屡超支"。

像李小姐这样的年轻人并不少,通常父母的支援和自己的积蓄支付首期后,接下来的日子就像小贩一样算计日常开支,而这样的生活被称为"房奴"。日前,广州方舟市场研究咨询有限公司对500位广州市民进行了电话访问。调查显示,过半购买了商品房的房主感觉有压力,而感觉"压力很大"的比例为14%,这部分感觉压力很大的被访者,"25~29岁"群体在其中占到50%的比例。

从"房奴"到"负翁"

在广州的调查中发现,在表示因买房而产生经济压力的被访者中,共有接近一半的被访者表示"减少了出去娱乐、旅游的次数";共有40.9%的被访者表示会"减少出去聚会的次数";共有36.4%的被访者表示"日常的油盐酱醋也要小心计算";甚至,共有54.6%的被访者表示"有时候需要借钱过日子"。

同时,有50%的被访者表示"买房后因为经济紧张而比较烦恼",而表示"担心失去工作供不起房"的被访者则达到了54.6%。此外,后悔当初买房决定的被访者约为两成(18.2%),其中甚至有2.3%的被访者对"后悔买房"表现非常坚定,可见,购房后的压力是不容忽视的。

而这种压力除了房价因素,还有往往被大家所忽视的面积"陷阱",即大户型带来的总价大幅提高。2004年建设部发布的未来小康居住目标中,其中人均居住面积指标为35平方米。而在1997年以前,该指标尚未达9平方米。而目前,大部分城市的人均居住面积已超过20平方米以上。"人均35平方米的小康标准超出了国情许可。"董藩说。

对大户型的消费固然有开发商的引导,而消费者脱离自身经济水平,盲目追求所谓的生活舒适度亦为其中原因。人们对住房的追求除了原本的居住功能外,身份地位亦成了附加其上的重要因素。"深圳几年前市场上为市场追捧的旭飞20多方米的一房小户型和40~50平方米的二房户型,现在谁会去卖,谁会去买。"某不愿具名中介公司人士表示。

(4)京城购房者月供已超月收入4成 逼近警戒线

(法制晚报,2006年6月4日)

央行《2006年第一季度货币政策执行报告》日前出炉。数据显示,前三个月,北京购房者房屋月供超过月收入的四成,已经接近了银监会规定的"警戒线"。

央行报告中公布了北京、上海、天津等10城市去年10月末的平均房地产月供收入比(借款人住房贷款的月房产支出与收入之比)为35%,其中北京居民月供收入比为42%,低于上海的45%。有关专家指出,北京购房者的月供收入比高达42%,接近银监会规定的50%的"警戒"水平。同时,空置率的上升,"买而不住"、"买而不租"的现象普遍存在,体现出了"非理性消费"的一面,不仅是房价上涨的原因之一,也影响了个人的其他消费支出。在房屋的利用上,第一季度出现了空置房大幅度升高、价格持续上涨的现象。央行报告指出,一季度全国商品房完成销售面积9459万平方米,但3月末时全国商品房的空置面积达到历史新高——1.23亿平方米,增长23.8%。

北京、上海等10大城市的调查数据显示,房屋自住、空置、出租比例分别为84:10:6,空置房占10%;北京购房者中90%买房不考虑出租。另外,商品房的价格继续上涨,全国70个大城市中,售价上涨6.3%。

(5)主题:房奴为还贷所迫歌

乙酉丙戌工作忙,努力赚钱还银行,背负贷款心慌慌。老公加班鬓如霜,老婆熬夜失健康。银行新政推我进深渊,忍看利率竟再涨,改善生活更渺茫。为房作奴非我想,一声叹息信心丧。月余未识肉滋味,买房方知柴米贵。兼职加班奔波紧,几多日夜不成寐。辛劳皆因还贷起,生活皆为房所累。父母知情心欲碎,娇儿怎奈这种罪。安得利息减一半,大庇天下房奴俱欢颜,百年不变稳如山。呜呼!何时耳边突兀闻此言,吾独还贷受罪亦不悔!

(6)温和政策力度不足 专家建议房产调控需再加强

(中国经济时报,2006年6月2日)

编者按:中央自去年3月起采取较为严厉的房地产调控措施后,尽管初步抑制了房地产投资增长,但仍存在少数大城市房价上涨过快、住房供应结构不合理、房地产市场秩序混乱等突出问题。在此背景下,5月17日,"国六条"出台。6月1日,作为"国六条"的细则，涉及税收、信贷、土地政策等15项措施开始正式实施。此外，有关部门近日也相继出台了更为详细的调控举措。这些措施有何亮点？有无待改进之处？对房地产市场的影响如何？调控初衷能否实现？

"这是自1998年以来出台的最重要房地产政策，意味着房地产发展的游戏规则从一个十字路口开始回归，从单一的经济增长转移到了注重民生导向了，以重点调控市场转向调控政府为主。"北京科技大学经济管理学院教授赵晓评价说。

赵晓分析，从1998年开始的政策无论是鼓励房地产发展还是调控，都呈现了政府机会主义的导向，而房地产发展应该既包括市场化发展也包括住房保障体系的建设；既有效率的导向也应有公平的导向；既有经济增长导向又具备民生导向。之前，其发展忽视了政府需要在百姓安居中扮演公共角色的重要性。现今，将政府调控从"经济增长型"转向了"公共服务型"，触及到了房地产真正的问题——发展模式。

银河证券公司高级经济师苑德军也认为，《意见》的出台较之以前是一大进步。"《意见》给了市场更明确的信号，政府正在着力采取措施稳定房价，同时此次结构性调整用意很明显"，他说，"但是调控力度不够，仍需要实实在在、能让人们有一个很明确的市场预期的措施。"

长城金融研究所所长徐滇庆认为，新政策主要集中在信贷、税收、土地三方面，之前的政策并没有仔细区分其目标对象。另外，新政策调整住房供应结构对房价的抑制作用明显。由于新建住宅的结构发生了变化，70%以上的住房面积都在90平方米以下，小户型的供给增加，中低收入家庭选择面加大，平均房价就会显著下降。

苑德军进一步分析，稳定房价要增加供给压缩需求。在增加供给上需要具体细则和目标，政府需要制定经济适用房发展的短期、中期、长期目标，划定房价大致在什么范围；在压缩需求上，规定"对购买住房不足5年转手交易的，销售时按其取得的售房收入全额征收营业税"，但营业税税额仅仅为5.5%，远小于房价上涨的幅度，获利的空间还很大。

"仍沿用了'限房价'的做法，而之前调控房价是屡限屡败。若限定价格，开发商如果偷工减料，吃亏的仍是老百姓。"徐滇庆说。

中国社科院经济研究所研究员袁钢明说，"90平方米以上的个人住房按揭贷款首付款比例不得低于30%"的规定，对于购买高档房投资的群体影响不大。信贷的调控效用，其实不如2003年央行出台的对第二套住房实行高利息的政策。

赵晓认为，真正的不足是对地方政府的约束力度仍然偏小。

（三）申论要求

1. 根据给定资料，概述我国房地产市场存在的主要问题。概述文字简明扼要，不超过300字。（满分20分）

2. 简述解决我国房地产市场存在的主要问题的对策与方案。要体现针对性和可

操作性。不超过400字。（满分30分）

3. 请结合给定资料，针对我国政府如何才能解决老百姓的住房、控制房价过快上涨、有效稳定房价的问题，写一篇1000~1200字的文章，自拟标题。要求观点明确，分析具体，条理清楚，语言流畅。（满分50分）

附　录

附　录　一

国家行政机关公文处理办法
（2000年8月24日国务院发布）

第一章　总　　则

第一条　为使国家行政机关（以下简称行政机关）的公文处理工作规范化、制度化、科学化，制定本办法。

第二条　行政机关的公文（包括电报，下同），是行政机关在行政管理过程中形成的具有法定效力和规范体式的文书，是依法行政和进行公务活动的重要工具。

第三条　公文处理指公文的办理、管理、整理（立卷）、归档等一系列相互关联、衔接有序的工作。

第四条　公文处理应当坚持实事求是、精简、高效的原则，做到及时、准确、安全。

第五条　公文处理必须严格执行国家保密法律、法规和其他有关规定，确保国家秘密的安全。

第六条　各级行政机关的负责人应当高度重视公文处理工作，模范遵守本办法并加强对本机关公文处理工作的领导和检查。

第七条　各级行政机关的办公厅（室）是公文处理的管理机构，主管本机关的公文处理工作并指导下级机关的公文处理工作。

第八条　各级行政机关的办公厅（室）应当设立文秘部门或者配备专职人员负责公文处理工作。

第二章　公文种类

第九条　行政机关的公文种类主要有：

（一）命令（令）　适用于依照有关法律公布行政法规和规章；宣布施行重大强制

性行政措施;嘉奖有关单位及人员。

（二）决定　适用于对重要事项或者重大行动做出安排,奖惩有关单位及人员,变更或者撤销下级机关不适当的决定事项。

（三）公告　适用于向国内外宣布重要事项或者法定事项。

（四）通告　适用于公布社会各有关方面应当遵守或者周知的事项。

（五）通知　适用于批转下级机关的公文,转发上级机关和不相隶属机关的公文,传达要求下级机关办理和需要有关单位周知或者执行的事项,任免人员。

（六）通报　适用于表彰先进,批评错误,传达重要精神或者情况。

（七）议案　适用于各级人民政府按照法律程序向同级人民代表大会或人民代表大会常务委员会提请审议事项。

（八）报告　适用于向上级机关汇报工作,反映情况,答复上级机关的询问。

（九）请示　适用于向上级机关请求指示、批准。

（十）批复　适用于答复下级机关的请示事项。

（十一）意见　适用于对重要问题提出见解和处理办法。

（十二）函　适用于不相隶属机关之间商洽工作,询问和答复问题,请求批准和答复审批事项。

（十三）会议纪要　适用于记载、传达会议情况和议定事项。

第三章　公　文　格　式

第十条　公文一般由秘密等级和保密期限、紧急程度、发文机关标识、发文字号、签发人、标题、主送机关、正文、附件说明、成文日期、印章、附注、附件、主题词、抄送机关、印发机关和印发日期等部分组成。

（一）涉及国家秘密的公文应当标明密级和保密期限,其中,"绝密"、"机密"级公文还应当标明份数序号。

（二）紧急公文应当根据紧急程序分别标明"特急"、"急件"。其中电报应当分别标明"特提"、"特急"、"加急"、"平急"。

（三）发文机关标识应当使用发文机关全称或者规范化简称;联合行文,主办机关排列在前。

（四）发文字号应当包括机关代字、年份、序号。联合行文,只标明主办机关发文字号。

（五）上行文应当注明签发人、会签人姓名。其中,"请示"应当在附注处注明联系人的姓名和电话。

（六）公文标题应当准确简要地概括公文的主要内容并标明公文种类,一般应当标明发文机关。公文标题中除法规、规章名称加书名号外,一般不用标点符号。

(七)主送机关指公文的主要受理机关,应当使用全称或者规范化简称、统称。

(八)公文如有附件,应当注明附件顺序和名称。

(九)公文除"会议纪要"和以电报形式发出的以外,应当加盖印章。联合上报的公文,由主办机关加盖印章;联合下发的公文,发文机关都应当加盖印章。

(十)成文日期以负责人签发的日期为准,联合行文以最后签发机关负责人的签发日期为准。电报以发出日期为准。

(十一)公文如有附注(需要说明的其他事项),应当加括号标注。

(十二)公文应当标注主题词。上行文按照上级机关的要求标注主题词。

(十三)抄送机关指除主送机关外需要执行或知晓公文的其他机关,应当使用全称或者规范化简称、统称。

(十四)文字从左至右横写、横排。在民族自治地方,可以并用汉字和通用的少数民族文字(按其习惯书写、排版)。

第十一条 公文中各组成部分的标识规则,参照《国家行政机关公文格式》国家标准执行。

第十二条 公文用纸一般采用国际标准 A4 型(210mm×297mm),左侧装订。张贴的公文用纸大小,根据实际需要确定。

第四章 行 文 规 则

第十三条 行文应当确有必要,注重效用。

第十四条 行文关系根据隶属关系和职权范围确定,一般不得越级请示和报告。

第十五条 政府各部门依据部门职权可以相互行文和向下一级政府的相关业务部门行文;除以函的形式商洽工作、询问和答复问题、审批事项外,一般不得向下一级政府正式行文。

部门内设机构除办公厅(室)外不得对外正式行文。

第十六条 同级政府、同级政府各部门、上级政府部门与下一级政府可以联合行文;政府与同级党委和军队机关可以联合行文;政府部门与相应的党组织和军队机关可以联合行文;政府部门与同级人民团体和具有行政职能的事业单位也可以联合行文。

第十七条 属于部门职权范围内的事务,应当由部门自行行文或联合行文。联合行文应当明确主办部门。须经政府审批的事项,经政府同意也可以由部门行文,文中应当注明经政府同意。

第十八条 属于主管部门职务范围内的具体问题,应当直接报送主管部门处理。

第十九条 部门之间对有关问题未经协商一致,不得各自向下行文。如擅自行文,上级机关应当责令纠正或撤销。

第二十条 向下级机关或者本系统的重要行文,应当同时抄送直接上级机关。

第二十一条 "请示"应当一文一事;一般只写一个主送机关,需要同时送其他机关的,应当用抄送形式,但不得抄送其下级机关。

"报告"不得夹带请示事项。

第二十二条 除上级机关负责人直接交办的事项外,不得以机关名义向上级机关负责人报送"请示"、"意见"和"报告"。

第二十三条 受双重领导的机关向上级机关行文,应当写明主送机关和抄送机关。上级机关向受双重领导的下级机关行文,必要时应当抄送其另一上级机关。

第五章 发文办理

第二十四条 发文办理指以本机关名义制发公文的过程,包括草拟、审核、签发、复核、缮印、用印、登记、分发等程序。

第二十五条 草拟公文应当做到:

(一)符合国家的法律、法规及其他有关规定。如提出新的政策、规定等,要切实可行并加以说明。

(二)情况确实,观点明确,表述准确,结构严谨,条理清楚,直述不曲,字词规范,标点正确,篇幅力求简短。

(三)公文的文种应根据行文目的、发文机关的职权和与主送机关的行文关系确定。

(四)拟制紧急公文,应当体现紧急的原因,并根据实际需要确定紧急程度。

(五)人名、地名、数字、引文准确。引用公文应当先引标题,后引发文字号。引用外文应当注明中文含义。日期应当写明具体的年、月、日。

(六)结构层次序数,第一层为"一、",第二层为"(一)",第三层为"1.",第四层为"(1)"。

(七)应当使用国家法定计量单位。

(八)文内使用非规范化简称,应当先用全称并注明简称。使用国际组织外文名称或其缩写形式,应当在第一次出现时注明准确的中文译名。

(九)公文中的数字,除成文日期、部分结构层次序数和在词、词组、惯用语、缩略语、具有修辞色彩语句中作为词素的数字必须使用汉字外,应当使用阿拉伯数字。

第二十六条 拟制公文,对涉及其他部门职权范围内的事项,主办部门应当主动与有关部门协商,取得一致意见后方可行文;如有分歧,主办部门的主要负责人应当出面协调,仍不能取得一致时,主办部门可以列明各方理据,提出建设性意见,并与有关部门会签后报请上级机关协调或裁定。

第二十七条 公文送负责人签发前,应当由办公厅(室)进行审核,审核的重点是:是否确需行文,行文方式是否妥当,是否符合行文规则和拟制公文的有关要求,公文格式是否符合本办法的规定等。

第二十八条 以本机关名义制发的上行文,由主要负责人或者主持工作的负责人签发;以本机关名义制发的下行文或平行文,由主要负责人或者由主要负责人授权的其他负责人签发。

第二十九条 公文正式印制前,文秘部门应当进行复核,重点是:审批、签发手续是否完备,附件材料是否齐全,格式是否统一、规范等。

经复核需要对文稿进行实质性修改的,应按程序复审。

第六章 收文办理

第三十条 收文办理指对收到公文的办理过程,包括签收、登记、审核、拟办、承办、催办等程序。

第三十一条 收到下级机关上报的需要办理的公文,文秘部门应当进行审核。审核的重点是:是否应由本机关办理;是否符合行文规则;内容是否符合国家法律、法规及其他有关规定;涉及其他部门或地区职权的事项是否已协商、会签;文种使用、公文格式是否规范。

第三十二条 经审核,对符合本办法规定的公文,文秘部门应当及时提出拟办意见送负责人批示或者交有关部门办理,需要两个以上部门办理的应当明确主办部门。紧急公文,应当明确办理时限。对不符合本办法规定的公文,经办公厅(室)负责人批准后,可以退回呈报单位并说明理由。

第三十三条 承办部门收到交办的公文后应当及时办理,不得延误、推诿。紧急公文应当按时限要求办理,确有困难的,应当及时予以说明。对不属于本单位职权范围或者不宜由本单位办理的,应当及时退回交办的文秘部门并说明理由。

第三十四条 收到上级机关下发或交办的公文,由文秘部门提出拟办意见,送负责人批示后办理。

第三十五条 公文办理中遇有涉及其他部门职权的事项,主办部门应当主动与有关部门协商;如有分歧,主办部门主要负责人要出面协调,如仍不能取得一致,可以报请上级机关协调或裁定。

第三十六条 审批公文时,对有具体请示事项的,主批人应当明确签署意见、姓名和审批日期,其他审批人圈阅视为同意;没有请示事项的,圈阅表示已阅知。

第三十七条　送负责人批示或者交有关部门办理的公文,文秘部门要负责催办,做到紧急公文跟踪催办,重要公文重点催办,一般公文定期催办。

第七章　公　文　归　档

第三十八条　公文办理完毕后,应当根据《中华人民共和国档案法》和其他有关规定,及时整理(立卷)、归档。

个人不得保存应当归档的公文。

第三十九条　归档范围内的公文,应当根据其相互联系、特征和保存价值等整理(立卷),要保证归档公文齐全、完整,能正确反映本机关的主要工作情况,便于保管和利用。

第四十条　联合办理的公文,原件由主办机关整理(立卷)、归档,其他机关保存复制件或其他形式的公文副本。

第四十一条　本机关负责人兼任其他机关职务,在履行所兼职务职责过程中形成的公文,由其兼职机关整理(立卷)、归档。

第四十二条　归档范围内的公文应当确定保管期限,按照有关规定定期向档案部门移交。

第四十三条　拟制、修改和签批公文,书写及所用纸张和字迹材料必须符合存档要求。

第八章　公　文　管　理

第四十四条　公文由文秘部门或专职人员统一收发、审核、用印、归档和销毁。

第四十五条　文秘部门应当建立健全本机关公文处理的有关制度。

第四十六条　上级机关的公文,除绝密级和注明不准翻印的以外,下一级机关经负责人或者办公厅(室)主任批准,可以翻印。翻印时,应当注明翻印的机关、日期、份数和印发范围。

第四十七条　公开发布行政机关公文,必须经发文机关批准。经批准公开发布的公文,同发文机关正式印发的公文具有同等效力。

第四十八条　公文复印件作为正式公文使用时,应当加盖复印机关证明章。

第四十九条　公文被撤销,视作自始不产生效力;公文被废止,视作自废止之日起不产生效力。

第五十条　不具备归档和存查价值的公文,经过鉴别并经办公厅(室)负责人批准,可以销毁。

第五十一条 销毁秘密公文应当到指定场所由二人以上监销,保证不丢失、不漏销。其中,销毁绝密公文(含密码电报)应当进行登记。

第五十二条 机关合并时,全部公文应当随之合并管理。机关撤销时,需要归档的公文整理(立卷)后按有关规定移交档案部门。

工作人员调离工作岗位时,应当将本人暂存、借用的公文按照有关规定移交、清退。

第五十三条 密码电报的使用和管理,按照有关规定执行。

第九章 附 则

第五十四条 行政法规、规章方面的公文,依照有关规定处理。外事方面的公文,按照外交部的有关规定处理。

第五十五条 公文处理中涉及电子文件的有关规定另行制定。统一规定发布之前,各级行政机关可以制定本机关或者本地区、本系统的试行规定。

第五十六条 各级行政机关的办公厅(室)对上级机关和本机关下发公文的贯彻落实情况应当进行督促检查并建立督察制度。有关规定另行制定。

第五十七条 本办法自2001年1月1日起施行。1993年11月21日国务院办公厅发布,1994年1月1日起施行的《国家行政机关公文处理办法》同时废止。

附 录 二

国务院办公厅
关于实施《国家行政机关公文处理办法》
涉及的几个具体问题的处理意见

国办函〔2001〕1号

各省、自治区、直辖市人民政府,国务院各部委、各直属机构:

为确保国务院发布的《国家行政机关公文处理办法》(国发〔2000〕23号)的贯彻施行,现就所涉及的几个具体问题提出如下处理意见:

1.关于"意见"文种的使用。"意见"可以用于上行文、下行文和平行文。作为上行文,应按请示性公文的程序和要求办理。所提意见如涉及其他部门职权范围内的事项,主办部门应当主动与有关部门协商,取得一致意见后方可行文;如有分歧,主办部门的主要负责人应当出面协调,仍不能取得一致时,主办部门可以列明各方理据,提出建设性意见,并与有关部门会签后报请上级机关决定。上级机关应当对下级机关报送的"意见"做出处理或给予答复。作为下行文,文中对贯彻执行有明确要求的,下级机关应遵照执行;无明确要求的,下级机关可参照执行。作为平行文,提出的意见供对方参考。

2. 关于"函"的效力。"函"作为主要文种之一,与其他主要文种同样具有由制发机关权限决定的法定效力。

3. 关于"命令"、"决定"和"通报"三个文种用于奖励时如何区分的问题。各级行政机关应当依据法律的规定和职权,根据奖励的性质、种类、级别、公示范围等具体情况,选择使用相应的文种。

4. 关于部门及其内设机构行文问题。政府各部门(包括议事协调机构)除以函的形式商洽工作、询问和答复问题、审批事项外,一般不得向下一级政府正式行文;如需行文,应报请本级政府批转或由本级政府办公厅(室)转发。因特殊情况确需向下一级政府正式行文的,应当报经本级政府批准,并在文中注明经政府同意。

部门内设机构除办公厅(室)外,不得对外正式行文的含义是:部门内设机构不得向本部门机关以外的其他机关(包括本系统)制发政策性和规范性文件,不得代替部门审批下达应当由部门审批下达的事项;与相应的其他机关进行工作联系确需行文时,只能以函的形式行文。

"函的形式"是指公文格式中区别于"文件格式"的"信函格式"。以"函的形式"行文应注意选择使用与行文方向一致、与公文内容相符的文种。

5. 关于联合行文时发文机关的排列顺序和发文字号。行政机关联合行文,主办机关排列在前。行政机关与同级或相应的党的机关、军队机关、人民团体联合行文,按照党、政、军、群的顺序排列。

行政机关之间联合行文,标注主办机关的发文字号;与其他机关联合行文原则上应使用排列在前机关的发文字号,也可以协商确定,但只能标注一个机关的发文字号。

6. 关于联合行文的会签。联合行文一般由主办机关首先签署意见,协办单位依次会签。一般不使用复印件会签。

7. 关于联合行文的用印。行政机关联合向上行文,为简化手续和提高效率,由主办单位加盖印章即可。

8. 关于保密期限的标注问题。涉及国家秘密的公文如有具体保密期限应当明确标注,否则按照《国家秘密保密期限的规定》(国家保密局1990年第2号令)第九条执行,即"凡未标明或者未通知保密期限的国家秘密事项,其保密期限按照绝密级事项三十年、机密级事项二十年、秘密级事项十年认定。"

9.关于"附注"的位置。"附注"的位置在成文日期和印章之下,版记之上。

10.关于"主要负责人"的含义。"主要负责人"指各级行政机关的正职或主持工作的负责人。

11.关于公文用纸采用国际标准 A4 型问题。各省(区、市)人民政府和国务院各部门已做好准备的,公文用纸可于 2001 年 1 月 1 日起采用国际标准 A4 型;尚未做好准备的,要积极创造条件尽快采用国际标准 A4 型。省级以下人民政府及其所属机关和国务院各部门所属单位何时采用国际标准 A4 型,由各省(区、市)人民政府和国务院各部门自行确定。

国务院办公厅
二〇〇一年一月一日

附 录 三

国务院公文主题词表

(国务院办公厅秘书局 1997 年 12 月修订)

使 用 说 明

为适应办公现代化的要求,便于计算机检索和管理公文,特编制《国务院公文主题词表》(以下简称词表)。词表主要用于标引国务院、国务院办公厅印发的文件和各地区、各部门上报国务院及其办公厅的文件。

一、编制原则

(一)词表结构务求合乎逻辑,具有较宽的涵盖面,便于使用。

(二)词表体现文档管理一体化的原则,即词表中主题词的区域分类和类别词可分别作为档案分类中的大类和属类。

二、体系结构

(一)词表共由 15 类 1049 个主题词组成,分为主表和附表两大部分,主表有 13 类 751 个主题词,附表有 2 类 298 个主题词。词表分为三个层次。第一层是对主题词区域的分类,如"综合经济"、"财政、金融"类等。第二层是类别词,即对主题词的具体分类,如"工交、能源、邮电"类中的"工业"、"交通"、"能源"和"邮电"等。第三层是类属词。如"体制"、"职能"、"编制"等。第二层和第三层统称为主题词。用于文件的标引。

(二)1998 年 12 月和 1994 年 4 月修订的词表中曾列入本词表中而不再继续用作

标引的主题词,用黑体单列在区域分类的最后部分。

三、标引方法

（一）一份文件的标引,除类别词外最多不超过5个主题词。主题词标在文件的抄送栏之上,顶格写。

（二）标引顺序是先标类别词,再标类属词。在标类属词时,先标反映文件内容的词,最后标反映文件形式的词。如《国务院关于加强水土保持工作的通知》,先标类别词"农业",再标类属词"水土保持",最后标上"通知"。

（三）一份文件如有两个以上的主题内容,先集中对一个主题内容进行标引,再对第二个主题内容进行标引。如《国务院关于在若干城市试行国有企业兼并破产和职工再就业有关问题的通知》,先标反映第一个主题内容的类别词"经济管理",再标类属词"企业"、"破产";然后标反映第二个主题内容的类别词"劳动",再标类属词"就业";最后标"通知"。

（四）根据需要,可将不同类的主题词进行组配标引。如《国务院关于"九五"期间深化科学技术体制改革的决定》,可标"科技、体制、改革、决定"。

（五）当词表中找不出准确反映文件主题内容的类属词时,可以在类别词中选择适当的词标引。同时将能够准确反映文件内容的词标在类别词的后面,并在该词的后面加"△"以便区别。

（六）列在区域分类最后,用黑体标出的主题词只供检索用,不再用作标引。

（七）附表中的主题词与主表中的主题词具有同等效力,标引方法相同,不同的是,如果附表中所列的国家、地区的实际名称发生了变化,使用本表的各单位可先按照变化后的标准名称进行修改和使用。国务院办公厅秘书局将定期修订附表。

四、词表管理

（一）本词表由国务院办公厅秘书局负责管理和解释,具体工作由档案数据处承办。

（二）本词表自1998年2月1日起执行,1994年4月修订的词表同时废止。

国务院公文主题词表

01. 综合经济(77个)

01　A 计划

规划　统计　指标　分配　统配　调拨

01　B 经济管理

经济　管理　调整　调控　控制　结构　制度　所有制　股份制　责任制　流

通　产业　行业　改革　改造　竞争　兼并　开放　开发　协作　资源　土地　资产　资料　产权　物价　价格　投资　投标　经营　生产　转产　项目　产品　质量　承包　租赁　合同　包干　国有　国营　私营　集体　个体　企业　公司　集团　合作社　普查　工商　商标　注册　广告　监督　增产　效益　节约　浪费　破产　亏损　特区　开发区　保税区　展销　展览　商品化　横向联系　第三产业　生产资料

02. 工交、能源邮电(69个)

02 A 工业

冶金　钢铁　地矿　机械　汽车　电子　电器　仪器　仪表　化工　航天　航空　核工　船舶　兵器　军工　轻工　有色金属　盐业　食品　印刷　包装　手工业　纺织　服装　丝绸　设备　原料　材料　加工

02 B 交通

铁路　公路　桥梁　民航　机械　航线　航道　空中管制　飞机　港口　码头　口岸　车站　车辆　运输　旅客

02 C 能源

石油　煤炭　电力　燃料　天然气　煤气　沼气

02 D 邮电

通信　电信　邮政　网络　数据　民品　厂矿　空运　三线　通讯　水运　运费

03. 旅游、城乡建设、环保(42个)

03 A 旅游

03 B 服务业

饮食业　宾馆

03 C 城乡建设

城市　乡镇　基建　建设　建筑　建材　勘察　测绘　设计　市政　公用事业　监理　环卫　征地　工程　房地产　房屋　住宅　装修　设施　出让　转让　风景名胜　园林　岛屿

03 D 环保

保护区　植物　动物　污染　生态　生物　风景　饭店　城乡　国土　沿海

04. 农业、林业、水利、气象(56个)

04 A 农业

农村　农民　农民负担　农场　农垦　粮食　棉花　油料　生猪　蔬菜　糖料　烟草　水产　渔业　水果　经济作物　农副产品　副业　畜牧业　乡镇企业　农膜

种子 化肥 农药 饲料 灾害 以工代赈 扶贫

04 B林业

绿化 木材 森林 草原 防沙治沙

04 C水利

河流 湖泊 滩涂 水库 水域 流域 水土保持 节水 防汛 抗旱 三峡

04 D气象

气候 预报 预测 烟酒 土特产 有机肥 多种经营 牧业

05．财政、金融(57个)

05 A财政

预算 决算 核算 收支 财务 会计 税务 税率 审计 债务 积累 经费 集资 收费 资金 基金 租金 拨款 利润 补贴 折旧费 附加费 固定资产

05 B金融

银行 货币 黄金 白银 存款 贷款 信贷 贴现 通货膨胀 交易 期货 利率 利息 贴息 外汇 外币 汇率 债券 证券 股票 彩票 信托 保险赔偿 信用社 现金 留成 流动资金 储蓄 费用 侨汇 折旧率

06．贸易(52个)

06 A商业

商品 物资 收购 订购 购置 市场 集贸 酒类 副食品 日用品 销售 消费 批发 供应 零售 拍卖 专卖 订货 营业 仓库 储备 储运 货物

06 B外贸

对外援助 军贸 进口 出口 引进 海关 缉私 仲裁 商检 外商 外资 合资 合作 关贸 许可证 驻外企业 贸易 倒卖 外向型 议购 议售 垄断 经贸 贩运 票证 外经 交易会

07．外事(42个)

07 A外交

对外政策 对外关系 领土 领空 领海 外交人员 建交 公约 大使 领事 条约 协定 协议 议定书 备忘录 照会 国际 涉外事务 抗议

07 B外事

国际会议 国际组织 对外宣传 出访 出国 出入境 签证 护照 邀请 来访 谈判 会谈 会见 接见 招待会 宴会 外国人 外宾 对外友协 外国专家 涉外

08. 公安、司法、监察(46个)

08　A公安

警察　武警　警衔　治安　非法组织　安全　保卫　禁毒　消防　防火　检查　扫黄　案件　处罚　户口　证件　事件　危险品　游行　海防　边防　边界　边境

08　B司法

政法　法制　法律　法院　律师　检察　程序　公证　劳改　劳教　监狱

08　C监察

廉政建设　审查　纪检　执法　行贿　受贿　贪污　处分　侦破

09. 民政、劳动人事(85个)

09　A民政

基层政权　选举　行政区划　地名　人口　双拥工作　社会保障　社团　救灾　救济　募捐　婚姻　移民　抚恤　慰问　调解　老龄问题　烈士　纠纷　残疾人　墓地　殡葬　社区服务

09　B机构

驻外机构　体制　职能　编制　精简　更名

09　C人事

行政人员　干部　公务员　考核　录用　职工　家属　子女　知识分子　专家　参事　院士　文史馆员　履历　聘任　任免　辞退　退职　职称　待遇　离休　退休　交流　安置　调配　模范　表彰　奖励

09　D劳动

就业　失业　招聘　合同制　工人　保护　劳务　第二职业　事故

09　E工资

津贴　奖金　福利　收入　老年　简历　劳资　人才　招工　待业　补助　拥军优属　丧葬　奖惩

10. 科、教、文、卫、体(73个)

10　A科技

科学　技术　科普　科研　鉴定　标准　计量　专利　实验　情报　计算机　自动化　信息　卫星　地震　海洋

10　B教育

学校　教师　招生　学生　培训　毕业　学位　留学　教材　校办企业

10　C文化

文字　文史　文学　语言　艺术　古籍　图书　宣传　广播　电视　电影　出版　版权　报刊　新闻　音像　文物　古迹　纪念物　电子出版物

10 D 卫生
医院 中医 医疗 医药 药材 防疫 疾病 计划生育 妇幼保健 检验检疫

10 E 体育
运动员 教练员 运动会 比赛 馆所 院校 校舍 地方志 软科学 社科

11. 国防(24个)

11 A 军事
军队 国防 空军 海军 征兵 服役 转业 民兵 预备役 军衔 复员 文职 后勤 装备 战备 作战 训练 防空 军需 武器 弹药 人武 退伍

12. 秘书、行政(74个)

12 A 文秘工作
机关 国旗 国徽 机要 印章 信访 督查 保密 公文 档案 会议 文件 秘书 电报 提案 议案 谈话 讲话 总结 批示 汇报 建议 意见 文章 题词 章程 条例 办法 细则 规定 方案 布告 决议 命令 决定 指示 公告 通告 通知 通报 报告 请示 批复 函 会议纪要

12 B 行政事务
行政 工作制度 纪念活动 庆典活动 休假 节假日 着装 参观 接待 措施 调查 视察 考察 礼品 馈赠 服务 出席 发言 转发 名单 批准 审批 信函 事务 活动 纪要 督察

13. 综合党团(54个)

13 A 党派团体
共产党 民主党派 共青团 团体 工会 协会 学会 民间组织 文联 妇女 儿童 基金会

13 B 统战
政协 民主人士 爱国人士

13 C 民族
民族区域自治 民族事务

13 D 宗教
寺庙

13 E 侨务
外籍华人 归侨 侨乡

13 F 港澳台
香港问题 澳门问题 台湾问题

13　G 综合

整顿　形势　社会　精神文明　法人　发展　其他　试点　推广　青年　政治　范围　党派　组织　领导　方针　政策　党风　事业　咨询　中心　清除

附　　表

01. 中国行政区域（54个）

　　01　A 华北地区

　　北京　天津　河北　山西　内蒙古

　　01　B 东北地区

　　辽宁　吉林　黑龙江

　　01　C 华东地区

　　上海　江苏　浙江　安徽　福建　江西　山东

　　01　D 中南地区

　　河南　湖北　湖南　广东　广西　海南

　　01　E 西南地区

　　四川　贵州　云南　西藏　重庆

　　01　F 西北地区

　　陕西　甘肃　青海　宁夏　新疆

　　01　G 台湾

　　01　H 香港

　　01　I 澳门

　　哈尔滨　沈阳　大连　青岛　厦门　宁波　武汉　广州　深圳　海南岛　西安　单列市　省市　自治区

02. 世界行政区域（244个）

　　02　A 亚洲

　　中国　蒙古　朝鲜　韩国　日本　越南　老挝　柬埔寨　缅甸　泰国　马来西亚　新加坡　文莱　菲律宾　印度尼西亚　东帝汶　尼泊尔　锡金　不丹　孟加拉国　印度　斯里兰卡　马尔代夫　哈萨克斯坦　吉尔吉斯斯坦　塔吉克斯坦　乌兹别克斯坦　土库曼斯坦　格鲁吉亚　阿塞拜疆　亚美尼亚　巴基斯坦　阿富汗　伊朗　科威特　沙特阿拉伯　巴林　卡塔尔　阿联酋　阿曼　也门　伊拉克　叙利亚　黎巴嫩　约旦　巴勒斯坦　以色列　塞浦路斯　土耳其

　　02　B 欧洲

　　冰岛　法罗群岛　丹麦　挪威　瑞典　芬兰　爱沙尼亚　拉脱维亚　立陶宛

俄罗斯　白俄罗斯　乌克兰　摩尔多瓦　波兰　捷克　斯洛伐克　匈牙利　德国　奥地利　列支敦士登　瑞士　荷兰　比利时　卢森堡　英国　爱尔兰　法国　摩纳哥　安道尔　西班牙　葡萄牙　意大利　梵蒂冈　圣马力诺　马耳他　南斯拉夫　斯洛文尼亚　克罗地亚　波黑　马其顿　罗马尼亚　保加利亚　阿尔巴尼亚　希腊

02 C 非洲

埃及　利比亚　突尼斯　阿尔及利亚　摩洛哥　西撒哈拉　毛里塔尼亚　塞内加尔　冈比亚　马里　布基纳法索　佛得角　几内亚比绍　几内亚　塞拉利昂　利比里亚　科特迪瓦　加纳　多哥　贝宁　尼日尔　尼日利亚　喀麦隆　赤道几内亚　乍得　中非　苏丹　埃塞俄比亚　吉布提　索马里　肯尼亚　乌干达　坦桑尼亚　卢旺达　布隆迪　刚果民主共和国　刚果　加蓬　厄立特里亚　圣多美和普林西比　安哥拉　赞比亚　马拉维　莫桑比克　科摩罗　马达加斯加　塞舌尔　毛里求斯　留尼汪　津巴布韦　博茨瓦纳　纳米比亚　南非　斯威士兰　莱索托　圣赫勒拿

02 D 大洋洲

澳大利亚　新西兰　巴布亚新几内亚　所罗门群岛　瓦努阿图　新喀里多尼亚　斐济基里巴斯　瑙鲁　密克罗尼西亚联邦　马绍尔群岛共和国　帕劳　北马里亚纳群岛自由联邦　关岛　图瓦卢　瓦利斯群岛和富图纳群岛　西萨摩亚　美属萨摩亚　纽埃　托克劳　库克群岛　汤加　法属波利尼西亚　皮特凯恩群岛

02 E 美洲

格陵兰　加拿大　圣皮埃尔和密克隆　美国　百慕大　墨西哥　危地马拉　伯利兹　萨尔瓦多　洪都拉斯　尼加拉瓜　哥斯达黎加　巴拿马　巴哈马　特克斯群岛和凯科斯群岛　古巴　开曼群岛　牙买加　海地　多米尼加　波多黎各　美属维尔京群岛　英属维尔京群岛　圣基茨和尼维斯　安圭拉　安提瓜和巴布达　蒙特塞拉特　瓜德罗普　多米尼克　马提尼克　圣卢西亚　圣文森特和格林纳丁斯　巴巴多斯　格林纳达　特立尼达和多巴哥　荷属安的列斯　阿鲁巴　哥伦比亚　委内瑞拉　圭亚那　苏里南　法属圭亚那　厄瓜多尔　秘鲁　巴西　玻利维亚　智利　阿根廷　巴拉圭　乌拉圭　前苏联　民主德国　联邦德国　捷克斯洛伐克　扎伊尔　留尼汪岛　圣赫勒拿岛和阿森松岛等　贝劳　马绍尔群岛　北马里亚纳群岛　东萨摩亚　圣皮埃尔和密克隆群岛　百慕大群岛　多米尼加共和国　多米尼加联邦　荷属安的列斯群岛

附 录 四

校对符号及其用法

校 对 符 号

校对符号是在长期实践中逐渐形成而约定俗成的。文章从写作到结束,有一个修改过程,或删节、或增补、或调换、或挪动、或分段、或合并等,需要有公认确定的符号来表明,以便接受者清楚地会意。

1981 年国家出版局发布 GBI-81《中华人民共和国专业标准校对符号及其用法》,共 22 种,常用的有八九种。

校对符号的使用要求

使用校对符号,要求正确、清楚。所谓正确,就是不要生造,要符合规范。所谓清楚,即勾划分明,清晰易辨。具体地说,要注意以下几点:

1. 修改文章所用笔的颜色,应区别于原稿的颜色。
2. 修改符号要用引线从行间画出,拉到页边空白处改正,不要在文中行间修改。
3. 更换字体字号等,应加文字说明。
4. 符号不要沾及上下左右不需要改动的文字和标点。引线与引线之间不要重叠、交叉,如难以避免,则要用不同色笔来显示区别。
5. 改正的字符要写得工整、清楚。

校对符号及其用法

本标准规定的符号及用法,适用于出版印刷业中文(包括各少数民族文字)各类校样的校对工作。

编号	符号形态	符号作用	符号在文中和页边用法示例	说 明
一、字符的改动					
1		改 正	增高出版物质量。(提)	
2		删 除	提高出版物勿质质量。	
3		增 补	要搞好校工作。(对)	增补的字符较多,圈起来有困难时,可用线画清增补的范围
4		换损污字	坏字和模糊的字⑤调换。	

| 5 | | 改正上下角 | 16=4①
 H₂S
 尼古拉费欣
 0.25+0.25=0.5
 举例②×3=6
 X②X | 2 : 4 : : : |

二、字符方向位置的移动

6		转　正	字符要转正。	
7		对　调	认真经验总结 认真总结经验	
8		转　移	要重视校正工作， 提高质量出版物	
9		接　排	要重视校正工作， 提高出版物质量。	
10		另起段	完成了任务。明年……	
11		上下移	序号 名称 数量 01 ××× 2	字符上移到缺口左右水平线处 字符下移到箭头所指的短线处
12		左右移	要重视校对工作， 提高出版物质量。 3 4 5 6 5 欢呼 歌 唱	字符左移到箭头所指的短线处 字符左移到缺口上下垂直线处 符号画得太小时，要在页边垂标
13		排　齐	校对工作非常重要 必须提高印刷 质量，缩短 印刷周期。	
14		排阶梯形	RH:	

序号	符号	名称	示例	说明
15	↑	正图		符号横线表示水平位置,竖线表示垂直位置,箭头表示上方

三、字符间空距的改动

16	∨	加大空距	一、校对程序 校对胶印读物、影印书刊的注意事项:	表示适当加大空距
17	∧	减小空距	二、校对程序 校对胶印读物、影印书刊的注意事项:	表示适当减小空距。横式文字画在字头和行头之间
18	# ⟊ ⟌ ≢	空1字距 空1/2字距 空1/3字距 空1/4字距	第一章校对职责和方法	
19	Y	分开	Good morning!	用于外文

四、其他

20	△	保留	认真搞好校对工作。	除在原删除的字符下画△外,并在原删除符号上画两竖线
21	○ =	代替	机器由许多⊘件组成,有的⊘件是铸出来的,有的⊘件是锻出来的,有的⊘件是……。○=零	同页内,要改正许多相同的字符,用此代号,要在页边注明:○零
22	∴	说明	第一章 校对的职责 改三黑	说明或指令性文字不要圈起来,在其字下画圈。表示下作为改正的文字

使用要求:

1. 校样中校对引线不可交叉。初、二、三校样中的校对引线,要从行间画出。
2. 校样上改正的字符要书写清楚。校改外文,要用印刷体。

3.校对校样,应根据校次分别采用红、纯蓝、绿三种不同色笔(墨水笔或圆珠笔)书写校对符号。

4.著译者改动校样所用的颜色,要与校样上已使用的颜色有所区别,但不可用铅笔。

参 考 文 献

[1] 白焕然.应用写作[M].北京:中国政法大学出版社,2005.
[2] 刘洪英,李彤.实用应用文写作[M].北京:清华大学出版社、北京交通大学出版社,2006.
[3] 周立.应用写作与口头表达[M].北京:北京工业出版社,2006.
[4] 千惠.实用应用文写作指导与范例全书[M].北京:中国戏剧出版社,2003.
[5] 丁小昌.应用写作[M].南京:南京师范大学出版社,2002.
[6] 黄永红.新编应用写作[M].合肥:安徽大学出版社,2000.
[7] 张保忠,岳海翔.最新公文格式与写作规范[M].北京:中国言实出版社,2005.
[8] 张保忠,岳海翔.公文写作评改与答疑[M].广东:广东省出版集团,2004.
[9] 严孚良.实用公务文书写作[M].北京:中国人民公安大学出版社,2001.
[10] 赵公民,聂锋.毕业论文的写作与答辩[M].北京:中国经济出版社,2006.